PSICOTERAPIA CON LA FAMIGLIA

Collana diretta da Maurizio Andolfi

ADOLESCENTI TRA SCUOLA E FAMIGLIA

VERSO UN APPRENDIMENTO CONDIVISO

A cura di Maurizio Andolfi
e Paola Forghieri Manicardi

Raffaello Cortina Editore

www.raffaellocortina.it

Copertina
Studio CReE

ISBN 88-7078-760-5

Milano, via Rossini 4

Prima edizione: 2002

INDICE

Alla memoria di Sergio Neri

GLI AUTORI

Alberto Alberti
Precedentemente ispettore tecnico, oggi è docente di Storia della scuola presso l'Università di Roma Tre. Collabora a diverse riviste scolastiche ed è autore di numerosi saggi sulla riforma dei cicli.

Maurizio Andolfi
Professore ordinario di Psicodinamica dello sviluppo e delle relazioni famigliari presso l'Università "La Sapienza" di Roma.

Eia Asen
Psichiatra infantile e psicoterapeuta famigliare, direttore del Marlborough Family Therapy Center di Londra.

M. Adelaide Berardi
Neuropsichiatra infantile e didatta dell'Accademia di psicoterapia della famiglia di Roma.

Andrea Canevaro
Professore ordinario di Pedagogia speciale, direttore del dipartimento di Scienze dell'educazione dell'Università di Bologna, membro del Gruppo tecnico di osservazione per l'integrazione degli alunni in situazione di handicap del ministero della Pubblica istruzione.

Carmen Clerici
Psicopedagogista del Circolo didattico di Calvisano (Brescia).

Neil Dawson
Psicoterapeuta famigliare e didatta presso il Marlborough Family Service, Education Unit, Londra.

Massimo Falcucci
Psicologo, psicoterapeuta famigliare e didatta dell'Accademia di psicoterapia della famiglia di Roma.

Paola Forghieri Manicardi
Insegnante e preside nella scuola pubblica. Psicologa, psicoterapeuta e didatta dell'Accademia di psicoterapia della famiglia di Roma.

Roberto Gardenghi
Psicologo, psicoterapeuta, didatta dell'Istituto di terapia famigliare di Torino.

Enrica Gennari
Psicologa a Roma.

Dario Ianes
Psicologo dell'educazione presso il Centro studi Erickson e l'Università di Trento.

Rosanna Linetti
Insegnante specializzata del Circolo didattico di Calvisano (Brescia).

Brenda McHugh
Psicoterapeuta famigliare e didatta del Marlborough Family Service, Education Unit, Londra.

Sergio Neri
Direttore didattico, ispettore ministeriale, responsabile pedagogico e coordinatore per le Scuole dell'infanzia del comune di Modena.

Alberto Oliverio
Professore di Psicobiologia presso l'Università "La Sapienza" e direttore dell'Istituto di psicobiologia e psicofarmacologia del CNR di Roma.

Anna Oliverio Ferraris
Professore ordinario di Psicologia dello sviluppo della facoltà di Psicologia dell'Università "La Sapienza" di Roma.

Mario Rusconi
Preside di ruolo della SMS E. Majorana di Roma, già collaboratore dell'Università LUISS di Roma, della Ca' Foscari di Venezia e dell'Università dell'Aquila.

Carlo Trombetta
Professore associato di Psicopedagogia della facoltà di Psicologia dell'Università "La Sapienza" di Roma, presidente della Società italiana di Psicologia dell'educazione e della formazione, direttore della rivista *Psicologia dell'Educazione e della Formazione*.

Maurizio Viaro
Professore a contratto di Teoria e tecnica del colloquio psicologico presso l'Università Ca' Foscari di Venezia e consulente presso il Servizio psicosociale per l'età evolutiva della USL 2 di Feltre.

INTRODUZIONE

Maurizio Andolfi, Paola Forghieri Manicardi

Questo libro è costituito da molte voci, diverse per conoscenze e competenze, diverse per istituzioni di appartenenza, come diverse sono le generazioni che i singoli autori rappresentano. Il linguaggio di accademici illustri, esperti di psicologia dello sviluppo e di pedagogia scolastica, si intreccia con la voce di addetti scolastici, insegnanti, presidi, pediatri e psicologi della scuola, fino ad abbracciare le esperienze di neuropsichiatri infantili e di terapeuti della famiglia. Pur nella diversità delle proposizioni, molti tuttavia sono gli elementi che accomunano questi saperi diversi e che permettono di costruire un discorso organico sulla scuola.

Innanzitutto, i diversi scritti che compongono il libro sono accomunati dall'idea che investire risorse culturali e materiali nella scuola significhi investire nel futuro che già c'è e non solo che verrà, poiché le giovani generazioni, utenti dell'istituzione scolastica, porteranno nel futuro prossimo e remoto quanto stanno costruendo nel presente.

Adolescenti tra scuola e famiglia non è soltanto il titolo di questo volume, ma rappresenta una prospettiva di lavoro per una scuola realmente condivisa; se è vero che la nostra società, in modo contraddittorio e spesso confusivo, ha affidato, da tempo, il futuro delle nuove generazioni alla scuola, vera agenzia di formazione e di socializzazione dell'età evolutiva, è altrettanto vero che non si può sottovalutare il ruolo educativo della famiglia, anche se quest'ultima appare profondamente in crisi nei modi e nelle forme con cui lo esprime.

Questo lo hanno capito i ragazzi prima ancora degli adulti, che hanno sperimentato sulla propria pelle la crescente fragilità dell'"istituto famiglia" per richiedere al mondo "scuola" di proporsi come ulteriore base sicura (per dirla con Bowlby), dove potersi sperimentare in quel continuum fatto di appartenenze e di separazioni che accompagnano il processo di crescita individuale di ciascun ragazzo. Soprattutto lo hanno capito quei ragazzi che non hanno avuto la fortuna, o l'opportunità, di vivere in contesti famigliari coesi e rassicuranti (e come sappiamo bene il numero di disgregazioni famigliari precoci è in grande aumento) e che chiedono alla scuola un contesto al quale affidarsi e crescere in gruppo, capace di nutrirli sul piano di quei saperi irrinunciabili (per dirla con Neri), ma anche di quei bisogni primari di allevamento e di cura individuale, parte integrante di una educazione vera.

Tutti coloro che hanno scritto per questo libro condividono la consapevolezza che solo il sapersi misurare con la complessità della scuola e delle crescenti aspettative nei suoi confronti può garantire qualità, proficuità e lungimiranza nel processo educativo dell'allievo.

Il mondo relazionale della scuola è il banco di prova per verificare la tenuta del patto sociale che accompagna le esperienze di vita personale, professionale e sociale di ciascun adulto, una volta concluso il lungo ciclo scolastico; è il modello di relazioni sociali che ci accompagna nella vita e, come tutti i modelli forti, plasma in modo significativo la struttura della personalità di ciascuno.

In tutti gli interventi scritti per questo volume da tecnici della scuola, docenti universitari, medici dell'infanzia e dell'adolescenza, psicoterapeuti famigliari troviamo curiosità e passione.

Curiosità che ha guidato la ricerca scientifica e il lavoro, a volte di una vita, e che gli autori vorrebbero viva e presente nella scuola, nell'esperienza di apprendimento e di insegnamento di ragazzi e docenti. Spesso, scorrendo le pagine di questo libro, troviamo la parola "passione" e il verbo "riappassionarsi": per gli insegnanti riguardo al mestiere di educatori, per i ragazzi rispetto ai saperi e alla conquista degli strumenti per acquisire le conoscenze... e poi la passione è la metafora migliore per dare il senso di relazioni autentiche e vive tra docenti e allievi.

Un altro tema importante attraversa il libro, quello della creatività, non intesa come leggerezza ludica o ricerca dello spontaneismo (mal si concilia infatti il concetto di spontaneità con quello di conquista, che nella scuola si riferisce ai processi di crescita dei ragazzi e degli adulti con loro), ma piuttosto la creatività come antidoto per la noia, per la ripetitività, per l'imitazione acritica; creatività intesa come possibilità di percorrere nuove strade più personali e originali, per acquisire strumenti per la conoscenza di sé e del mondo.

Gregory Bateson scrive che quella che viviamo non è l'unica vita possibile, lasciando intendere che vi è sempre una possibilità di cambiamento. Quello della scelta dovrebbe essere allora un parametro fondante della scuola, capace di contrastare la tendenza alla burocratizzazione e all'appiattimento depersonalizzante dell'insegnamento; dalla scuola non ci si aspetta una patente di guida, semmai una guida per le scelte della vita.

Adolescenti tra scuola e famiglia non è un manuale relazionale, ma si ispira profondamente alle idee di Bateson sull'apprendimento, e ripropone in modi diversi l'utilità di attingere dalle teorie sistemiche lo studio delle relazioni tra le varie sotto-unità della scuola, il gruppo classe, il consiglio degli insegnanti ecc., e dell'organizzazione scolastica come insieme. Se riuscissimo a mettere in pratica principi come quello della causalità circolare e dell'autoriflessività, non dovremmo più sentirci dire da un ipotetico insegnante frasi del tipo "quel ragazzo non mi rende o non si impegna" o "quella classe è pessima" o "quel ragazzo disturba sempre perché a casa non gli hanno dato delle regole"; semmai, l'insegnante dovrebbe interrogarsi su quale parte attiva lui stesso gioca nel definire la propria cornice di osservazione e il contesto relazionale a cui si riferisce. E ancora potrebbe riscoprire la ricorsività del processo formativo e rendersi conto che gli alunni "educano" gli insegnanti almeno quanto questi ultimi fanno con i primi, se soltanto riuscissero ad ascoltarli: è chiaro che i modi e le forme sono assai diverse, così come lo sono quelle dei figli nei confronti dei genitori, semmai si tratta di sintonizzarsi con le lunghezze d'onda dei minori, che viaggiano su altre frequenze rispetto agli adulti. Se si ascoltassero i ragazzi, soprattutto dalle scuole medie in su, si potrebbe scoprire che questi ultimi seguono la vita degli insegnanti almeno quanto avviene nell'altra direzione: si pensi soltanto al numero enorme di ore durante le quali l'insegnante viene osservato nelle sue espressioni facciali e nei suoi comportamenti dagli alunni e, come noi sappiamo, sul nostro viso sono scolpiti gli stati d'animo più profondi, le situazioni affettive, i drammi come le gioie della nostra vita. Semmai, i ragazzi non sanno se potranno mai avere il permesso o l'opportunità di esprimere le proprie opinioni o i propri giudizi sugli adulti, considerata anche la distanza gerarchica che marca le regole della relazione docente-discente. Ma ciò non vuol dire che essi non abbiano le proprie opinioni e sensazioni in merito e che non le possano scambiare all'interno del gruppo dei coetanei.

Quella che oggi esiste in Italia non è l'unica scuola possibile: lo lasciano intendere le critiche dure e appassionate alle storture, alle mancanze, ai guasti che si evidenziano in questo libro, ma anche, sempre da parte degli stessi Autori, i resoconti di esperienze e di ricerche che fanno emergere l'intelligenza, la passione e l'efficacia del lavoro di tanti insegnanti, di tanti ragazzi e di una parte dei tecnici e dei dirigenti scolastici, desiderosi di vedere la nascita di una scuola più umana e più aperta, capace di utilizzare al meglio le risorse di tutti.

Il pensiero che questa scuola in Italia non sia l'unica possibile e l'ottimismo verso una sua trasformazione radicale hanno guidato il lavoro di ricerca, di stimolo e di raccolta di tanti materiali da parte dei curatori del libro. Da esperti della famiglia e dell'età evolutiva, oltre che delle vicende scolastiche, noi stessi curatori non possiamo immaginare una scuola che seguiti a essere *proprietà privata* degli insegnanti, e ciò non per far sentire questi ultimi responsabili di una sorta di appropriazione indebita, anzi per liberarli da una solitudine forzata a cui sono stati in gran parte costretti e da una responsabilizzazione eccessiva, come se tutti i mali originatisi nella famiglia e i mali sociali dovessero trovare magiche soluzioni tra le mura scolastiche.

La famiglia deve tornare a scuola e non solo nell'interesse specifico dei propri figli-studenti quanto nella gestione complessiva delle scelte e delle realizzazioni concrete della scuola.

I potenziali conflitti tra famiglie e insegnanti non si risolvono nell'arroccamento, nella distanza ipercritica e nella delega, ma si affrontano nella collaborazione e nella costruzione di una scuola condivisa. Anche *gli studenti devono tornare a scuola*, per quella parte che riguarda spazi e idee da proporre e da gestire accanto al corpo insegnante e alle famiglie: lo studente del terzo millennio deve sentirsi protagonista, attivo e propositivo nelle scelte relative ai propri processi di apprendimento in gruppo.

Nell'ultima fase di realizzazione di questo volume è venuta a mancare la presenza del terzo curatore: Sergio Neri, uomo di scuola da sempre, pedagogista, ispettore ministeriale e, come a lui piaceva sottolineare, maestro elementare. A Sergio, che tanti stimoli di idee e di passione ci ha dato e che insieme a noi ha voluto e costruito le basi di questo lavoro, è dedicato il libro. La malattia prima e poi la recente scomparsa gli hanno impedito di realizzare ad hoc lo scritto che era riuscito appena ad abbozzare. L'intervento a suo nome che compare nel libro è costituito in parte dalla registrazione di una delle sue ultime conferenze ed è stato arricchito da riflessioni e indicazioni che egli ha fornito quando, nel corso della sua malattia, si continuava a riflettere sul libro. Paola Forghieri ha cercato di dare a questo materiale una stesura il più fedele possibile allo stile di pensiero e di vita dell'amico carissimo.

Un grazie particolarmente sentito va a Laura Bruno che ha curato la revisione e le correzioni editoriali dei singoli manoscritti con attenzione e dedizione.

PARTE PRIMA

"EPPUR SI MUOVE": CONTINUITÀ E CAMBIAMENTO NEL SISTEMA SCUOLA

1

L'OFFERTA FORMATIVA NELL'ERA DELL'AUTONOMIA SCOLASTICA

Mario Rusconi

UNA FORMAZIONE VITALE E VIVACE

Un fenomeno di frequente successo e di rapida diffusione, sia in ambito sociopolitico, sia in quello artistico-culturale, consiste nell'inventare prima e nel lanciare poi uno slogan, un aforisma, una metafora, estremamente efficaci dal punto di vista comunicativo, con una forza di impatto sull'opinione pubblica più incisiva di mille discorsi.

Pensiamo a slogan quali: "vietato vietare!", "legge e ordine", "ricostruiamo!", "qualità della vita", "riprendiamoci la città!" e simili; all'insegna di queste vere e proprie parole d'ordine si è soliti compendiare, in estrema sintesi, i contenuti di grandi (o meno grandi) ideali, alla luce dei quali stimolare la partecipazione ad azioni e interventi in settori diversi della società. Il metodo è comunicativamente efficace, fa presa su chi ascolta, convince e contribuisce a creare condivisione.

In ambito scolastico, nel nostro paese, quasi mai si è verificato qualcosa di simile. La scuola non interessa l'opinione pubblica più di tanto (anche se tutti pontificano su di essa) e in questo la stessa società politica è stata, per lo più, in sintonia, rispondendo con altrettanto disinteresse programmatico, trascuratezza culturale e ritardi operativi.

È solo da cinque o sei anni che si è riaccesa una cauta attenzione sociale intorno al mondo della scuola a seguito delle proposte di cambiamento sistematico del nostro sistema formativo (Pajno et al., 1997).

Fingiamo dunque, per un po', che anche nel nostro settore sia stato o sia possibile lanciare parole d'ordine interessanti socialmente ed efficaci emotivamente e proviamo a utilizzare il metodo dello slogan per definire la politica scolastica svolta dal dopoguerra a oggi in Italia (Rusconi, 1998a).

Forzando un po' la cosa, per necessità di sintesi, potremmo definire gli anni dal 1945 al 1955 come gli anni del "lo ricostruiamo!".

La ricostruzione, però, ampia e profonda in altri settori, ha riguardato solamente l'"esterno" dell'istituzione scuola: la struttura, gli organismi, gli ordinamenti, i programmi non hanno subito di fatto (tranne in casi limitati) una vera ricostruzione.

Il decennio 1955-1965 si è svolto all'insegna del "lo consumiamo!".

Alla diffusione delle utilitarie, delle vacanze per tutti (o quasi tutti), alla congestione urbana e all'abbandono delle campagne ha fatto da *pendant* l'organizzazione della scuola di massa, allargata a tutti i ceti sociali, più attenta in molti casi all'aspetto quantitativo che agli esiti formativi.

"Smantelliamo!" è lo slogan che ha caratterizzato la fine degli anni Sessanta e Settanta. Gli aspetti positivi di questo tormentato periodo (che rimane tra i più complessi, confusi e contraddittori del dopoguerra) sono essenzialmente consistiti in una spesso scomposta spinta al cambiamento, conseguente al rifiuto di una concezione della nostra cultura stantia, autoritaria e, tutto sommato, provinciale (soprattutto di quella sottesa al mondo della scuola).

Le "nuove scienze" (dalla psicologia alla sociologia, dall'antropologia alle scienze dell'educazione alle scienze *tout court*) irrompono con forza nel panorama culturale di massa e anche scolastico italiano.

La cultura giovanile si diffonde a macchia d'olio, intrecciando, sovrapponendo e spesso confondendo ambiti, discipline, attività.

A questo periodo risale anche l'origine di una serie di "opzioni culturali", di comportamenti e di azioni i cui sviluppi esercitano ancora oggi la loro influenza negativa: saltano molte regole, si confondono gli ambiti decisionali, le responsabilità individuali si attenuano (Rusconi, 1999).

Le contraddizioni, inizialmente accennate, si fanno evidenti: sono gli anni del terrorismo, si diffonde la "cultura della droga" ma si assiste, nel contempo, all'ampliamento della partecipazione e della sperimentazione (anche e soprattutto nella scuola).

Negli anni Ottanta permangono molte di queste contraddizioni. Sempre sintetizzando, si potrebbe dire che spesso (troppo spesso) la collegialità viene intesa non come insieme di responsabilità distinte tendenti a un fine condiviso, ma come variante aggiornata della cultura (si fa per dire!) del "condominio": tutti intervengono e decidono su tutto, in una sorta di "gran bar dello Sport" del lunedì mattina, dal quale è rigorosamente bandita ogni distinzione di competenze, di ruoli, di funzioni, di responsabilità.

Alla fine degli anni Ottanta, con l'affermarsi della globalizzazione dei mercati, la pervasiva terziarizzazione del mondo del lavoro e la conseguente emersione di bisogni formativi sempre più diversificati cominciano a echeggiare anche nella scuola slogan coniati sul binomio "qualità-autonomia", che si diffondono con forza fino ai nostri giorni.

Volgiamo ora l'attenzione direttamente alla scuola del 2000, la cui azione potrebbe essere sintetizzata nell'espressione "Vivacizziamo la formazione!", nel senso di renderla più agile, flessibile, differenziata e – al contempo – ricca di tensione culturale e di efficacia.

Vogliamo e dobbiamo essere ottimisti e propositivi. La scuola potrà e dovrà assumersi impegni incisivi di intervento educativo sulla base di una tensione etico-civile al cambiamento. In questa prospettiva si inquadra l'autonomia scolastica (Rusconi, 1998b).

L'AUTONOMIA SCOLASTICA COME RISPOSTA ALLA COMPLESSITÀ

Proviamo ora ad analizzare il perché della necessità di un passaggio da una scuola centralizzata a una di tipo autonomo.

Le domande basilari da porsi possono essere così sintetizzate: "Perché è necessario il cambiamento? Verso quali obiettivi deve indirizzarsi? Cosa dobbiamo cambiare?".

Perché il cambiamento?

Anzitutto per il mutamento dello scenario internazionale. La "sfida della complessità" si svolge in un panorama dominato dalla cosiddetta globalizzazione, dalla terziarizzazione del lavoro, dal sempre maggior peso assunto delle nuove tecnologie. Se a queste premesse aggiungiamo la consapevolezza dei limiti dello sviluppo, conseguente anche a una riduzione delle risorse a disposizione dei singoli stati per le amministrazioni pubbliche, si può ben comprendere come diventi indispensabile una crescita culturale che, pur sulla base di un utilizzo più razionale di quelle risorse, risponda a una domanda sociale di formazione più esigente (Romei, 1999).

Bisogni e necessità nuovi, più articolati e complessi, impongono una risposta differenziata in termini di offerta formativa, più attenta sia metodologicamente sia quantitativamente.

Per dirla in poche parole, parafrasando il "libro bianco" della Cresson, dobbiamo insegnare ad apprendere.

In Italia, la necessità del cambiamento è stata finora scarsamente avvertita, non solo a causa della stanca attenzione di un'opinione pubblica "distratta" da pensieri massmediologici e paraideologici, ma anche per l'alto tasso di viscosità del nostro sistema formativo, quasi sempre teso a mantenere un comodo "status quo", a costo di inefficienze e – cosa ben più grave – di inefficacia diffusa (una per tutti: la mortalità scolastica nel biennio iniziale degli istituti tecnici e professionali).

Infine, nonostante i troppi anni trascorsi dall'unica riforma sistematica della nostra scuola (quella di Gentile, naturalmente ampiamente inadeguata oggi), in mancanza di azioni concrete e di incisivi interventi, il dibattito degli "specialisti" (politici, sindacalisti, uomini di cultura) relativo ai cambiamenti è stato improntato quasi esclusivamente su basi artificiosamente ideologiche, di varia e spesso contrastante natura, viziate da preconcetti e faziosità, prive di costruttivo pragmatismo (Acone, Bertagna, Chiosso, 1993).

Negli ultimi anni, però, ha indubbiamente ripreso vigore una discussione più attenta e un fervore innovativo, per troppo tempo affievolito, ha preso piede in ambito istituzionale, sulla spinta anche della consistente trasformazione dei sistemi formativi in molte nazioni europee.

Verso quali obiettivi?

Al secondo interrogativo potremmo rispondere che è inevitabile il passaggio dalla *scuola di tutti* alla *scuola per tutti*.

Perché ciò possa realmente verificarsi, si dovranno innalzare i livelli formativi, qualificare le competenze, fornire strumenti per una società complessa. Stiamo, però, attenti a non confondere la necessità di maggiori competenze con un aumento di programmi, di contenuti, di orari scolastici, di pratica professionale.

La qualificazione sarà tanto più ampia quanto più incisivi saranno la cultura e il metodo, non la quantità di nozioni (tra l'altro, facilmente deperibili in un mondo... accelerato).

Si potrà parlare, con buona certezza, di autonomia didattica (che – sottolineo – è il fulcro di un sistema scolastico rinnovato, essendo gli ambiti organizzativo, finanziario e di ricerca finalizzati al perseguimento dell'autonomia didattica) solo in presenza di una intelligente flessibilità curricolare.

L'articolazione dei percorsi formativi dovrà essere progettata in funzione della valorizzazione delle differenze e dei relativi bisogni: mi riferisco non solo alle "normali" differenze individuali ma anche a quelle riguardanti sia il mondo dell'handicap, sia gli ambiti di multiculturalità, sia il settore dell'eccellenza (più ampio di quanto non si creda, ma stranamente negletto dal nostro sistema formativo) (Ianes, Tortello, 1999).

Differenze sono, anche e soprattutto, quelle relative al ritardo o alla mancata partecipazione, derivanti da difficoltà socio-culturali, ambientali, personali: anche a esse potrà rispondere il curriculum flessibile, in un sistema progettuale volto all'autonomia, che valorizzi, in positivo, offrendo opportunità adeguate di fronte alle iniziali differenze dovute allo svantaggio (OCSE, 1998).

Cosa possiamo/dobbiamo cambiare?

A questo punto rimane da definire che cosa dobbiamo gettare alle ortiche.

Innanzitutto il *burocratismo centralistico*, ben più radicato in tutti noi di quanto non siamo disposti a riconoscere.

In mancanza di disposizioni "dall'alto" (diciamoci la verità: troppo spesso comode e disimpegnanti) dovrà instaurarsi un'*etica del servizio* che poggi su tre basi: la *progettualità* (che sia metodologicamente efficace), la *collegialità* (che solleciti partecipazione e condivisione), la *responsabilità* (che impegni alla verifica dei risultati).

Ritengo, poi, che si debba superare una sorta di *conformismo giovanilistico*: "Tutto ciò che i giovani fanno è bello!". Si potrà, semmai, dire che "giovane è bello!" (anche se Paul Nizan non era di questo parere), ma la prima affermazione non solo è sbagliata ma è soprattutto diseducativa. In base a essa si tollerano azioni (per esempio l'occupazione delle scuole) che sono quasi sempre risultate inefficaci (hanno infatti contribuito a consolidare l'assenza di vere riforme scolastiche), dando inoltre un impulso notevole alla creazione, per così dire, di un senso di onnipotenza giovanilistica: senza particolare impegno di studio, senza la fatica della ricerca, al di là o contro la legalità e il rispetto delle regole si riesce ad attivare l'interessata e ingannevole attenzione dei media, inebriandosi del loro frastuono spettacolarizzante. Cosa c'entri tutto questo con la scuola (con la buona scuola) è da spiegare (Rusconi, 1999).

Dobbiamo (e possiamo) poi abbandonare atteggiamenti improntati a corporativismo lobbystico (un bell'esempio è dato dalle contrattazioni sindacali nel settore pubblico), a pigrizia culturale (per cui ci si adegua allo stile inefficiente e, tutto sommato, incolto e inelegante di buona parte della pubblica amministrazione), a rassegnazione (per lo più causata da un appiattimento che non valorizza la professionalità).

Date queste premesse (forse sintetizzate con eccessiva causticità), sarà possibile vincere la sfida dell'autonomia?

Molti di noi ritengono di sì. Nonostante tutto. È però necessario che le virtù dei singoli (che spesso compensano i vizi delle organizzazioni) escano sempre più allo scoperto, siano di esempio e si trasformino in virtù del sistema.

Popper sosteneva che un singolo episodio può essere di interesse generale se è "intriso di teoria".

Ebbene, molti episodi della scuola, della buona scuola, sono di tale segno. Con l'autonomia potranno esserlo ancora di più e potranno essere messi a disposizione di tutta la comunità.

IL PROCESSO DI CAMBIAMENTO

Il processo di cambiamento sistematico della scuola italiana ha paradossalmente – considerata la frequente casualità asistemica delle trasformazioni avvenute in ambito istituzionale – una data e un evento d'inizio: il 15 giugno 1995, quando fu pubblicata, sulla Gazzetta Ufficiale, la Carta dei servizi scolastici, che costituì l'equivalente del lancio di un grosso sasso (si potrebbe quasi dire di un macigno) in una stanca e immota palude di acqua stagnante (Masuelli, Rusconi, 1996).

L'iniziativa del 1995, che faceva seguito alla Direttiva Ciampi del 27 gennaio 1994 ("Principi sull'erogazione dei servizi pubblici"), è stata però vissuta, per lo più, come un'impresa dissonante con l'esistente, di vago sapore giacobino, poco attenta ai sapienti equilibrismi burocratico-sindacali che sino ad allora avevano (e purtroppo, anche se attenuati, ancor oggi hanno) dominato la scena del pianeta "formazione".

Senza il supporto di un'organica e sistematica legge di riforma della scuola, è stato facile al "partito trasversale conservatore" (uso qui il termine in senso stretto, astorico), che va dai settori meno innovativi della pubblica amministrazione a buona parte dell'opinione pubblica, dei sindacati e dei movimenti studenteschi, è stato facile, dicevo, catalizzare in un sostanziale rifiuto della Carta tutte le resistenze, i dubbi e le perplessità dei numerosi increduli di cui è ampiamente intessuta la trama del mondo scolastico (Rusconi, 1996).

È stato conseguentemente ancor più facile giungere all'inerzia, all'insabbiamento del processo di elaborazione e diffusione delle Carte, influenzati, in questo, dai comportamenti della stessa amministrazione scolastica, che non ha mai pienamente e coraggiosamente creduto in questo strumento di cambiamento, contribuendo nei fatti (anzi, spesso per mancanza di fatti) al decadimento delle possibilità di affermazione.

Un energico tentativo di rianimazione è stato compiuto, nei primi mesi del 1997, dal ministero della Pubblica istruzione, culminato in un seminario nazionale dal titolo volutamente giornalistico ("La Carta dei servizi scolastici – Per una scuola che sappia comunicare") che – nel rilanciare la tematica della e delle Carte – ne saldava le possibilità innovative alla allora freschissima legge sull'autonomia scolastica.

Giungiamo dunque a oggi (Annali della Pubblica istruzione, 1997).

I già noti atteggiamenti di aperta e preconcetta ostilità per la Carta, pervasi di perplessità deontologiche, di sospetto politico-culturale e persino di fastidio personale, sono però risorti, di lì a poco, in forte e dichiarata avversione nei riguardi di quel complesso di prospettive innovative che, per brevità, usiamo denominare con il termine "autonomia scolastica".

Se, però, era forse da attendere un rifiuto (o almeno una non benevola accoglienza) del sistema delle Carte da parte di numerose categorie della scuola (in quanto la Carta, strumento di per sé innovativo, non era in grado di risolvere in modo efficace e duraturo i problemi della scuola senza il supporto di un funzionale apparato normativo innovativo di *tutta* la scuola), bisogna osservare prima con allarmata attenzione e contrastare poi i tentativi, più o meno espliciti e dichiarati, di rallentare il processo di autonomia scolastica, nel cui ambito possono riverberarsi pienamente gli effetti previsti dal sistema "Carte dei servizi".

Dobbiamo chiederci perché e fino a che punto parole come: qualità, servizio, standard, valutazione dei risultati, risorse, utente, controllo, responsabilizzazione abbiano il potere di creare in molti un senso di disagio. Per quali motivi in molti studenti e in diversi "addetti ai lavori" sembri prevalere un riflesso quasi condizionato di pauperismo culturale, di remissiva accettazione o di ostinata difesa di un sistema organizzativo privo spesso di connotazioni modernamente decorose, farraginoso e improduttivo e di un sistema formativo spesso altrettanto inefficace (basti osservare i dati a più riprese pubblicati dall'OCSE) (OCSE, 1999).

A essi dobbiamo opporre un'impostazione ideale in base alla quale l'obbligo per ogni scuola di pubblicare documenti, la Carta per alcuni versi, il Piano dell'offerta formativa per altri, in cui si sintetizzano gli obiettivi educativi, le metodologie didattiche, le scelte organizzative, le modalità di funzionamento, di comunicazione e simili è, tutto sommato, prima ancora di un obbligo professionale, un impegno etico-civile.

Dobbiamo affermare con forza l'idea per cui chi fa formazione non dovrebbe certo esimersi dall'utilizzare, a tutto tondo, quei criteri di chiarezza, di apertura, di comunicazione diffusa che sono alla base di qualsiasi processo formativo.

Si deve ribadire l'ineludibilità di una trasformazione migliorativa della pubblica amministrazione, secondo gli esempi europei e occidentali, a causa anche della stanchezza (che in alcuni casi sfocia in una ribellione diffusa) dei cittadini verso un apparato burocratico (di cui, volenti o nolenti, la scuola statale e non statale fanno parte) mastodontico, inefficiente, supercostoso e che troppo spesso brilla per inefficacia (Bush, 1995).

Gli obiettori hanno fatto appello a tutta la vasta gamma di contestazioni che un'apparente logica stringente mette a loro disposizione. "Per quale ragione la scuola deve essere trasparente e comunicativa? Si tratta, in fin dei conti, di una professionalità prossima all'arte, che non ha bisogno, quindi, di ulteriori spiegazioni." "La *customer satisfaction*, i questionari, gli standard, le indagini statistiche, i reclami e quant'altro: vogliamo forse trasformare la scuola in un'azienda, dimenticando che non si producono auto o surgelati, ma si ha a che fare con impalpabili dinamiche di natura spirituale?"

Non tutti, non tutte le scuole e i docenti hanno, fortunatamente, risposto in questo modo che – sia pur ironicamente enfatizzato – è però prossimo in diversi casi alla realtà.

Molti istituti, molti dirigenti, insegnanti e direttori amministrativi, numerosi genitori e studenti hanno visto prima nella Carta dei servizi e, ancor più, nella successiva legislazione autonomistica l'avvio di un processo di trasformazione e di rinnovamento del sistema scolastico italiano.

Una complessa Direttiva del ministro della Pubblica istruzione (n. 133/96), nel delineare le condizioni di apertura degli istituti alle esigenze sociali del territorio, affermava la funzione della scuola come centro di promozione culturale e civile e insisteva sulle iniziative complementari e integrative che possono inserirsi nell'iter formativo degli studenti.

Sia pure con modalità di attuazione complicate e non sempre efficaci, nella Direttiva si sottolineava la necessità di un curriculum scolastico non rigido, né tassativamente precostituito per ogni studente. Tutto ciò preludeva alla vera e propria rivoluzione che, per brevità, siamo soliti chiamare "autonomia scolastica".

Eccoci dunque al marzo 1997, quando il parlamento approva la legge 59 che contiene le linee-guida dell'autonomia affidando ad altri successivi provvedimenti (regolamenti, decreti, altre leggi) il compito di portare a compimento il disegno complessivo di rinnovamento della scuola italiana.

Addentrandoci nei particolari, possiamo osservare come nell'articolo 21 della legge si mettano in particolare risalto tre aspetti: uno relativo all'autonomia finanziaria e amministrativa, l'altro riguardante l'autonomia di ricerca, di sperimentazione, di sviluppo e, infine, il terzo concernente l'autonomia didattica e organizzativa (Pajno, 1997; Drago, 1998).

Riconoscendo alle scuole l'autonomia finanziaria e amministrativa, il legislatore è partito dalla considerazione secondo cui l'attuale affastellarsi di norme-laccioli, di divieti insensati, di limitazioni, in qualche caso ridicoli, ha per troppi anni appesantito la gestione amministrativo-contabile delle scuole, determinando sprechi di risorse, ritardi, inefficienze.

Con una nuova regolamentazione amministrativo-contabile, più agile, moderna, europea in senso ampio, sarà possibile avviare una gestione più efficace e rispondente ai reali bisogni degli istituti scolastici.

La sottolineatura della necessità di sviluppare, all'interno di ogni scuola e tra scuole consorziate in rete, condizioni e atteggiamenti di ricerca e di studio è funzionale al contestuale riconoscimento dell'autonomia didattica: quest'ultima, infatti, non potrà essere efficacemente praticata qualora non abbia l'indispensabile sostegno di una costante e sistematica metodologia di ricerca relativa ai metodi, agli strumenti, ai contenuti connessi agli obiettivi formativi che la scuola si propone di raggiungere (Cenerini, Drago, 2000; Romei, 2001).

L'autonomia didattica e organizzativa, infine. Si tratta dell'elemento centrale dell'innovazione, del cuore del cambiamento.

Tralasciamo, per economia di scrittura (non certo per importanza), gli aspetti meramente organizzativi (intendendo, con ciò, quelli relativi all'organizzazione delle risorse, delle persone ecc.) e concentriamoci sugli aspetti didattici (Rusconi, 2001).

Se volessimo condensarli in una formula, sintetica e pregnante, potremmo dire: l'autonomia didattica consiste nella flessibilità curricolare.

Si potrà dunque impostare, per la prima volta su larga scala, un curriculum rispondente alle necessità formative di ogni studente, abbandonando l'attuale, sempiterno curriculum monolitico.

Sinora, nel nostro paese, tutti gli studenti delle stesse classi dello stesso tipo di scuola sono stati trattati allo stesso modo: stesse materie, stesse ore di insegnamento, stessa classe ecc. Come se (si passi il confronto) in un ospedale si desse aspirina a tutti i malati, a prescindere dalle caratteristiche nosografiche di ognuno. Né si può obiettare che, in effetti, il curriculum flessibile è stato praticato (specialmente nelle scuole superiori) grazie alle sperimentazioni. È facile infatti rispondere che:

1) non si è quasi mai trattato di sperimentazioni, nel significato pieno del termine (non ha senso parlare di sperimentazione del bilinguismo o della storia dell'arte);

2) l'unico esempio di flessibilità curricolare vera e propria, in tutti questi anni, è stato introdotto esclusivamente per gli alunni portatori di handicap (profilo dinamico-funzionale e piano educativo individualizzato).

Grazie all'autonomia didattica è, invece, possibile offrire agli studenti un curriculum di studi modulato sulle loro esigenze diversificate, accostando a un nucleo fisso di discipline fondamentali una serie di discipline e attività integrative e aggiuntive (con possibilità di scelta da parte delle famiglie) che consentirà una vera individualizzazione dell'iter formativo di ogni ragazzo.

Sulla base di questo assunto preliminare, muteranno profondamente le attuali condizioni di base della scuola italiana, riassumibili nelle condizioni classe fissa, orario rigido, stato giuridico del personale non flessibile.

Si dovranno invece determinare le premesse da cui derivino gruppi disciplinari di alunni, orario flessibile, stato giuridico del personale funzionale agli obiettivi della scuola. Con la realizzazione del processo autonomistico complessivo, la scuola italiana potrà rivelarsi più capace di rispondere alle esigenze formative dei nostri bambini/giovani.

IL CAMMINO DA PERCORRERE

Vale la pena, a questo punto, di chiederci come si possa agire, istituzionalmente, sulla scuola per il suo *miglioramento* attraverso una serie di azioni sistematiche, funzionali a un sistema formativo autonomo.

Anzitutto occorre lavorare per la *formazione del personale*, soprattutto docente e dirigente, sia di quello in servizio sia di quello che verrà.

Per quanto riguarda i capi d'istituto, appare impostata su buone basi metodologiche e su qualificanti contenuti la loro formazione a dirigenti scolastici, che costituisce inoltre un precedente di gran peso per la selezione dei futuri dirigenti (Masuelli, 1999).

Per i docenti futuri è irrinunciabile la formazione universitaria, con forte accentuazione psicopedagogica, e non vanno certo in questa direzione le sanatorie pseudoconcorsuali, deprofessionalizzanti che, riesumando in parte famigerati provvedimenti "ope legis", vanificano di fatto i seri tentativi di collaborazione tra università e scuola.

Da parte loro, tutti gli altri operatori già in servizio attendono, da decenni, un sistematico e continuativo intervento formativo-aggiornativo, non legato cioè (come accade spesso) alla casualità delle proposte e delle situazioni, all'estemporaneità culturale di molti, troppi, cosiddetti formatori.

Svincolato da risibili legami burocratico-sindacali, ancorato a una valutazione della preparazione acquisita, reso metodicamente funzionale all'attività professionale dei docenti.

Infine, l'impianto normativo autonomistico deve essere ancora completato da atti d'impegno che potranno rendere effettivamente "praticabile" la progettualità autonoma delle singole scuole, per troppo tempo compressa da mastodontiche e inefficienti strutture burocratiche e da insensati laccioli amministrativo-sindacali (Rossi, 1997; Russo, 1998).

A oggi, infatti, il riordino dei cicli scolastici è privo di quei contenuti programmatici e organizzativi dalla cui efficacia e incisività dipenderà il rinnovamento del "fare scuola" in Italia. Altrettanto incerti gli sviluppi della normativa sulla cosiddetta parità scolastica (scuola statale/scuola non statale) e la sorte dei "saperi essenziali", tutte tessere indispensabili per una definizione concreta della riforma della scuola.

Se – come è auspicabile – l'avviato processo di costruzione dell'autonomia si svilupperà con cadenze tempestive e con soluzioni razionali, nelle scuole potrà crearsi, rinforzarsi, ampliarsi quell'atmosfera di propositività culturale, di responsabilizzazione professionale e di efficacia formativa necessaria per uscire dalle secche in cui siamo da anni impantanati (Rembado, Petrolino, 1997).

Come già accennato, solo in un chiaro contesto autonomistico sarà infatti possibile impostare l'azione educativa sulla base delle metodologie della *flessibilità curricolare*, partendo dal rilevamento dei livelli di partenza, tenendo conto dei bisogni formativi di ognuno, valorizzando le differenze individuali (anche nell'accezione dell'eccellenza, da sempre – come già accennato – colpevolmente trascurata nel nostro paese) e le caratteristiche socioculturali locali.

Il curriculum degli studenti italiani (mi riferisco soprattutto alla scuola secondaria) è superato e anacronistico non solo per mancate o incomplete riforme di contenuti programmatici e ambiti disciplinari, ma anche per la sua statica monoliticità e per la mancanza di un'organizzazione modulare (basata cioè sull'acquisizione di competenze relative a moduli disciplinari indipendenti).

Solo con l'affermazione del curriculum flessibile si potrà sperare di sanare gran parte delle attuali aporie nella formazione degli studenti.

In quest'ottica di flessibilità dovrà dunque risultare non episodico (come ora avviene) l'impegno a rinsaldare i rapporti tra la scuola e la famiglia, rivolgendo, anzi, sempre maggior attenzione professionale alla relazione educativa e comunicativa tra genitori e figli, in collaborazione e sintonia con le strutture psicopedagogiche del territorio, siano esse pubbliche o private, avviando convenzioni con strutture o singoli (nell'ottica di un efficace servizio di psicologia scolastica).

Evitando, auspicabilmente, l'ennesima burocratizzazione del problema quale deriverebbe dalla istituzionalizzazione dello psicologo/baby-sitter, impiegato scolastico di stato e controparte dei docenti (Rusconi, 1999).

Due osservazioni finali. Non contribuirà, di certo, alla valorizzazione delle potenzialità formative delle scuole una soluzione legislativa riguardante i futuri *organi di governo* interni che ne moltiplichi le sedi, le funzioni, la rappresentatività, intrecciando, sovrapponendo, affastellando e complicando. Confondendo le istanze di rappresentatività con gli ambiti di competenza tecnico-professionale.

La scuola ha bisogno di chiarezza e linearità, non di confusione preludente a conflitti e contenziosi aggravati rispetto al presente.

Lo *stato giuridico del personale*, infine. Mi riferisco soprattutto ai docenti. Attualmente la loro, dobbiamo avere il coraggio di dirlo, è una semiprofessione, femminilizzata ("absit iniuria verbis"), a tempo parziale.

Estremizzando, si potrebbe sostenere che la professione di docente è solo complementare al vero impegno primario, quello di natura familiare, intendendo con ciò gli obblighi e le cure verso la propria famiglia. Alla scuola va ciò che avanza da questo vero, primo lavoro.

Una scuola attenta alle diversità (siano esse di formazione di base, di estrazione sociale, di origine etnica o quant'altro) che voglia democraticamente valorizzarne alcune o rimuoverne altre richiede maggior lavoro: più tempo dedicato alla ricerca, alla discussione in team professionali, alla realizzazione di interventi, alla valutazione della loro efficacia.

Ciò significa valorizzazione delle professionalità (a quando vere "figure di sistema" su base professionale?), sistemi di controllo e valutazione, differenziazione e progressione di carriera, modelli di management scolastico (Bush, 1995; Petracca, 1997; IRRSAE Lombardia, 1998; Serra, 2000).

L'attuale stato giuridico e i contratti di lavoro (con la loro statica definizione delle "mansioni" e l'insensata, predeterminata monoliticità degli orari di servizio) contrastano con tutto ciò.

Sappiamo però che non possiamo più permetterci una moltitudine di scuole chiuse alla didattica di pomeriggio e per circa tre mesi d'estate, lontane dalle metodologie della ricerca-intervento, insensibili alle problematiche dell'autodiagnosi di istituto, della valutazione delle prestazioni dei docenti, della rendicontazione delle proprie azioni.

I nostri discorsi sulla lotta al disagio scolastico, alla dispersione, alla devianza giovanile, alla tossicodipendenza scadono in noiosa, stancante retorica se non si creano le condizioni, di norma e di fatto, per avviare una vera rivoluzione del sistema formativo italiano, cercando di recuperare il tempo perduto rispetto ai nostri partner europei. In sintesi, dopo l'entrata nell'unione monetaria, avviato il risanamento dei "fondamentali" dell'economia, non sarebbe opportuno ora concentrare notevoli sforzi verso la ricostruzione, in senso moderno, del nostro sistema formativo?

Il complesso delle riforme scolastiche, se vorrà raggiungere gli obiettivi dichiarati, dovrà intaccare posizioni corporative, difese di piccoli o grandi privilegi, interessi consolidati, incrostazioni burocratiche, disinteresse culturale.

Il rapporto elaborato dall'OCSE sulla politica nazionale dell'istruzione in Italia, presentato nel 1998 al forum della pubblica amministrazione, ci raccomanda di proseguire con fermezza e speditezza verso il rinnovamento della scuola e della formazione in genere (intesa anche come educazione permanente degli adulti), pena la perdita di influenza tra gli stati sviluppati e un appannamento della nostra identità culturale (OCSE, 1998).

Le future iniziative parlamentari, ministeriali e contrattuali ci diranno se il cambiamento avviato avrà probabilità di pieno successo o si sacrificheranno, ancora una volta, i valori di identità delle società evolute ai valori di appartenenza che contraddistinguono le società arretrate.

UNA SCUOLA SENZA FRONTIERE

Il processo di costruzione dell'autonomia scolastica, nonostante le incertezze già rilevate, deve essere considerato, per i suoi dichiarati obiettivi, una riforma globale e radicale, sia delle strutture di funzionamento sia degli ordinamenti. In ciò si diversifica, dunque, nettamente dalla riforma Gentile, che tendeva a perfezionare gli ordinamenti, lasciando però inalterate le strutture di funzionamento (rispondenti a una logica organizzativa di tipo amministrativo-burocratico, che deprimeva la diversificazione e la valorizzazione delle professionalità formative, la cui pregevolezza era affidata all'impegno e al senso di responsabilità del singolo). Le nuove prospettive di sviluppo dell'attuale società (caratterizzata da un'economia che vede prevalere il terziario sulle attività industriali e agricole) hanno imposto infatti le linee di una riforma capace di incidere su tutto il sistema formativo, nella consapevolezza che la separatezza tra cultura del lavoro e cultura scolastica, tra sapere tecnico e sapere scientifico sia un retaggio tardo-ottocentesco, causa diretta di ritardi e di insuccessi non solo scolastici (Crema, Pollini, 1989; Somaini, 1997).

Sulla base di queste sintetiche premesse si è originata la discussione, interna ed esterna al mondo scolastico, sul confronto e sul raccordo tra formazione a scuola e formazione per tutto l'arco della vita, tra formazione professionale e istituzione scolastica, tra crediti scolastici e crediti formativi, tra mondo del lavoro e istituzioni formative. Per rimuovere queste anacronistiche (ma, tutto sommato, comode per molti) dicotomie è opportuno ragionare nei termini di un sistema educativo aperto e integrato con il mondo del lavoro, delle professioni, delle aziende, delle Università e della ricerca, la cui principale finalità consista nel superamento di una situazione di fatto altamente preoccupante, per la grande percentuale di abbandoni nei primi due anni delle scuole superiori, per il successivo insuccesso di due studenti su tre all'Università, per la rigidità di una formazione complessiva dello studente staccata dal mondo delle professioni, per l'incapacità (per dirla tutta) della scuola di interpretare e soddisfare le nuove, molteplici e differenziate esigenze di formazione, costantemente avanzate da una società complessa, socialmente e culturalmente sempre più diversificata (AA.VV., 1989).

Nel ridisegnare (come sinteticamente descritto nelle pagine precedenti) il sistema formativo del nostro paese deve essere ben chiaro però che in un contesto (non solo nazionale) in continua trasformazione non è pensabile predisporre un'offerta formativa per lo più quantitativamente variata, ricca solo di aggiunte contenutistiche (che andrebbero ad appesantire il già gravoso curriculum monolitico della scuola preautonoma), attenta al cambiamento soprattutto nella dimensione di "moda delle discipline in voga" in una sorta di bulimia didattico-disciplinare. Due sono, a mio avviso, gli architravi sui quali poggiare la costruzione della nuova scuola. Il primo, sicuramente il più complesso elemento di trasformazione, può essere individuato nella definitiva accettazione, culturale e professionale, e nella conseguente valorizzazione delle competenze metodologiche e progettuali, sia degli studenti sia dei docenti. "Insegnare a imparare", come ricordato, deve costituire lo slogan parenetico dell'autonomia scolastica, che ci deve spronare ad abbandonare gli atteggiamenti burocratico-didattici, che squalificano la scuola, ne delegittimano l'immagine agli occhi dell'opinione pubblica, sono sostanzialmente inefficaci nei risultati individuali e sociali. A un sapere, non solo tecnico-scientifico, sempre più ampio, variegato, a volte – diciamolo pure – imprevedibile sulla base della tradizionale formazione di ognuno di noi non si può rispondere nei termini di una competizione di corsa veloce i cui traguardi sarebbero talmente numerosi, distanziati e – soprattutto – mobili da vanificare gli sforzi dell'atleta più preparato. La scuola deve, invece, attrezzarsi e riformarsi basandosi su un "habitus" mentale di progettualità metodicamente impostata e metodologicamente valida, capace di rispondere a (quasi) tutte le sfide concettuali che la società le impone e propone. Con minor quantità di nozioni, materie, ambiti disciplinari (il cui studio è stato, spesso, fine a se stesso), ma con più ricca versatilità metodologica, con maggiore chiarezza di obiettivi e sinteticità espressiva, con più approfondita capacità comunicativa, con solerzia critica e impegno individuale più liberi e apprezzabili. In poche parole, la riforma autonomistica come riscoperta e valorizzazione del senso di responsabilità di tutti (studenti e docenti "in primis") e di una professionalità (soprattutto docente) già conosciuta nella scuola italiana, ma episodica, socialmente poco considerata, a volte fastidiosa per i più, compresi, naturalmente, studenti e genitori (Romei, 2001).

Il secondo architrave della nuova scuola è rappresentato da un fenomeno per fortuna abbastanza diffuso (anche se in forme a volte corrive a mode massmediologiche e consumistiche). Mi riferisco all'apertura alle esigenze del territorio, vale a dire alla capacità di esprimere una proposta formativa qualificata, in grado di articolare una pluralità di percorsi curricolari flessibili, attenti ai bisogni del singolo studente, funzionali alle richieste che emergono dalla società, strutturati e condotti in collaborazione con i soggetti formativi della realtà locale, raccordati con le varie iniziative presenti sul territorio. In sintesi, la scuola, le varie scuole dovranno tendere a trasformarsi da appendici locali di un sistema ottocentesco improntato su basi burocratico-amministrative (in seguito mutatosi in un ircocervo burocratico-sindacale che ne ha ulteriormente ridotto la capacità progettuale e l'efficacia formativa) a centri di formazione permanente, attenti a utilizzare tutte le risorse culturali e materiali del territorio, capaci di trovare interlocutori, di proporre iniziative coerenti e innovative, sensibili a valorizzare le differenze dei singoli (studenti, ma anche docenti) ma anche quelle emergenti dalla società. Il tutto nella logica, come dicevamo, di un sistema formativo integrato, capace cioè non solo di estendersi e aprirsi ai bisogni dell'esterno, ma anche di portare al proprio interno, all'attenzione dei suoi interlocutori privilegiati (gli studenti e i docenti) le richieste che emergono dal territorio, in una logica di collaborazione tra scuole e altre istituzioni (Strada, Galgano, 1998).

La realizzazione di un insieme territoriale integrato, che veda l'istituzione scolastica svolgere una funzione di promozione e raccordo in sinergia con il territorio, è coerente e funzionale alle ampie prospettive di innovazione del sistema formativo presupposte dalla normativa autonomistica. La forte complessità dei problemi di istruzione richiede infatti un'adeguata risposta in termini formativi, che vedrà ogni istituto impegnato nell'autonoma elaborazione di linee di politica scolastica, anche in riferimento a esigenze di politica sociale e di qualità del servizio. Un impegno ridefinito in questa prospettiva va nella direzione del rafforzamento del senso di identità dell'istituto e del senso di appartenenza di alunni e operatori. Il servizio così offerto dalla scuola (o, è auspicabile, da reti di scuole consorziate anche in senso verticale dalle elementari alle superiori) che si collega e interagisce con altri enti non può, naturalmente, prescindere da un'attenta analisi dei bisogni del territorio che tenga conto del contesto normativo in cui si opera e delle priorità su cui far convergere le azioni. In questo ambito è opportuno fare riferimento sia ai bisogni formativi degli studenti, dei docenti, degli impiegati scolastici e dei dirigenti, sia ai bisogni formativi degli adulti, per predisporre interventi, per esempio, per l'orientamento scolastico e professionale, per l'aggiornamento professionale e tecnico, per la formazione al lavoro, per l'educazione degli adulti, degli alunni stranieri, dei bambini e dei giovani in situazione di handicap. La costruzione di una rete di soggetti che operano nella logica di un sistema formativo integrato persegue, infatti, le finalità di creare occasioni di formazione culturale e professionale nell'ottica dell'educazione permanente, di contribuire allo sviluppo dell'imprenditorialità personale, di favorire l'integrazione dei gruppi a rischio di emarginazione. Le scuole potranno, dunque, intervenire con azioni consapevoli e programmatiche, con il concerto e il coinvolgimento di una pluralità di soggetti territoriali (pubblici e privati) per utilizzare al meglio le risorse locali e rendere più efficaci gli interventi formativi diretti sia ai propri studenti sia al mondo esterno. La normativa (e la conseguente pratica) autonomistica costituiranno l'ambito delle regole e delle decisioni funzionali al raggiungimento di questi obiettivi (AA.VV., 1998).

In poche parole, si tratta di passare da una vita di scuola, spesso stancamente ripetitiva, a una scuola di vita, a una scuola senza frontiere predeterminate che impediscono di crescere personalmente e socialmente. Ben consapevoli che una modalità aperta, armonica e intelligente di formazione troverà difficoltà, impedimenti, ostacoli, avversioni, contrasti. A essi dovremo imparare a contrapporre una pervicace fiducia nel cambiamento migliorativo della realtà attuale, senza illusioni di unanimi consensi. Winnicott (1968) sosteneva che crescere è, di per sé, un atto aggressivo. Una scuola che cresce e matura provoca in molti dissapori e sgomento. L'importante è non cedere alle ovvietà, ma confidare ragionevolmente sull'ampliamento delle prospettive, culturali e professionali, per le nuove generazioni.

BIBLIOGRAFIA

AA.VV. (1989), *Il sistema formativo integrato*. EIT, Teramo.

AA.VV. (1998), *L'autonomia scolastica*. ITER, Treccani, Roma.

ACONE, G., BERTAGNA, G., CHIOSSO, G. (1993), *Paideia e qualità della scuola*. La Scuola, Brescia.

ANNALI DELLA PUBBLICA ISTRUZIONE (1997), *La carta dei servizi scolastici*. Le Monnier, Firenze.

BUSH, T. (1995), *Manuale di management scolastico*. Tr. it. Erickson, Trento 1996.

CENERINI, A., DRAGO, R. (2000), *Professionalità e codice deontologico degli insegnanti*. Erickson, Trento.

CREMA, F.E., POLLINI, G. (1989), *Scuola, autonomia e mutamento sociale*. Armando, Roma.

DRAGO, R. (1998), *Carta della scuola e innovazione*. Erickson, Trento.

IANES, D., TORTELLO, M. (1999) (a cura di), *La qualità dell'integrazione scolastica*. Erickson, Trento.

IRRSAE LOMBARDIA (1998), *Quali figure di sistema per l'autonomia*. IRRSAE Lombardia, Milano.

MASUELLI, M. (1999), "Quale tipo di dirigente nelle scuole autonome?" In AA.VV., *Il dirigente scolastico*. Giunti, Firenze.

MASUELLI, M., RUSCONI, M. (1996), *La carta dei servizi della scuola*. ANP, Roma.

OCSE (1998), *Esami delle politiche nazionali dell'istruzione*. Armando, Roma.

OCSE (1999), *Gli indicatori internazionali dell'istruzione*. Armando, Roma.

PAJNO, A. ET AL. (1997), *L'autonomia della scuola*. La Scuola, Brescia.

PETRACCA, C. (1997), *Valutazione della scuola*. La Scuola, Brescia.

REMBADO, G., PETROLINO, A. (1997), *Interventi didattici ed educativi integrativi*. La Scuola, Brescia.
ROMEI, P. (1999), *Guarire dal "mal di scuola"*. La Nuova Italia, Firenze.
ROMEI, P. (2001), *L'autonomia delle scuole*. RISA, Roma.
ROSSI, N. (1997) (a cura di), *L'istruzione in Italia: solo un pezzo di carta?* Il Mulino, Bologna.
RUSCONI, M. (1996), "Verso una scuola di qualità. Carta dei servizi e autonomia gestionale e formativa". In *Sviluppo e organizzazione*, n. 5/6, ESTE.
RUSCONI, M. (1998a), "Dalla scuola di tutti alla scuola per tutti". In *Rinnovare la scuola*, 2.
RUSCONI, M. (1998b), *Per un'etica del cambiamento: autonomia scolastica e rinnovamento della scuola*. Erickson, Trento.
RUSCONI, M. (1999), "Disagio scolastico o disagio della scuola?". In *Psicologia dell'educazione e della formazione*, 1.
RUSCONI, M. (2001), *La cartella del docente*. RISA, Roma.
RUSSO, L. (1998), *Segmenti e bastoncini*. Feltrinelli, Milano.
SERRA, L. (2000), *Cultura organizzativa e autovalutazione*. Armando, Roma.
SOMAINI, E. (1997), *Scuola e mercato*. Donzelli, Roma.
STRADA, G., GALGANO, C. (1998), *La scuola con il bollino*. Elemond, Milano.
WINNICOTT, D.W. (1968), *Sviluppo affettivo e ambiente*. Tr. it. Armando, Roma 1970.

2

I SAPERI IRRINUNCIABILI

Sergio Neri

RIFLESSIONI SU SCUOLA, RIFORME, BAMBINI E DINTORNI

Per poter riflettere sulla qualità e sull'efficacia dei cambiamenti proposti o posti già in essere nella scuola italiana alla fine del millennio è opportuno analizzare com'è la scuola oggi, da quali norme è regolata, quali sono quelle in discussione e che mutamenti sono in corso.

Queste considerazioni possono essere utili anche per valutare e approfondire i contenuti del documento prodotto dalla Commissione dei saggi, insediata dal ministro della Pubblica istruzione, sui saperi irrinunciabili e sui nuovi curricula scolastici.

In sostanza potremmo sviluppare questa riflessione secondo le direttive di tre quesiti:

1) dove sta andando di fatto la scuola in Italia e in Europa, quali sono le grandi direzioni di marcia?

2) che idea di scuola emerge oggi in Italia dopo l'approvazione dell'autonomia scolastica, la nuova dirigenza, all'interno del riordinamento dei cicli scolastici e dei nuovi documenti che sono usciti a livello europeo riguardanti il rapporto tra scuola e mondo del lavoro?

3) che cosa insegnare oggi, che cosa è opportuno e che cosa vale la pena di insegnare soprattutto nella scuola di base?

Ci si può chiedere ancora che cosa significhi oggi andare verso curricula nuovi, programmi nuovi, una tavola di saperi essenziali, senza dimenticare da un lato il bisogno di ritrovare a scuola la serenità del proprio lavoro e dall'altro quali sono i nuclei essenziali su cui fare i conti oggi, tenendo presente come sono cambiati i bambini. Si corre il rischio cioè che nel gran parlare di autonomia di riordino dei cicli, di nuova dirigenza ecc., ci si dimentichi che a scuola c'è un ragazzino che è fatto in un certo modo, concretamente, ha una serie di aspettative, di bisogni, vive in una certa famiglia e in un certo contesto sociale e probabilmente chiede, si attende, o dovrebbe avere, dalla scuola un certo tipo di risposte.

Cosa è avvenuto in questi ultimi anni nella scuola?

Si sa che abbiamo situazioni molto diverse nei diversi gradi scolastici; di fatto, però, in questi ultimi dieci anni, a partire dalla fine degli anni Ottanta, si sono messe in moto esperienze molto importanti: sono stati varati i nuovi programmi della scuola elementare e poi una riforma, non ancora completata, e con parecchie difficoltà all'interno, di riorganizzazione delle classi per moduli, con modifiche dell'organico funzionale, con il problema di troppi insegnanti sullo stesso gruppo di alunni.

Nel settore della scuola dell'infanzia vi sono stati i nuovi orientamenti nel 1991 e ancora mancano ordinamenti congruenti rispetto a quanto varato dieci anni fa. Vi sono poi state varie vicende legate alla valutazione: di volta in volta abbiamo avuto nuovi tipi di griglie e relative schede di valutazione e abbiamo finito per dimenticarci chi si valutava, lavorando molto per ridurre lo sforzo e la fatica legati alla valutazione, con forti dubbi che essa abbia contato a farci capire come insegnare meglio a scuola.

Alla fine degli anni Novanta si è avviata per la scuola una stagione di grandi dichiarazioni d'intenti, alcune delle quali sono state seguite da disposizioni concrete, altre sono rimaste dei grandi proclami.

Da un lato, si è avviata l'autonomia scolastica, e quello dell'autonomia è il provvedimento in fase più avanzata, tale da non poter più tornare indietro, ma non ancora giunto a compimento.

Nello stesso tempo vi sono stati annunci molto importanti quali, per esempio, il disegno di legge sul riordino dei cicli, un disegno di legge che, se andasse in porto così come è scritto, cambierebbe l'intero sistema scolastico. Fra i cambiamenti più importanti vi sarebbe l'ampliamento dell'obbligo, che comporterebbe non la scomparsa della scuola media ma, di fatto, il suo troncarsi in due filoni, uno che rientrerebbe in un ciclo primario della durata di sei anni, l'altro in un ciclo secondario della durata di altri sei anni; si ripenserebbe il sistema scolastico in due ordini, uno primario e uno secondario e una scuola dell'infanzia di cui l'ultimo anno dovrebbe diventare obbligatorio.

L'altro dato, sempre all'interno di questa riforma dei cicli, sarebbe un deciso spostamento di contenuti nuovi in modo tale che la somma dei segmenti scolastici avuta sinora verrebbe fortemente ripensata. In particolare ci si riferisce ai contenuti di certe discipline affrontati alla scuola elementare, poi alla scuola media, poi alle superiori, con l'urgenza di affrontare l'argomento ogni volta nei diversi ordini perché non si sa se quel ragazzo avrà poi l'occasione di incontrarlo ancora, dalla storia romana alla geografia d'Italia e via ripetendo...

Altro elemento dirompente, per la nostra tradizione scolastica, è quello che porta la conclusione del ciclo secondario a 18 anni di età, in linea con gli altri paesi europei, e che prevede la frequenza in parte all'interno della scuola e in parte nei luoghi di lavoro, in modo tale che tutta la costruzione dell'obbligo scolastico sarebbe giocata un po' dentro e un po' fuori la scuola, attraverso un sistema misto di crediti, di percorsi variegati, in cui la scuola interverrebbe solo alcuni giorni la settimana, in altri giorni vi sarebbero altre attività in altri luoghi, al fine di non perdere precocemente i ragazzi. Si tenga conto che nel sistema scolastico attuale si perde, nel biennio della scuola superiore, il 40 per cento dei ragazzi che, a suo tempo, sono entrati in prima elementare. Ovviamente si perdono quelli che più avrebbero bisogno di frequentare la scuola.

RISCHI E VANTAGGI DELL'AUTONOMIA SCOLASTICA

L'attribuzione dell'autonomia alle istituzioni scolastiche sta portando al riassetto e al riordino delle stesse, riscrivendo la geografia delle scuole, in modo tale da avere circoli o istituti secondo uno standard intorno ai 500/600 alunni; la conta dei circoli non avverrebbe più sulla base del numero degli insegnanti ma su quello degli alunni, cambiando anche la situazione numerica dal punto di vista degli organici. Soprattutto, però, si avrebbero istituzioni scolastiche autonome: questo è il nodo che presenta più innovazioni, forse maggiori rischi ma anche un fascino superiore. Infatti, così come funziona oggi, anzi così come *non* funziona oggi, la struttura scolastica statale giocata e centrata sul ministero della Pubblica istruzione non può più andare avanti: dopo il Pentagono, il ministero della Pubblica istruzione italiano è la più grande industria che esista al mondo. Gestito a Roma, attraverso una struttura ministeriale che risale all'inizio del ventesimo secolo, non risponde più al bisogno dei cittadini di avere un servizio di qualità.

La legge n. 29, detta legge Bassanini, propone che molti poteri e compiti oggi assegnati al centro, e per centro si intende il ministero, vengano delegati e trasferiti alla periferia. Questa legge non riguarda solo la scuola ma tutte le istituzioni pubbliche; siamo quindi di fronte a un trasferimento di compiti e poteri dal centro ai comuni, alle province, alle regioni, alle ASL, alle istituzioni scolastiche, cambiando radicalmente una struttura piramidale costituita dal ministero, dai provveditorati agli studi e via a scendere.

Il concetto alla base di questa innovazione è che l'istituzione scolastica – intesa come servizio così per esempio come l'istituzione sanitaria – sia più vicina a chi riceve il servizio, in modo tale da un lato da uscire dall'idea di uniformità di un servizio secondo moduli stabiliti a Roma, dall'altro di trasferire responsabilità a chi direttamente eroga il servizio, rispondendo della sua qualità sia al cittadino che usa il servizio sia a quelle istituzioni che si stanno approntando a livello regionale e nazionale, cioè le agenzie per la valutazione della qualità. Per quanto riguarda la scuola occorre uscire dall'idea che la qualità consista nella sua procedura. Arriva una circolare, eseguo ciò che vi è scritto (che il più delle volte è in contrasto con la normativa vigente), ho fatto il mio dovere avendo applicato la circolare, al di là dei risultati ottenuti. Il nuovo messaggio è: "Non devi più seguire le circolari, le procedure indicate dalle circolari, ma puntare al risultato; se tra le procedure indicate dalla circolare e il risultato non c'è congruenza, prevale il risultato". Si tratterà di trasferire tutta l'attenzione sui risultati dando garanzie, per la scuola di base, che essi siano congruenti a livello nazionale, ci siano, cioè, dei risultati stabiliti da raggiungere a livello nazionale al termine di percorsi i cui tempi, modi, forme, vengono lasciati alle istituzioni scolastiche locali. Si chiede, però, alle istituzioni scolastiche autonome di non sentirsi autosufficienti.

Vi sono molti rischi nell'autosufficienza. Gestire come istituzione scolastica tutto quanto il servizio, dagli insegnanti, ai contenuti, alle procedure, ai risultati, costruendo un buon lavoro all'interno, chiudendosi nella propria autonomia. L'autonomia può essere vincente se si opera in una rete di soggetti educativi quanto più ampia possibile, costruendo alleanze con le famiglie e con le altre istituzioni che nel territorio svolgono, in qualche modo, funzioni educative: l'ente locale, la parrocchia, le associazioni ricreative e sportive...

Bisogna, però, fare attenzione a due cose. Per primo occorre definire i compiti di ciascuno con esattezza: per quanto riguarda la scuola si tratta di liberarsi da una iper-responsabilizzazione di cui è stata caricata in questi ultimi quindici anni. Alla scuola è stato chiesto di tutto: qualsiasi cosa sia accaduta, alla scuola è stato richiesto di porvi riparo. Qualsiasi guaio capiti nel nostro paese, immediatamente ci si chiede: "Perché la scuola non ha fatto un corso di...?". Ora la prima richiesta da fare alla scuola è che essa individui un proprio terreno di lavoro, il campo di cui è responsabile, e che non sia chiamata a rispondere di tutto. Individuare un proprio campo di responsabilità non vuol dire chiudersi: vuol dire avere chiara l'idea di ciò che contraddistingue l'istituzione scolastica rispetto alle altre istituzioni, ma contraddistinguere non vuol dire separare rispetto, per esempio, alla famiglia, chiamata, anzi, ad assumere la propria funzione educativa. A volte come operatori scolastici siamo chiamati a intervenire al di là del nostro compito: nessuno può sottrarsi ai propri compiti e solo assumendoli con chiarezza si può risponderne fino in fondo. Quando ci viene chiesto di tutto si è autorizzati di fatto a non rispondere di niente.

Individuare con chiarezza il proprio campo d'azione significa circoscrivere la specificità dell'istituzione scolastica. Cos'è la scuola? Qual è il tipo di educazione, di informazione, di istruzione che essa deve fornire? Se non riusciamo a definire queste specificità l'autonomia può diventare un luogo di chiusura; non ci sarebbe respiro, verrebbero a mancare quegli orizzonti culturali di cui c'è assolutamente bisogno, non si riuscirebbero a creare alleanze con il territorio e le sue propaggini istituzionali, senza mescolanze, sovrapposizioni, senza invasioni di campo e interferenze.

LA QUALITÀ E LA PASSIONE DELL'INSEGNARE

Sinora, rispetto al tema dell'autonomia, abbiamo toccato i problemi della responsabilità, della non autoreferenzialità, della non autosufficienza. Vi è un altro aspetto molto importante dei cambiamenti che si innescano con l'autonomia: quello della competenza e della qualità. C'è un forte bisogno di investire sugli insegnanti, sui dirigenti scolastici, sulle strutture (edifici) e sulle strumentazioni: l'idea di poter fare riforme a costo zero non sta in piedi. Quest'idea l'abbiamo già incontrata negli anni Novanta con il fondo per la scuola elementare ed è ricorrente.

Per quanto riguarda la qualificazione degli insegnanti, è partito il corso quadriennale di formazione universitaria per gli insegnanti di scuola materna ed elementare, vecchia aspirazione che risale agli anni 1973-1974, all'interno della legge 473.

Nel 2000 è iniziato il corso biennale di specializzazione per gli insegnanti della scuola secondaria. Non basterà più, nel futuro, essere laureati in Matematica, in Fisica, in Lingue, (tanto per fare degli esempi) per poter insegnare. L'insegnante di scuola secondaria deve fare due anni di formazione sul campo. Qui la grande scommessa è:

a) se l'Università riuscirà a fare fronte a un compito di questo genere, a cui peraltro non è mai stata chiamata;

b) se riuscirà a coniugare in modo funzionale la formazione teorica e il tirocinio, cioè la formazione con il tutoring.

A far scuola si impara stando a scuola, si diventa insegnante quando si ha modo di stare con un collega che ha più esperienza, che ha messo in campo modalità molto ricche nel fare scuola; occorre, inoltre, avere il tempo per riflettere su ciò che si sta facendo.

Se si riuscirà a coniugare formazione teorica, psicologia, psicopedagogia e tirocinio probabilmente faremo un grosso passo in avanti sulla strada della qualità dell'insegnamento.

Un altro problema rispetto a questo tema è quello dei 750.000 insegnanti attualmente in servizio. Non possiamo pensare di mandarli tutti all'Università né possiamo pensare di attendere i nuovi insegnanti per attuare la riforma (per inciso, i primi insegnanti laureati per la scuola di base saranno pronti nel 2003-2004).

Come reinvestire sugli insegnanti attualmente in servizio?

Innanzitutto smettendo di proporre certi corsi di aggiornamento sugli argomenti più disparati, al solo fine di far acquisire un titolo.

Ciascuno di noi dovrebbe ricominciare, riprendere, andare avanti accentuando la propria attività soprattutto rispetto a quello che sa fare e che ama, ritrovando, quindi, un certo tipo di passione in quello che sta facendo, nel proprio mestiere. Abbiamo un tremendo bisogno di riappassionare le persone a questo mestiere. Inoltre, occorre poi che la riforma parta consolidando le innovazioni già in atto. La riforma, per quanto possa essere interessante, per quanto sia stata scritta con la penna d'oca o con il più avanzato programma di video scrittura, sarà quella che gli insegnanti effettivamente realizzeranno.

Andando oltre certe immagini che ci danno il quadro di una scuola statica, ci si accorge che nella scuola italiana vi sono tante esperienze di cambiamento, vi sono tante piste di lavoro, disordinate, disorganiche, non raccolte, non conosciute, ma ci sono. Chi lavora dentro la scuola sa che non è stata ferma in questi anni, che in qualche modo ha tentato di rispondere a una serie di segnali che provenivano dall'esterno. Vi sono state tante esperienze avviate, poi troncate, a volte sovrapposte, rimaste a metà... Una riforma deve innanzitutto tener conto di questo panorama, inserirsi e proseguire quanto è già stato avviato; una riforma, per funzionare, deve essere convincente, coinvolgente per gli operatori, altrimenti rimarrà quel grande distacco che spesso troviamo tra ciò che viene scritto in parlamento e ciò che concretamente avviene nei fatti.

IL SAPERE E I SAPERI

In questo quadro si pone il tema dei saperi irrinunciabili. Partiamo dalla scuola di base in cui, in questi anni, volenti o nolenti è avvenuto un grande cambiamento di situazioni. La scuola era una scuola dell'insegnamento, nel momento in cui l'insegnamento era un aspetto prevalente rispetto all'apprendimento. In un suo libro, Rita Levi Montalcini (1987) racconta la propria esperienza di alunna nella scuola di base, nel liceo e di come il tempo scolastico fosse essenzialmente diviso in questi termini: a scuola l'insegnante spiegava, una prima volta illustrava, spiegava una seconda volta, dopodiché interrogava, assegnava e correggeva i compiti in classe. A scuola si insegna, a casa si studia e si memorizza e a scuola si verifica quanto appreso: questo era il modello, un modello che ancor oggi troviamo diffuso nella scuola, basato sulla lezione frontale e che, nonostante tante innovazioni, è ancora molto forte perché ha alle spalle una sua concretezza molto precisa di principi fondamentali: chi è intelligente va bene a scuola, chi va bene a scuola è intelligente. Questo è un principio fortemente selettivo: chi ha una famiglia impostata in un certo modo ha a disposizione un tempo di apprendimento sostenuto, assistito; per altri la garanzia dell'apprendimento non vi può essere.

Uno dei grandi passaggi innovativi e controcorrente nella scuola dell'obbligo è stato, in questi anni, quello di includere all'interno dell'orario scolastico il tempo per l'apprendimento. Quando a scuola si fa ricerca, si spingono i bambini a lavorare insieme, si richiede la discussione, il confronto, la collaborazione, altro non si fa che introdurre nel tempo scolastico il tempo dell'apprendimento.

Rispetto a certe convinzioni degli anni Settanta, per esempio la descolarizzazione, la morte della scuola, le botteghe della città ecc., ci siamo accorti che la scuola, invece, ha bisogno di più tempo, perché, altrimenti, i ragazzini vengono tagliati fuori, e, al di là di certe situazioni, rimangono in balia di se stessi.

Abbiamo bisogno di aprire più spazi all'apprendimento nella scuola, puntando, molto più fortemente di un tempo, sull'iniziativa personale, attivando nei bambini il senso dell'iniziativa, del rischio. Assumere un'iniziativa vuol dire rischiare, esporsi all'errore, al confronto con gli altri. Se la scuola si apre sempre di più ai tempi dell'apprendimento, si apre anche allo sbaglio, all'errore, quindi deve avere tempi di ripresa: a scuola occorre andare più piano, più lentamente e avere il tempo per tornare a più riprese su temi, problemi, riflessioni, esperienze.

Questo è l'unico arco di tempo, nella vita, in cui non si è tenuti a produrre. Non era mai accaduto in precedenza che, come oggi, nella società occidentale, si potessero tenere ragazzi e ragazze fin verso i venti anni fuori dalla produzione, intenti a costruire se stessi. È un'occasione da non perdere, investendo non tanto sulla velocità e sui ritmi imposti dall'esterno, dove tutto si consuma rapidamente, dove tutto è giocato sul presente, sul consumo. A scuola bisogna riappropriarsi della lentezza, della riflessione, e in questo campo risulta evidente più che in altri quale importanza dovrebbero avere l'apprendimento e l'uso della lingua scritta, in quanto è la lingua della lentezza, dell'analisi, della manipolazione forte del materiale che si ha fra le mani.

Ampliare il tempo dell'apprendimento si sposa con un altro concetto, quello dell'iniziativa personale e della collaborazione. Abbiamo un forte bisogno, nella scuola, di percorsi di apprendimento e di costruzione della conoscenza attraverso la reciprocità e la negoziazione. La scuola dovrebbe essere un lungo tirocinio collettivo per il possesso, al termine, di competenze individuali. L'esame finale è sempre individuale: all'esame si espongono ed esibiscono le proprie competenze e ciascuno viene valutato per quello che singolarmente riesce a dimostrare, sebbene ciò che ha costruito lo abbia costruito collegialmente. Il senso di solidarietà si acquisisce a scuola attraverso il conoscere assieme, mescolando fortemente cognitività e affettività; nella scuola abbiamo bisogno di riconiugare, proprio nel senso di reciprocità, la funzione cognitiva e quella formativa.

Si è osservato che nell'elaborazione dei programmi scolastici, dal dopoguerra in poi, vi è stato un alternarsi di programmi a carattere formativo (i programmi del 1955) con programmi a carattere cognitivo (quelli della scuola elementare del 1985). Dovremmo aspettarci ora programmi a carattere formativo, affettivo, relazionale... Oggi abbiamo scoperto che l'apprendimento va collocato in un contesto, secondo un'idea ecologica di apprendimento. Da Bateson (1972) a Bronfenbrenner (1970) proviene un'idea di ecologia dello sviluppo, cioè di come la nostra identità si costruisca sempre dentro un contesto e nella relazione, per cui gli altri ci rimandano continuamente l'immagine che hanno di noi. Le idee, i fatti, le relazioni sono sempre collocati all'interno di un contesto che ci consente di dare significato.

Bruner (1990) dice che noi abbiamo un'intelligenza che si muove su due piani: argomentativa o narrativa. Quando noi narriamo mettiamo gli avvenimenti in fila e cerchiamo di dare un significato attraverso la successione dei fatti, cerchiamo di dire: "Così è il vero, così è quello che è accaduto". Quando argomentiamo, invece, utilizziamo le nostre convinzioni per persuadere l'altro e quindi le costruiamo secondo una logica diversa da quella del narrare: sono due strutture fondamentali dell'intelligenza, due strutture che nascono essenzialmente all'interno di una vita di relazione nel senso che noi narriamo sempre quando noi ci presentiamo agli altri. Narrare vuol dire ogni volta ridare un senso al nostro mondo, narrarci rispetto agli altri vuol dire individuare ogni volta dei punti topici, radicali della nostra storia personale. Ogni volta io ricostruisco la mia storia, la ridisegno, non è che la falsi, ho bisogno di riempirla di nuovo di significati per essere accettabile a me stesso. Quanta fatica facciamo oggi ad accettarci, soprattutto fisicamente: troppo magri, troppo grassi, troppo alti, troppo bassi... E quanti corsi seguiamo per aggiustarci, facendo sacrifici, digiuni, esercizi corporei che un tempo erano dedicati a elevare lo spirito e oggi, invece, a creare una nostra immagine prevalentemente esteriore, poiché il poco tempo che dedichiamo ai rapporti con gli altri ci induce a presentarci il meglio possibile: nessuno ha più tempo di capire come siamo fatti dentro. Tutto ciò arriva anche nella scuola, e chi insegna nella scuola media, territorio della preadolescenza, può benissimo osservare come un ragazzo si scontra o si rapporta con il proprio corpo, un corpo che gli manda segnali di trasformazione e di cambiamento e che lo pone in un confronto continuo con i compagni e le compagne, per non parlare del bombardamento dei mass media che offrono modelli irraggiungibili.

La riflessione che stiamo facendo sulle relazioni e sui contesti significativi dell'apprendimento ci porta a riflettere sulla classe, struttura di base dell'istituzione scuola.

La classe è costituita da bambini e ragazzi della stessa età, e nasce dal presupposto che, data la stessa età cronologica, tutti abbiano la stessa età mentale. Sappiamo perfettamente che ciò non è vero. Chi opera nella scuola tocca ogni giorno con mano che in classe esistono più livelli: innanzitutto troviamo che i ragazzini sono disposti verticalmente, c'è chi è già due classi più avanti, c'è chi soggiorna tranquillamente due classi indietro. Ci sarebbe bisogno di una diversa flessibilità per giocare su quel farsi e disfarsi dei gruppi che consentirebbe di avere contatti al di là della classe di età.

Un altro spunto su cui è opportuno riflettere è offerto dal diritto allo studio non più inteso solo come diritto alla frequenza, alla mensa, ai trasporti: sono necessari e indispensabili, e certamente non vanno messi in discussione come conquiste consolidate. Eppure, si comincia a capire con forza che un problema in classe è quello dell'eccellenza: più i ragazzi sono in difficoltà più deve essere qualitativamente alta l'offerta formativa. Non è vero che ai ragazzi che hanno difficoltà e sanno poco serve un livello basso di cultura; è esattamente il contrario, e dobbiamo essere capaci di distinguere tra un livello raffinato e un livello alto, tra erudizione e cultura. Un dato interessante a livello europeo è il fatto che l'istruzione sia il bene più diffuso che abbiamo a disposizione, il sapere è formidabilmente presente; contemporaneamente, però, viviamo in un mondo in cui c'è un ritorno e una grande diffusione di comportamenti rozzi, volgari. Dobbiamo, allora, ragionare su come l'istruzione deve diventare cultura, cioè civilizzazione.

Quello che si chiede alla scuola con l'autonomia è un tipo di cultura che a partire da un nucleo forte, i saperi "nazionali", nel senso che sono propri di tutte le scuole del territorio nazionale, abbia poi elementi aggiuntivi, prescrittivi per quel tipo di scuola, per quell'istituzione, legati al contesto in cui è collocata, in modo tale che non ci sia una formazione astratta, senza rapporti con il mondo esterno alla scuola. È chiaro che questo discorso riguarda molto di più la scuola superiore rispetto alla scuola di base; per la scuola superiore i curricula aggiuntivi e formativi sono legati al mondo del lavoro, alla vocazione culturale di un certo tipo di città. Certamente la formazione deve avere rapporti continui con il mondo esterno, tenendo, però, presente che la scuola è dentro il mondo ma non è il mondo. Nella scuola le "cose del mondo" devono entrare, tutte, ma fortemente soggette a un lavoro di analisi, riflessione, studio da parte della scuola: la scuola c'è per questo. Se la scuola fa entrare le cose del mondo e le subisce così come sono, tanto vale che questa istituzione non ci sia. *La scuola non è un filtro che bene o male descrive il mondo, la scuola è un filtro per mezzo del quale una persona, bambino o ragazzo, impara a pensare il mondo intorno a sé e a riflettere sul suo essere nel mondo, facendo un salto di qualità rispetto all'apprendimento che ha realizzato in famiglia.*

Anche la famiglia ragiona sul mondo circostante; un bambino che va a scuola a tre anni non è un bambino sprovvisto di cultura, è un bambino competente, differentemente competente. Sa campare bene nel suo mondo, sa benissimo come è opportuno comportarsi a casa con i genitori o a casa con i nonni; sa che vi sono, per esempio, due territori con due costituzioni diverse: l'una più costrittiva, l'altra più liberale... Il bambino è una persona che sa campare, ha dovuto imparare a sopravvivere. Tra apprendimento e sopravvivenza non c'è differenza: si sopravvive perché si apprende.

Spesso dimentichiamo tutto ciò e consideriamo l'apprendimento un fatto astratto, non una risposta ai problemi, un fatto di sopravvivenza.

Quel bambino ha imparato a casa, cresce e continua a imparare; per nostra fortuna i ragazzi comunque continuano a imparare. Quel bambino va a scuola perché il modo di dare significato alle cose, di capire come il mondo funziona solo attraverso i saperi di casa (della strada, della televisione, del contesto in cui vive) è inadeguato, non in senso morale ma strumentale.

Le discipline scolastiche sono dei saperi organizzati, sistematici, con cui allarghiamo, ampliamo la capacità di dare senso, significato al mondo. I saperi disciplinari sono linguaggi con cui ampliamo il significato da dare alle cose, alle persone, agli eventi, alle relazioni.

Ogni sapere è un punto di vista, è un organizzatore cognitivo; in realtà si raccolgono percezioni, sensazioni, frasi, allusioni, frammenti e si usa un sapere per ordinare il tutto. Ordinando do un significato a quel tipo di avvenimento che ha un certo tipo di contenuto, di finalizzazione, di struttura, se uso una certa disciplina, per esempio la matematica, rispetto ad altre discipline.

La realtà non è univoca, è essenzialmente legata all'interpretazione che se ne dà, stando attenti che anche l'interpretazione più corretta contiene delle trappole; più punti di vista impongono la condizione di cogliere le diverse facce della realtà, e ciò vuol dire moltiplicare la realtà. Osservare un monumento, un'opera d'arte con uno storico, con un urbanista, con uno studioso d'arte, con un vigile urbano vuol dire ogni volta cambiarne il significato e ogni volta scoprire "una verità" di quell'evento.

Cominciamo così a percepire i saperi come costruzioni di punti di vista, costruzioni organizzate dalle discipline.

Il documento della commissione dei saggi sollecita la scuola a partire da nuclei di problemi da affrontare con diverse discipline; in classe spesso entrano le discipline, portate dai rispettivi insegnanti, non entrano i problemi. Le discipline sono strumenti per risolvere i problemi; qualsiasi tipo di scienza è nata per risolvere problemi. Anche la letteratura è nata per risolvere problemi: problemi di memoria, di rappresentazione, di identità. Cos'è un romanzo, cosa sono stati i grandi poemi come l'*Iliade*, l'*Odissea*? Tentativi di dare forma e memoria a ciò che era accaduto: chi erano e da dove arrivavano gli uomini, i gruppi protagonisti di quelle vicende. Senza memoria non c'è crescita.

Le discipline in quanto strutture, punti di vista dotati di una relativa autonomia, non sono, però, punti di partenza, emergono piano piano dai problemi davanti ai quali ci troviamo. La domanda è: ci sono dei nuclei tematici – così sono chiamati nel documento della commissione dei saggi – che rappresentano i luoghi di ricerca per il bambino e per l'insegnante? Possiamo aggredire questi nuclei tematici con dei saperi, cosicché possano emergere soluzioni diverse perché diverso è il sapere che abbiamo approntato? E ancora, come entrare dentro la logica di un sapere che cambia, in modo tale da prendere parte ai cambiamenti di questo sapere?

Si tratta di nuovo di costruire (già fu fatto negli anni Settanta nella scuola elementare, quando, non essendo più funzionali i programmi del 1955, in molte scuole si cominciò a costruire un curriculum) una rete di capisaldi avendo in testa alcune mete che devono essere assolutamente raggiunte. Per esempio, al termine della quinta elementare è indispensabile saper fare le quattro operazioni: un quarto dei ragazzi non le sanno fare. Un ragazzino di quinta elementare deve saper leggere un testo di dodici, quattordici righe: se è un testo divertente deve ridere, se è un testo che contiene un regolativo deve inferire ciò che è scritto ed eseguirlo. Un ragazzino di quinta elementare o di terza media deve essere una persona che ha assunto come abitudine quotidiana mezz'ora di lettura silenziosa. Tutti i giorni a scuola dovrebbe aver letto, comunque, per mezz'ora silenziosamente: che poi questo sia avvenuto nell'ora di storia, di scienze, di matematica non interessa: interessa quanto e come ha letto, essendo la lettura uno degli strumenti più importanti appreso nello scuola dell'obbligo, nell'attuale legislazione. A tredici anni un ragazzino deve saper argomentare quanto ha letto nel testo di storia, una situazione, un fatto. Argomentare vuol dire saper usare delle premesse, dominare e organizzare le argomentazioni, usarle in modo preciso; questo significa aver fatto un grosso lavoro di apprendimento su come si studia. Il metodo di studio non è un fatto spontaneo ma una costruzione lunga e faticosa, la fatica e non la noia fa parte della vita scolastica. Argomentare vuol dire riflettere, vuol dire dominare un mondo intellettuale, vuol dire aver costruito una vita interiore, avere, per esempio, conquistato il silenzio, che sembra sparito e che forse impaurisce.

Continuando a riflettere sul documento della Commissione dei saggi, oltre all'importanza che viene attribuita alla lettura, alla lingua scritta, vengono proposte applicazioni in cui il fare con le mani gioca nuovamente la propria importanza; non possiamo continuare solo con sperimentazioni raccontate, assemblate nelle cosiddette ricerche, fogli e fogli scritti sintetizzando, nel migliore dei casi, ciò che si è trovato nelle varie enciclopedie. Le mani sono una parte importante nella costruzione della personalità, non perché un giorno si farà un lavoro manuale, ma perché tra le mani, l'intelligenza e il mondo c'è stato un rapporto per cui noi siamo diventati quello che siamo. La mano è il progetto, il progetto in una realtà non virtuale. Fare i conti con la mano che costruisce vuol dire fare i conti con materiali, regole esterne a noi; una colla per seccarsi ha bisogno di tempo, di condizioni ambientali; un materiale per ammorbidirsi deve stare a mollo per alcune ore: non si possono bruciare i tempi o apprenderli virtualmente.

Il mondo reale ha dei tempi propri; imparare a conoscerli e a rispettarli vuol dire imparare ad avere il senso delle cose intorno a noi. I materiali sono duri a piegarsi ai nostri voleri; a volte, noi dobbiamo piegarci a loro. I ragazzi mancano di queste conoscenze anche perché è mancata e manca questa abitudine di lavoro manuale.

Se, però, si intendono i saperi irrinunciabili come un elenco, una tassonomia del saper fare, ancora una volta non si coglie nel segno. Vi è un gran quantitativo di elenchi del saper fare, dal 1977 in poi ne abbiamo composti a non finire, le riviste pedagogiche e didattiche ne sono piene.

Oggi, invece, si tratta di capire bene come e con cosa rispondiamo ai ragazzi. È necessario ragionare con i ragazzi: in questi ultimi anni come operatori della scuola abbiamo ragionato molto sulle organizzazioni, sui modelli di scambio, su come le materie e gli insegnanti dovevano essere, pochissimo su chi sono i ragazzi intorno a noi. C'è un bisogno estremo di ragionare nuovamente sui ragazzi: a scuola, in famiglia, nel mondo attorno. È questo il senso di tanti segnali che i ragazzi mandano per essere visti: disattenzione, iperattività, aggressività...

Inviano segnali in modo sbagliato, in modo tale da creare reattività nell'adulto, e questo aumenta l'oppositività, l'incomprensione; ma questi segnali ci dicono anche che i ragazzi si sentono in parte fuori dalla nostra vita, dalla nostra attenzione di adulti. Ci dicono che hanno bisogno di avere delle risposte, a volte anche negative, ma che facciano loro sentire che hanno un adulto vicino, un adulto che spende tempo con loro.

Quando si progetta un curriculum scolastico ci devono essere tutti i saperi con cui fare i conti ma, soprattutto, deve esserci un bambino, un ragazzino, un giovane in particolare. Anche un giovane manifesta segnali per farsi vedere, sono segnali diversi rispetto a quelli del bambino, capelli turchini, anelli e anellini al naso, alle orecchie, alle gote... Sono tutte modalità attraverso le quali grida il suo bisogno di attenzione e di considerazione da parte dell'adulto. Dovrebbe essere possibile, in classe, costruire un luogo in cui ci fosse spazio, oltre che per l'italiano, la matematica, la filosofia, anche per le relazioni; tenendo ben presente che la classe non è un gruppo terapeutico ma un gruppo con un compito ben preciso, quello di apprendere. Questo significa che, come l'alunno, anche l'insegnante deve stare dentro la scuola come persona, recuperando anche la passione di questo mestiere.

L'obiettivo del nostro ragionare sui saperi è quello di elaborare un livello alto di proposte che consentano al ragazzo di continuare a crescere, di proseguire nel percorso scolastico. Il bisogno di proseguire per i ragazzi è grande: il successo scolastico conta nella vita dei ragazzi, anche per quelli che sembrano apparentemente disprezzarlo.

Quella della scuola è la prima grande esperienza sociale che i ragazzi fanno; da come andrà questa esperienza dipenderà se potranno stare nella scuola o dovranno andare altrove a trovare quella conferma sociale, quella sicurezza e quel senso di appartenenza che serve loro per crescere.

BIBLIOGRAFIA

BATESON, G. (1972), *Verso un'ecologia della mente.* Tr. it. Adelphi, Milano 1976.

BRUNER, J. (1990), *La ricerca del significato.* Tr. it. Bollati Boringhieri, Torino 1992.

BRONFENBRENNER, U. (1970), *Ecologia dello sviluppo umano.* Tr. it. il Mulino, Bologna 1986.

DOCUMENTO DEI SAGGI (1997), *Conoscenze fondamentali su cui si baserà l'apprendimento dei giovani nella scuola italiana nei prossimi decenni.* D.m. n. 50 del 21.01.1997 e n. 84 del 05.02.1997.

LEVI MONTALCINI, R. (1987), *Elogio dell'imperfezione.* Garzanti, Milano.

3

AUTARCHIA SCOLASTICA O COLLABORAZIONE CON I SERVIZI?

Carlo Trombetta

INTRODUZIONE

La scuola, attualmente, si trova in presenza di un passaggio epocale. Infatti mutano:

– *i tradizionali rapporti tra centro e periferia*: (le singole unità scolastiche non debbono più eseguire e conformarsi a regole di funzionamento decise altrove, bensì divengono un centro propulsore e autogovernato in base a progetti, iniziative, indirizzi di gestione suscettibili di perseguire le finalità educative tenendo conto di quelle tipiche espresse dalla comunità di appartenenza);

– *i rapporti tra scuola e territorio*: (la scuola dell'autonomia dovrà aprirsi alle istanze della realtà locale con la quale dovrà saper interagire);

– *i rapporti tra i soggetti operanti nella scuola e i loro rispettivi ruoli.*

In particolare:

– i docenti sono chiamati ad agire in *team*, a lavorare per progetti, a realizzare servizi educativi in un'ottica di qualità;

– le famiglie e gli alunni vedranno accresciuti i propri spazi di proposta e le proprie responsabilità; agli organi collegiali competerà maggior peso nella gestione degli istituti scolastici;

– ai dirigenti spetterà il compito più delicato: governare l'insieme di questi mutamenti, assicurando la qualità del servizio scolastico e rispondendo dei risultati ottenuti.

Di fronte a questi profondi mutamenti *la scuola* da sistema chiuso si trasforma in *sistema aperto* dove valori, norme, risorse dell'ambiente e delle persone che la denotano e che la circondano divengono elementi costitutivi della domanda che perviene alla scuola e rappresentano, al tempo stesso, il serbatoio al quale attingere opportunità, collaborazioni, risorse per realizzare servizi di qualità.

Ma la scuola, di fatto, è capace di assumere la struttura e la dimensione di *sistema aperto* e porsi nell'*ottica di servizio*?

È, questa, una domanda non secondaria per comprendere le possibili resistenze, spesso mascherate, che si annidano per arrivare a un nuovo modello culturale e istituzionale quale è quello di una scuola aperta e a servizio della collettività. A questa domanda si cercherà di rispondere, attraverso una breve sintesi storico-teorica, presentando i modelli culturali che hanno caratterizzato la scuola italiana.

STORIA E SVILUPPO DEI MODELLI CULTURALI SU CUI SI È STRUTTURATA L'ORGANIZZAZIONE E LA VITA SCOLASTICA

Una caratteristica costante della scuola italiana è stata quella di un'organizzazione non solo centralista, ma anche impenetrabile a tutto ciò che le è esterno ed estraneo. Tale caratteristica è il risultato non solo dell'impianto napoleonico, ma anche delle varie legislazioni degli stati prerisorgimentali i quali, pur nelle loro differenze, ebbero sempre a cuore una visione della scuola retta dai vari governi o, come avvenne nello Stato pontificio con Pio VII, sotto la giurisdizione dei vescovi. Anche la prima legislazione scolastica del Regno d'Italia, con la legge Casati del 1859 e redatta in un clima di guerra, si preoccupò non solo di potenziare l'amministrazione centrale, ma anche di farla ruotare attorno alla figura dell'ispettore, figura di collegamento, fra l'altro, fra l'amministrazione centrale e quella periferica, del capo d'istituto e degli alunni. Il forte potere centralizzato era la conseguenza della volontà di selezionare una classe dirigente piccola ma ben preparata fondata su una cultura umanistica imposta quale valore unificante per l'élite e come filtro sociale degli altri. La legge Casati era una legge che in qualche modo, se rifletteva le vicende delle regioni culturalmente più avanzate, di fatto era stata ideata per una società agricola (Ricuperati, 1985).

Dopo l'unità d'Italia bisognava mantenere un centralismo ben radicato, derivante dalla necessità di avere una scuola che ubbidisse alle direttive centrali, quale conseguenza ideologica dell'unità d'Italia. A queste caratteristiche si aggiunge che, da noi, il dibattito sulla scuola si coagulava attorno a due grandi nuclei: da un lato, il ruolo esercitato dallo spiritualismo cristiano del nostro risorgimento verteva soprattutto sulle finalità educative, sulla pedagogia della lezione (Zambaldi, 1975) e sui metodi didattici e, dall'altro, sulle nuove istanze poste dal positivismo e dal socialismo. Richieste ulteriori provenivano dalla classe operaia, che reclamava una scuola non più di semplice alfabetizzazione, bensì preparatoria alla vita democratica e al lavoro (Zambaldi, 1975). Tutto il resto era lasciato in penombra.

Con il positivismo la scuola risorgimentale per certi versi entra in una crisi profonda, anche se continuerà a mantenere la struttura organizzativa precedente. Accolto all'inizio come metodo negli studi di economia e di sociologia, volti a comprendere la realtà della situazione italiana, a indicare i rimedi, a invitare alla serietà negli studi storici e scientifici e delle applicazioni tecniche, al positivismo si presentava indifferibile l'esigenza di preparare la nuova generazione a una mentalità critica e sperimentalista aliena, perciò, dal romanticismo un poco retorico e fortemente indirizzata a valorizzare le scienze positive. È in tale quadro che, sulla scena della pedagogia positivista, si affacciano prepotentemente non più i filosofi, ma soprattutto gli psichiatri, i fisiologi, i sociologi e gli amministratori locali.

È in questo clima che la pedagogia positivista ha rappresentato una svolta significativa nei confronti del sapere e della ricerca, e, pur affermando la diversità e la peculiarità del singolo, si è mossa in un'ottica che privilegiava la *normatività* attraverso la ricerca delle costanti e delle variabili. Attraverso tale concetto ci si voleva garantire anche dai pericoli delle deviazioni e delle degenerazioni sociali, morali e psichiche. La stessa ricerca di regole meccanicistiche e deterministiche, pur condannabili, potrebbe essere interpretata come una modalità e un'esigenza per scoprire e analizzare il segreto del funzionamento, meccanico, della vita: dalla vita fisiologica a quella mentale e sociale. Questa nuova visione avvicina di molto il mondo della scienza a quello dell'etica attraverso tre modalità: da un lato la *subordinazione* dell'etica alla conoscenza delle leggi del mondo fisico e sociale, dall'altro con l'accentuazione di un certo *condizionamento* sociale di ogni realtà a sapere, infine attraverso un carattere *classificatorio* sia della società, come anche dei gruppi e dei singoli.

È in questo quadro teorico e politico che la pedagogia del positivismo si qualifica come scienza *positiva*, *sperimentale* e *indipendente* assumendo le vesti di una *medicina* sociale, nel senso che vuol *indagare* le maglie del tessuto morfologico sociale, *diagnosticare* le incongruenze, i difetti, i mali che impediscono la salute e il buon funzionamento sociale, *intervenire* per rimuovere gli effetti negativi e ristrutturare l'organismo in modo che questi possa conseguire i fini ideologici desiderati. Sotto tale prospettiva i concetti di *educabilità* e di *prevenzione* assumono una posizione centrale. Tale posizione si coniuga sia attraverso il paradigma della *normatività* il quale diventa il punto di riferimento per mantenere in equilibrio, anche se continuamente in uno stato precario, il meccanismo individuale e sociale, sia attraverso il concetto di *degenerazione* il quale diventa campo d'interesse privilegiato degli psichiatri e punto di riferimento dei pedagogisti.

Su questi presupposti ci si augurava che l'organizzazione della scuola italiana fosse molto più attenta a prendere in considerazione l'influsso dei fenomeni sociali e tentasse di valorizzare tutte le migliori iniziative che si maturavano all'interno di alcune scuole e volesse interagire con tutti coloro che la potevano aiutare agli obiettivi della normatività e dell'educabilità attraverso l'assunzione di alcuni principi derivanti dai presupposti della medicina sociale; ma non fu così. Di fatto, nel corso degli anni, la scuola italiana nei suoi modelli culturali e organizzativi privilegiò una delle seguenti situazioni che qui vengono sintetizzate.

Una scuola di basso profilo

L'organizzazione della scuola italiana *non si accorge* di quanto avveniva nei *Gabinetti di antropologia pedagogic*a (Trombetta, 1993) nati e sviluppati in diverse realtà territoriali ovvero nel *Laboratorio di pedagogia scientifica di Crevalcore*, fondato da Pizzoli, con l'eccezione di qualche comune (Bologna, Piacenza, Roma). Di fronte alle discussioni, che si protrassero per lunghi anni sulla lotta contro l'anafalbetismo, sull'obbligo scolastico, sulla laicità o meno della scuola, sullo stato giuridico degli insegnanti, sulle modalità per sopperire alle carenze di organico dei docenti delle scuole medie, sulle competenze di edilizia scolastica tra lo Stato e i comuni, tutto il resto era lasciato in penombra. Quindi tutti coloro che si occupavano di ricerche antropometriche e psicoeducative erano non solo pochi, ma anche poco seguiti dalla stragrande maggioranza dei docenti e delle scuole. In una scuola di basso profilo, non vi poteva essere spazio per degli esperti, mentre questi erano invece fortemente richiesti, per esempio, dai tribunali e dalle carceri. Di fronte all'aumento della criminalità giovanile (Zambaldi, 1975) la scuola sembrava assente, quasi non dovesse occuparsi di questo fenomeno, mentre erano propri i tribunali e le carceri a occuparsi di loro. Questa *disattenzione* verso l'apporto di nuove competenze e di nuove conoscenze si aggrava con l'età giolittiana. In quegli anni vengono posti alla scuola una serie di problemi a una scuola ancora inquadrata dalla legge Casati, che era stata pensata per una società sostanzialmente agricola, come, per esempio, l'avocazione della scuola elementare allo Stato, la creazione e lo sviluppo delle scuole professionali e d'arte e mestieri concepite, soprattutto, dalle camere di commercio, come una necessità localistica per far fronte alle esigenze degli artigiani e del mondo industriale, la ristrutturazione degli istituti tecnici, una riforma radicale della scuola superiore. E in tal modo piuttosto che dedicarsi alla ricerca e ai contributi che potevano provenire dalle scienze positive, la scuola italiana tenta, con alcune iniziative all'epoca d'avanguardia, un rinnovamento culturale per venire incontro alle richieste poste da una società fortemente agricola: le "scuole rurali di Montesca e Rovegliano" (1901), le "scuole dell'Agro romano e delle paludi pontine" (1904), le "case dei bambini" di Maria Montessori (1907), le "scuole dell'Associazione per gli interessi economici e rurali del Mezzogiorno d'Italia" (1909), la "Rinnovata" di Giuseppina Pizzigoni (1911). Con il periodo gentiliano, se si recuperavano gli aspetti tecnici e culturali dei periodi precedenti tuttavia si procedette verso le seguenti linee: volontà di rinnovare l'amministrazione aumentando i poteri del ministero rispetto agli organismi locali ulteriormente svuotati di peso, volontà di avere insegnanti più preparati ma anche più docili, volontà di selezionare la classe dirigente efficiente e preparata. In tal modo la struttura dell'amministrazione centrale fu resa più docile alle direttive ministeriali; la figura del preside si trasforma in *preside-duce* (Santoni Rugiu, 1968), il consiglio superiore della Pubblica istruzione non avvenne più tramite elezione, bensì per nomina ministeriale. Con la fascistizzazione della scuola non solo la riforma gentiliana subì profondi cambiamenti, ma non era neanche più sufficiente l'osservanza della più scrupolosa neutralità nell'ambiente scolastico; era indispensabile, invece, il giuramento di fedeltà e l'adozione del libro di stato e non tanto l'elevazione delle massi popolari, alle quali bastava, ancor più del credere, l'obbedire e il combattere; la stessa pedagogia diventa ancella della politica e la cultura si trasforma in uno strumento del regime (Zambaldi, 1975). La stessa scansione dei cicli e dei gradi di scolarità si armonizzarono: infatti, nella seconda dichiarazione della *carta della scuola* di Bottai età scolastica ed età politica coincidono (*ibidem*).

La delega agli esperti

L'organizzazione della scuola italiana delega a degli esperti la soluzione di casi a cui essa non riesce a dare una risposta. È questa la conseguenza di un principio della pedagogia positivista: come coniugare la *normatività* con la *terapeuticità* in modo da *preservare* la società e l'individuo, *prevenire* il disagio e la malattia, *curare* la società per mantenere la società stessa e l'individuo, nella salute e nell'igiene fisica e mentale? La risposta fu quella di scommettere sulla *profilassi* individuale e sociale attraverso due modalità: *allontanare* il soggetto irrecuperabile da luoghi malsani e nocivi, come pure da quelli ritenuti pericolosi per sé o per gli altri, ovvero *avviare* l'individuo al lavoro in quanto strumento e momento di redenzione (Rossi, 1988). Sulla scorta delle osservazioni infantili, condotte per primo da Tiedemann, sia l'antropologia criminale, sia la psichiatria, come anche la teoria evoluzionista conclusero che ciascun neonato è diverso dagli altri sia per la sua costituzione che per l'ambiente socioculturale nel quale vive (Formiggini-Santamaria, 1922). Tra le finalità che gli antropologi si prefissero con i loro studi, vi era l'attenzione nei confronti dello sviluppo fisico e psichico dell'uomo in una prospettiva naturalistica ed evoluzionista. Concetti quali l'*organizzazione* psicofisica individuale e quello dell'influsso dell'*ambiente socioculturale* assunsero un'importanza prima non conosciuta e divennero i paradigmi con i quali osservare, misurare e interpretare il grado di anormalità o meno presenti in ciascun individuo. *Osservare*, *misurare*, *classificare* ed eventualmente *isolare* per *rieducare* divennero, specialmente con Lombroso e con gli psichiatri del tempo, le strategie ritenute più idonee a livello individuale, sociale ed educativo. Sulla scia di esperienze straniere, anche in Italia si costituirono le scuole differenziali e le classi speciali (De Sanctis, 1915), anche se un loro possibile inizio è da rintracciare nella situazione in cui versava l'infanzia italiana verso la fine del secolo scorso. Altro elemento che determinò la nascita e lo sviluppo di queste istituzioni fu il paragone che si determinò fra mancata o scarsa istruzione e delinquenza. Sorsero così molte e pregevoli esperienze per iniziativa di Riccardi di Netro a Torino, di Gonnelli-Cioni a Firenze, di Morselli a Nervi, di Angelo Celli, di Giuseppe Montesano, fondatore, fra l'altro, delle scuole magistrali ortofreniche per insegnanti, e la costituzione nel 1924, della Lega italiana di igiene e profilassi mentale. Il grande balzo, però, avvenne negli anni Venti allorquando Nicola Pende, a Genova, fonda l'*Istituto biotipologico-ortogenetico* con i contributi del ministero dell'Interno e della Pubblica istruzione (1926) e successivamente, nel 1928, viene varato il Testo unico e il Regolamento Generale sull'istruzione elementare e dove nell'art. 230 del Testo unico viene prescritto: "A una delle Facoltà mediche del Regno è affidato [...] il compito di promuovere gli studi relativi alla morfologia, fisiologia e psicologia delle varie costituzioni umane in rapporto alle anomalie della crescenza infantile [...]. La Facoltà di cui al I comma propone al ministero della Pubblica istruzione le norme per l'assistenza ai fanciulli anormali e la organizzazione delle classi differenziali; dà parere sulle domande di sussidio; controlla mediante tecnici di sua scelta, le scuole differenziali per anormali". Nell'art. 415 del Regolamento Generale, invece, si legge: "Quando gli atti di permanente disciplina siano tali da lasciare il dubbio che possano derivare da anormalità psichiche, il maestro può, su parere conforme dell'ufficiale sanitario, proporre l'allontanamento definitivo dell'alunno al direttore didattico [...] il quale curerà l'assegnazione dello scolaro alle classi differenziali che siano istituite nel Comune o, secondo i casi, d'accordo con la famiglia, inizierà pratiche opportune per il ricovero in istituti per l'educazione dei corrigendi", tenendo presente che la chiave di lettura di questo articolo è data dalla *segnalazione* la cui origine è da rintracciarsi nelle leggi varate dal governo Crispi. La segnalazione, infatti, era quella modalità attraverso la quale l'autorità di polizia individua un soggetto particolare al fine di un trattamento speciale a seguito di una diagnosi effettuata da un'autorità medica che molto spesso s'identificava con l'ufficio del medico provinciale. Nella scuola il primo passo della segnalazione parte dall'insegnante, il quale si può comportare diversamente a seconda se si trova di fronte o a un *handicap conclamato* ovvero a qualche disturbo, reale o supposto dell'alunno. Nel primo caso richiede o accetta una *diagnosi*; nel secondo caso trovandosi in una certa difficoltà a gestire il malessere, l'insegnante si fa promotore di una iniziativa che immediatamente perde i connotati educativi per assumere quelli amministrativi e legali. In tal modo la scuola di fronte al malessere, al disagio, alla devianza, a un comportamento ritenuto non idoneo si affida a una struttura esterna dalla quale attende una diagnosi per poi intervenire secondo i suoi parametri.

La scuola centralizzata

L'organizzazione della scuola italiana *accentra su di sé* una serie di incombenze che spetterebbero ad altre figure professionali. Quando sulla fine del secolo scorso Melzi, Pizzoli, per esempio, concentrarono la loro attenzione sugli aspetti fisici, morali e comportamentali dell'alunno al fine di individuare non solo la costituzione individuale, ma anche quelle *potenzialità* e quei *residui* di sviluppo sui quali intervenire successivamente, si aprì un interessante dibattito su quale fosse la figura professionale che doveva studiare, riconoscere e avallare quanto individuato. Si elabora, così, una nuova interpretazione teorica dell'intervento educativo. Questo non esiste se non in quanto arte, in quanto intervento adeguato dell'educatore sul bambino e ciò in base al principio secondo il quale educare significa curare anche se in termini preventivi ovvero educare significa conoscere molto bene la pianta che si vuole e si deve coltivare. L'educatore si trasforma così o in un medico o in un giardiniere. Nel primo caso, l'educatore dovrà privilegiare la concezione medica prevalente nel Settecento, secondo la quale compito principale di questa scienza era l'attenzione posta sul concetto di organizzazione psicofisica dalla quale discenderà sia il concetto di prevenzione come anche e soprattutto quello di osservazione e sperimentazione. Nel secondo caso, l'educatore oltre a conoscere la natura della pianta e le leggi che presiedono al suo sviluppo, non dovrà fare altro che osservare quelle stesse leggi sicuro che in tal modo la piccola pianta crescerà e crescerà bene. In tal modo si applica il principio rousseauiano dell'educazione negativa. Due conseguenze derivano da questa concezione. Da un lato si richiede che il maestro abbia una competenza professionale (ed è su questa linea che soprattutto Melzi richiede che la compilazione della carte biografiche sia effettuata dagli insegnanti). E, dall'altro, che nei vari momenti in cui si esercita e si spende tale professionalità, il docente debba tener conto dell'uomo e del bambino concreto nella sua specifica situazione, anche se colto nelle due dimensioni genetico-ambientali e nel divenire della propria esistenza. In tale prospettiva l'anamnesi, la conoscenza della costituzione fisiologica e morale sono metodi e strumenti conoscitivi atti a costruire una tavola tipologica dell'età infantile, a classificare i soggetti sulla base delle proprie differenti caratteristiche di personalità. Lo spaccato derivante dallo studio analitico di esseri concreti e particolari, dotati di una certa capacità cranica, di un determinato tono muscolare, di una condizione sociale, permette al medico-educatore di possedere tutte le informazioni necessarie per avviare un progetto d'intervento su misura dello stato attuale e delle esigenze del soggetto educando, tenendo conto delle cause sociali, economiche, patologiche derivanti sia da fattori prenatali e postnatali, sia da scarsa o cattiva alimentazione come anche da malsane situazioni sociali, economiche e culturali. In tal modo la dimensione di una mentalità medica non è tesa soltanto alla salute individuale e sociale, non è soltanto un intervento preventivo, bensì essa si carica di una forte propensione igienico-profilattica nei confronti di una crescita distorta e malsana. Ora, per poter realizzare questo progetto si richiede un'adeguata preparazione professionale dell'insegnante. Sarà compito della *pedagogia sperimentale*, attraverso l'assunzione degli schemi metodologici propri delle scienze antropologiche, fisiologiche e psicologiche, assumersi questa incombenza. Ora questa operazione richiedeva una duplice condizione: da un lato una valorizzazione dell'esperienza quotidiana tanto da farla divenire continuamente oggetto di verifica sperimentale, dall'altro una padronanza di concetti, modelli, metodologie e uso di strumenti da parte degli insegnanti. In questa operazione si riscontrano una serie di problemi aperti e che trovano nelle seguenti domande una formulazione forse felice: come conciliare le esigenze biosociali dell'individuo con quelle della ricerca sperimentale? Come trovare dei raccordi fra la dimensione osservativa e quantitativa dei fatti quotidiani con le ipotesi sperimentali? Quale fondamento dare a tali ipotesi? Certamente il modello di Claud Bernard poteva rappresentare un adeguato punto di riferimento, ma, ci si domanda, fino a che punto esso è applicabile in una realtà educativa fatta di esperienze e di alcune esperienze, quelle didattiche soprattutto, e non di esperimenti rigorosi o di tentativi regolati? Le stesse ricerche compiute nella scuola, più che vere sperimentazioni o indagini educative e, o anche, didattiche, condotte con tentativi regolati sono, in realtà, ricerche antropometriche, antropologiche, fisiologiche, sociali e psicologiche che preludono e offrono un materiale per un'ulteriore riflessione educativa e didattica e preludono a una più matura riflessione e sistematizzazione. Scarse sono, in effetti, le indagini autenticamente educative e didattiche. In tale contesto viene superata la concezione psichiatrica, preoccupata di conoscere l'uomo attraverso la devianza e la degenerazione, e pian piano si afferma quella di tipo psicologico attraverso l'attuazione di un progetto d'igiene mentale anche se realizzato soprattutto dagli psichiatri. Questo progetto verrà ideato e realizzato in primis dall'antropologo e in secondo ordine dal medico-psichiatra. Infatti il primo possiede quelle conoscenze e quelle competenze che gli permettono di individuare e di conoscere le forme corporee di ciascun soggetto e sui dati ottenuti risalire alle funzioni psichiche dell'educando. Ma quando queste sono ammalate e, pertanto, soggette al fenomeno della degenerazione è il medico-psichiatra che entra sulla scena per diagnosticare la natura e la gravità della situazione e per individuare i correttivi necessari per una corretta ed efficace cura che, partendo dal corpo, sarebbe stata di estrema utilità per far sprigionare quelle energie psichiche e per individuare quelle potenzialità residue con le quali avviare all'educazione (Gemelli,

1943). Sulle orme dell'azione svolta dall'antropologo e dal medico-psichiatra anche l'insegnante assume un suo ruolo specifico. Infatti egli possiede un ruolo subalterno a queste figure nel momento in cui egli partecipa, con alcune metodologie tipiche di quelle professionalità, alle misurazioni antropometriche, alla stesura di carte biografiche. Contemporaneamente, egli diventa un loro collaboratore nel momento in cui compartecipa all'individuazione dei soggetti *normali* e *anormali* e nel momento in cui egli effettua la *segnalazione* alle autorità scolastiche e di polizia di alunni ritenuti pericolosi per sé e per gli altri. Ma dove l'insegnante assume un ruolo primario è quando egli diventa il portatore di esigenze sociali, il propugnatore di valori e di atteggiamenti sociali da conseguire. Ma i docenti erano pronti ad assumere queste nuove professionalità? Sfogliando le cronache dell'epoca si nota che mentre alcuni, come Melzi, sostenevano che dovessero essere compilate dagli insegnanti (Melzi, 1899), dall'altro mancavano delle precise indicazioni, anche se si presume che dovesse essere il medico a redigerle; altri ancora, come il De Sanctis (De Sanctis, 1915), sostenevano che la parte anamnestica e diagnostica dovesse essere redatta dal medico psichiatra. Ossia, attraverso queste differenziate posizioni si assiste a un aspetto che avrà delle ripercussioni notevoli: da un lato Melzi, Pizzoli e Montesano (1919) si posero il problema della formazione professionale, anche con valenza psicologica, degli insegnanti per redigere la carta; altri, invece, erano propensi a delegare ad alcuni esperti questa e altre mansioni. In ciò non si nota soltanto l'affermazione delle competenze di diversi operatori, bensì anche la constatazione che non tutti gli insegnanti fossero in grado di saper osservare e misurare le caratteristiche morfologiche, psicologiche, comportamentali degli alunni. La fondazione dei *Gabinetti di antropologia pedagogica* e la stessa azione del *Laboratorio di pedagogia scientifica di Crevalcore* (Pizzoli, 1909) come anche *La scuola elementare rinnovata secondo il metodo sperimentale* di Pizzigoni (1909) sono state delle iniziative estremamente lodevoli volte a una formazione scientifica degli insegnanti. La situazione però si presenta molto complessa sia perché esisteva di fondo una marcata impreparazione professionale di fondo della classe magistrale (Zambaldi, 1975), sia perché mentre alcuni sostenevano la necessità di utilizzare le nuove proposte che nascevano dalla psicologia, altri erano fortemente contrari (Formiggini-Santamaria, 1922). Con la società sorta dalla resistenza sembrava giunto il tempo per una riforma radicale della scuola, ma in realtà gli anni Cinquanta furono per la scuola particolarmente opachi. Nel processo di irrigidimento e di restaurazione politica e sociale, la scuola, così come era stata lasciata dal fascismo, fu utilizzata per frenare ogni espansione oltre le elementari, mentre la società italiana conosceva un impetuoso sviluppo economico, un confronto internazionale e s'inseriva, pur con molte difficoltà, nell'area europea. Né valse la grande inchiesta di Gonella (1948) né quella prevista dal piano decennale (1963). La cornice istituzionale rimane sempre la stessa: quella della scuola gentiliana con l'accumulazione di circolari e di leggine che rispondono a problemi urgenti e dilazionano soluzioni reali. "Le ragioni per cui gran parte dello scheletro della scuola gentiliana è rimasto in piedi, sono legate chiaramente alla funzione di contenimento e di repressione che essa permette comodamente di esercitare" (Ricuperati, 1985). In tale ambito la *contestazione* del 1968 ha posto alla scuola problemi vecchi in termini nuovi e drammatici; mentre una parte dei docenti rifiutava il ruolo delle *vestali della classe media* (Barbagli, Dei, 1969), la contestazione investiva e rimetteva in discussione non solo la funzione e l'organizzazione scolastica, ma anche i valori di cui la scuola era portatrice (Budini, 1967; Don Milani, 1967; De Bartolomeis, 1969; Barbagli, 1972; Illich, 1969-70, 1970-71; Padoa Schioppa, 1974). È in questo contesto che nascono i decreti delegati degli anni Settanta con l'intento di rimodellare la scuola sul concetto di *partecipazione* tramite gli organi collegiali. Ma come realizzare questo progetto quando la scuola italiana non era mai stata abituata a condividere con gli altri un progetto didattico ed educativo e un'organizzazione che non fosse quella centralizzata? Sotto tale profilo è molto significativo quanto scriveva Laporta in un suo articolo del 1981 sugli organi collegiali della scuola: "Il funzionamento di questi nuovi organi [gli organi collegiali istituiti nel 1974] è stato molto discusso e criticato [...]. Il quadro generale mostrava [...] una generale immaturità democratica nella gestione della scuola, che era naturale attendersi vista la gestione amministrativa e politica del paese" (Laporta, 1981). Infatti, la mancanza di tradizioni consolidate e l'assenza di pratiche e di modelli culturali di riferimento hanno contribuito a una partecipazione formale, se non formalistica, della partecipazione stessa svuotandola della pregnanza che essa poteva avere. Più ci si allontanava dagli addetti ai lavori più tale partecipazione diventava un peso e veniva sentita e vissuta dalla scuola come un'intromissione più o meno indebita creando una contrapposizione tra il personale scolastico e le altre figure che venivano considerate esterne. Il personale scolastico, pur nella sua varietà di ruolo e di funzioni, si sentiva il vero depositario della partecipazione e della vita scolastica, gli altri (famiglie, alunni, personale esterno, amministratori) erano delle figure che non potevano influire sulle scelte e sugli orientamenti della scuola. Dovrà passare molto tempo, infatti, prima di ottenere e varare la carta dei diritti degli studenti e la carta dei servizi. Da quanto esposto sembra logico affermare che la scuola italiana si sia mossa come uno Stato nello Stato cercando di allontanare da sé quelle figure e quelle competenze che potevano offuscare la loro autonomia, il loro ruolo di esperti dei processi d'insegnamento e di apprendimento e mettere in discussione il loro prestigio professionale. Di fronte alle nuove esigenze sociali e culturali e di fronte alle pressanti richieste di apertura, la scuola italiana ha ritenuto opportuno e forse anche più consono alle sue esigenze e tradizioni, imboccare una duplice strada: la creazione di figure, interne alla scuola stessa sempre, con le quali surrogare la mancanza di specialisti esterni e inoltre la pratica della consulenza. La creazione di tali figure è molto variegata e incomincia fin dai primi anni Sessanta ed è anche la conseguenza dell'introduzione massiccia in ruolo dei docenti, l'inizio del calo demografico e il conseguente esubero degli insegnanti. Tutti noi abbiamo constatato il declino, talvolta rapido, altre volte lento e mascherato, di queste figure e siamo anche consapevoli come i docenti chiamati a ricoprire altre mansioni, pur sempre nell'ambito della *funzione docente*, hanno sviluppato delle competenze estranee a quelle richieste normalmente all'insegnante e che, proprio per questo, sono diventate spesso anche conflittuali all'interno della scuola. È il caso dell'insegnante psicopedagogista (Trombetta, 1982, 1986, 1989; Carli, 2001), dell'insegnante animatore, consigliere scolastico, consigliere scolastico di orientamento, insegnante delle attività integrative, insegnante specializzato per le attività scolastiche integrative, insegnante di sostegno, assistente educatore (Trombetta, 1989), insegnante coordinatore dei servizi di biblioteca, insegnante coordinatore dei servizi di orientamento scolastico, insegnante operatore tecnologico, insegnante operatore psicopedagogico (O.M. n. 282 del 10 agosto 1989) e, più recentemente, dell'insegnante referente e figure di sistema. Tutte queste figure il più delle volte hanno avuto una vita grama e stentata, una precarietà molto alta legata sia alla posizione giuridica delle persone che intendevano ricoprire quei ruoli, sia a motivi occupazionali e sindacali dovuti al grande numero dei docenti che non si sapeva come utilizzare all'interno delle scuole. Di fatto queste figure hanno ricoperto delle mansioni anche di tipo psicologico senza avere né una formazione scientifica adeguata, né una valutazione esterna del loro operato.

La consulenza psicologica

L'organizzazione della scuola italiana si apre alla *consulenza psicologica*. Mentre nei paesi europei e in quelli anglosassoni si pensò di avviare, già dai primi anni del Novecento, la costituzione di servizi psicologici, nel nostro paese la *pratica della consulenza* è stata preferita anche se arriva in ritardo dopo alcuni tentativi di utilizzare alcuni servizi quali quelli di medicina scolastica (DPR n. 264 dell'11 febbraio 1961), i centri medico-psico-pedagogici, già sviluppatisi negli anni Quaranta-Cinquanta, e successivamente le équipe psico-medico-pedagogiche, molto fiorenti negli anni Sessanta; servizi questi, tutti scomparsi, con l'istituzione del Servizio sanitario nazionale. Su cosa si basa il principio della consulenza e della consulenza psicologica? È difficile esplicitarlo, in quanto fino a ora manca una definizione certa e concordata e, pertanto, questo termine può assumere diverse accezioni. A ogni modo esso prefigura, nel nostro caso, un *rapporto fiduciario* tra un professionista e una istituzione o un membro di questa regolato da alcune modalità non sempre chiare (Carli, Mosca, 1980; Carli, Guerra, 1980; Carli, Paniccia, 1981; Trombetta, 1987). Basandosi su un rapporto fiduciario e su una serie di disposizioni di tipo amministrativo e burocratico, e non sempre sulle competenze possedute e dimostrate, la consulenza assume un ventaglio di opzioni basate molto sul *desiderio* e *bisogno* di chi richiede la consulenza e sulla *concezione di ruolo* e *aspettative personali* dell'esperto. Nel rapporto scuola-psicologia l'incrocio di questo binomio fa sì che la *delega*, tipica della consulenza e che tutti oggi rifiutano, assuma dei connotati particolari in quanto il diretto interessato (in genere l'alunno) viene sottoposto a degli interventi previsti da altri, spesso rappresentati da direttive e circolari, sia perché manca un controllo diretto e professionale delle effettive prestazioni professionali. A rendere ancor più ambigua la pratica della consulenza intervengono due situazioni. La prima riguarda la constatazione che allo psicologo non sempre si richiedono delle competenze professionali adeguate. Questo è il risultato di una duplice situazione. Alla scuola serve una persona che la sollevi da alcune situazioni difficili; alla psicologia serve mantenere una figura che continui ad agire secondo il modello elaborato negli anni Settanta: l'operatore sociale (Foderà, 1997) anche se in chiave diagnostica e clinica (Baldini, 1980). La seconda è che la consulenza basandosi su delle prestazioni asimmetriche e specialistiche comporta sia un esborso finanziario da parte del richiedente verso lo specialista, o verso la struttura della quale lo specialista fa parte, sia degli interventi limitati nel tempo. Di fronte a questa seconda situazione lo specialista non sempre è motivato a dare il meglio delle sue prestazioni, come è portato a concepire e a svolgere la sua attività non più come un esperto, bensì come una persona che applica sia modelli d'intervento basati sulla sua professionalità personale, come una persona che applica direttive e norme imposte dalla prassi e dall'istituzione di appartenenza. Se la scuola è di fatto il trampolino di lancio per ogni operazione di rinnovamento formativo e culturale, il luogo privilegiato in cui si verificano e si anticipano modelli socioculturali più vasti, legati all'individuazione di modalità di formazione umana, di formazione professionale, di aiuto, di assistenza, di integrazione e di prevenzione, l'intervento dello psicologo nella scuola si rivela particolarmente importante se non indispensabile per l'apporto specifico che egli può dare. Ciò anche considerando le nuove esigenze di benessere integrale dell'individuo, il cui fondamento viene visto nei processi formativi di base, oggi più complessi e per questo più necessitanti l'interazione delle diverse competenze specialistiche.

DALLA CONSULENZA PSICOLOGICA AL SERVIZIO DI PSICOLOGIA SCOLASTICA

La consulenza psicologica è ormai una pratica consolidata ed essa si realizza sia attraverso gli psicologi che lavorano all'interno delle ASL, sia da liberi professionisti i quali assumono il più delle volte i modelli di tipo clinico e rivolti al singolo con dei "problemi".

In una recente ricerca (Foderà, Pighetti, 1997), effettuata a Roma fra insegnanti di scuola elementare e media, psicopedagogisti e psicologi delle ex unità sanitarie locali, si ricavano i seguenti dati.

– L'intervento psicologico è rivolto prevalentemente al singolo alunno e alla famiglia, mentre più marginali risultano gli interventi a favore delle altre componenti delle strutture educative (Foderà, Pighetti, 1997). In tal modo l'impronta clinica dello *studio del caso* o dell'*aiuto al singolo*, che quasi fino a oggi ha contrassegnato l'intervento psicologico nella scuola, continua grazie anche alla contemporanea radice medico-psichiatrica dello stesso.

– Più dell'80 per cento degli intervistati ritiene che l'intervento psicologico venga segnalato soprattutto dall'insegnante, probabilmente perché è quotidianamente a contatto con gli alunni, individua la presenza di alcune problematiche e interpreta a suo modo le difficoltà osservate. Famiglia, psicologi, psicopedagogisti e medici difficilmente segnalano situazioni problematiche (Foderà, Pighetti, 1997). Anche in questo caso la segnalazione, di origine inquisitoria, viene utilizzata da chi detiene un potere, anche se professionale, e non da chi ne ha bisogno.

– I problemi dai quali scaturisce la richiesta dell'intervento sono legati all'apprendimento (ritardi scolastici, mancanza di attenzione e di concentrazione), solo secondariamente sono considerati lo svantaggio sociale e i problemi relazionali (Foderà, Pighetti, 1997) in modo particolare quelli riguardanti i rapporti fra genitori e figli (Foderà, Pighetti, 1997). Con ciò la scuola non tiene conto della personalità dell'alunno, bensì del suo risultato il quale è letto, per altro, attraverso variabili socioculturali e non in base a quelle motivazionali.

– Fra gli strumenti maggiormente utilizzati dagli psicologi, il colloquio è lo strumento più usato; i test di personalità, intelligenza, attitudinali e sociometrici hanno pochissimi consensi fra i soggetti (Foderà, Pighetti, 1997). Con la scelta di questo strumento si limita molto lo sviluppo di una scienza psicologica basata o su paradigmi nomotetici o di quelli idiografici.

– Alla domanda su cosa s'intende per consulenza psicologica, il dato più importante è che questa viene concepita come una modalità per realizzare un intervento sul singolo, sulle sue difficoltà, sui suoi problemi e sulle conseguenze che questi pongono sul piano didattico. La richiesta è per un intervento specifico e tradizionale: la soluzione di problematiche presenti in alcuni alunni a livello d'insegnamento-apprendimento o a livello relazionale. Si crea, pertanto, la *delega* all'esperto di problematiche che appartengono all'alunno e da parte dello psicologo la tendenza ad accettare tale incarico e a rispondere collusivamente alla domanda (Foderà, Pighetti, 1997). In tal modo la professionalità dello psicologo si traduce in un'*azione* non soltanto *collusiva*, ma anche *normativa* a seconda dell'ideologia predominante anche all'interno di un gruppo: in altre parole lo psicologo diventa sia il braccio armato del potere sia la possibile vittima dello stesso nel momento in cui egli non riesce a *normalizzare* l'alunno.

– Alla domanda "quale professionalità dovrebbe possedere lo psicologo?", mentre insegnanti e psicopedagogisti ritengono che per uno psicologo che lavora nella scuola la professionalità dovrebbe essere quella dello psicologo dell'educazione (figura ancora inesistente), per gli psicologi delle ex USL questa dovrebbe essere soprattutto di tipo clinico. Tutte le altre professionalità (psicologo dell'orientamento e dell'organizzazione scolastica, per esempio) sono ritenute irrilevanti (Foderà, Pighetti, 1997).

Le domande poste e le risposte fornite pongono in risalto alcuni nodi principali che qui sintetizziamo.

1. L'*atteggiamento del mondo scolastico* "verso la consulenza dello psicologo" è inseribile, più in generale, in un'ottica epistemologica focalizzata sull'individuo. Paradossalmente questa dinamica è alimentata dalla situazione dello psicologo quale operatore esterno alla scuola, come dimostra la considerazione di vantaggio da parte dello psicologo e dalla considerazione di svantaggio percepita dall'insegnante. È pur vero che la richiesta implicita in questa critica dell'insegnante è quella di avere uno psicologo scolastico tutto per sé, e quindi avente la funzione di schermo proiettivo amplificato dei propri problemi; ma certamente questa presenza interna alla scuola attutirebbe molto le dinamiche di delega favorite dall'attuale rapporto asimmetrico. Comunque queste dinamiche sono rafforzate dal fatto che l'istituzione-scuola privilegia l'attenzione sull'individuo senza alcuna considerazione della *relazione* esistente tra i vari componenti della struttura scolastica, né degli elementi dinamici, funzionali e strutturali sui quali si articola l'organizzazione scolastica.

2. L'*intervento di consulenza* "dello psicologo" nella scuola appare, in ogni modo, centrato prevalentemente se non esclusivamente sul *modello clinico-individualistico*. In particolare, nella segnalazione, l'accento è posto sul singolo che presenta problematiche collegate all'apprendimento e al comportamento. I problemi relazionali risultano scarsamente considerati, almeno finché l'insegnante non entra in un più costante e rassicurante rapporto con lo psicologo. Così come non risulta molto richiesto l'intervento per i bambini *normali* o l'intervento preventivo e promozionale di benessere; il quale peraltro è piuttosto auspicato in termini di un sostegno alle famiglie e alla scuola al fine di prevenire i disturbi negli alunni.

3. La *formazione di base* "dello psicologo" che opera nella scuola è contrassegnata prepotentemente dalla *dimensione clinica*, eredità della sua formazione universitaria in generale e della tradizione medica nella scuola.

4. La *figura dello psicopedagogista* risulta essenzialmente *ambivalente* negli atteggiamenti rilevati dalla ricerca, come fosse confuso dall'appartenenza a metà tra mondo scolastico e mondo psicologico, essendo egli un insegnante con competenze psicologiche, in stato di precarietà, senza una precisa definizione di identità in un ruolo più propriamente pedagogico. Il suo vissuto e la sua attività appaiono in simmetria ora con l'intervento "dello psicologo" ora con le aspettative e le richieste

dell'insegnante. Questa situazione di ambiguità è un ulteriore argomento a favore dell'ingresso nella scuola dell'auspicata figura di psicologo scolastico o dell'educazione quale *figura esterna* alla scuola stessa.

5. Infine, emerge come dato altamente positivo e propositivo il fatto che la *maggiore conoscenza e interazione reciproca* "tra insegnante e psicologo" non solo *facilita* il loro rapporto operativo e il riconoscimento dell'apporto specifico di ognuno di loro, ma li *aiuta* anche ad avere una prospettiva più precisa e ampia delle potenzialità di ciascuno e dell'interazione comune.

Sia i dati della ricerca sia quelli ottenuti dalla disamina storica come dall'analisi della rassegna effettuata, sembrano rafforzare l'evidenza di alcune costanti ormai radicate nel rapporto scuola-psicologia, tanto da poter essere considerate dei limiti *costituzionali* o inerenti al rapporto in sé.

Tali costanti costituzionali si possono sintetizzare nei seguenti punti.

– Tendenza normativo-autoritaria della scuola come istituzione per natura *normalizzante* e per storia *centralistico-burocratica.* Da questa tendenza deriva la patologizzazione di ogni diversità individuale e la strumentalizzazione di ogni aiuto tecnico o *consulenza* chiesti all'esterno e inevitabilmente orientati al modello clinico-terapeutico.

– Tendenza della classe docente, con un'inadeguata formazione didattica e un'assente preparazione psicologica, a *delegare* all'esperto la soluzione di difficoltà che, manifestate nel processo di apprendimento o nella conduzione della classe, implicano invece una più matura competenza pedagogico-didattica. Tali difficoltà, quando per delega sono gestite dallo psicologo, difficilmente trovano una soluzione, in quanto l'approccio o resta a livello individuale ovvero si rivela insufficiente, se non proprio controproducente, dato il prevalere dell'ottica normalizzatrice o terapeutica.

– Tendenza complementare *dell'esperto* o ad accettare la delega rispondendo collusivamente alla richiesta implicita non adeguatamente scandagliata e riformulata, o ad assumere una posizione di superiorità non rispettosa e quindi del tutto inefficace per la soluzione del problema complesso e comune a entrambi.

– Tendenza, conseguentemente, alla *patologizzazione* del rapporto di consulenza o collaborazione. In una dinamica di competizione o contrapposizione non solo è forte il pericolo di una reciproca strumentalizzazione, ma anche quello del rafforzamento dell'ottica dell'estremizzazione, per cui la patologia è netta o inesistente, la competenza è strettamente specialistica o dell'operatore-tuttologo, la soluzione è specifica e immediatamente efficace o si dichiara il fallimento dell'intervento, e così di seguito.

– Tendenza, conseguenza più generale della dinamica appena illustrata, al reciproco misconoscimento del mondo scolastico e di quello psicologico che dovrebbero, invece, agire in interazione tra loro. Avviene così che l'insegnante non conosca in termini reali la possibilità o le modalità di rivolgersi a un servizio psicologico territoriale, e lo psicologo è estraneo, come mentalità, formazione, organizzazione lavorativa, ai reali problemi ed esigenze della scuola.

– Tendenza a non elaborare e produrre ricerche psicoeducative e psicodidattiche né a livello centrale né a livello locale. La psicologia è intesa come intervento, come operatività e non, anche, come ricerca.

– Tendenza a svalutare la presenza psicologica nella scuola sia per il prevalere di modelli scientifico-culturali a essa inadeguati, sia per una scarsa sensibilità accademica nella formazione degli psicologi, sia per una duplice mentalità diffusa nella scuola: della psicologia si può fare a meno, oppure tutti nella scuola possono parlare di psicologia o intervenire con procedure e strumenti psicologici. Questa stessa mentalità la si rintraccia non solo fra gli psicologi, specialmente fra i neolaureati, ma anche fra i membri delle commissioni che studiano problemi scolastici (dispersione scolastica, gruppi di lavoro sull'handicap, orientamento, valutazione ecc.), nei corsi di aggiornamento, nelle iniziative di formazione degli insegnanti.

Per sminuire tali tendenze si è cercato di elaborare, recentemente, un antidoto che nasce dalla valorizzazione del modello di psicologia della comunità, di quello sistemico-relazionale, come anche di quello dell'analisi organizzativa e istituzionale. Questi modelli hanno permesso di avviare un processo, lungo e difficile, con il quale prendere in maggior considerazione fattori e concetti nuovi, come le relazioni, le famiglie, i gruppi, il contesto, le norme, le routine, la prevenzione, il potenziamento delle capacità, la salute intesa come benessere bio-psicosociale; e, sulla scorta di questi concetti, elaborare strumenti nuovi come progetti-obiettivo, ricerche-intervento, collaborazione inter-istituzionale.

Rimane comunque la tendenza a considerare il rapporto scuola-psicologia in un'ottica che risente ancora del modello elaborato dall'Ottocento: un intervento sul singolo, un intervento medico-terapeutico, un intervento sulla delega all'esperto; delega che può essere ritrattata quando l'esperto non vuole e non può sottostare al gioco perverso che egli stesso ha contribuito a valorizzare. Sotto tale profilo è significativo e anche stimolante il titolo che Debesse dà a un suo articolo: "Pédagogues et psychologues: un dialogue de mal entendants", ora questi malintesi di cui parlava anche Binet potranno alleggerirsi e forse anche risolversi qualora, nell'ambito appunto della complessità, si consideri la scuola e l'educazione come un *servizio* reso alla collettività e non come *proprietas* di un potere o di qualche sua componente di carattere politico, amministrativo, professionale e culturale. E sotto tale profilo anche la psicologia dovrà sviluppare altri modelli al di fuori di quello dominante, per articolarsi in una pluralità di psicologie, fra cui quella dell'educazione, con figure, metodologie, competenze specialistiche che si costituiscano in servizio per la scuola e l'educazione, puntando soprattutto sulla ricerca e su una diversa professionalità dello psicologo e sulla necessità di progettare un servizio psicologico per la scuola.

In questo ambito anche la collaborazione con altre figure, fra le quali spicca quella del documentalista, il valutatore e l'esperto dei curricula, è auspicabile purché queste figure non vogliano assumersi l'intera responsabilità della collaborazione e qualora tutti si mettano al servizio della scuola per facilitarla al conseguimento dei suoi fini istituzionali e organizzativi.

COME REALIZZARE UN SERVIZIO DI PSICOLOGIA SCOLASTICA

Per i motivi sopra elencati, anche se delineati a grandi pennellate, si ritiene che il modello della consulenza debba essere superato. Al suo posto deve subentrarne un altro: quello del servizio psicologico.

Certamente si può discutere se quest'ultimo sia l'unico servizio che la scuola debba fornire o se invece, oggi, in vista dell'autonomia scolastica, sia preferibile delineare una concezione di più ampio respiro quale quella dei servizi integrati per la scuola all'interno dei quali quello psicologico costituisce una struttura qualificante.

Per realizzare i servizi scolastici, compreso quello psicologico, si ritiene utile presentare alcune caratteristiche del servizio stesso utile alla scuola. Fra queste sono essenziali una pluralità di competenze che vanno dalla ricerca sul campo, alla progettazione e all'esecuzione degli interventi, possedute e agite da più professionisti che lavorano in team. Accanto a tali competenze è indispensabile dare delle risposte circostanziate ai vari problemi sollecitati dalla rete di scuole tramite la consapevolezza di poter essere efficaci nell'azione in modo da venire incontro ai bisogni di autosufficienza (puntare sull'autonomia), di autorealizzazione (sviluppare le potenzialità) e di eterorealizzazione (sviluppare attitudini e abilità per prendersi cura degli altri) delle strutture e delle persone. Competenze e risposte non tanto volte a rispondere a delle domande di aiuto, bensì ad avviare e sviluppare un processo di qualità indispensabile per la nuova scuola dell'autonomia.

Sotto il profilo organizzativo il servizio di psicologia scolastica dovrà prefigurare una presenza di più professionisti dove ciascuno esercita una mansione e dove il team degli esperti sappia coordinarsi al proprio interno. Questa nuova e diversa articolazione attualmente si presenta molto problematica sia perché la formazione universitaria non sempre è attenta ai risvolti della professione, sia perché è orientata a conferire delle competenze individuali e non a insegnare a lavorare in team, sia perché, infine, fra poco entreranno nel mercato del lavoro coloro che escono dalla nuova riforma universitaria (denominata "tre più due") i quali si troveranno a lavorare, se non proprio a competere, con coloro che sono già laureati e abilitati.

Pur in presenza di queste nuove realtà, è indispensabile, sempre sotto il profilo organizzativo, che il team di professionisti instauri un rapporto collaborativo e diretto con le scuole o con una rete di scuole, che duri nel tempo attraverso una convenzione tra scuola e team che fissi i reciproci diritti e doveri, che stabilisca i criteri per la conduzione degli interventi e per la valutazione del lavoro svolto, che preveda un esborso finanziario da parte della scuola o da altri enti.

Al fine di avviare tale processo è opportuno partire dal presupposto che dare delle risposte circostanziate ai vari problemi sollecitati dalla rete di scuole è una delle finalità primarie di questo processo.

Pur non condividendo completamente il concetto di *soddisfazione del cliente*, tuttavia questa formula può essere utilizzata proprio per denotare come i servizi scolastici in genere, e quello di psicologia in particolare, debbono tendere a ricercare, progettare e realizzare degli interventi per dare delle risposte circostanziate ad altrettanti problemi concreti.

Ora se per cliente s'intende colui che acquista un prodotto o un servizio da un fornitore e dove cliente della scuola s'intende un soggetto che esprime, in modo implicito o esplicito, dei bisogni e delle aspettative che la scuola è chiamata a soddisfare, sembra logico dedurre che il cliente della scuola è rappresentato da una pluralità di soggetti i quali molto spesso sono anche dei fornitori. Un esempio: l'allievo è sì un cliente, ma anche un fornitore in quanto porta nella scuola esigenze e prospettive personali e, pertanto, induce a far sì che venga *confezionato* un bene su sua misura. Lo steso dicasi del docente: egli è sì un fornitore di beni culturali destinati ad altri, ma è anche un cliente in quanto usufruisce di una pluralità di beni prodotti dall'istituzione e dall'organizzazione scolastica compresi i suoi colleghi con i quali condivide una serie di beni e dai quali può trarne beneficio.

Il modello cliente/fornitore obbliga a rivedere il concetto legato alla produzione di beni e, indirettamente, anche quello del servizio sebbene tale modello non debba intendersi l'unico con il quale avviare il servizio di psicologia scolastica.

Sotto tale prospettiva *la scuola della qualità* non può più porsi come una struttura organizzativa chiusa in se stessa che progetta e produce dei beni senza tener conto delle esigenze del cliente, in quanto così facendo molto spesso verrà abbandonata dai suoi clienti sia perché i loro bisogni sono cambiati, sia perché ciò che acquistano non li appaga pienamente sia perché acquistano un bene standardizzato e non più su loro misura come anche perché possono rivolgersi, come può succedere nelle città, ad altri fornitori.

La persistenza di un paradigma concettuale basato sull'offerta standardizzata di beni se ha permesso alla scuola di mantenere una sua stabilità, visto che il cliente è acquisito per legge e visto che l'esistenza di criteri di distribuzione territoriale fanno convergere gli alunni verso una scuola piuttosto che verso un'altra, ha offerto alla scuola stessa anche un luogo e un tempo di conservazione e di freno di fronte all'innovazione e al cambiamento.

Il salto qualitativo fornito dal modello di servizio coniugato sul binomio cliente/fornitore permette di prendere in considerazione non solo il prodotto finale, ma anche le modalità progettuali con le quali di fase in fase si realizza il prodotto stesso e, in definitiva, sui modi di funzionare e di far funzionare l'organizzazione scolastica.

Assumere questa diversa concezione richiede l'adozione sistematica di una strategia progettuale e operativa fondata sulla rilevazione dei bisogni e delle aspettative del cliente, sulla progettazione su misura dei prodotti e dei servizi a lui destinati, sulla verifica continua del suo grado di soddisfazione, sul monitoraggio continuo dei suoi bisogni e delle sue aspettative e sull'adeguamento continuo dei prodotti e dei servizi ai mutamenti rilevati.

Dare delle risposte circostanziate ai vari problemi sollecitati dalle reti di scuole obbliga a identificare il cliente reale e non con uno fittizio o che lo rappresenti, senza confondersi con esso e senza accettare acriticamente quanto da lui proposto. Significa anche verificare continuamente l'efficienza e l'efficacia di ogni fase del processo e tradurre sistematicamente i risultati delle verifiche in progetti di miglioramento.

Assumere come prospettiva elitaria la produzione dei processi di qualità significa orientarsi verso un modello dove il *processo* diventa il punto di riferimento continuo e dove la definizione di un *processo in termini di produzione di beni adatti e su misura della scuola* diventa uno degli elementi qualificanti. Ciò comporta un lavoro preventivo di analisi e di valutazione dei modi possibili di produrre un determinato bene o un determinato servizio e successivamente l'adozione degli schemi operativi ritenuti più validi.

Questa nuova prospettiva necessita di prefissare un livello di prestazione, attraverso l'indicazione di modalità ritenute più adatte, e d'individuare eventuali scostamenti. In altri termini, nell'ambito della progettazione di un servizio di psicologia scolastica è opportuno indicare gli obiettivi che s'intendono realizzare nel concreto, fissare il punto di partenza dal quale far scaturire i passi successivi, prevedere una serie di scansioni e di alternative, definire in modo circostanziato gli standard che s'intendono realizzare, puntare sugli interventi migliorativi piuttosto che su quelli riparatori ed eventualmente prevedere d'inserire nuove risorse professionali in un processo già collaudato.

Naturalmente la sola definizione e progettazione dei processi non è sufficiente per controllare la qualità prodotta né, tanto meno, per migliorarla. Occorre mettere a punto anche un sistema di controllo che permetta di verificare in maniera oggettiva se i risultati conseguiti corrispondono o meno a quelli attesi, individuare in maniera oggettiva quali sono le cause di eventuali scostamenti e, infine, adottare degli interventi riparativi ritenuti più efficaci. Infatti se la progettazione è compito del team del servizio, è anche vero che essa dovrà essere partecipata e condivisa anche dalla scuola la quale si attende dei risultati. Il controllo della progettazione nella sua esecuzione, pertanto, diventa una modalità con la quale la scuola esige che si verifichino i risultati attesi. È opportuno, quindi, che team e scuola individuino sia un insieme di indicatori (sia di risultato che di processo) predefiniti in maniera oggettiva e, pertanto, riconoscibili, descrivibili e condivisi, sia un complesso di strumenti idonei a evidenziare il sorgere e il mantenere dei risultati anche attraverso una loro misurazione, sia, infine, insieme di criteri per valutare i risultati emersi.

Da quanto esposto sembra indispensabile che il team del servizio di psicologia scolastica non si rinchiuda in se stesso, bensì sappia coinvolgere i vari attori della scuola, che faccia comprendere come alcuni risultati si possano ottenere solo dopo un lasso di tempo alquanto lungo in quanto per rendere la scuola qualitativamente migliore si richieda che tutti gli attori apprendano nuove mentalità, nuove regole e nuovi comportamenti. Di fronte, poi, alle possibili e legittime ansie degli operatori scolastici di avere al più presto dei risultati sembra utile che il team inserisca nella sua progettazione una serie di operazioni tali da divenire sempre di più specialistiche.

CONCLUSIONI

Attraverso la breve ricostruzione storica dei modelli culturali sui quali si è strutturata l'organizzazione e il funzionamento della realtà scolastica è emerso, da un lato, la prevalenza di un modello normativo basato su degli interventi consulenziali, volti soprattutto a degli interventi su degli individui da normalizzare e da curare e, dall'altro, la necessità che la scuola dell'autonomia sia tesa o sia costretta a puntare su delle procedure e si ponga nell'ottica di essere un'istituzione che sappia offrire dei servizi qualificati. Sotto tale profilo anche il rapporto scuola-psicologia dovrà cambiare nonostante le resistenze che ancora si frappongono dato il prevalere di un modello culturale ancora di tipo positivista e centralista.

Per realizzare tale cambiamento è indispensabile elaborare un nuovo modello di psicologia e un diverso rapporto. Il nuovo modello non potrà sorreggersi sulla consulenza, bensì sul servizio; il nuovo rapporto dovrà, pertanto, da un lato favorire adeguate e specifiche competenze da parte degli psicologi e, dall'altro, basarsi su una progettualità della scuola in stretta collaborazione con la professionalità degli psicologi. Il concetto e la pratica del servizio richiedono, da un lato, la presenza del privato-sociale nelle istituzioni scolastiche, sotto forma di convenzioni, e, dall'altro, che entrambi si ritrovino su un terreno comune: quello della progettualità.

Per quanto concerne il primo punto sembra superata quella concezione secondo la quale è lo Stato a farsi carico direttamente del *welfare state* dei propri cittadini; infatti le politiche centrali o anche locali dello Stato reagiscono *ex post*, per riparare e riaggiustare, ma, paradossalmente, con soluzioni *ex ante*, ossia pre-programmate e scandite da una logica più di tipo amministrativo che autenticamente ancorata al problema. Sembra invece percorribile l'altra strada secondo la quale un complesso di strutture possano scaturire dal basso per iniziativa di professionisti che, in gruppo e con competenze specifiche, sappiano leggere, interpretare le esigenze scolastiche e mettersi al loro servizio. Mettendosi al servizio in altro modo si corre lo stesso pericolo che incontra il sistema politico-amministrativo nell'affrontare i problemi tramite servizi biunivocamente e deterministicamente indirizzati su di essi. Ovviamente il rapporto scuola-servizi e servizi psicologi è molto più complesso di quanto non sembri, in quanto bisogna dapprima distinguere la scuola come istituzione, come organizzazione, come cliente/fornitore e, infine, ma non da ultimo, come comunità. Una volta chiarite queste distinzioni si può pensare a realizzare un rapporto tra la scuola e i servizi che si affiancano a essa. Un secondo aspetto riguarda il concetto e la pratica del benessere cui tende la scuola; benessere non come semplice soddisfazione sommaria e immediata di bisogni concreti e tangibili, bensì come sostegno per aiutare a evidenziare e a sviluppare le attese, le aspettative nell'ottica della complessità. È importante, però, sottolineare come la presenza di servizi retti da professionisti si può tradurre in strutture valide e utili per quella determinata categoria, e non per coloro per cui i servizi sono stati pensati e organizzati. Mettersi al servizio acquista anche la valenza di pensare e di operare soprattutto per gli altri.

Per il secondo punto, quello della progettualità, è necessario superare la concezione e la prassi della delega. Sia la scuola che il servizio di psicologia debbono, ciascuno per sua competenza, elaborare delle politiche e degli interventi sui quali, alla fine, si conviene. Lasciare a uno degli interlocutori il compito di pensare e all'altro quello di agire significa creare delle sudditanze che, alla fine, sono nocive a entrambi. Se ciascuno dovrà elaborare una sua progettualità, in quanto ciascuno la esercita nella propria sfera di competenza, è anche vero che essa dovrà diventare un patrimonio condiviso.

BIBLIOGRAFIA

Baldini, L. (1980), "La psicologia nella scuola: ambiguità di un rapporto". In *Psicologia italiana*, II, 3-4, pp. 162-69.

Barbagli, M. (1972) (a cura di), *Istruzione, legittimazione e conflitto.* Il Mulino, Bologna.

Barbagli, M., Dei, M. (1969), *Le vestali della classe media*. Il Mulino, Bologna.

Budini, V. (1967), *La scuola si diverte*. Feltrinelli, Milano.

Carli, R. (2001), *Culture giovanili. Proposte per un intervento psicologico nella scuola*. Franco Angeli, Milano.

CARLI, R., GUERRA, G. (1980), *Aggiornamento degli insegnanti: una proposta di intervento psico-sociale*. La Nuova Italia, Firenze.

CARLI, R., MOSCA, A. (1980), *Gruppo ed istituzione scuola*. Boringhieri, Torino.

CARLI, R., PANICCIA, R. M. (1981), *Psicologia delle organizzazioni e istituzioni*. Il Mulino, Bologna.

DE BARTOLOMEIS, F. (1969), *La ricerca come antipedagogia*. Feltrinelli, Milano.

DE SANCTIS, S. (1915), *Educazione dei deficienti*. Vallardi, Milano.

DON MILANI, L. (1967), *Lettera a una professoressa*. Libreria editrice fiorentina, Firenze.

FODERÀ, C. (1997), "Rassegna delle ricerche sul ruolo e sull'immagine dello psicologo. Il rapporto tra professione e scuola". In TROMBETTA, C. (a cura di), *L'alleanza e il cambiamento. Storia ed immagine del rapporto tra scuola e psicologia in Italia*. Armando, Roma, pp. 61-106.

FODERÀ, C., PIGHETTI, C. (1997), "Una ricerca sulla percezione del ruolo dello psicologo: 2. Analisi dei risultati". In TROMBETTA, C. (a cura di), *L'alleanza e il cambiamento. Storia ed immagine del rapporto tra scuola e psicologia in Italia*. Armando, Roma, pp. 129-194.

FORMIGGINI-SANTAMARIA, E. (1922), *La psicologia del fanciullo normale ed anormale*. Formiggini, Roma.

GEMELLI, A. (1943), *La psicologia a servizio dell'orientamento professionale nelle scuole*. Zanichelli, Bologna.

ILLICH, I.D. (1969-70), *Rovesciare le istituzioni*. Tr. it. Armando, Roma 1973.

ILLICH, I.D. (1970-71), *Descolarizzare la società*. Tr. it. Mondadori, Milano 1972.

LAPORTA, R. (1981), "Gestione e indigestione sociale della scuola". In *Scuola e Città*, 2, 28 febbraio, pp. 49-52.

MELZI, C. (1899), *Antropologia pedagogica*. Tipografia Economica, Arona.

MONTESANO, G. (1919), "Guida per la compilazione di carte biografiche". In *L'assistenza dei minorenni anormali*, V-VI, Coop. Tipografia Manuzio, Roma, p. 30.

PADOA SCHIOPPA, F. (1974), *Scuola e classi sociali*. Il Mulino, Bologna.

PIZZIGONI, G. (1909), *La scuola elementare rinnovata secondo il metodo sperimentale*. Tip. Moderna, Milano.

PIZZOLI, U. (1909), *Pedagogia scientifica*. Vallardi, Milano.

RICUPERATI, G. (1985), "La scuola nell'Italia unita". In *Storia d'Italia Einaudi. I documenti*, vol. 5. Fabbri, Milano.

ROSSI, L. (1988), *Dalla filosofia alle scienze dell'uomo. Riviste scientifiche e origine delle scienze sociali in Italia (1871-1891)*. Franco Angeli, Milano.

SANTONI RUGIU, A. (1968), *Il professore nella scuola italiana*. La Nuova Italia, Firenze.

TROMBETTA, C. (1982), "Dallo psicopedagogista allo psicologo dell'educazione". In *Studi di psicologia dell'educazione*, 1, (1), pp. 35-50.

TROMBETTA, C. (1986), "Lo psicopedagogista: tramonto di una figura". In ALBANESE, A. (a cura di), *Atti del XX Congresso degli psicologi italiani – Bergamo, 7-12 settembre 1984*, vol. III. Unicopli, Milano, pp. 249-252.

TROMBETTA, C. (1987), "La consulenza psicologica nella scuola". In *Studi di Psicologia dell'educazione*, 6, (6), 1, pp. 22-37.
TROMBETTA, C. (1989), "Il servizio socio-psico-pedagogico: commento all'Ordinanza Ministeriale n. 282 del 10 agosto 1989". In *Studi di psicologia dell'educazione*, 3, (8), pp. 29-46.
TROMBETTA, C. (1993), *Genesi e sviluppo della psicologia dell'educazione in Italia. Un contributo storico-teorico: l'antropologia pedagogica*. Due Emme, Cosenza.
ZAMBALDI, I. (1975), *Storia della scuola elementare in Italia*. LAS, Roma.

4

"S'IO FOSSI FOCO...", LA SCUOLA COME PRIGIONE DELLA CREATIVITÀ

Maurizio Andolfi

INTRODUZIONE

Riformare la scuola, cambiare la scuola, rinnovare la scuola... e se provassimo a darle fuoco, s'intende sul piano figurato, e ripartissimo da capo. Come potremmo pensarla?

Alberto Alberti nel suo interessante contributo, "Storia di classe: nascita ed evoluzione del gruppo classe" (capitolo 6), ci introduce nella storia della formazione, ovvero descrive il passaggio da un'educazione riservata a pochi eletti, impartita da maestri eccezionali, a partire dal mondo classico e dal mito, fino a quella dei figli del nobile e ricco signore, che si rivolge al precettore privato, di buon nome e fidato per educare la propria prole.

"La classe scolastica – afferma ancora Alberti – costituisce la più grossa manipolazione didattica che le giovani generazioni hanno conosciuto o subito nella scuola pubblica dell'epoca moderna."

Quindi la scuola nasce nel momento in cui si passa da un insegnamento privato, rivolto al singolo e a una élite, a una formazione collettiva e in gruppo. Nonostante lo sfrenato individualismo moderno e il bisogno di una formazione sostanzialmente meritocratica che permetta di far emergere i più capaci, così da proiettarli in modo competitivo nel mercato di lavoro e nella ricerca (si pensi al concetto della cosiddetta fuga dei cervelli all'estero, terminologia assai eloquente per inquadrare i bisogni primari, ovvero il cervello, a prescindere dalla persona che lo possiede), nessuno si sognerebbe oggigiorno di trovare il migliore maestro privato per educare il proprio figlio da solo, magari a casa, al di fuori di una dimensione collettiva in un contesto scolastico.

Dobbiamo ammettere che anche in Papua Nuova Guinea (testimonianza personale dell'autore), dove si praticava il cannibalismo fino a mezzo secolo fa e dove si è passati direttamente dall'età della pietra all'uso di Internet, la scuola rimane ugualmente l'invenzione più importante e più diffusa per l'educazione dei minori: è fuor di dubbio che in questo processo di omogeneizzazione al mondo occidentale abbiano contribuito nel bene (l'istruzione è basilare nella conquista delle proprie capacità di apprendimento e di socializzazione) e nel male (bandendo e decapitando i valori storici e tribali trasmessi nei secoli dagli autoctoni) le missioni cattoliche e protestanti che sono spuntate come funghi nelle ultime decadi in questo vasto e impervio paese del Pacifico.

"S'IO FOSSI FOCO ARDERE' LO MUNDO..."

Allora proviamo a seguire gli insegnamenti di Cecco Angiolieri e diamo fuoco alla scuola di ogni ordine e grado... dalle macerie di ciò che non c'è più proviamo a liberare l'immaginazione, quel valore quasi soprannaturale che ci permette di sentirci vivi, anche quando siamo malati o reclusi, e che permette di accostarci al mistero della vita e della morte con minore angoscia e ottimismo, soprattutto con un senso di libertà interiore. Di questo senso di libertà, che scaturisce dalla riscoperta del patrimonio creativo di ciascun individuo, dovrebbero essere fatti i mattoni per ricostruire le mura di questa nuova scuola.

"Il futuro incomincia a scuola": così inizia il *decalogo* di Giovanni Bollea (1994) sulla nuova pedagogia nella scuola dopo il 2000, che dovrebbe illuminare il futuro delle prossime generazioni. Forse anche Bollea sta parlando di una scuola che non c'è e dalla sua posizione di "vecchio saggio" può usare bene l'immaginazione per fantasticare un mondo diverso, dove "a una filosofia della tecnica e del capitale si sostituisca una filosofia ecologica che abbandoni Cartesio e stabilisca un principio di rapporto dialettico tra la terra e l'uomo, in cui quest'ultimo dovrà ripensare a se stesso e al modo in cui abita la terra".

Purtroppo sappiamo bene che è il mondo adulto, sovente condizionato da sovrastrutture istituzionali e impregnato di moralismo, che ha finito per imprigionare la creatività, la sua propria innanzitutto e ancor peggio quella del pianeta infanzia per adeguarsi ai dettami pseudo-pedagogici del momento, ispirati da "ciò che il ragazzo deve apprendere a scuola" piuttosto che a "come sollecitare la curiosità dell'alunno nel suo processo di apprendimento in gruppo".

Le famose e famigerate circolari dei provveditori agli studi (per fortuna ormai defunte con la riforma scolastica) forniscono un'immagine concreta di come la scuola del passato abbia incasellato tante menti pensanti e creative in programmi routinari e burocratici fini a se stessi, incapaci di sollecitare le risorse potenziali di una scuola sempre più depauperata di progetti formativi e di idee innovative; così sia gli insegnanti e purtroppo a seguire gli studenti, una volta privati dell'entusiasmo e della curiosità di diventare attori partecipi del processo formativo, hanno finito per adeguarsi a un contesto di apprendimento ripetitivo e senz'anima. Così molti insegnanti si sono impantanati e avviliti sempre di più in un ruolo di docente fatto di cattedra, registri e rendimento dell'alunno; quest'ultimo, soprattutto dopo il ciclo elementare, ha operato una netta dicotomia tra una "scuola di dentro", fatta di libri, orari, ricreazioni, voti e doveri, ma non sentita come sua e una "scuola di fuori", sempre più luogo di identificazione e di socializzazione, dove incontrarsi con gli amici nell'arco della giornata (non solo all'entrata e all'uscita dalla scuola) per giocare, scherzare, parlare o sorridere, così da marcare bene il territorio delle proprie appartenenze e delle relazioni affettive. Bisognerebbe filmare i volti dei ragazzi, soprattutto a partire dalla preadolescenza, dentro la scuola e fuori delle mura scolastiche per accorgersi come si costruisce e si irrigidisce il *gap* tra la generazione degli adulti (gli insegnanti) e quella dei ragazzi: quello che si fa a scuola è alieno da quello che avviene fuori e viceversa, come se il cancello della scuola rappresentasse una sorta di muro di Berlino, tra due mondi che non si conoscono e non si integrano e che semmai si controllano a vicenda.

Il vero paradosso è che i ragazzi hanno dei genitori fuori della scuola e anche gli insegnanti hanno dei figli fuori della scuola, ma queste "altre vicende" di crescita e di confronto così fondamentali tra generazione degli adulti e generazione dei minori sembrano essere assolutamente secondarie, vissute più come intralcio che come esperienze utili a favorire una maggiore comprensione e un avvicinamento reciproco. Ma allora come abbattere questo muro, questa distanza tra chi ha scelto di educare (del senso di questa scelta parleremo più avanti) e chi "per obbligo di Stato" (almeno fino a un certo punto del percorso formativo) deve farsi educare? Molti genitori sanno bene quali problemi possono insorgere se un figlio si ribella a questo obbligo e rifiuta di andare a scuola o la "marina", perché si sente emarginato o non capito oppure perché non ha studiato o non ama la scuola. Così come a quali sanzioni, ricatti o tensioni intra famigliari si deve ricorrere per forzare un figlio ad andare controvoglia a scuola. Ma la scuola non dovrebbe essere quel luogo dove ci si sente accolti e sollecitati a scoprire insieme, in modo originale, il mondo della conoscenza e non per ripetere alla cattedra "quale è la capitale dell'Egitto"? Ma se la scuola portasse a scoprire il mondo e il proprio rapporto personale con la terra che abitiamo, per dirla con Bollea, come si potrebbe non amarla la scuola?

Eppure sappiamo bene che la scuola dell'obbligo risponde a un obiettivo nobile e socialmente utile, quello cioè di garantire un'istruzione di base a tutti, un po' come fornire tutti i minori di una dotazione di partenza per intraprendere poi il percorso della propria vita. Non vorremmo certo tornare indietro a non molte decadi fa, quando l'analfabetismo e la mancanza di un'istruzione primaria erano ancora assai sviluppate in Italia. Ma tenere per otto anni i nostri figli a scuola ad apprendere nozioni, contenuti specifici, materie sicuramente fondamentali ecc. senza sollecitare la creatività e l'immaginazione di ciascun ragazzo e la risorsa preziosa del gruppo (sia quello docente che quello discente) potrà essere utile per acculturarli ma può rappresentare un modello assai dannoso per gli studi futuri e ancor peggio per come si affronteranno le scelte della vita, sia professionali che personali. È difficile riconoscere dei pensieri come propri e acquisire una capacità di critica che permetta di portare avanti le proprie idee a vent'anni, se non si è cominciato ad esercitarsi da piccoli. In realtà scuola materna ed elementare nel passato hanno raccolto sufficienti consensi per la capacità dimostrata nel creare in classe un modello di apprendimento attivo, in cui l'acquisizione di nuove competenze avviene in modo creativo e ludico, tutto ciò favorito dalla plasticità evolutiva dei bambini e dalla presenza partecipe e positiva delle famiglie al progetto scolastico. Maestro e genitore sono ancora alleati nel concorrere alla crescita dei bambini piccoli. Le cose si complicano notevolmente dalle medie inferiori e peggiorano andando avanti nel curriculum scolastico. Ma perché tutto ciò avviene al di là della volontà, della preparazione e della dedizione di almeno una gran parte del corpo insegnante? La risposta è semplice e insieme drammatica: il linguaggio del bambino è fatto di immagini, di metafore e soprattutto di espressioni ludiche; il gioco è il suo modo originale e privilegiato di conoscere il mondo e di comunicare con i coetanei e con gli adulti: in questa fase evolutiva genitori e insegnanti sono complementari in quanto il bambino è disponibile a giocare sia con gli uni che con gli altri ed accetta di considerare tutti gli adulti che interagiscono con affetto con lui come "educatori competenti"; semmai la scuola, rispetto alla famiglia, possiede la magia di mettere insieme tanti bambini e di sollecitare la cultura delle differenze; il bambino che prima a casa operava sul principio dell'assoluto (in particolare oggigiorno dove stanno diminuendo paurosamente i fratelli e quindi l'esperienza di lui/lei diverso da me) e dell'adulto tutto per sé, ora deve riscoprire le cose attraverso la lente di Bateson (1972), ovvero attraverso una conoscenza del mondo per differenze più che per somiglianze e ancor di più è costretto, suo malgrado, ad acquisire la prima lezione della vita sulla condivisione delle cose come degli affetti, che non sono più suo possesso esclusivo. Se da un lato c'è la frustrazione del "non tutto è mio", c'è però la possibilità di inventare il mondo e di rifarlo, senza sentirsi sanzionato in quanto il gioco permette di manipolare bene la realtà. E poi c'è sempre la famiglia dove ci si sente più liberi di tornare a giocare a fare il principe assoluto, una volta usciti da scuola.

La scuola non sa più dove collocare il gioco nei cicli successivi e non sapendo in che modo usarlo come veicolo di conoscenza e di relazioni interpersonali lo sanziona: dallo spazio fisico che costringe i ragazzi a stare seduti su un banco per ore (limitazione maggiore non poteva essere inventata!) allo spazio figurato, dove non c'è più posto per essere protagonisti delle proprie conoscenze. La logica dei compiti da fare sostituisce il piacere di scoprire il mondo delle conoscenze. E il gioco, ora bandito come un residuo infantile, non viene sostituito da altri canali di relazione su cui sollecitare la creatività, l'immaginazione, la curiosità del ragazzo e soprattutto si perde il valore comunicativo e simbolico del linguaggio ludico, così tipico del bambino. Ora il linguaggio diventa unico, è quello logico, razionale, normativo dell'adulto e al ragazzo non resta che sintonizzarsi su questa lunghezza d'onda, pena il sentirsi abbandonato o emarginato. Il ragazzo che vuole ancora giocare a scuola è "un bambino che non vuole crescere", perché in generale non si pensa che si possano apprendere le cose in modo divertente, "come se fosse un gioco". Lo studio è una cosa seria che diventa più appassionante quanto più si sollecitano gli aspetti creativi di ciascun alunno e ovviamente, quelli dell'insegnante.

Ma a partire dalla scuola media inferiore cambiano radicalmente i rapporti in classe: dal *tu* rivolto al maestro si passa al *lei* rivolto al professore e fin qui non c'è problema se si deve insegnare al ragazzo a distinguere tra rapporti amicali-famigliari e relazioni basate su un maggiore rispetto e una più marcata distanza sociale. Semmai il problema sta nell'uso dei termini e degli stereotipi sociali a essi connessi. È fuor di dubbio che la parola maestro è assai più ricca di connotazioni affettive ed educative di quanto non sia la parola professore, che richiama subito alla mente l'immagine di chi detiene il sapere (l'esperto in tutti gli innumerevoli programmi televisivi è sempre un professore!) e sta sulla cattedra per insegnare ai ragazzi che siedono nei banchi ad apprendere.

Ma chi ha insegnato ai nostri professori che mantenere un rapporto gerarchico con gli alunni è senz'altro utile per stabilire un sano confine generazionale (l'insegnante-amico può essere altrettanto deleterio che il genitore-amico!), ma che diventa un abuso di potere, se non viene riempito di quei contenuti veri e autentici che fanno parte del processo di apprendimento, in cui insegnanti e alunni sono parimenti coinvolti? Chi ha insegnato ai professori che una materia è una materia e basta, che è solo un frammento freddo di conoscenza, spesso poco utile nel lungo termine se non viene collegato e integrato con altre parti-frammenti del sapere? Come dire, un pezzo di un puzzle non ci dice molto sull'insieme e soltanto unendolo alle altre parti ci farà scoprire un'immagine completa, che altrimenti è difficile anche da intuire. Inoltre più che saper mettere insieme i pezzi di un singolo puzzle è importante l'operazione mentale necessaria per collegare le parti così da costruire un tutto armonico, così da saper costruire poi altri "insiemi", in altre situazioni dell'apprendimento e in altri contesti della vita: per arrivare a tutto ciò è necessario che lo studente si senta come un piccolo ricercatore alla scoperta delle cose, sia quelle esterne a lui sia quelle che via via diventano il suo patrimonio personale di conoscenza e di identità: una volta acquisito un metodo di ricerca potrà imparare ad imparare, così da riconoscere come base di ogni processo conoscitivo quelli che Bateson (1972) chiama "i pattern che connettono". Perché avvenga questo *deutero-apprendimento*, ovvero che si apprenda come apprendere è necessario un corpo insegnanti coeso e affiatato, che sia in grado di offrire un modello integrato di formazione, dove materie e docenti dialogano tra loro, così come dovrebbe fare il gruppo classe.

Eppure molti professori esercitano la delicata funzione di educatori convincendo se stessi e i loro malcapitati alunni che il loro specifico pezzetto di puzzle (la materia) sia l'assoluto su cui dovranno concentrarsi e su cui verranno valutati: per quanto concerne gli altri pezzetti non li riguardano. Così lo studente, anche quello diligente, dovrà imparare a considerare il sapere come una serie di nozioni divise in compartimenti stagni e dovrà raffinare quelle strategie relazionali volte a soddisfare ogni singolo professore piuttosto che se stesso. Ovvero inizierà per l'allievo quella "carriera diplomatica" che culminerà poi negli studi universitari, basata sul dire non quello che pensa su un determinato argomento ma piuttosto quello che l'insegnante vuol sentirsi dire. Questo atteggiamento volto a "volare basso" e a non rischiare mai troppo sul piano personale si affina nelle scuole superiori per raggiungere il suo apice all'università, dove prevale spesso la logica dell'"esamificio" (ovvero di un certo numero di esami da superare a pila) piuttosto che quella di un apprendimento adulto, critico e condiviso in gruppo.

L'assenza di un progetto educativo, costruito insieme dai docenti con la collaborazione attiva degli studenti e con la consulenza-partecipazione delle famiglie, caratterizza tutto l'iter scolastico e diventa la vera prigione della creatività che porta i ragazzi a conoscere il mondo in modo parcellare e passivo, senza quell'esercizio fondamentale che consiste nel collegare sempre le singole conoscenze in un insieme armonico con l'entusiasmo del ricercatore.

A partire dalle scuole medie inferiori, con la progressiva crescita dei figli, la famiglia non si sente più parte integrante della scuola, come era avvenuto nel ciclo primario; non soltanto finisce quel rito piacevole e affettuoso dell'accompagnare e riprendere i bambini a scuola da parte dei genitori: questi ultimi si allontanano progressivamente dalla scuola, o meglio non viene prevista né richiesta una loro partecipazione vera nella costruzione dei programmi scolastici, che diventano sempre più una "proprietà degli insegnanti": inizia così quel viraggio da una relativa collaborazione tra genitori e insegnanti a un rapporto spesso basato su pregiudizi e deleghe reciproche, che vengono ad amplificarsi di fronte alle nuove realtà e problematiche del pre-adolescente. La difficoltà di ricalibrare il rapporto con un ragazzo, che non è più il bambino di prima e che sta provando ad acquisire una dimensione più autonoma e matura, è un banco di prova per gli adulti, sia per i genitori a casa che per gli insegnanti a scuola, ma sovente gli adulti invece di fare fronte unico per contenere e dare un confine al ragazzo, finiscono per criticarsi e passarsi la "patata bollente" da casa a scuola e viceversa. È fuor di dubbio che ora allo stupore del bambino nello scoprire il mondo e alla sua esperienza ludica in gruppo si sostituisce una modalità assai più mobile e caotica di esplorare le cose e i rapporti, e ciò richiede altri strumenti per incuriosire il ragazzo e sollecitare il suo lato creativo: di fatto il ragazzo di 11-12 anni vorrebbe essere riconosciuto dagli adulti con la sua voce (che tra l'altro comincia a cambiare) e apprezzato nelle sue nuove scoperte e, pur essendo consapevole di essere ancora un po' infantile, non vuole essere preso per mano e trattato come un bambino. I suoi bisogni di socializzazione e di integrazione nel gruppo dei coetanei si esprimono in modo meno naturale e spontaneo di quanto avveniva nel corso delle elementari: aumenta l'espressione di comportamenti esuberanti e prepotenti, primo goffo tentativo di affermare una sua personalità nell'ambiente; e proprio di fronte ai cambiamenti evolutivi del ragazzo i contenuti scolastici dovrebbero essere meglio canalizzati nella dimensione relazionale, piuttosto che rimanere contenuti staccati dall'esigenza prioritaria di rapportarsi con gli altri coetanei. In questo periodo sarebbe utilissimo impostare l'insegnamento come una ricerca a piccoli gruppi da effettuare in classe, ma anche fuori della scuola e da riferire poi.

POTRANNO MAI ENTRARE LE TEORIE SISTEMICHE A SCUOLA?

Da circa quarant'anni hanno iniziato a svilupparsi le teorie sistemiche (Von Bertalanffy, 1971; Watzlawick et al., 1967), che sotto molti aspetti hanno modificato il nostro modo di leggere la realtà e di cogliere i significati dei nostri comportamenti. Le teorie sulla comunicazione umana, a partire dalla prima cibernetica, hanno segnato il passaggio da una causalità lineare ad una visione processuale e circolare dei fenomeni umani. I promotori della prima cibernetica hanno spesso fatto riferimento all'ingegneria delle "scatole nere", che si limitava a esaminare *input* e *output*, nonché l'azione all'indietro, *output* e *input*. Tale modello presentava però una grossa limitazione in quanto ci si soffermava soltanto sugli aspetti osservabili del comportamento interattivo e si considerava l'osservatore come esterno al quadro osservato. Soltanto il passaggio alla seconda cibernetica ha permesso di porre l'attenzione sugli aspetti semantici, cioè sugli scopi, i sistemi di credenze, i sentimenti e le emozioni dell'individuo all'interno del suo sistema culturale. Von Foester, teorico della cibernetica di secondo ordine, nel libro *Sistemi che osservano* (1982) sottolinea l'importanza della soggettività dell'osservatore nel sistema che si va a osservare. "Ogni descrizione della realtà", dice Von Foester, "diventa autoreferente e per arrivare alla conoscenza dobbiamo cominciare a conoscere noi stessi che ci rapportiamo al mondo": l'oggettività è quindi illusoria perché si fonda sul presupposto di una separazione tra osservatore e osservato. È l'osservatore infatti che decide cosa considerare come unità di osservazione, quale contesto prendere in considerazione e a quale metodo e teoria far riferimento per organizzare la sua osservazione. Oggi l'applicazione delle teorie sistemiche è ampiamente diffusa in tutte quelle organizzazioni complesse (per esempio nel mondo dell'industria, in quello bancario e dei mass media, solo per citarne alcuni) dove interagiscono persone con diversi ruoli professionali e dove la dinamica delle relazioni interpersonali è assai importante nel definire e valutare progetti e obiettivi e lentamente si sta affacciando anche nel pianeta scuola.

È fuor di dubbio che se si potesse rifondare la scuola, si dovrebbe attingere da questi modelli di comprensione della realtà, ma tutto questo rappresenta un attacco al mantenimento di quelle prerogative, così ben collaudate, che hanno finito per farci credere che la scuola e le sue vicende quotidiane "appartengano", come una sorta di proprietà ottocentesca, alla classe insegnante. Vediamo cosa succederebbe se applicassimo alcuni assiomi della comunicazione umana e della psicologia relazionale al contesto scolastico.

MESSAGGIO DI CONTENUTO, MESSAGGIO DI RELAZIONE E LA SCOPERTA DEL CONTESTO

Nella scuola si pensa spesso che si trasmettano contenuti: sia quelli relativi all'apprendimento – i contenuti delle famose materie – sia quelli relativi al processo educativo che accompagna l'intero iter formativo – contenuti sul come si cresce e si socializza in gruppo. Di fatto le teorie sistemiche ci dicono che insieme ai messaggi di contenuto vengono veicolati altri tipi di messaggi, che ci informano sulla qualità della relazione tra chi li invia e chi li riceve. Per comprendere come questi due livelli dei messaggi viaggiano insieme dobbiamo includere anche il *contesto* all'interno del quale avviene una certa interazione, ovvero quell'ambito relazionale e spazio-temporale che fa da cornice a ogni scambio comunicativo (Watzlawick, Beavin, Jackson, 1967). Quando per esempio ci riferiamo al contesto scolastico, dobbiamo osservare, tanto per portare alcuni esempi, se stiamo parlando della situazione in classe: quando l'insegnante spiega una lezione o durante una pausa o un compito in classe; oppure del contesto della sala dei professori o di quello del ricevimento dei genitori o dell'uscita da scuola ecc. Insomma ogni contesto definisce e qualifica la relazione tra i vari attori, siano essi gli alunni, gli insegnanti, le famiglie, il preside ecc. Non è possibile descrivere dei rapporti come quello insegnante-alunno al di fuori del contesto in cui questo rapporto viene osservato. Così come non si può osservare il comportamento o l'emozione di un alunno, il suo stesso modo di venire alla cattedra e rispondere a un quesito senza che l'insegnante si chieda allo stesso tempo "dove sto io rispetto a ciò che vado osservando di questo alunno in questo momento?".

Inoltre, andranno studiati i diversi linguaggi che danno significati vari a una determinata sequenza interattiva: tutti noi sappiamo che non si parla soltanto con le parole ma che esiste una sofisticata gamma di segnali non verbali che possono confermare o squalificare quanto si va dicendo con le parole e che spesso assumono un valore affettivo o di comando assai rilevante: si parla con il corpo, con lo sguardo, con la postura, con le inflessioni stesse e le pause del linguaggio e ciò è tanto più vero nell'età evolutiva, quando le cose si comunicano ancor di più che nell'età adulta con espressioni non verbali (Scheflen, 1973).

Se poi vogliamo riferirci al linguaggio verbale, sarebbe utile studiare la struttura delle domande e comprenderne il valore relazionale (Andolfi, 1994): le domande sono raramente neutrali in quanto racchiudono sempre la filosofia della vita e i significati prevalenti dati alla relazione da chi le pone. Insomma, basterebbe ascoltare le domande (per esempio analizzare gli aspetti interattivi dell'interrogazione) che un insegnante pone a un alunno in classe per tracciarne un profilo sia professionale che psicologico. Se farà uso di domande *aperte*, se userà un linguaggio *metaforico* ricco di espressioni "come se", se farà domande che ricercano le differenze, per esempio del tipo "prima" o "dopo" o "più o meno" sarà realmente interessato al ragazzo e a sollecitarne risposte creative e personali; se ricorrerà prevalentemente a domande chiuse o comunque guidate da ragionamenti logici e ben circoscritti sarà più interessato al famoso rendimento scolastico e alla verifica di compiti assegnati. Di sicuro il ragazzo avvertirà la differenza tra un insegnante che vuole realmente conoscerlo e apprezzarne pensieri ed esperienze e un altro prevalentemente interessato a osservare se ha studiato la materia.

Per non parlare dello spazio, ovvero di quella dimensione comunicativa così importante per definire la qualità di una relazione: l'insegnante sa bene quale diverso valore può avere una sua notazione fatta a un alunno dalla cattedra o passando tra i banchi o mettendo una mano sulla spalla di un ragazzo; così pure dovrebbe saper cogliere come si modificano le risposte date da un alunno a seconda di come viene posta una domanda e di quale distanza spaziale esiste nel momento della interlocuzione; senza dimenticare che ogni scambio tra insegnante e singolo alunno avviene alla presenza di un terzo, ovvero il gruppo classe e che tale presenza è determinante nel definire la qualità dello scambio comunicativo tra i primi due. A seconda che la classe abbia un atteggiamento di supporto oppure di critica o di scherno verso l'insegnante o verso l'alunno in una data situazione, ciò cambierà profondamente il significato dell'interazione tra i nostri due interlocutori: ignorare tutto questo e pensare che il contesto al cui interno avviene un determinato scambio comunicativo sia irrilevante può produrre notevoli fraintendimenti, diffidenza e distanza affettiva fino a creare un vero e proprio blocco nell'apprendimento.

Sovente viene riportato che il cambiamento di scuola o di classe produca mutamenti "miracolosi" nell'apprendimento di un alunno e nel suo modo stesso di partecipare alla vita scolastica: a prima vista ci sembra esagerato pensare che cambiando un professore percepito come svalutante o troppo rigido o cambiando classe possano avvenire delle trasformazioni significative nell'alunno: eppure abbiamo sufficienti dati per affermare che ciò sia proprio vero, ovvero che le relazioni umane condizionino profondamente i nostri comportamenti e persino i nostri processi motivazionali. A seconda delle circostanze si sollecita una vasta gamma di fenomeni emozionali che rispecchia la qualità delle relazioni interpersonali che via via vengono a consolidarsi nella nostra crescita e che non differiscono molto dal contesto scolastico per un ragazzo o da quello lavorativo per un adulto o da quello famigliare. In ognuno di questi ambiti ciascuno di noi, a seconda dell'età, del genere sessuale e del ruolo che ricopre viene fortemente condizionato e influenzato dalla qualità dei rapporti interpersonali, soprattutto in quelle situazioni dove esiste un inevitabile coinvolgimento affettivo. Così, nella storia evolutiva di un ragazzo rimangono fortemente impresse quelle esperienze relazionali che hanno prodotto un forte impatto, sia esso positivo che negativo e ovviamente la relazione insegnante-alunno ha una forte valenza nel forgiarsi della personalità.

Se un insegnante potesse fare sue le basi teoriche di questo pensare sistemico e metterle in pratica, sarebbe come scoprire la ricchezza e la varietà della vita sottomarina una volta che si è appreso ad andare con una maschera o con una bombola al di sotto della superficie del mare. Non si tratta allora di aggiungere delle nuove tecniche al bagaglio dell'insegnante, semmai è necessario scoprire un modo diverso di "essere educatore". Si tratta innanzitutto di un'esperienza di cambiamento interna in cui si cresce sul piano umano innanzitutto e poi si integra quanto riscoperto di sé in ambito professionale. Questa disciplina all'autoriflessività e allo studio del contesto più adeguato per realizzare un incontro con un ragazzo e con il suo mondo relazionale in classe è il migliore antidoto a quelle prassi, così diffuse nella scuola, che portano spesso a vedere la realtà e i rapporti in termini di pregiudizio e di stereotipi sociali. Se un insegnante fosse realmente consapevole di quale incredibile potenziale risorsa evolutiva può rappresentare per ogni singolo alunno; se soltanto volesse entrare in un rapporto vero e autentico con l'alunno, forse cambierebbe la sua motivazione verso una scelta professionale tanto delicata, che ha il compito di far crescere ed educare le nuove generazioni. Certo dovrebbero mutare anche i modi e i tempi della formazione dell'insegnante, formazione che dovrebbe occuparsi di affinarne le qualità umane e relazionali, piuttosto che far progredire gli studi del futuro insegnante prevalentemente sulla conoscenza di materie specifiche, che saranno poi la base del suo insegnamento: se vogliamo che l'alunno impari ad apprendere è necessario che l'insegnante impari a insegnare e non solo che si limiti ad approfondire un'area del sapere (lettere antiche, moderne o matematica o scienze ecc.) considerandola costitutiva della sua funzione didattica.

IL SOTTOSISTEMA CLASSE

È fuor di dubbio che tenere insieme 20-25 ragazzi in uno spazio ristretto per svariate ore al giorno tutti i giorni non è un'operazione facile e richiede una chiara definizione di regole e di confini che non possono essere ignorati. Ciò vale per ogni livello di classe e presenta le sue difficoltà e specificità a partire dalla scuola materna fino alle superiori. È altrettanto scontato che il maestro e l'insegnante (l'adulto in classe) hanno la responsabilità di ciò che avviene in gruppo e non possono delegare il proprio ruolo educativo e gerarchico a un singolo alunno o all'intero corpo discente. La classe è la situazione sociale in cui più ci si aspetta che la leadership sia nelle mani di uno e non sia condivisa in modo paritario e ciò esclusivamente perché si tratta di una relazione tra due generazioni diverse. È anche l'unica situazione in cui gli aspetti affettivi si mescolano fortemente con quelli didattici, creando, sotto molti aspetti, una situazione paragonabile, almeno sul piano figurato, a quella tra genitore e figlio. Fatte queste premesse è evidente che l'insegnante debba apprendere sicuramente dall'esperienza, ma anche da un solido bagaglio teorico, come gestire un gruppo di coetanei.

In altri contesti, come per esempio quello psicoterapeutico (laddove il problema è il disturbo psicologico di uno e la sofferenza di molti), l'utilizzo della risorsa di un gruppo che condivide difficoltà simili richiede al terapeuta anni di formazione post-universitaria (Andolfi, 1995), sia teorica che pratica e molte ore di supervisione per valutare con persone competenti i risultati raggiunti e il proprio personale livello di coinvolgimento in una situazione relazionale che sollecita l'impiego di idee e di sentimenti personali. Dopo tanti anni di lavoro con famiglie in difficoltà, di formazione universitaria per psicologi che andranno a operare anche in contesti scolastici, di esperienze di ricerca e di intervento specifico nelle scuole, ancora mi chiedo come sia possibile che l'insegnante sia sostanzialmente lasciato solo, con le proprie risorse personali e con tutti i suoi limiti, a gestire per anni gruppi di classi che certo non ha a che fare con problematiche di patologia (anche se la classe è il rivelatore più potente di varie forme di disagio di soggetti in età evolutiva) ma che deve vedersela con le crisi di sviluppo tipiche dell'infanzia e dell'adolescenza e con non poche problematiche specifiche di questo o quell'alunno; e qui non vogliamo parlare di bambini e ragazzi difficili con problemi di handicap, di disturbi della personalità o dell'apprendimento, o comunque di faticosa integrazione scolastica (problemi questi a cui abbiamo dedicato una sezione speciale in questo volume).

Non mi risulta che venga richiesta come propedeutica alcuna reale formazione sulle tecniche di gestione delle dinamiche di gruppo e tanto meno una solida base di conoscenze di psicologia relazionale e di teorie sistemiche: allora, se questa carenza di base esiste e non viene mai colmata, neanche attraverso incontri di discussione tra i professori per scambiare impressioni, valutazioni, incertezze e problematiche simili (del sottosistema degli insegnanti e del suo uso limitato si parlerà tra poco), è probabile che l'insegnante sia portato a difendere il proprio operato e a coprire eventuali difficoltà relazionali con questo o quell'alunno o con la classe come insieme facendosi scudo con la materia di insegnamento a cui può appellarsi in ogni situazione e con lo strumentario classico della sanzione (se disturbi, non obbedisci, non studi, se trasgredisci ecc.) che va dal voto, al provvedimento disciplinare, al pubblico rimbrotto in classe, all'avviso ai genitori, allo scherno, alla svalutazione cronica ecc.; tutto ciò aumenterà progressivamente la distanza tra docente e alunno e creerà quella mappa relazionale della classe, fatta di distinzioni rigide tra diverse sotto-unità: il gruppetto dei bravi che seguono e sono attivi, quelli che disturbano sempre, spesso trasgredendo e non studiando, per finire al gruppo degli scaldabanco ecc. Insomma la materia, il programma da svolgere anziché diventare gli ingredienti principali su cui suscitare consensi, partecipazione attiva del gruppo, progetti di ricerca collettivi, esercitazioni creative di gruppo si materializzano in lezioni frontali, ripetitive e spesso monotone da un lato e compiti da eseguire, presentati come dovere irrinunciabile e schematico dell'alunno; qualsiasi situazione di disagio, sia presentata dall'alunno sia vissuta dall'insegnante, viene identificata subito come un'area negativa, di rischio che va eliminata senza chiedersi che cosa sta segnalando, a chi, perché, in che modo e che valore può avere nel processo di crescita di singoli alunni e della classe. Così la classe da potenziale risorsa di gruppo si trasforma in un gruppo prevedibile e stereotipato di alunni che finiscono per giocare delle parti (il bravo, il clown, il secchione, l'acqua cheta ecc.) e per "difendersi dietro il banco" così come vedono fare dall'insegnante che si rifugia dietro la cattedra, per non prendere rischi sul piano personale.

Raramente il gruppo classe sa cosa fare in assenza dell'insegnante o meglio sa per esperienza che comincia un periodo di ricreazione in aula che dura tutto il tempo dell'assenza del docente: non c'è dubbio che sia utile che si creino delle occasioni di pausa nel corso di lunghe giornate di lezioni, ma se andiamo a osservare questo fenomeno dobbiamo ammettere che la classe funziona come un organismo passivo che si attiva esclusivamente dietro lo stimolo e il controllo dell'insegnante. Ed è proprio questa passività-attesa del rientro del docente che fotografa la situazione scolastica laddove l'insegnante deve sempre fornire gli stimoli e l'alunno deve rispondere a essi; si tratta di una forma di apprendimento schematica e priva di imprevisti e di sorprese, dove non c'è spazio per far entrare la creatività e le iniziative dell'alunno e del gruppo. Eppure si potrebbe sollecitare il gruppo classe in mille modi così da farlo diventare un motore attivo e propositivo, se non si temesse di perdere tempo prezioso (non si rispettano mai i programmi ministeriali) e soprattutto di perdere il controllo della classe.

Devo ammettere che la mia idea dell'insegnamento è cambiata profondamente nel corso degli anni, laddove ho progressivamente richiesto agli studenti di preparare le lezioni e di presentarle in aula: li ho aiutati a selezionare gli argomenti e a formare dei piccoli gruppetti di studio, così da riferire a più mani su ciascun tema. All'inizio è stato faticoso perché c'era la paura di esporsi davanti al docente, ma ancora di più davanti al gruppo classe; bisognava creare un contesto in cui lo studente realmente potesse convincersi di essere in grado di sostituire l'insegnante e di "dire cose intelligenti". Ma una volta superato questo primo ostacolo è stato assai istruttivo verificare l'impegno e la facilità con cui i vari argomenti venivano presentati da ciascun gruppetto di alunni e il sostegno attivo offerto dal gruppo, sia nel modo di porre domande e di fare commenti che sul piano della gratificazione affettiva (le presentazioni venivano concluse con lunghi e sentiti applausi del gruppo classe). Ciò che mi ha più colpito è la forma delle presentazioni, con la costruzione di lucidi da proiettare, la scelta di brevi segmenti video da visionare, di oggetti metaforici e dell'uso attivo dello spazio; inoltre mi ha sorpreso la capacità mostrata dagli alunni nell'ampliare il tema assegnato, attraverso connessioni con testi letterari, libri di interesse generale, film di attualità, come se una volta sollecitata la loro curiosità si potesse allargare il fuoco sulla realtà. Ovviamente il mio ruolo era in questi casi incentrato su un ascolto partecipe e in commenti e sottolineature di quei passaggi ritenuti più pregnanti nell'intero discorso. Sono molti anni che uso con successo questo metodo attivo nel mio insegnamento universitario e sono sicuro che potrebbe essere maggiormente sperimentato anche nei cicli della scuola media. Anzi, ritengo che ragazzi pre-adolescenti e adolescenti potrebbero sorprendere noi adulti per le loro grandi risorse creative e per l'impegno nel costruire una lezione in cui si sentono più protagonisti e meno uditorio.

IL SOTTOSISTEMA INSEGNANTI

Se potessimo rifondare la scuola, dovremmo innanzitutto bruciare la sala dei professori, che da sempre richiama alla mente un luogo di passaggio dove appendere gli abiti, ritirare la posta, lasciare i propri testi, scambiare battute in modo frettoloso con questo o quel collega tra un'ora e l'altra di lezione. Vorremmo sostituirla con un ambiente accogliente, vero luogo di incontro e di elaborazione di progetti e di sperimentazione didattica; un posto insomma dove il gruppo insegnanti pensi e produca idee in modo collaborativo e interdisciplinare; un luogo dove ci si conosca e ci si stimi reciprocamente, uniti dalla stessa motivazione di condividere la crescita scolastica e lo sviluppo della personalità delle nuove generazioni, nonché un'opportunità relazionale assai speciale, quella di sentirsi solidali nel proprio sviluppo di persone adulte, che condividono lo spazio comune della scuola, spesso per anni. L'affiatamento degli insegnanti è essenziale per il buon funzionamento dell'intero sistema scuola, sostenuto e garantito dall'autorità scolastica. Per ottenere ciò è necessario cambiare i tempi della scuola e rivederne le fondamenta e le priorità: la funzione didattica non si esaurisce nelle ore di insegnamento in classe, anche se questo tempo resta essenziale; per insegnare bene ed educare i ragazzi è necessario trovare altri spazi qualificati per incontrarsi come corpo docente in modo da costruire e verificare passo passo il progetto scolastico. All'interno di questi spazi dovrebbe essere consolidata la collaborazione scuola-famiglia, riportando le famiglie a scuola per condividere e valutare insieme l'intera esperienza educativa.

Non si può rifare la scuola senza il pieno consenso e la collaborazione delle famiglie, né tanto meno senza il supporto del contesto sociale più allargato. Purtroppo è oggi molto comune che la famiglia si schieri, a priori, a difesa dei propri figli, proteggendoli in mille modi da potenziali danni che possono subire nella scuola, svalutando il corpo insegnante. Questa mancanza di fiducia reciproca tra scuola e famiglia è sostanzialmente negativa e finisce per triangolare il ragazzo, un po' come avviene quando, mancando la stima tra due genitori, si finisce per stringere alleanze con questo o quel figlio contro l'altro coniuge.

Il mondo esterno alla scuola è sostanzialmente ambivalente nei confronti del corpo insegnante e della scuola in senso più generale: da un lato sa che senza scuola non solo i giovani non possono crescere sul piano culturale, ma ancor di più sa che senza scuola i fenomeni di aggregazione e socializzazione giovanile sarebbero fortemente compromessi, considerata la minor presenza della famiglia nello sviluppo complessivo dei ragazzi. Dall'altro lato, però, la società agisce una sorta di "tiro al piccione" sull'insegnante, non ha il coraggio di pretendere una migliore qualificazione del corpo docente (unica realtà professionale dove la verifica e la valutazione sono considerati quasi degli insulti), e pur sapendo che lo stesso è sottopagato, frustrato, svalutato vorrebbe comunque che la scuola fosse un luogo magico dove prevenire e risolvere tutte le complesse problematiche giovanili.

MA C'È POSTO PER LA FAMIGLIA NELLA SCUOLA?

Certo se riuscissimo a rifare questa scuola dovremmo ripensare l'intera distribuzione dello spazio: lo spazio delle classi andrebbe modificato, se non si vuole mantenere la rigida divisione e la distanza tra il territorio della cattedra e lo spazio dei banchi, favorendo una maggiore flessibilità e articolazione delle attività della classe; non si potrebbe pensare a uno spazio circolare piuttosto che alle tradizionali file dei banchi?

Dello spazio dei professori abbiamo già detto nel paragrafo precedente; dovremmo pensare a uno spazio autogestito dagli alunni, un vero e proprio laboratorio di idee, di proposte pratiche, di scambio di informazioni, riservato ai ragazzi e non invaso dagli adulti, un po' come la stanza dei figli a casa, *off limits* per i grandi! Se non troviamo uno spazio autonomo per i ragazzi all'interno della scuola sarà difficile rompere la passività degli alunni e far sentire che la scuola appartiene anche a loro e che non ne sono solo frequentatori. Salvo poi cedere completamente lo spazio, in occasione di periodiche e spesso inutili occupazioni della scuola da parte degli studenti.

Nei paesi anglosassoni, già da molti anni, esistono importanti associazioni dei genitori, i cui rappresentanti hanno uno spazio stabile a scuola per elaborare le loro proposte e seguire dall'interno gli avvenimenti scolastici più rilevanti. Inoltre i genitori sono rappresentati in tutti i consigli di classe e nelle decisioni amministrative e disciplinari della scuola, così che realmente si crea una sinergia tra corpo docente e famiglie. Tutto ciò ha anche un significato fortemente educativo per gli alunni che vedono genitori e insegnanti uniti e collaborativi nell'obiettivo condiviso di fare il loro meglio per la crescita dei ragazzi.

Se tutte queste esperienze e queste idee hanno una loro validità, allora dovremmo pensare che qualsiasi riforma scolastica debba occuparsi non solo di come uniformare, accorpare, modificare i piani di studio e le relative annualità, ma allo stesso tempo di chiarire a chi appartiene la scuola e di come far sottoscrivere alla scuola e alla famiglia, le due più importanti agenzie di crescita affettiva, culturale e di socializzazione del minore, un piano di reale collaborazione e condivisione dell'intero processo educativo scolastico.

Vorremmo dimenticare tra le ceneri della vecchia scuola che spesso l'unica occasione (obbligatoria) di incontro e di discussione sugli alunni è stato il consiglio dei professori, che si riunisce periodicamente per fare pagelle e valutazioni in merito al profitto di ciascun allievo per ciascuna materia (senza entrare nel merito del clima in cui avvengono sovente tali incontri); vorremmo altresì dimenticare i modi e gli spazi all'interno dei quali avviene quel rito umiliante del ricevimento dei genitori, tutto volto a carpire in pochi minuti, in corridoi o saloni assordanti, come va il ragazzo a scuola e in particolare in ogni specifica materia. Non ho mai capito perché due adulti parlino insieme di una cosa che riguarda un terzo, l'alunno, preferibilmente in sua assenza, senza chiedersi se può esistere un metodo più funzionale e realmente educativo di invitare il ragazzo a partecipare a un discorso che lo riguarda di persona, al quale lui stesso potrebbe contribuire con le sue idee e valutazioni. Non solo sarebbe istruttivo, ma avrebbe un valore prospettico in quanto l'alunno potrebbe utilizzare in concreto molti dei suggerimenti e delle informazioni scambiate insieme, sia in classe che a casa. E il discorso a tre voci – genitori, insegnanti e ragazzi – potrebbe spaziare maggiormente e meglio sul processo d'apprendimento e sull'esperienza della scuola e non solo sul voto e il rendimento in una certa materia. E non parliamo certo dei bambini dei primi anni delle elementari, la cui presenza comunque potrebbe essere utile anche come modello di apprendimento: ci riferiamo piuttosto a ragazzi e adolescenti, a cui non viene riconosciuta alcuna voce e che devono poi a casa farsi riferire dal genitore "quello che ha detto l'insegnante su di loro".

Ma allora se pensiamo che sia possibile rifare da capo una nuova scuola, perché noi adulti, insegnanti e genitori insieme non andiamo a bruciare la vecchia... senza delegare questa responsabilità ai nostri figli?

BIBLIOGRAFIA

ANDOLFI, M. (1994), *Il colloquio relazionale*. APF, Roma.

ANDOLFI, M. (1995), "L'Accademia di Psicoterapia della Famiglia". In GURMAN, A.S., KNISKERN, D.P. (1981) (a cura di), *Manuale di terapia della famiglia*. Tr. it. Bollati Boringhieri, Torino.

BATESON, G. (1972), *Verso un'ecologia della mente*. Tr. it. Adelphi, Milano 1976.

BOLLEA, G. (1994), "Il bambino del 2000". In *Terapia Familiare*, n. 46, APF, Roma.

SCHEFLEN, A. (1973), *Il linguaggio del comportamento*. Tr. it. Astrolabio, Roma 1977.

VON BERTALANFFY, L. (1971), *Teoria generale dei sistemi*. Tr. it. Mondadori, Milano 1976.

VON FOESTER, H. (1982), *Sistemi che osservano*. Tr. it. Astrolabio, Roma 1987.

WATZLAWICK, P., BEAVIN, J.H., JACKSON, D.D. (1967), *Pragmatica della comunicazione umana*. Tr. it. Astrolabio, Roma 1971.

5

TRIANGOLI, CONFLITTI E... CARTA IGIENICA

M. Adelaide Berardi

PREMESSA

Quando ho iniziato a lavorare, come neuropsichiatra infantile, nelle scuole nel lontano 1970 in un'équipe medico-psico-pedagogica, esistevano ancora le classi differenziali e speciali. All'équipe era stato assegnato un vasto territorio, che comprendeva quasi metà provincia di un capoluogo laziale, tra le tante scuole cittadine e di campagna con pluriclassi vi era anche una scuola speciale: un luogo in cui pensavo di poter mettere alla prova le mie competenze professionali verificandole dopo tanti anni di studio e di frequenza universitaria.

La nostra équipe, composta da un neuropsichiatra infantile, una psicologa e un'assistente sociale, fu convocata dalla scuola speciale per una prima riunione organizzativa e conoscitiva. Ricordo che partii da Roma carica d'attesa e d'ansia e mi recai in un piccolo edificio con pochi allievi e pochi insegnanti. Iniziò la riunione e lì, nel giro di poco tempo, ci trovammo coinvolti in un'animata discussione su la carta igienica. Dopo tre ore di riunione l'équipe medico-psico-pedagogica uscì frustrata, depressa e delusa. Cosa fosse avvenuto in quella riunione lo avrei capito molto tempo dopo, a seguito di una maggiore frequentazione di scuole e di insegnanti e dopo aver impiegato altri anni per tentare di comprendere meglio le problematiche relazionali all'interno di organizzazioni complesse in una prospettiva sistemica.

Perché racconto questo lontano episodio? Forse perché ha influenzato i miei studi successivi e perché quella non sarebbe stata l'unica riunione in cui mi sarei trovata ad affrontare problematiche e conflitti che non avevano alcun nesso apparente con il mio ruolo professionale e su temi quanto meno imprevedibili. Negli anni successivi scomparvero dalle scuole le équipe e, per fortuna, le classi differenziali e speciali, ma evidentemente non eravamo riusciti ad abolire "la carta igienica", intesa qui come metafora concreta di quel meccanismo psicologico assai comune, descritto come *deviazione del conflitto.*

Con il passare degli anni appariva sempre più chiaro che mentre nelle riunioni collegiali era sempre in agguato qualche forma di conflittualità, nel dialogo con i singoli insegnanti il rapporto era molto tranquillo; lo scambio avveniva direttamente sugli allievi e tutte le riflessioni che ne potevano scaturire erano per gli allievi. In quel contesto di confronto personale, tanto franco quanto diretto, i docenti mostravano tutta la loro competenza e il loro bagaglio di esperienze al punto che spesso noi "esperti" abbiamo appreso da loro tecniche d'intervento e modalità d'approccio a bambini problematici, come pure l'impostazione di progetti didattici individualizzati molto efficaci. A quei tempi temevo *di essere invitata* a partecipare alle riunioni, pur sapendo che era molto importante essere presenti nei momenti di programmazione, convincendomi sempre di più che le mie competenze professionali non erano adeguate alle reali esigenze della scuola.

Fortunatamente avevo cominciato una formazione relazionale e iniziavo a comprendere l'importanza degli scambi comunicativi all'interno di un sistema e la lettura del contesto come cornice di riferimento e di comprensione della più diversa modalità di relazione. Sui libri che studiavo trovai una frase illuminante: "Di solito ora si parla semplicemente di modelli di interazione simmetrica e complementare. Si può anche descriverli come relazioni basate o sull'uguaglianza o sulla differenza. [...] L'interazione simmetrica, dunque, è caratterizzata dall'uguaglianza e dalla "minimizzazione" della differenza, mentre il processo opposto caratterizza l'interazione complementare". (Watzlawick, Beavin, Jackson, 1967). I conflitti cominciavano a riempirsi di significato e finalmente riuscivo a comprendere "l'importanza della carta igienica". Soprattutto, diventava sempre più chiaro come questi problemi non potessero essere facilmente risolti da un membro di un'équipe o da consulenti del servizio territoriale. I conflitti nascevano da difficoltà relazionali tra gli insegnanti in un contesto più allargato come quello delle riunioni e in presenza di osservatori non neutrali.

L'INIZIO DELL'ESPERIENZA: LA REGOLA IMPLICITA DELL'UGUAGLIANZA

Da un incontro con una direttrice didattica, con la mia stessa formazione relazionale, nacque l'idea di proporre un corso di formazione che si ponesse l'obiettivo di fornire agli insegnanti alcuni strumenti relazionali per una lettura circolare del sistema scuola, della classe, e soprattutto che permettesse la comprensione e il superamento dei conflitti, eravamo convinti che l'acquisizione di questi nuovi strumenti conoscitivi avrebbe permesso di far calare il numero di segnalazioni di bambini in difficoltà e di ridurre il disagio tra gli insegnanti. Una volta approvato il progetto, fu inviata una circolare del provveditorato indirizzata alle scuole dell'obbligo e alle superiori, in tale circolare appariva la descrizione di questo corso di formazione con la sua articolazione nei tempi (triennale a cadenza quindicinale) e nelle modalità (per un piccolo gruppo di massimo 20 insegnanti). Nella stessa circolare venne fatta una convocazione per la presentazione del corso. A questo punto ci fu per noi una prima sorpresa! Si presentarono più di cento persone, dichiarando di essere tutte motivate e incuriosite da questo progetto. Poiché le nostre possibilità in termini di risorse umane non consentivano l'ingresso a più di sessanta persone (con la formazione di tre unità di gruppo), venne proposto un colloquio di selezione per verificare la motivazione personale di ciascun insegnante. Anche in questo caso però ci trovammo di fronte a un'ulteriore sorpresa: ciò che per noi tecnici rientrava nella norma, proporre un colloquio per esplorare la motivazione e le curiosità di ciascun docente rispetto al corso, di fatto nella situazione scolastica rappresentava una novità ed era percepito come un fattore discriminante e meritocratico. Molti insegnanti, così, rifiutarono questa procedura e abbandonarono l'aula mentre le persone più motivate restarono. Messi di fronte a questa situazione partimmo con sessanta persone non selezionate, ma autoselezionate. Di nuovo non ci eravamo resi conto che quanto da noi proposto intendeva rompere una regola implicita della scuola: quella dell'*uguaglianza*.

In contrasto con questa regola implicita della scuola prese inizio il nostro corso di formazione; ma noi organizzatori non ci rendevamo conto dei rischi potenziali che avrebbe comportato la partecipazione per ogni singolo corsista; iniziavamo a creare delle diversità tra gli insegnanti solo per il fatto di condurre un corso di formazione all'interno della scuola? Cominciammo a illustrare le nostre diversità partendo da quelle specifiche della nostra storia personale e dai diversi modelli di lettura della realtà appresi negli anni della formazione universitaria e post-universitaria che ci avevano portato a sentirci un po' diversi dai nostri colleghi. Questo concetto della *differenziazione*, acquisito (anche se a fatica) nel mondo psicoterapeutico, presentava molte resistenze all'interno della scuola, dove dominavano il concetto di normalità e quello di valutazione e dove ogni programma era improntato al raggiungimento degli stessi risultati per tutti i bambini. Stavamo iniziando a lavorare in un sistema, la scuola, dove la diversità era unicamente intesa come patologia e non come risorsa evolutiva e ciò valeva non solo per i bambini, ma soprattutto per gli insegnanti e per le direttive ministeriali improntate alla totale omogenicità, e in cui le uniche differenziazioni previste erano a livello dei gradi di scuola, cioè: elementari, medie e superiori. Non vi erano specializzazioni e percorsi differenziati se non quelli relativi alla materia, né vi era alcun riconoscimento per le esperienze e sperimentazioni effettuate: tutti dovevano rientrare nella classe *insegnanti*.

Cos'è, quindi, la diversità nella scuola? Riferita ai bambini e ai ragazzi significa il "diverso", il problematico, il caratteriale o il ritardato; riferito all'insegnante significa il saccente, lo sgobbone o il rompiscatole. Questi erano i presupposti e gli stereotipi con cui dovevamo fare i conti una volta iniziato il nostro corso di formazione relazionale. Se due persone si relazionano, mettono in atto un confronto sul Sé. Se una persona ha problemi nel definirsi in modo personale, facilmente parlerà di un terzo o su un terzo argomento che permetterà di mantenere una distanza di sicurezza. Ma se la regola implicita del sistema è l'uguaglianza sarà difficile parlare di sé e delle proprie specificità senza rompere la regola; parlerà, allora, del terzo che diventerà il soggetto su cui convogliare la propria diversità e la propria aggressività. Scrive Watzlawick:

> Il fenomeno del disaccordo ci offre un ottimo schema di riferimento per studiare i disturbi di comunicazione provocati dalla confusione tra contenuto e relazioni. Il disaccordo può manifestarsi a livello di contenuto o a livello di relazione; è chiaro però che le due forme dipendono l'una dall'altra. Si hanno dunque due risultati: il primo elimina la causa del disaccordo a livello di contenuto; il secondo pone il problema della relazione. (Watzlawick, Beavin, Jackson, 1967)

Il problema centrale connesso con la non conoscenza di sé, che potremmo definire come mancanza di autoriflessività, porta di conseguenza a una non conoscenza di un proprio modello di apprendimento e di insegnamento relazionale. La ricerca di una omogeneità risulta l'elemento difensivo fondamentale per il corpo docente e il programma, attraverso l'uguaglianza dell'obiettivo, ripropone tale meccanismo.

Da questi presupposti nasceva l'esigenza di offrire un corso di formazione con l'obiettivo di aumentare la conoscenza del proprio Sé, di valorizzare le diversità individuali e aumentare la capacità di confrontarsi e di riflettere, acquistando così un linguaggio nuovo con cui descrivere questi diversi modi di leggere le relazioni.

IL GENOGRAMMA[1] COME INTERSEZIONE TRA SÉ PERSONALE E SÉ PROFESSIONALE

All'interno del corso sono stati proposti alcuni strumenti propri della formazione relazionale che hanno permesso a non pochi insegnanti di essere "toccati", ovvero di riflettere e di trovare le connessioni tra gli aspetti personali del proprio sviluppo famigliare e le proprie modalità di insegnamento. In particolare, sono risultati particolarmente efficaci i lavori effettuati sulla famiglia attraverso la presentazione del genogramma e la rappresentazione di due sculture[2] raffiguranti due momenti più significativi della loro vita. La successiva discussione in gruppo serviva a mettere in evidenza i modelli di apprendimento e i valori tramandati dalla famiglia d'origine e lo stile relazionale che ogni famiglia ha nel suo interno e che ognuno di noi, consapevolmente o inconsapevolmente ripropone nella sua rete relazionale.

Altro momento significativo della formazione è stato quello in cui si sono esplorati i modelli relazionali di ciascuno attraverso la dimensione spaziale, abbiamo introdotto un gioco metaforico: ciascun docente, usando un pezzo di spago che si era portato da casa, disegnava il confine immaginario del proprio spazio vitale. Così venivano a formarsi sul pavimento e attorno alle persone diverse figure, alcune chiuse altre aperte, alcune piccole, altre grandi. Si potrebbe mai immaginare uno spazio vitale che avvolge le mani e i piedi, impedendo qualsiasi movimento? E anche spazi non chiusi, intendendo in questo modo rappresentare la propria apertura verso gli altri, senza rendersi sempre conto che così il

1. Diagramma delle relazioni famigliari, che comprende almeno tre generazioni, in cui vengono raffigurati i gradi di parentela e gli eventi critici come nascite, morti, matrimoni e divorzi, oltre che eventuali problemi di pertinenza terapeutica emersi nel corso delle generazioni.

2. Adattamento dello psicodramma in cui si chiede a un membro della famiglia di disegnare (per mezzo di simulazioni o giochi di ruolo) un'immagine della distanza emotiva tra i famigliari (Gurman, Kniskern, 1981).

proprio spazio vitale senza confini finiva per inglobare tutto il mondo, annullando qualsiasi possibilità di confronto e di negoziazione. La definizione dello spazio vitale è strettamente collegata all'idea che ognuno ha del proprio Sé, e della propria corporeità, così spesso negata da noi adulti (Andolfi, 1994; Scheflen, 1973). Nella scuola lo spazio è ristretto e non scelto; lo spazio del banco, lo spazio dell'aula e dei corridoi, uno spazio condiviso, ma può essere veramente vissuto come proprio dall'allievo, dal gruppo classe, dagli insegnanti, dai genitori?

Lo spazio vitale che ognuno di noi si riconosce come proprio ci permette di entrare in rapporto con gli altri, di confrontarci, di costruire spazi condivisi, e spazi non condivisibili come quello privato dell'intimità. La rappresentazione visiva permette di vedere i modelli di relazione di ciascuno in modo chiaro, senza usare le parole, eliminando così il campo da vissuti di invasività con i relativi sensi di colpa.

Nel bambino piccolo è molto sviluppata la difesa del proprio spazio vitale, come negli animali, noi adulti perdiamo la coscienza di un bisogno così insito nella nostra natura e poniamo molta più attenzione alla difesa del nostro spazio mentale piuttosto che di quello fisico, ma il disagio che ne scaturisce si evidenzia anche nel corpo oltre che nel nostro pensiero. La visualizzazione delle esigenze psico-fisiche dell'adulto ci aiuta a comprendere il significato del rispetto e della capacità insita in ognuno nel difendere ciò che non vogliamo sia condiviso e l'inutilità di una eccessiva protettività relazionale che viene spesso potenziata lavorando con i bambini a scuola.

CONCLUSIONI

In questo corso allora non si insegnavano nozioni nuove da mettere nel bagaglio delle tecniche scolastiche, ma piuttosto si imparava a leggere la realtà di tutti i giorni nell'ottica circolare e i nuovi concetti nascevano da una lettura delle relazioni guidata dal didatta ma vissuta dall'insegnante. Per l'insegnante era assai istruttivo "vedersi" sia attraverso i propri occhi che tramite quelli dei colleghi e ciò portava alla riscoperta di una curiosità reciproca, fino ad allora inaspettata: nasceva l'interesse per un rapporto più autentico, non più mediato dalla "carta igienica".

Non era un caso che la sperimentazione di corsi di formazione relazionale partisse dalla scuola elementare in quanto in essa le relazioni hanno un significato pregnante rispetto a quelle delle scuole superiori, sia per questioni temporali (il tempo che un insegnante trascorre con una classe), ma anche per un'esigenza di crescita dei bambini, dove la figura dell'insegnante diventa una figura adulta di riferimento non parentale e il rapporto di tipo affettivo è base indispensabile per l'apprendimento. Appare quindi evidente che la scuola elementare, oltre a essere basata sui contenuti dell'apprendimento è una palestra formativa, dove si cresce attraverso lo sviluppo di relazioni affettive.

Con la riforma della scuola elementare, al posto dell'insegnante unico è comparso il team composto da tre docenti, ognuno con il suo specifico bagaglio di contenuti; ora la conflittualità può essere deviata con maggiore difficoltà e l'esigenza di un confronto diventa sempre più evidente. Gli insegnanti del team, dovendo programmare gli obiettivi formativi della classe, devono scegliere il proprio campo specifico di competenza e all'interno del confronto definire il proprio modello di insegnamento.

Apparentemente sembra una cosa semplice questo processo di autoconsapevolezza per una persona adulta, ma nella pratica non lo è affatto. Riflettere su chi siamo e da quali radici siamo partiti per arrivare a essere oggi così; non è un processo che fanno molti adulti e, in modo particolare in giovane età come è quella dell'inizio di una carriera di un docente di scuola elementare; soprattutto senza un'esperienza guidata e senza una formazione di base; il contenuto specifico dell'insegnamento diventa lo stimolo per approfondire le proprie conoscenze, ma non per comprendere la cornice su cui vanno a collocarsi questi contenuti. È quindi consequenziale che da insegnanti si diventi esperti di contenuti e non di come si entra in relazione personale con gli altri, avendo ben coscienza di sé e del bisogno di riflettere sulle proprie esperienze.

Nella nostra esperienza terapeutica difficilmente ci succede che un paziente adulto non si ricordi del proprio insegnante delle elementari, così come mantiene ben vivo il ricordo di un insegnante particolare delle scuole superiori, raramente riferendoci alla materia di insegnamento, ma piuttosto per un legame affettivo che si è venuto a stabilire e per gli stimoli educativi ricevuti in merito alla propria crescita individuale.

Torniamo alla conflittualità degli insegnanti e alla loro incapacità al confronto. Se sono una persona non cosciente di me ma cosciente dei miei contenuti saranno questi il mio termine di confronto quindi anche il motivo del conflitto; un dissidio sui contenuti metterà in discussione la mia persona, compresa la mia sicurezza affettiva, perché attraverso l'accettazione o il rifiuto dei contenuti sarò accettato o rifiutato come persona. Ma a meno di essere Leonardo da Vinci, non credo che si possa essere del tutto sicuri della propria preparazione culturale e quindi della propria stima personale: senza un rinforzo positivo dal di dentro e dal di fuori della scuola può derivare la grande insicurezza e difficoltà di confronto di tanti adulti e di tanti insegnanti.

È questo il motivo per cui di fronte ai colleghi e ai cosiddetti esperti è più facile parlare della carta igienica o della mancanza di materiali didattici che delle proprie difficoltà relazionali, perché tutti noi, tecnici compresi, siamo più competenti di tutto tranne che di noi stessi; ma se non sappiamo cosa è importante per noi come facciamo ad ascoltare e capire cosa è importante per l'altro, senza che questo ci metta profondamente in discussione? Come facciamo ad apprendere dai nostri errori se questi non possono essere presi in considerazione se non per rifiutarci ed essere rifiutati?

Non abbiamo ricette magiche per risolvere un problema che sentiamo impellente per la scuola, possiamo solo affermare che continuiamo a lavorare all'interno della scuola con corsi sempre più complessi e articolati, progettati sulle richieste dei docenti che chiedono di lavorare sull'individuazione e la coscienza di sé per permettersi di giungere a un confronto reale che superi la deviazione del conflitto.

Se non si modificano le regole del sistema scuola sarà difficile riuscire a far emergere tutte le competenze e le ricchezze personali di tanti all'interno dei plessi scolastici; così se l'insegnante formato sarà in grado di leggere le incongruenze e le incoerenze del sistema e le espliciterà potrà essere considerato il contestatore, il diverso, il pedante e per questo essere facilmente emarginato. Vale la pena di creare tanti emarginati? D'altra parte, vale la pena lasciare che tante capacità e competenze individuali vengano vissute esclusivamente all'interno della classe o, ben che vada, nel plesso scolastico di appartenenza? Ma questo è un discorso politico su cui non abbiamo le competenze e la contrattualità necessarie per produrre un cambiamento, ma senz'altro possiamo lasciarlo come punto interrogativo. Ma credo non sia economico lasciare la regola del tutti uguali per riproporre una classe di bambini tutti uguali in un mondo che sta dimenticando cosa sia la diversità e in essa tutta la ricchezza di un confronto all'interno di competenze diverse, portate da persone che hanno storie diverse e modalità diverse di esprimerle e che dovrebbero formare persone in grado non solo di rispettare le diversità di un mondo sempre più multietnico ma di capire anche quanta ricchezza vi può essere nel confronto tra persone e tra culture diverse.

BIBLIOGRAFIA

ANDOLFI, M. (1994), *Il colloquio relazionale*. APF, Roma.
GURMAN, A.S., KNISKERN, D.P. (1981), *Manuale di terapia della famiglia*. Tr. it. Bollati Boringhieri, Torino 1995.
SCHEFLEN, A. (1973), *Il linguaggio del comportamento*. Tr. it. Astrolabio, Roma 1977.
WATZLAWICK, P., BEAVIN, J.H., JACKSON, D.D. (1967), *Pragmatica della comunicazione umana*. Tr. it. Astrolabio, Roma 1971.

PARTE SECONDA

LA CLASSE COME LUOGO DI CRESCITA

6

STORIA DI CLASSE: NASCITA ED EVOLUZIONE DEL GRUPPO-CLASSE

Alberto Alberti

PREMESSA

La classe scolastica costituisce la più grossa manipolazione didattica che le giovani generazioni abbiano conosciuto o subito nella scuola pubblica dell'epoca moderna. Accettata e descritta comunemente come una condizione oggettiva del fare scuola, un dato "naturale", ineliminabile ed eterno, sfugge di solito alle attenzioni della gente comune, mentre la ricerca e l'analisi critica, se affrontano i temi della sua organizzazione interna, non si pongono molti interrogativi sulla legittimità della sua esistenza e sulla possibilità di alternative. La consapevolezza di essere di fronte a una costruzione storicamente connotata, con le sue motivazioni e le sue finalità, non è molto presente nei ragionamenti comuni.

Eppure la classe non è un luogo neutro, una situazione indifferente, un contenitore esterno buono per qualsivoglia processo di formazione. È piuttosto una struttura significante che solo per il suo esistere e operare, per i rapporti che attiva, le modalità di comunicazione che privilegia, i comportamenti che impone, i vincoli che chiede siano rispettati, i diritti che fa nascere e i correlati doveri produce determinati effetti formativi, diretti e indiretti.

Per cogliere pienamente il valore di questa "tecnica di formazione",[1] sarebbe sommamente opportuno ragionare in termini pedagogici e psicosociali sia sulla sua natura che sul suo funzionamento. Solo che l'impresa rischia di ridursi a un puro esercizio retorico, senza nessuna presa sulla realtà, dove invece si impongono sovente ragioni materiali del tut-

1. Tecnica *di* formazione e non *per* la formazione: l'organizzazione della scuola e delle classi di alunni è in se stessa un fatto formativo.

to diverse, quali la contabilità che si sviluppa intorno al numero degli alunni, il limite delle risorse finanziarie, i vincoli di stato giuridico dei docenti e così via. Il fatto è che la classe è oggi principalmente e fortemente un dato amministrativo: come tale fa da base al dimensionamento delle istituzioni scolastiche e alla distribuzione delle risorse materiali e umane, e figura così come un punto fermo nel firmamento della scuola, come la luna e il sole e come l'aria che respiriamo.

A differenza tuttavia degli astri e degli elementi naturali, la classe non è esistita sempre così come oggi noi la conosciamo. Non era così ai tempi di Aristotele o di Cicerone e nemmeno nel Settecento dei sovrani illuminati. Per millenni l'umanità provvide alla formazione dei giovani, a conservare, tramandare e accrescere conoscenze e tecnologie, a mantenere saldi i valori e i vincoli di solidarietà della città o dello Stato, senza far ricorso alla nostra tecnica formativa.

Riflettere su questo punto e sulle motivazioni che portarono all'affermazione e alla diffusione dell'insegnamento per gruppi non selezionati di alunni può essere allora un modo di far affiorare il senso e la portata attuali e futuri di questo artefatto sociale.

IL FASCINO DEL RAPPORTO A DUE

È utile ricordare per cenni sommari che qualche secolo fa il nobile e il ricco signore per dare ai figli la formazione adeguata al ruolo che sarebbe loro toccato da grandi si rivolgevano a precettori privati, di buon nome e fidati. Fino al Settecento e anche dopo, nel palazzo signorile c'era un posto per l'aio, religioso o laico, scelto con cura tra le persone più erudite o che erano ritenute tali. Non si poteva affidare il rampollo di un illustre casato in mani men che egregie. Per giovani destinati a destini eccelsi non ci potevano essere che maestri eccezionali. La tradizione veniva da lontano, dal mondo classico e dal mito: per il giovinetto Achille ci volle Chirone, il più saggio fra i centauri, per Alessandro il Macedone il massimo filosofo del tempo, Aristotele.

Certo, era una situazione privilegiata, riservata a pochi; non poteva diventare una condizione generale. Ma il suo fascino fu grande e giunge fino a noi. È presente, per esempio, almeno come suggestione profonda, in molti discorsi e desideri di genitori e famigliari che, quando iscrivono il figlio alla scuola pubblica, si danno da fare per assicurargli il "bravo" insegnante, il migliore che si possa avere. Del resto, ne fu toccato perfino il grande Rousseau. Nel primo libro dell'*Emilio*, infatti, dopo aver affermato che è dovere di un padre non solo procreare e allevare ma anche "educare personalmente la prole" (Rousseau, 1762), o almeno farsi sostituire da un amico, egli passa a tratteggiare le qualità ideali di un educatore, in un crescendo di esclamazioni e appassionate esortazioni ("un educatore! O anima sublime! Non possono esservi dubbi: per formare un uomo occorre un padre o un uomo che trascenda se stesso"), sostenendo, per un verso, in generale, che "l'educatore dovrebbe essere stato formato in funzione del suo allievo" e, per un altro verso, a proposito di Emilio, che anche l'allievo deve essere pari a tanto uomo. E addirittura, "se si devono riporre tante cure nella scelta dell'educatore, anche quest'ultimo avrà il diritto di scegliere il suo allievo".

Naturalmente non è lecito mettere sullo stesso piano le pratiche in uso presso le famiglie aristocratiche e alto borghesi e le istanze ideali da cui muove Rousseau. Con le prime si cercava di perpetuare, attraverso una specifica forma di educazione, uno stato di prestigio, di egemonia e di predominio. Per Emilio, invece, c'era la necessità tutta pedagogica di evitare che gli influssi negativi di una società ritenuta degradata e corrotta, potessero a loro volta corrompere e volgere al degrado la naturale bontà dell'uomo. Quello che era uno strumento di potere, funzionale al mantenimento della divisione sociale e all'asservimento dei più deboli lasciati nell'ignoranza, è in Rousseau un pretesto letterario di semplificazione, idoneo, per un verso a tenere sotto controllo tutte le variabili del processo di formazione, e per un altro verso, a fornire una proposta alternativa alla società contemporanea.

Evocare qui ora, congiuntamente, gli usi presso le famiglie aristocratiche e il discorso sull'educazione di Emilio, serve ad affermare che sia in una visione "classica" della formazione, proiettata in uno scenario di continuità con il passato, sia in una visione "romantica"[2] e dinamica, di rottura e di cambiamento, il rapporto duale esclusivo fra un allievo e il suo educatore appare una tecnica di formazione di alto pregio, piena di fascino e ricca di tradizione, alla quale pragmaticamente si connettono speranze di risultati eccellenti, di volta in volta ritenuti essenziali.

2. La distinzione tra "classica" e "romantica" si trova nei *Programmi di studio ed evoluzione sociale*, (Lawton, 1973). La concezione classica dell'educazione considera l'insegnamento e i programmi di studio come "tramite dell'inserimento dei giovani membri della società nelle forme vigenti di pensiero e di comprensione della realtà"; la romantica "viceversa, vede l'educazione come parte integrante della vita piuttosto che come preparazione al mondo degli adulti e pone l'accento sull'esperienza, sulla consapevolezza, sulla creatività e, talora ma non sempre, sulla 'unità della conoscenza'".

IL VALORE DEL GRUPPO

Di fronte a tanta suggestione, la scuola per il popolo, con l'insegnamento impartito a un gruppo di alunni, raccolti alla bell'e meglio in una parrocchia cattolica, in una chiesa protestante[3] o in una comunità civica, non selezionati sul piano della qualità e dell'eccellenza né posti in sintonia con un determinato insegnante, appariva ed era una soluzione di ripiego. Sembrava dettata principalmente da ristrettezze materiali, dalla mancanza di risorse economiche e umane. Pochissime persone, oggi come un tempo, possono permettersi il costo di un insegnante singolo per ciascun figlio, e nessuna società può farlo per tutti i suoi giovani, non solo per questioni economiche.

E tuttavia, l'insegnamento rivolto a gruppi di alunni indistintamente aveva una sua ragione e una sua storia anche eccellente. Per esempio, i collegi dei gesuiti e poi quelli militari, e, soprattutto per le donne, i conventi e gli educandati femminili realizzavano la formazione dei giovani in comunità, dimostrando bontà d'impianto e di funzionamento ed esercitando un indubbio richiamo. Si trattava, è vero, di istituzioni riservate a determinate categorie di soggetti, tenuti insieme da scelte di vita profonde e spesso definitive, e da comuni ideologie di forte impatto. Ma, accogliendo di solito giovani di buona famiglia, spesso destinati a svolgere ruoli sociali di prestigio, non si poteva dire che fossero dettate dalla penuria di mezzi. Non erano assimilabili alle scuole per poveri e potevano rappresentare un elemento simbolico importante per chi cercava di costruire le scuole pubbliche, dal momento che stavano lì a dimostrare che il raggruppamento di allievi non aveva, per fortuna, una ragione esclusivamente economica.

Analoga consapevolezza, per vero, si poteva trarre anche da altri comportamenti collettivi e usi sociali. Si pensi al fatto che, perfino nella casa signorile al tempo in cui si usava avere ai e precettori, una parte cospicua della formazione – quella che integrava e completava il bagaglio culturale dei giovani e delle giovani e finiva spesso per realizzare il tratto emergente della loro personalità – avveniva per così dire *extra moenia*, fuori dal palazzo, in situazioni fortemente sociali, alcune con precisa struttura organizzativa finalizzata allo scopo (esercito e convitti per i

3. Nell'area della Riforma i pastori si assunsero, accanto ai compiti di evangelizzazione, anche quelli di alfabetizzazione, essendo la capacità di lettura un requisito essenziale per il fedele chiamato a un rapporto diretto con la parola di Dio stampata nella Bibbia. In area cattolica, il rapporto con Dio è rigorosamente mediato dalla Chiesa: le scuole parrocchiali ebbero perciò un carattere piuttosto caritativo e diretto alla "educazione" intesa come conquista di comportamenti sociali accettati da tutti, le buone maniere, o, in una interpretazione ambiziosa, dei valori.

maschi, collegi e conventi delle suore per le donne, per esempio), altre occasionali e liberamente articolate, dinamiche ed effimere (i salotti, la vita di società, le comitive, i giochi di squadra ecc.). Per aspetti salienti del profilo educativo, il rapporto duale esclusivo insegnante-alunno appariva del tutto insufficiente.

FRA ÉLITE E DEMOCRAZIA

In questo dilemma – rapporto di gruppo/rapporto duale – si collocano gli interventi dei sovrani illuminati quando, sul finire del Settecento, l'istruzione comincia a essere percepita come un bene essenziale per la vita pubblica e gli stati sentono l'esigenza di intervenire direttamente.[4]

In un provvedimento di Maria Teresa d'Austria, l'*Ordine generale delle scuole da introdursi in tutti gli Stati ereditari di S.M.I.R.*, del 6 dicembre 1774, si legge (art. 9):

> Li scolari che imparano la medema materia, devono essere uniti in una classe abenché siano di diversa età e nascita; questa classe secondo il bisogno e capacità dei scolari può essere subdivisa, cosicché però li migliori, mezzani e inferiori scolari siano uniti: e ciascheduna specie delli migliori, mezzani e inferiori deve il maestro istruire secondo la loro capacità e maniera che è contenuta nel libro del metodo. In ciascheduna scuola si puonno formare tante classi secondo le diversità delle materie che sono da insegnare, e ogni classe deve essere subdivisa in tre classi come qui sopra fu detto, cioè delli migliori, mezzani e inferiori. (Ragazzini, 1997)

Come si vede, prima viene la materia di studio e poi la classe. La preoccupazione relativa alla natura e qualità dell'apprendimento fa sì che, anche sul piano ordinamentale, la classe venga considerata non un semplice luogo di concentrazione degli alunni, di tutti gli alunni in modo anonimo, ma una situazione variabile in ragione di obiettivi diversi. L'assetto organizzativo cambia sia in rapporto all'oggetto dell'insegnamento sia in rapporto alle abilità degli alunni. Ciò vuol dire che *la scuola non è uniformemente diretta a tutti e che nella sua articolazione oggettiva (le materie) e soggettiva (le capacità) realizza l'idea di una formazione discriminata, nel bene e nel male, non paritaria né universale.*

4. Sui sovrani "illuminati" e l'organizzazione dello studio per classi, vedi Brizzi (1987), Becchi (1972) e Fornaca (1994). Fu altrettanto importante e decisivo l'affermarsi di una concezione della scuola come di "una comunità di docenti e di discenti", secondo la definizione che ne aveva dato Comenio.

Si può facilmente comprendere che non si tratta di una scelta netta e apertamente dichiarata. Più che di una meditata opzione pedagogica forse è più giusto pensare a una mancata rottura con il passato e con le convinzioni che volevano la scuola riservata a una ristretta categoria di soggetti privilegiati per natura o per censo. Le idee dei sovrani illuminati erano ancora in bilico tra quelle antiche suggestioni elitarie e la spinta ad allargare gli interventi a una platea più larga e più popolare di ragazzi.

LA CLASSE È LA CLASSE, E BASTA

Saranno gli eserciti napoleonici a diffondere in tutta Europa il principio affermato dalla grande Rivoluzione, di una istruzione pubblica di base teoricamente estesa a tutti i ragazzi, con contenuti eguali per tutti. La principale cura diventa allora quella di accogliere e raggruppare gli alunni senza distinzioni di sorta (nemmeno dunque di materie di studio o di abilità possedute), affidandoli ad adulti privi di rapporti di dipendenza diretta dalle famiglie (pubblicità delle scuola), con il compito di realizzare in modo indistinto e generale determinati insegnamenti, anche questi non legati a qualsivoglia precondizione. In altri termini, il principio dell'uguaglianza e della democraticità degli studi spinge a realizzare una struttura operativa in qualche misura "astratta", cioè indipendente dalle specifiche caratteristiche dei singoli elementi che la compongono, adulti, bambini, famiglie, oggetti dell'apprendimento.

Oltre al condizionamento geografico (il luogo di residenza o, come oggi si dice, il bacino d'utenza), l'unico riferimento ammesso, l'unico discrimine è quello dell'età:[5] come nell'esercito, ad anno di nascita corrisponde una "leva" (scolastica, nel nostro caso). E l'età, come tutti sanno, è un elemento oggettivo e universale.

Anche se all'inizio non ci poté essere perfetta corrispondenza tra leva scolastica e anno di insegnamento, tuttavia sta qui l'origine della "classe" nel senso che oggi diamo a questa parola: una generalità di soggetti raccolti in un luogo con lo scopo di fare apprendimenti, individuati sulla base di parametri oggettivi (età, luogo) senza le precondizioni relative all'appartenenza sociale e senza possibilità di scelta privata di insegnanti e materie di studio.

5. Per esempio, le *Istruzioni per le scuole del Regno italico* del 15 febbraio 1812, per l'ammissione alla scuola elementare, richiedono soltanto che i bambini abbiano compiuto sei anni e non abbiano superato i dodici.

È il terreno su cui si muoveranno le successive realizzazioni in Europa e nel mondo occidentale, non escluse quelle avvenute nel Regno di Sardegna, con la legge Boncompagni nel 1848 e con la cosiddetta legge Casati[6] nel 1859. Insomma, quel sistema scolastico che, con le annessioni di quegli anni, fu applicato alle varie "province" del neonato Regno d'Italia.

Per la Casati, gli studenti accedono "a una classe" o in base a un esame (per il ginnasio, il liceo, una scuola tecnica), o in base all'età (nei corsi elementari). Per la verità non si dice molto sulla configurazione della classe (consistenza e organizzazione interna). Ci si limita a stabilire che le scuole siano maschili e femminili e si fissa il limite di settanta alunni "simultaneamente" per classe. Né c'è molto di più in quel testo unico n. 577 del 5 febbraio 1928 che costituì per tanti anni, con varie modifiche e integrazioni, la "carta" fondamentale della scuola elementare italiana, rimasta in vigore formalmente fino al 1994 (quando fu sostituito dal testo unico n. 297 oggi vigente), ma ancora per qualche parte non priva di interesse.[7] Qui, dopo la dichiarazione che le "scuole di Stato" sono quelle "direttamente amministrate dai provveditorati agli studi" (art. 63), si aggiunge che tali scuole sono "ordinate in classi distinte, rette ciascuna da un proprio insegnante, ovvero abbinate o tenute in orario alternato da un solo insegnante" (art. 64). L'educazione è separata per i due sessi, tranne dove non ci sono i numeri (almeno cinquanta alunni) per formare classi distinte, maschili e femminili (art. 68). Il Regolamento generale n. 1297 del 26 aprile 1928 precisa le operazioni necessarie per dare attuazione a quelle norme, attribuendo al direttore didattico il compito di formare la prima classe "in base al numero degli obbligati e dei ripetenti" (art. 114), e di assegnare le classi "disponendo di regola l'avvicendamento degli insegnanti per tutte le classi dalla prima alla quinta" (art. 115).

L'utilità amministrativa che hanno simili disposizioni è fuori discussione. Il governo della scuola ne risulta decisamente facilitato. Quello che conta non è la natura e la qualità del raggruppamento degli alunni[8]

6. Il realtà si tratta di un decreto legislativo, il n. 3275 del 13 novembre 1859, "emanato dal re di Sardegna Vittorio Emanuele II in forza dei pieni poteri concessi dalle Camere per l'incalzare degli avvenimenti politici e militari di quell'anno" (Inzerillo, 1974).

7. L'art. 676 (l'ultimo) del testo unico 297/94 contiene la rituale norma di abrogazione che fa salve le disposizioni non inserite nel testo e non abrogate esplicitamente o implicitamente. Il professor Sergio Auriemma osserva in proposito che la norma "può dar luogo a perplessità interpretative ogniqualvolta una norma previgente, non trasfusa (o non correttamente trasfusa) nel testo unico, non è stata formalmente abrogata e della quale, quindi, si deve valutare la compatibilità con il testo unico stesso". Attraverso questa via, le disposizioni del testo unico del 1928 possono ancora avere validità (Auriemma, 1998).

8. Fa eccezione la disposizione del secondo comma dell'art. 114 Reg. gen. che in qualche modo entra nel merito della composizione delle classi, stabilendo che il direttore didattico, dove è

ma il fatto che un raggruppamento vi sia e che su di esso si modelli la vita burocratica e formale dell'istituzione.

Si può dire che in questa legislazione, la classe è la classe, e basta. Non deve essere né descritta né giustificata. Ci viene rappresentata come un dato di fatto non solo normale ma addirittura primigenio, una variabile indipendente a tal punto "naturale" da non essere nemmeno oggetto di una qualsiasi forma di trattazione.

Presa in considerazione nella sua esistenza oggettiva, la classe diventa l'elemento base per la costruzione del sistema scolastico. La sua rilevanza è di ordine meramente quantitativo: riguarda il numero di alunni necessario per la sua formazione, o il rapporto con la dimensione degli istituti, la consistenza dell'organico del personale docente o non docente, le aule, le risorse finanziarie ecc.

TECNICA DI FORMAZIONE

Come dicevo all'inizio, questa linea legislativa plurisecolare basata sull'idea che la classe sia un dato amministrativo ha messo in secondo piano gli studi e le osservazioni circa la funzione – didattica e non – che può svolgere una tecnica di formazione basata sul raggruppamento "classe". Talora sfuggono all'analisi perfino gli aspetti più elementari. Per esempio, tutti conoscono il rapporto tra leva scolastica e leva militare, cui ho accennato prima, ma pochi si soffermano sul suo valore aggiunto come artefatto orientato a uno scopo. Non si coglie con sufficiente forza la polivalenza dei significati che, fin dal principio, inerisce a simile formula organizzativa. La "leva", infatti, ha almeno una duplice motivazione: serve non solo a combattere il nemico o, rispettivamente, a fare apprendimenti; serve anche a coltivare atteggiamenti solidaristici e approfondire il sentimento nazionale, senza indugiare su divisioni di sorta.

Voglio dire, che a far scegliere nell'Ottocento l'organizzazione dello studio per gruppi-classi e a farla considerare l'unica via percorribile, non vi furono solo elementi oggettivi e, per così dire irriducibili alle esigenze pedagogiche, come poteva essere la scarsità delle risorse. Fu altrettanto importante e decisivo il problema multiforme e complesso del riconoscersi membri di una determinata società, quello che possiamo chiamare "processo di socializzazione" e che significava – allora più di

possibile, "raggruppa gli alunni in classi distinte secondo che abbiano frequentato o meno la scuola materna".

oggi – non solo incontro e scambio di esperienze alla pari fra coetanei, ma anche confronto e talora scontro fra i diversi modi di vita e le diverse culture che caratterizzavano fortemente i vari gruppi sociali.

C'è da aggiungere che, nell'Italia della seconda metà dell'Ottocento, appena raggiunta l'unità, i ceti dominanti erano alla ricerca di una qualche forma di consenso da parte dei più deboli ed emarginati, e pensavano che fosse possibile ottenerlo (non solo ma) anche attraverso il raggruppamento di alunni di varia posizione economica e culturale. La "convivenza democratica" – per usare un'espressione degli attuali programmi elementari – era ancora una conquista lontana, assai dura e difficile, ma anche un bene che i governi sentivano di dover perseguire. L'organizzazione della scuola in classi, non meno della leva militare, rappresentava una tecnica di sicura efficacia.

Il valore che ha il raggruppamento di alunni di origine sociale diversa, tutti l'abbiamo potuto cogliere, almeno sul piano letterario, in un libro di grande impatto emotivo, criticato proprio per il suo eccessivo affidarsi ai moti dell'animo, ma sempre efficace e pieno di spunti interessanti. Mi riferisco a *Cuore*, una lettura che ogni italiano ha fatto almeno una volta, dove il luogo "classe" rappresenta il concentrato di una società o, se si preferisce, la metafora dell'Italia appena costituita in Stato unitario e ancora attraversata da mille divisioni culturali, e non solo.

L'orizzonte generale, in verità, non era così idilliaco come l'accattivante scrittura di De Amicis ci vuole rappresentare. "L'educazione è tutto per noi oggidì" scriveva Aristide Gabelli ad Adolfo Pick (Codignola, 1950). Ma non era, questa, l'indicazione rassicurante per una serena prospettiva di lavoro. Era piuttosto un'ossessione e un affanno. Per quanto intrecciata con il ritrovato sentimento nazionale e con il ricordo, sempre più enfatizzato nel fluire degli anni, di vittorie più o meno autentiche, l'esigenza di educazione, come l'intendevano i benpensanti, era attraversata da una grande paura. Nella borghesia, che aveva guidato il movimento risorgimentale e ora intendeva esercitare la sua egemonia politica e culturale oltre che economica, c'era "la preoccupazione, il timore oscuro di non farcela" (Asor Rosa, 1975).

La realtà quotidiana vietava qualsiasi facile ottimismo. "Che volete che faccia dell'alfabeto colui al quale manca l'aria e la luce, che vive nell'umido, nel fetore, che deve tenere la moglie e le figlie nella pubblica strada tutto il giorno?" – ammoniva Pasquale Villari (1972). Ma i gruppi dirigenti non collegavano cultura e lavoro, non erano quelli i tempi in cui la formazione si poteva pensare come investimento. Per loro la scuola aveva un significato innanzitutto etico e morale. Prima del leggere e dello scrivere o, comunque, allo stesso livello del leggere e dello scrivere doveva porsi il problema di fare accettare il mondo esistente: quel mondo che, sul piano del comportamento e della morale, si appellava ai valori della famiglia, della patria e del re, al principio d'autorità e al rispetto per tutto ciò che si presentava come gerarchicamente "superiore".

La classe pertanto era vista come il luogo in cui la povertà, il bisogno, le privazioni e la fame, potevano essere manipolate culturalmente per essere accettate. Non si poteva negare l'esistenza del disagio sociale, ma se ne poteva attribuire l'origine a cause "naturali" – che non è dato all'uomo rimuovere e allontanare, come non si può evitare la morte, una malattia, un incidente, un temporale. Nei libri di testo che si leggevano in classe in quegli anni si predicava a piene pagine la rassegnazione (Alberti, 1985). In una famiglia, quando viene a mancare, per una disgrazia o per un cattivo destino, la principale fonte di sostentamento, il lavoro del capofamiglia, è d'obbligo ingegnarsi in mille modi per trovare una via d'uscita. Ai bambini, in particolare, tocca di svolgere un lavoro, quale che sia: rassettare la casa, vendere fiorellini raccolti nei campi, girare la manovella di uno strumento musicale, servire come groom o garzone.

Il coronamento di questa "morale" ci sembra possa essere il quadro che abbiamo trovato in un testo scolastico del 1887. Il piccolo Peppino, povero e con il babbo malato, non ha potuto portare nulla per uno spuntino nell'intervallo della lezione. Sa già qual è il suo destino, ma passando davanti a Carletto, intento a fare una ricca colazione, non può trattenersi dal guardarlo intensamente e avidamente. Carletto è cuor gentile:

> Tu, Peppino, non mangi?
> Io no.
> Perché?
> Così.
> Non ti ha dato la colazione la tua mamma? (Fiorentino, 1887)

No, la mamma non aveva niente da dargli ("il babbo è malato da una settimana e noi siamo poveri, e se non lavoriamo non abbiamo soldi"). E Carletto che ha "mangiato tanto" la mattina, gli offre le sue cose. Ma Peppino, che ha già capito tutto dalla vita, protesta: "No, no! Mangia tu che ci sei avvezzo. Io devo ben imparare a non mangiare!".

Ecco, la classe. Ognuno al suo posto, chi prima chi dopo, chi al caldo e chi al freddo, tutti buoni, senza protestare. Anzi, rassegnandosi a imparare a essere povero: "imparare a non mangiare!".

CHI È IL "PREFERITO"

Quasi un secolo dopo, in diverse condizioni storiche ed economiche, la classe può essere e sarà anche un luogo di solidarietà e di reciproco sostegno per i più deboli e gli emarginati. Beninteso, ci vuole un "maestro" come don Milani e una scuola come quella di Barbiana. Che non sembrava neanche una scuola "né cattedra, né lavagna, né banchi. Solo grandi tavoli intorno a cui si faceva scuola e si mangiava". Ma tutti si trovavano a proprio agio, anche "chi era senza basi, lento e svogliato". Veniva accolto come il primo della classe e "si sentiva il preferito". In quella classe si apprendeva e contemporaneamente si insegnava:

> Il più vecchio di quei maestri aveva sedici anni. Il più piccolo dodici. Decisi fin dal primo giorno che avrei insegnato anch'io... L'anno dopo ero maestro. Cioè lo ero tre mezze giornate la settimana. Insegnavo geografia, matematica e francese a prima media. (Scuola di Barbiana, 1967)

Insegnando si imparano tante cose. Si prende coscienza di come la selezione scolastica finisca per rafforzare la divisione in classi e i privilegi sociali. Pierino, il figlio del dottore, con "i cromosomi potenti", sa già scrivere a cinque anni e non ha bisogno di fare la prima. "Parla come un libro stampato" e va avanti da solo, lasciando per strada i compagni. "In seconda elementare era con tutti. In quinta è in un gruppo limitato. Su cento persone che incontra per strada quaranta gli sono già 'inferiori'." Andando avanti, di licenza in licenza, arriva alla laurea. Da solo. Gli altri novantanove con cui aveva iniziato gli studi elementari si sono fermati tutti, chi prima chi dopo. "Ogni volta ha visto la sua pagella migliore di quella dei compagni che ha perso. I professori che hanno scritto quelle pagelle gli hanno impresso nell'anima che gli altri nonantanove sono di cultura inferiore."

A fronte di ciò, i ragazzi di Barbiana acquistano la consapevolezza che la scuola dice bugie, perché "la cultura di quei novantanove non è inferiore, è diversa", e soprattutto che la divisione fra chi è promosso e chi no, non è, come si vuol far credere, un problema individuale, privato, di ciascun ragazzo. Piuttosto: "il problema degli altri è uguale al mio. Sortirne tutti insieme è la politica. Sortirne da soli è l'avarizia" (Scuola di Barbiana, 1967).

A ben pensare anche questa scuola nasce dalla Rivoluzione francese. Ma più che la *liberté* e l'*égalité* a suo fondamento dobbiamo mettere più propriamente la terza parola chiave, la *fraternité*, forse la più inafferrabile ma anche la più alta e la più penetrante delle tre. La fratellanza, la solidarietà, coniugata in tutti i modi e in tutte le occasioni, diventa il cemento della classe. Non era una roba da ricchi, ma nemmeno da derelitti e succubi, gregari passivi; non si imparava a "fare il povero" come nella classe ottocentesca di Peppino e Carletto. A Barbiana, in una classe a insegnamento reciproco, si sperimentava la forza dei deboli: l'unione, la "politica" del "sortirne tutti insieme". "Lavoratori, unitevi!" era stato detto.

Per essere "comunità"

Alle spalle di questa scuola eccezionale ci sono le esperienze nuove che un buon numero di insegnanti italiani andava facendo in quegli anni avendo riscoperto, dopo la caduta del fascismo e sulla scorta di idee che venivano da oltre i confini, il gusto e, spesso, la necessità dell'innovazione e del cambiamento. Fra le altre associazioni professionali, cominciò a operare, all'inizio degli anni Cinquanta, il Movimento di cooperazione educativa (MCE) che, seguendo l'insegnamento di Célestin Freinet, intendeva impostare anche in Italia una "pedagogia popolare" (Freinet, 1949) capace di riscattare le difficili situazioni di partenza in cui si trovavano i fanciulli delle classi emarginate, nelle Alpi francesi degli anni Venti come nelle ingrate periferie urbane del nostro boom economico (Pettini, 1980). Dal 1963 i ragazzi di Barbiana erano in corrispondenza con gli alunni di Mario Lodi del Vho di Piadena (Cremona) e adottavano alcune "tecniche" MCE, in particolare il "testo libero".[9]

Per il Movimento la classe non è semplicemente il luogo in cui avvengono relazioni fra soggetti, ma piuttosto lo scenario in cui vanno organizzati modi di vita e attività di studio, incrociando libertà individuale e convivenza sociale: la cooperativa, il calcolo vivente, la socializzazione dei testi liberi, la costruzione, la stampa e la diffusione di un giornale, la corrispondenza, e così via.

Organizzare la classe al suo interno appare un compito primario, indispensabile. Servono tutte le consapevolezze teoriche e le risorse tecniche che cento e più anni di ricerca in campo pedagogico e didattico ci possono offrire: il lavoro per gruppi, le classi aperte, l'insegnamento in-

9. Ciò si evince, per esempio, dalle lettere inviate da Don Milani e dai suoi ragazzi a Mario Lodi il 2 novembre 1963 (Riccioni, 1982).

dividualizzato, i progetti, i laboratori, la cooperativa, il giornale, la festa ecc.[10] Ma serve tener presente che quasi sempre i rapporti tra le persone si modificano e si strutturano in funzione delle modalità e degli oggetti dell'apprendimento, nonché in riferimento al concreto esplicarsi dell'insegnamento.

"Come può definirsi una 'comunità'?" si domanda Bruno Ciari, uno dei più attivi e attenti esponenti del MCE (Ciari, 1971). "La radice della parola stessa indica che ci dev'essere una somma di fattori 'comuni'." Sono "attività" come la stampa, la pittura, la drammatizzazione, i lavori manuali, il canto... ma sono anche progetti e stati d'animo: non solo in quanto esse sono "profondamente sentite, condivise dai ragazzi" e si svolgono "in clima di collaborazione, cooperazione, reciproco aiuto", ma anche perché debbono essere inserite in una "prospettiva sempre aperta, per cui la classe è tesa verso certe finalità (fondazione e sviluppo della cooperativa scolastica, raccolte, fiere di beneficenza, feste, ricerche, viaggi, costruzioni di una certa importanza...)". In altre parole,

> occorre sempre che ci sia da "lottare" per qualcosa, e non per qualcosa di semplice e facile. I ragazzi non amano le cose che non impegnano e non collaudano a fondo le loro capacità. La prospettiva non dev'essere troppo banale né d'altra parte troppo remota o al di sopra delle possibilità dei fanciulli. [...] Nulla cementa la comunità meglio delle lotte comuni per finalità pienamente condivise. (*Ibidem*)

BUONI, MEDIOCRI E SCARSI

L'esperienza di Barbiana e le considerazioni di Ciari si collocano chiaramente su un versante pedagogico e formativo particolare, quello che attribuisce alla realtà classe un valore di comunità attiva, capace di trascinare i singoli membri verso risultati comuni e condivisi.

Ma tale non fu per lungo tempo il carattere della scuola italiana e nemmeno la preoccupazione pedagogica più diffusa nella riflessione degli studiosi o nelle indicazioni normative. Le ipotesi di scuole nuove, come quella descritta da Ciari, sono negli anni Sessanta, ancora una minoranza. Nella generalità delle situazioni resisteva invece, sia pure in forme ovviamente aggiornate, l'idea separatista e discriminante già fatta propria dalle scuole di Maria Teresa, quella che divideva fin dall'ini-

10. Il riferimento è all'attivismo e alle sue scuole, in tutte le varie fasi del suo sviluppo, da Dewey in qua.

zio i bambini in categorie di buoni, mediocri e scarsi. Su tale divisione venivano di fatto a innestarsi percorsi differenziati in ragione della presunta diversità del potenziale di apprendimento riconosciuto in via preventiva a ciascun alunno. C'era, insomma, una previsione di successo o di insuccesso già all'atto della formazione della classe. Del resto, ogni prospettiva di amalgama fra diversi era impedita da una didattica che puntava su un esasperato individualismo. Gli alunni venivano messi gli uni contro gli altri almeno per quanto attiene alla parte più dura e significativa del curriculum. Potevano giocare insieme, cantare in coro e fare altre attività ricreative in comune, ma guai ad aiutarsi reciprocamente nello studio. Gli ammonimenti a "non copiare", "non suggerire", le interrogazioni fatte singolarmente alla cattedra, il voto segreto erano luoghi comuni del fare scuola, nonostante le denunce in proposito fatte dai più grandi educatori dell'Ottocento e dai promotori delle "scuole nuove" nel Novecento.

Il principio della discriminazione a priori era collegato non tanto a meriti o demeriti individuali quanto alla collocazione sociale. La legge che era ancora il testo unico 577 del 1928, attribuiva al capo d'istituto il compito di costituire i gruppi classe e di affidarli ai vari docenti, ma non indicava alcun criterio o principio educativo. Vigevano soltanto parametri numerici. Come ho accennato prima, un'eccezione era costituita dall'obbligo di tenere separati i due sessi e, per la prima elementare, dalla possibilità di prendere in considerazione la frequenza o la non frequenza della scuola materna (che, peraltro, esisteva solo in un numero limitato di grandi comuni). Non molto, come si vede. Né su questi scarsi elementi si era sviluppata una qualche forma di riflessione teorica sufficientemente articolata e avvertita a riguardo dei rapporti tra esperienza cognitiva pregressa, assetto operativo e rendimento scolastico.

L'unico punto di riferimento certo e disponibile era, nella realtà di tutti i giorni, la provenienza economica e sociale dei singoli allievi. E a essa si rifaceva il capo d'istituto, ma non già per costruire – come si potrebbe immaginare oggi, con le consapevolezze che abbiamo maturato nel frattempo – un gruppo equilibrato, comprendente in maniera ponderata alunni provenienti da diversi ceti e da diverse esperienze culturali, quasi una rappresentazione in miniatura della società circostante, anche a garanzia di equità per tutti: per gli insegnanti riguardo all'impegno lavorativo, per gli alunni riguardo alle speranze di successo. Fin quasi agli anni Settanta, equilibri e armonie del genere, a vocazione paritaria, non erano neanche molto apprezzate sul piano dei principi, prevalendo visioni elitarie e selettive.

Se si fa eccezione per i piccoli centri dove si formava una sola classe che, per necessità, non poteva non riunire insieme alunni di tutti i ceti presenti in loco, nella stragrande maggioranza delle scuole il riferimento alle condizioni famigliari degli alunni era utilizzato per formare classi di diverso potenziale, allineate esplicitamente in una sorta di graduatoria. Di norma la sezione A raggruppava gli elementi "migliori" per collocazione sociale e cultura della famiglia, spesso soltanto maschi (in questo caso la sezione B accoglieva le donne di ceto elevato), mentre con le lettere successive dell'alfabeto venivano indicate le sezioni via via più modeste, sempre sotto il profilo dell'appartenenza ai vari gradi della scala sociale.

Accadeva altresì che alle sezioni A e B e via via alle successive, venivano assegnati i docenti "migliori", quelli che avevano maggiore competenza e autorevolezza, quelli che erano più conosciuti e apprezzati, quelli che avevano alle spalle una lunga esperienza positiva e, in ogni caso, quelli che erano "stabili" (di ruolo, residenti in loco ecc.).

Per l'una e per l'altra ragione i risultati non potevano che essere conformi alla posizione di partenza: i figli di famiglie più "forti" (socialmente e culturalmente) ottenevano risultati migliori. La scuola si poneva in una posizione subalterna rispetto alla stratificazione sociale, la confermava e ne decretava la legittimità: serviva cioè a dimostrare, anzi a certificare che i cromosomi del dottore, per dirla con i ragazzi di Barbiana, sono più potenti di quelli dell'operaio!

IL BARATTO DI ALLIEVI

Come si può capire, i genitori con tutti i mezzi a loro disposizione cercavano di ottenere l'iscrizione del proprio figlio nelle sezioni più avvantaggiate, così come, sul versante complementare, i docenti cercavano di ottenere se non la sezione A, in cui si pensava di poter insegnare con minore fatica e di poter essere gratificati da buoni risultati, almeno una classe in cui la presenza di alunni in partenza classificati negativamente fosse esigua. Erano perciò molto diffuse pressioni e intromissioni di tipo clientelare, comportamenti ambigui e piccoli imbrogli di vario peso.

Per l'universo docente, ne abbiamo una raffigurazione grottesca e amara, nel romanzo *Il maestro di Vigevano* di Lucio Mastronardi, scritto all'inizio degli anni Sessanta. L'autore, che fu maestro elementare, metteva all'impietosamente berlina quell'abitudine di intervenire nella formazione delle classi attraverso una contrattazione privata fra insegnanti. La distribuzione degli alunni, così, assumeva i caratteri di un baratto di basso livello morale e di scarso contenuto pedagogico. Nella finzione del romanzo, al protagonista narrante "sarebbe toccato, fra gli altri, un figlio di industriale". Da qui la domanda: "Ci stai a cambiarlo con tre figli di artigiani?". Richiesta respinta, si capisce, come viene respinta anche la successiva di un altro collega ("Il tuo figlio di industriale in cambio di due figli di piccoli padroni e del figlio di una... buona donna"). Analogamente viene ignorata la protesta di una terza insegnante ("A me tutta la feccia! Non è giusto che [*egli*] abbia tutti i figli di ricchi e io la feccia!"). Ma poi alcuni scambi si fanno, in una concitata caricaturale trattativa che va avanti per alcune pagine (Mastronardi, 1994). Il nostro alla fine è contento: si è preparato una bella classe di "piccola, media e alta borghesia". Ma, a concludere il quadro, arriva il "direttore-ispettore" che sentenzia: "Signor maestro, ella cederà la sua scolaresca alla mia signora".

Certo, è un romanzo. Ma le cose non andavano tanto diversamente nella realtà dei grossi paesi o dei centri medio-piccoli, dove si potevano conoscere in anticipo le condizioni sociali ed economiche degli alunni.

IN PRINCIPIO ERA LA DIVISIONE: I MASCHI E LE FEMMINE

Del resto, in quegli anni, la formazione di classi di diversa estrazione sociale, destinate in partenza ad avere percorsi formativi disuguali in base alla presunzione di una originaria e "naturale" disparità nei rispettivi potenziali di apprendimento, non solo non faceva scandalo ma, anzi, era una prassi conforme all'orientamento generale della stessa legislazione scolastica. Molte disposizioni di legge, seppure non riguardanti il tema specifico, si rifacevano a una cultura della diversificazione dei canali formativi. L'idea largamente condivisa era che il principio generale e astratto circa il diritto universale all'istruzione non dovesse portare a una unicità della scuola, nemmeno nella fascia dell'obbligo.[11]

Un caso di divisione dei canali formativi, di antica origine e pacificamente accettato da tutti, fu l'esistenza di classi maschili e classi femminili. Un altro fattore di separazione fu la presenza di deficit che dava luogo alla formazione di classi "speciali" e "differenziali".

11. Da qui le resistenze che dovettero superare quanti si battevano per la scuola media unica e, dopo la legge 1859/62, per un curriculum unico (realizzato solo con i Programmi del 1979).

Tradizionalmente la coeducazione non era ammessa, anzi si cercava di evitare ogni rapporto tra i due sessi, riservando edifici separati a ciascuno di essi. La legge Casati (1859) lo prescrisse espressamente all'art. 319,[12] sicché ancora oggi, nelle nostre città, troviamo incisa sulle facciate di alcuni plessi scolastici la dicitura "scuola maschile" o "scuola femminile".

Nell'Ottocento, si capisce, la situazione non era equilibrata. Le scuole erano prevalentemente maschili perché l'istruzione delle donne veniva ostacolata se non proprio negata. Anche quando, con la diffusione dell'istruzione e il progresso sociale, fu necessario accogliere nella stessa scuola maschi e femmine, lo si fece tenendo sempre separati i due sessi con classi rigorosamente maschili o rigorosamente femminili. Le classi "miste" furono un'eccezione, istituite per necessità nei piccoli centri e come classi residuali nei centri medio-grandi. Ma ciò non comportava una vera e propria coeducazione: "alunni e alunne stavano nella stessa classe non per motivi di formazione ma per ragioni puramente economiche" (Poláček, 1999).

Le cose non cambiarono molto per tutta la prima metà del Novecento. Fascismo e nazismo non coltivavano certamente l'idea dell'uguaglianza, e preferivano la scuola separata per sesso, con programmi diversificati (lavoro "donnesco" nelle classi femminili: art. 32 del testo unico 577/28). Dal suo canto, la Chiesa cattolica, con l'enciclica *Divini Illius Magistri* (31 dicembre 1929), avanzava serie riserve etico-morali sulla coeducazione.[13] Bisogna aspettare il secondo dopoguerra per veder un sensibile aumento delle classi miste,[14] e gli anni Sessanta-Settanta per avere riflessioni teoriche e ricerche empiriche sul loro valore pedagogico e sociale. Si andava affermando infatti l'idea – del resto acquisita da tempo nelle esperienze delle scuole nuove e dell'attivismo – che la presenza di soggetti dei due sessi nella stessa classe favorisse, con la conoscenza reciproca, il rispetto, la stima, il cameratismo, poiché la coeducazione "prepara alla vita di domani e ha immediati vantaggi socioemotivi, favorisce atteggiamenti interiori liberanti e condotte psico-

12. La legge Casati venne in parte corretta dalla legge Orlando (1904) e Daneo-Credaro (1911) che, comunque, mantennero in vita la distinzione fra classi maschili e classi femminili, come fece anche il testo unico 1928 (art. 68), assegnando alle prime i maestri maschi e alle seconde le donne. Quest'ultima disposizione rimase in vigore fino al 1965.

13. Al punto 67 dell'enciclica si legge: "Similmente erroneo e pernicioso all'educazione cristiana è il cosiddetto metodo della 'coeducazione' fondato anch'esso, per molti, sul naturalismo negatore del peccato originale, oltre che, per tutti i sostenitori di questo metodo, su una deplorabile confusione di idee che scambia la legittima convivenza con la promiscuità e uguaglianza livellatrice".

14. Ma nei programmi per le scuole elementari del 1955 (d.p.r. 503 del 14 giugno) permaneva l'indicazione di attività e materie di studio destinate solo alle alunne.

logicamente genuine, modera l'esaltazione dei tratti maschili e di quelli femminili, gli istinti aggressivi e il desiderio delle emozioni". Anche gli apprendimenti risultano facilitati e risulta più alto il rendimento delle alunne, in particolare nelle materie tipicamente maschili, come matematica e materie scientifiche.[15]

PIÙ CHE I VALORI CONTANO I PROBLEMI AMMINISTRATIVI

Ma questi riconoscimenti e lo stesso favore con cui il movimento femminista e i giovani accolsero la cultura dell'incontro e della reciprocità, non incisero molto sull'opinione più profonda degli italiani. L'idea che la dimensione sociale dell'apprendimento e la coeducazione rappresentassero un valore universale non ebbe la forza di diventare, in quegli anni, un principio trainante tale da modificare la legge. A spingere in questa direzione furono piuttosto altre ragioni "forti", soprattutto di ordine sindacale e di organizzazione del servizio. Era necessario regolare meglio il reclutamento dei maestri e delle maestre e lo svolgimento della loro carriera (trasferimenti, incarichi), operazioni tutte fin là condizionate dalla natura dei posti. Alle classi maschili potevano essere assegnati solo maestri maschi e alle femminili solo maestre. Con la crescente femminilizzazione del corpo docente questo vincolo determinava un'eccessiva rigidità amministrativa che portava, in certi casi, all'impossibilità di garantire il regolare svolgersi del servizio, ed era, comunque, fonte di ingiustizie per la parte più numerosa, quella femminile, che trovava minori possibilità di lavorare. Fu così che si arrivò alle legge 30 maggio 1965, n. 580, con cui fu soppressa la distinzione dei posti maschili, femminili e misti dell'organico della scuola elementare.

Come è chiaro, non fu una legge per la coeducazione dei giovani. E lo si dichiarava in modo esplicito e solenne all'art. 1, dove era detto che la soppressione avveniva solo "ai fini dell'assunzione in ruolo degli insegnanti, dei trasferimenti, dei conferimenti degli incarichi". Per fugare i dubbi e le tentazioni che qualche provveditore si era fatto venire, il ministro, con circolare n. 13975 del 15 ottobre dello stesso anno, si affrettava a precisare che "la distribuzione degli alunni nelle classi... può continuare a essere effettuata come nel passato".

15. I giudizi positivi sulla coeducazione sono oggi alquanto ridimensionati da alcuni ricercatori (Galli, 1989). Per certi effetti sembra che l'educazione separata sia più produttiva (Poláček, 1999).

In buona sostanza, la scuola ufficiale, se pure cercava di svincolarsi da pastoie antiche e conseguenti difficoltà organizzative, non lo faceva in nome di quella "politica" della comunità attiva, di cui era testimonianza tutta l'esperienza delle scuole nuove. Anzi, riteneva giusto indugiare ancora in pratiche consolidate, tendenti a dividere categorie e generi e fasce di potenziale intellettivo, per tutto il percorso formativo.

CLASSE COMUNE E CLASSE SPECIALE

Un'altra netta linea di separazione fu tracciata tradizionalmente tra soggetti considerati "normali" e avviati nella classi "comuni", e soggetti che, presentando particolari deficit e minorazioni, venivano trattati in modo "speciale" (handicap) o "differenziale" (difficili, caratteriali, handicappati).

Per i menomati della vista e dell'udito (ciechi e sordomuti, secondo la terminologia tradizionale), come per i minorati psichici, le scuole "speciali" sorsero inizialmente per iniziativa di enti e soggetti privati e in base a una sensibilità sociale che si pone al confine tra assistenza medica e beneficenza sociale.[16] Lo Stato se ne occupò in tempi diversi,[17] disciplinando gli interventi in maniera sempre più accurata e diretta man mano che la sensibilità civica e le conoscenze scientifiche facevano emergere possibilità formative nuove da garantire a questi sfortunati fanciulli.

Relativamente al problema che qui ci interessa, merita di essere sottolineato che la classe "speciale" sfugge alla definizione di comunità di alunni che sviluppa una ricca serie di relazioni interpersonali. Il raggruppamento di solito era determinato puramente dall'economicità o dall'opportunità di taluni interventi riabilitativi. L'interazione sociale era limitata al rapporto con l'adulto, spesso tecnico della riabilitazione più che docente. Facendo eccezione per i menomati della vista e dell'udito, che hanno di norma un'ottima disposizione alla socializzazione, per i portatori di handicap psichici la classe "speciale" non solo costi-

16. Com'è ampiamente noto, le prime esperienze di pedagogia speciale, cioè di quella pedagogia diretta a dare assistenza ed educazione ai soggetti anormali psichici, sono dovute, non a caso, a figure di educatori medici, da Itard e Seguin, a Montessori e Decroly.

17. Per ciechi e sordomuti si impose l'obbligo scolastico nel 1928, prevedendo che fosse garantito in istituti privati convenzionati. Vedi gli artt. 175 e 176 del testo unico 577/1928. Per i sordomuti l'obbligo arrivava al sedicesimo anno d'età. Per essi furono create anche tre scuole statali a Milano, Roma, Palermo. Per i ciechi, tranne poche classi statali funzionanti in due istituti di Napoli (Martuscelli e Colosimo), c'erano solo le scuole "parificate" degli istituti di beneficenza. La "statizzazione" delle scuole per i ciechi si ebbe con la legge n. 1463 del 26 ottobre 1952. Per i soggetti con deficit psichici, l'art. 230 dello stesso testo unico chiama in causa le facoltà di medicina.

tuisce un luogo di separazione dal resto del mondo, ma spesso anche un luogo di isolamento individuale, non essendo pensata per realizzare rapporti interni al gruppo. Anche quando i soggetti accolti hanno una sia pur modesta possibilità di comunicare con gli altri, il fatto di essere in piccolo numero (non superiore a 7) tutti afflitti da problemi più o meno gravi, impedisce di stabilire una qualsiasi forma di comunicazione a contenuto formativo.

Del resto, la legge fu chiara fin dall'origine. Per le tipologie di handicap legate a deficit di ordine psichico, nel testo unico del 1928, si chiamavano in causa le facoltà di medicina del Regno a cui era affidato "il compito di promuovere gli studi relativi alla morfologia, fisiologia e psicologia delle varie costituzioni umane in rapporto alle anomalie della crescenza infantile" e, sulla base di tali studi, di proporre al ministero "le norme per l'assistenza ai fanciulli anormali e la organizzazione delle classi differenziali". La stessa facoltà era chiamata a esprimere parere sulle domande di sussidio e a controllare, "mediante tecnici di sua scelta, le scuole differenziali per anormali".

Il carattere propriamente medico e assistenziale, piuttosto che formativo, era sottolineato dal fatto che la norma in parola si trovava inserita nel capo II del titolo VI che si occupava di "economato scolastico, mutualità, assistenza ad anormali" nel quadro della "assistenza e previdenza scolastica".

Finché si trattava di portatori di handicap gravi, le cose forse non potevano andare diversamente. Solo che da queste premesse si ebbe uno sviluppo imprevedibile e, alla fine, degradante.

Il Reg. gen. n.1297 collegato al testo unico del 1928, previde un'ipotesi di avviamento a classi dette "differenziali" di soggetti che non sono anormali ma piuttosto insofferenti delle regole scolastiche. Nella parte intestata a "Obbligo scolastico e alunni", dopo aver trattato di alunni che mancano ai loro doveri e delle relative sanzioni o "mezzi disciplinari", si aggiunge (art. 415): "Quando gli atti di permanente indisciplina siano tali da lasciare il dubbio che possano derivare da anormalità psichiche" si può arrivare all'allontanamento dell'alunno dalla classe e alla sua iscrizione a una classe differenziale o addirittura al ricovero in un istituto di correzione. L'iniziativa, in questi casi, spetta al docente: parte da lui la proposta di allontanamento dalla classe, anche se poi devono intervenire il parere conforme dell'ufficiale sanitario e la decisione del direttore didattico. Solo per il ricovero in casa di correzione, era richiesto l'accordo delle famiglie.

Come si capisce, l'ipotesi giuridica riguarda situazioni soggettive eccezionali. Sennonché, negli anni del dopoguerra, quando lo sconvolgimento geografico e sociale che accompagnò lo sviluppo economico, portò centinaia di migliaia di bambini dalle campagne alle periferie urbane, la norma fu utilizzata per isolare in piccole classi (fino a dieci alunni) i soggetti che, pur non essendo minorati, presentavano qualche difficoltà di adattamento. In particolare, i bambini provenienti dalle classi emarginate, che non avevano un sostegno culturale nell'ambiente famigliare e che non riuscivano a integrarsi nella vita della scuola, venivano dichiarati "difficili" o, più tecnicamente, "disadattati" e avviati a un corso di studi di minor valore culturale nelle classi "differenziali".

LA MOLTIPLICAZIONE DEI POSTI

Vari motivi concorrevano a far crescere questo fenomeno oltre il limite della stessa opportunità formativa. Alla sincera convinzione dell'insegnante che in una classe poco numerosa quel tale alunno potesse trovare una compensazione più diretta e mirata ai suoi deficit, si accompagnava la preoccupazione di tipo elitario per i soggetti normali. Si temeva, infatti, che questi potessero essere frenati nei loro apprendimenti dalla presenza di alunni con ritardi e difficoltà nell'apprendimento.

Un altro fattore che contribuiva a incrementare abnormemente il numero delle classi differenziali fu la ricerca di nuovi posti di lavoro per venire incontro alle aspettative di una massa considerevole di insegnanti disoccupati. In un grosso plesso scolastico, togliendo qualche alunno "difficile" o "disadattato" dalle classi "comuni" si poteva ottenere un posto di insegnante in più. Nelle condizioni di relativa povertà in cui era lasciata la scuola, specialmente quella elementare, questa pratica era vista con favore sia dall'insegnante in possesso dell'apposito titolo di specializzazione che veniva a trovare lavoro, sia dagli insegnanti di classe che vedevano in qualche modo alleviata la loro fatica.

In via di principio, le classi differenziali avrebbero dovuto dare agli alunni qualcosa di più, sul piano didattico e sul piano socioaffettivo, in modo che essi potessero rapidamente recuperare gli svantaggi di partenza ed essere così reinseriti nel gruppo da cui erano stati tolti. Nella realtà, sia per il concorso dei motivi prima accennati, sia per la stessa natura della soluzione adottata[18] le classi differenziali non solo veniva-

18. Spesso il "disadattamento" derivava da una carenza di rapporti sociali o dall'essere vissuti in ambienti culturalmente deprivati, come accadeva, per esempio, per la popolazione di recente immigrazione, nella disgregazione delle periferie urbane di quegli anni. La classe differenziale, re-

no istituite con un certa facilità, ma quel che era più grave, restavano in vita per tutto il corso degli studi. Si profilava così un nuovo meccanismo di selezione, a danno delle categorie più emarginate.

Alla fine degli anni Sessanta, nonostante le denunce che provenivano da vari movimenti, la pratica delle classi differenziali era talmente diffusa che alcuni deputati dell'allora maggioranza parlamentare pensarono di darle una veste giuridica più certa e forte. Presentarono perciò un progetto di legge diretto a creare un vasto sistema nazionale di scuole elementari speciali e differenziali, distinte da quelle normali.[19] Per tutti i bambini e ragazzi identificati come handicappati, difficili, caratteriali, si prospettavano così canali scolastici propri, separati e diversi da quelli seguiti da tutti i loro coetanei, dalla prima elementare alla terza media. Per loro la scuola nel suo insieme era destinata a funzionare come "sbarramento" rispetto agli studi elevati e "dirottamento" verso attività lavorative di scarso profilo professionale.

In questo scenario, che verrà a modificarsi solo alla fine degli anni Settanta, con la legge 517/77, un punto da segnalare è costituito dal fatto che le prove per individuare i bambini "difficili", "caratteriali" ecc., in singolare concomitanza con il dilagare dell'uso di test statici di intelligenza (il famigerato QI), si basavano prevalentemente su abilità di pensiero definito "convergente". Non era "mai misurata la 'creatività', la possibilità di andare originalmente al di là e al di fuori dei dati di cui si dispone, la possibilità di inventare, di uscire dagli schemi consueti, che è quella più preziosa in un uomo libero" (Ciari, 1970). La creatività era considerata pericolosa ed espulsa dalla scuola "vera" (Alberti, 2000).

GLI ANNI SETTANTA: FRA PEDAGOGIA E BILANCIO

Molte delle tematiche che abbiamo fin qui ricordato vennero a maturazione con grande chiarezza negli anni successivi al 1970. Con alle spalle il movimento del Sessantotto, si cercò allora di dare una soluzione più adeguata alle ragioni della pedagogia almeno per due grandi questioni che qui ci interessano.

La prima riguarda il momento della costituzione delle classi che ap-

stando chiusa in sé, invece di compensare quelle carenze e di arricchire l'esperienza sociale dei bambini, finiva per limitare ulteriormente i rapporti intersoggettivi sia numericamente che qualitativamente.

19. Fra le altre denunce ricordiamo quella di Bruno Ciari e del gruppo intorno a "Riforma della Scuola" (Ciari, 1970).

pariva come il punto più delicato del sistema, venendo a precostituire le specifiche condizioni di apprendimento e quindi la qualità della formazione.

I decreti delegati del 31 maggio 1974 n. 416 e 417 misero sotto i riflettori dell'osservazione pedagogica e del controllo democratico questo particolare momento dell'organizzazione scolastica. Non si parlava ancora di "trasparenza" come oggi si fa a ogni piè sospinto (anche in modo eccessivo), ma fu comunque accolta l'idea che una più attenta considerazione delle componenti formative nella trattazione di queste materie potesse essere garantita in forme democratiche e partecipative.[20]

Le due operazioni formali della costituzione delle classi e della loro attribuzione ai docenti – che sono sempre alla base del funzionamento amministrativo del sistema e come elementi di amministrazione restano sempre di competenza del dirigente scolastico – vengono collocate al termine di un processo istruttorio, per dir così, mediante il quale hanno diritto e possibilità di esprimersi e di formulare criteri genitori, docenti e non docenti, criteri che il dirigente scolastico è tenuto a seguire (o comunque a valutare e, se non è d'accordo, deve motivare il suo rifiuto). La ricerca di una migliore qualità dello scambio formativo passa così per un coinvolgimento democratico dei vari attori, in una visione più aperta e moderna della società e della cultura. Da un lato il consiglio di istituto o di circolo (che, per la sua composizione variegata, può pervenire alla sintesi di esigenze formative individuali e sociali, con riguardo anche alle vocazioni dell'ambiente) dall'altro il collegio dei docenti (che, operando sul piano delle sue competenze tecniche in fatto di programmazione educativa e didattica, può delineare una o più modalità operative idonee ad assicurare risultati di qualità) hanno l'opportunità di far sì che le due operazioni della "formazione" e della "assegnazione" delle classi perdano in tutto o in parte il loro carattere burocratico di mero adempimento dovuto e, arricchite da punti di vista cospicuamente pedagogici, diventino o, si avviano a diventare, attività esse stesse formative.

Certo, non basta la formulazione di criteri adeguati per realizzare il migliore assetto operativo; ma la strada imboccata può essere quella giusta. Anche se, bisogna dire, negli ultimi anni sono intervenuti altri

20. Sulle attribuzioni del collegio dei docenti e del consiglio di circolo o di istituto, si vedano ora gli artt. 7 e, rispettivamente, 10 del testo unico 297 del 16 aprile 1994. Per la formazione e l'attribuzione delle classi, lo stesso testo unico contiene altresì altre disposizioni, alcune di carattere generale (artt. 72 e 73), alcune specifiche per ciascun ordine di scuola (art. 101, per la scuola materna; 122, per l'elementare; 164, per le medie; 192, per gli istituti di secondo grado). L'art. 72 è stato abrogato dalla legge 449/97 (finanziaria).

"criteri", questa volta forniti con maggiore autorità e forza cogente direttamente dal ministro della Pubblica istruzione, talora di concerto con quello del Tesoro, talora previo parere delle commissioni parlamentari competenti. E sono stati criteri quasi sempre connessi alla politica di bilancio e per la stabilizzazione della spesa pubblica (art. 40, legge "finanziaria" 27 dicembre 1997, n. 449). Il che li rende prevalenti su tutto il resto. Operazioni come "razionalizzazione" e "dimensionamento" ci hanno consentito anche di entrare in Europa. Ma in tanti casi hanno fatto passare in secondo piano le esigenze di qualità del servizio, e, in ogni caso, hanno impedito che andasse avanti la riflessione sulla "tecnica" classe (cioè sulla natura, ragioni, modi e misure dell'aggregazione di alunni a fini formativi).

Voglio dire che, in molti casi, per eliminare una scuoletta periferica e poco confortevole sia sotto il profilo delle strutture sia sotto il profilo dello scambio formativo è stato necessario spostare gli alunni in altri plessi, inserendoli in classi già formate; oppure, per aumentare la media degli alunni per sezione è stato necessario sopprimere qualche classe e ridistribuire gli alunni in base a calcoli statistici. Può perciò essere accaduto qua e là che, nonostante le consapevolezze maturate negli ultimi decenni, la classe sia rimasta o sia tornata a essere un dato amministrativo, importante quanto si vuole ma sempre connesso all'organizzazione e ai costi del sistema scuola, non alle ragioni della didattica.

L'INTEGRAZIONE

Il secondo problema venuto a maturazione negli anni Settanta riguarda i soggetti difficili e quelli in situazione di handicap. A differenza di quanto si era fatto nel passato, quando si pensava, come abbiamo visto prima, a canali di formazione distinti per le diverse categorie di deficit sensoriali e psicofisici, la nuova prospettiva che venne sempre più chiarendosi fu quella del loro inserimento nelle classi comuni, dapprima limitatamente alle scuole elementare e media (legge 4 agosto 1977, n. 517), successivamente anche nelle istituzioni di ogni ordine e grado.[21]

L'idea di fondo è che il diritto ad avere opportunità di formazione

21. La legge 517 abolì espressamente l'art. 12 della legge 1859/62 (istitutiva della scuola media unica) che prevedeva le classi differenziali. Come è noto il processo di integrazione non è stato né lineare né pacifico (ci fu anche l'intervento della Corte costituzionale). Solo nel 1992 fu promulgata una legge organica, la n. 104 del 5 febbraio, ora inserita nel testo unico 297/1994 (art. 312 e segg.) e ulteriormente aggiornata dalla legge n. 168 del 21 maggio 1998.

uguali a quelle degli altri soggetti, riconosciuto dalla legge alle persone handicappate e alle persone con difficoltà di apprendimento, non può restare un'affermazione di principio, priva di traduzione in fatti reali. E poiché l'interazione sociale rappresenta una parte cospicua dei processi di apprendimento che ciascun soggetto ha diritto di fare, occorre riconoscere anche ai disabili il diritto a partecipare alla vita scolastica comune.

Per l'effettiva fruizione di tali diritti da parte di tutti diventa allora essenziale modificare in qualche misura la struttura e il funzionamento delle classi in modo che tutte le categorie della "diversità" o della "normalità"[22] possano trovare le migliori (per tutti e per ciascuno) condizioni di apprendimento. I disadattati, i ritardati, i "diversi" e, a maggior ragione, gli handicappati possono proficuamente partecipare alla vita della classe solo se questa presenta particolari forme di flessibilità e dinamismo.

Peraltro, l'esperienza fatta a partire da quegli stessi anni Settanta nelle scuole elementari a tempo pieno (legge 820 del 24 settembre 1971), dove l'ampliamento dei settori di attività (le materie integrative) e l'articolazione degli orari antimeridiani e pomeridiani, consentì di realizzare percorsi formativi più ricchi, più attraenti e più solidi per tutti gli alunni, portò alla convinzione che un curriculum costruito localmente sulla base di accertate esigenze individuali, arricchito da nuove materie di studio e con l'utilizzazione di tutte le risorse disponibili, può rappresentare un modello di scuola proficuo per tutti (e non solo per i "diversi").

Il passaggio dall'idea (e dalla linea di politica scolastica) della separazione all'idea di integrazione, e il riconoscimento del diritto per i "diversi" di essere inseriti "nelle sezioni di scuola materna e nelle classi comuni delle istituzioni scolastiche di ogni ordine e grado" (art. 314, testo unico 297 cit.) porta a una duplice conseguenza che ci interessa da vicino: a) sulla formazione delle classi; b) sul loro funzionamento.

Le classi vanno formate in modo tale che non si determini una discriminazione in partenza. Non basta cioè l'inserimento *tout court* dei soggetti con handicap nell'insieme degli allievi comuni, occorre lavorare sulla composizione complessiva del gruppo classe, a cominciare dalla consistenza numerica: l'inserimento di uno o, al massimo due minorati, comporta perciò l'abbassamento a 20 del limite di 25 alunni per classe previsto in linea generale.

22. La "diversità" non può essere ridotta all'handicap o alla "caratterialità", o anche, oggi, all'appartenenza a etnie e culture estranee all'antica esperienza della nostra nazione (gli "extracomunitari", per esempio). Ognuno di noi si porta dentro una "diversità" di cui è orgoglioso. La "valorizzazione delle diversità" è prescritta dalla legge 5 giugno 1990, n. 148 (riforma elementare), in linea con i programmi del 1985 (d.p.r. 104). Oggi, la legge n. 30/2000 collega "diversità" e "identità" (Alberti, 1990, 1993, 2001).

LA GESTIONE DEL CURRICULUM

Nella fase di gestione, con il curriculum arricchito da attività integrative, occorrerà prevedere interventi didattici appropriati, anche mediante insegnanti specializzati (di "sostegno"), lavori di gruppo, insegnamento individualizzato, incontri con gruppi di alunni di altre classi (classi aperte), laboratori ecc., nonché un collegamento con l'attività di altri soggetti che hanno competenze analoghe. La legge n. 833 del 23 dicembre 1978 prevede a quest'ultimo proposito la possibilità di accordi formali interistituzionali fra i diversi enti che operano nel territorio, comuni e Unità sanitarie in primo luogo.

Nella vita della classe, gli elementi innovativi previsti per la generalità degli alunni dalla legge 517/77 e dalla legislazione successiva, sono sostanzialmente:

1) la "programmazione" (educativa e didattica), cioè l'operazione che consente di mettere sotto il responsabile sguardo preventivo dei docenti le problematiche connesse all'effettiva situazione dell'istituto e della classe, e di fare quindi in modo che l'azione diretta alla riduzione della complessità venga opportunamente calibrata su esigenze reali dei singoli, non mortificando, ma anzi esaltando le aspettative individuali;

2) la disposizione a utilizzare tutti gli insegnanti presenti a scuola per arricchire il curriculum e realizzare interventi diversificati, per gruppi di alunni, per attività integrative e argomenti di studio particolari (insegnamenti speciali), anche a classi aperte;

3) la valutazione formativa, che serve a migliorare la qualità della prestazione didattica ed è diretta a produrre effetti formativi.

A questo punto la classe diventa un *laboratorio di ricerca didattica*: non un'entità fissa, costituita e organizzata una volta per sempre all'inizio dell'anno, ma un organismo in continua trasformazione e adeguamento, con scomposizioni e articolazioni interne, ma anche con ampliamenti e aggregazioni di elementi estranei, il tutto in ragione delle attività che si svolgono e degli effetti che si vogliono conseguire.

In una classe così flessibile, articolata e ricca di opportunità di vario tipo, possono trovare una buona ambientazione e percorrere itinerari formativi di comune soddisfazione, anche gli alunni che hanno origini culturali diverse, che parlano diverse lingue, seguono differenti credi religiosi e, magari, sono segnati da "storie" personali di emigrazione e disagio, di povertà e persecuzione. Il mondo colorato e multietnico in cui viviamo non può sopportare raggruppamenti di alunni anonimi, determinati solo per caratteristiche numeriche.

LA STORIA CONTINUA

L'ultimo capitolo di questa sommaria "storia della classe" è ancora da scrivere. Riguarda essenzialmente lo sviluppo che potrà avere il "laboratorio di ricerca/classe" negli scenari che si sono aperti con i profondi e generalizzati interventi riformatori degli ultimi anni.[23]

In particolare, gli istituti collegati all'autonomia scolastica, all'organico funzionale, al sistema dei crediti formativi, alla riforma dei cicli e degli organi collegiali presuppongono o prefigurano una unità classe sempre meno concepita come un'unità amministrativa neutra e indifferente e sempre più invece vista come organismo funzionale, fattore intrinseco di formazione, capace di favorire interazioni formative e apprendimenti ricchi, sicuri, elevati.

BIBLIOGRAFIA

ALBERTI, A. (1985), "Il piccolo italiano e il lavoro". In AA.VV., *La scuola italiana dall'unità d'Italia alla riforma Gentile. Mostra bibliografica e documentaria*. Biblioteca Nazionale Centrale, Roma.

ALBERTI, A. (1990), *La riforma della scuola elementare. Il modulo organizzativo*. La Nuova Italia, Firenze.

ALBERTI, A. (1993), *Commento ai Programmi della scuola elementare dopo la riforma*. La Nuova Italia, Firenze.

ALBERTI, A. (2000), "Gianni Rodari e l'importanza di essere creativi". In *Quaderni dell'autonomia*, n. 6, luglio, Paravia, Torino-Roma.

ALBERTI, A. (2001), "Le ragioni della didattica". In ALBERTI, A., FRABBONI, F.P., TINAGLI, P. (a cura di), *La scuola di base*. Bruno Mondadori, Milano.

AMROSOLI, L. (1982) (a cura di), *La scuola in Italia dal dopoguerra a oggi*. Il Mulino, Bologna.

ASOR ROSA, A. (1975), "La cultura". In *Storia d'Italia, dall'Unità a oggi*, vol. IV, tomo II, Einaudi, Torino.

AURIEMMA, S. (1998) (a cura di), *Testo Unico. Norme fondamentali in materia di istruzione*. Tecnodid, Napoli.

BECCHI, E. (1972) (a cura di), *Storia dell'educazione*. La Nuova Italia, Firenze.

BRIZZI, G.P. (1987), "Scuola e istruzione popolare dall'età della Controriforma al secolo dei lumi". In BECCHI, E. (a cura di), *Storia dell'educazione*. La Nuova Italia, Firenze, p. 73 sgg.

23. L'attuale stagione delle riforma tocca la scuola e con la scuola altri mille aspetti dell'organizzazione dello Stato italiano, dall'autonomia scolastica (l. 59/1997 e d.p.r. 275/1998) al decentramento di nuove competenze agli enti locali (d.lgs. 112/1998); dal riordino dei ministeri (d.lgs. 300/1999) alla dirigenza scolastica (d.lgs. 59/1998); dalle leggi finanziarie all'organico funzionale (l. 662/96); dalle misure in materia di investimenti (l. 144/1999) all'elevamento dell'obbligo scolastico (l. 9/1999) e così via, fino alla legge sul riordino dei cicli (n. 30 del 10 febbraio 2000) che costituisce la chiave di volta di tutte le innovazioni fin qui intervenute.

CIARI, B. (1970), "La grande disadattata". In *Riforma della Scuola*, n. 4, aprile.
CIARI, B. (1971), *Le nuove tecniche didattiche*. Editori Riuniti, Roma.
CODIGNOLA, E. (1950), Introduzione. In GABELLI, A. (a cura di), *L'istruzione e l'educazione in Italia*. La Nuova Italia, Firenze.
FIORENTINO, E. (1887), *Letture infantili*. Trevisini, Milano.
FORNACA, R. (1994), *Storia della scuola moderna e contemporanea*. Anicia, Roma.
FREINET, C. (1949), *Nascita di una pedagogia popolare*. Tr. it. La Nuova Italia, Firenze 1963.
GALLI, N. (1989), "Coeducazione". In LAENG, M. (a cura di), *Enciclopedia pedagogica*. La Scuola, Brescia.
INZERILLO, G. (1974), *Storia della politica scolastica in Italia, da Casati a Gentile* Editori Riuniti, Roma.
LAWTON, D. (1973), *Programmi di studio ed evoluzione sociale*. Tr. it. Armando, Roma 1976.
MASTRONARDI, L. (1994), *Il maestro di Vigevano*. Einaudi, Torino.
PETTINI, A. (1980), *Origini e sviluppo della cooperazione educativa in Italia. Dalla CTS al MCE (1951-1958)*. Emme Edizioni-MCE, Milano.
POLÁČEK, K. (1999), "La scuola mista o con separazione per sesso. La ricerca internazionale". In *Annali della Pubblica istruzione*, a. XLV, n. 3-4. Le Monnier-MPI, Roma.
RAGAZZINI, D. (1997), *Tempi di scuola e tempi di vita*. Bruno Mondadori, Milano.
RICCIONI, G. (1982) (a cura di), *Don Lorenzo Milani, scritti*. Manzuoli Editore, Firenze.
ROGGERO, M. (1999), *L'alfabeto conquistato*. Il Mulino, Bologna.
RUSSO AGRUSTI, T. (1992), *Conoscere l'insegnamento*. La Nuova Italia, Firenze.
ROUSSEAU, J.-J. (1762), *Emilio o dell'educazione*. Tr. it. La Nuova Italia, Firenze 1955.
SANTAMAITA, S. (1999), *Storia della scuola*. Bruno Mondadori, Milano.
SCUOLA DI BARBIANA (1967), *Lettera a una professoressa*. LEF, Firenze.
VILLARI, P. (1972), "La scuola e la questione sociale in Italia". In *Nuova Antologia*, fasc. 11, novembre.

7

AIUTARSI A IMPARARE

Andrea Canevaro

UNA CLASSE COME GRUPPO DI AUTOAIUTO

Facciamo l'ipotesi che una classe abbia le stesse caratteristiche di un gruppo di autoaiuto. Per prima cosa dobbiamo capire che cosa significa "gruppo di autoaiuto". L'esperienza più nota dei gruppi di autoaiuto è quella degli alcoolisti anonimi. Il mitico fondatore degli alcoolisti anonimi fu Bill, l'alcoolista; non uno specialista, ma qualcuno che, vivendo una vera e propria tragedia personale, capì quanto poteva essere utile incontrare altre persone che avevano lo stesso bisogno, perché vivevano analoghe tragedie, e come potesse essere importante iniziare un percorso, che venne organizzato in dodici scansioni o tappe, partendo dal riconoscimento di una propria incapacità a essere più forti dell'alcool, quindi a partire dalla propria debolezza e dal riconoscimento della propria dipendenza.

Questo modo di trovare aiuto in se stessi e nelle altre persone che vivono dello stesso bisogno e della stessa dipendenza ha una storia quasi leggendaria, e si è rivelata utile per altre persone che vivono altri bisogni e altre dipendenze: la dipendenza dalle droghe, dal cibo, anche quella dal gioco...

Ci si può chiedere come questa riflessione sul gruppo di autoaiuto possa riferirsi al gruppo classe dal momento che quest'ultimo non è composto da persone che hanno dipendenze, da sostanze o da altro. In realtà una classe è formata da un gruppo che ha una dipendenza ben precisa e un bisogno in comune: quello di imparare. Se poi ci riferiamo a una classe composta da bambini e bambine o da ragazzi e ragazze è forte il bisogno di sentirsi gruppo e di crescere apprendendo. È proprio in questo senso che ci possono essere delle interessanti analogie tra la classe e i gruppi di autoaiuto.

Occorre, innanzitutto, mettere da parte un certo pregiudizio secondo il quale il termine "aiuto" si riferisca unicamente alla presenza di situazioni anomale, atipiche, di incidenti o bisogni particolari. Ci possono essere necessità specifiche per aiuti specifici. Coloro che fanno parte di un gruppo finalizzato hanno bisogno di un aiuto per raggiungere quella finalità. In particolare ogni componente di un gruppo classe ha bisogno di aiuto per arrivare a realizzare l'obiettivo complessivo dell'alunno che entra in una classe: crescere apprendendo e imparare crescendo.

Immaginiamo, dunque, che la programmazione di un gruppo classe parta proprio da quelle che sono le attività necessarie per aiutare e creare un gruppo di autoaiuto. Molte volte succede che si pensa a tutto: quali attività didattiche svolgere, i tempi e gli spazi per queste attività. Ma non si prevedono i mezzi per sviluppare una dinamica di aiuto e di autoaiuto tra gli alunni. Solo in presenza di casi particolari o difficoltà particolari si cercano forme di aiuto altrettanto particolari.

Riteniamo che questa sia una logica difettosa perché la particolarità viene in qualche modo rinforzata anche senza volerlo e finisce per isolare un soggetto nel suo problema piuttosto che cogliere l'occasione di crescita del gruppo classe. È una dinamica nota e sovente attivata dai grandi mezzi di informazione: chi ha bisogno di aiuto deve affacciarsi alla vita degli altri con qualche elemento che sia più visibile, più clamoroso di quello che è la semplice richiesta di aiuto: deve quindi drammatizzare. La mancanza di un'attenzione all'aiuto che vorremmo chiamare "normale", proprio di un gruppo che deve apprendere, e vive il bisogno di organizzare il proprio apprendimento, fa nascere la drammatizzazione dell'aiuto. Chi è più fragile, chi ha maggiori difficoltà, diventa l'elemento che apre una prospettiva e si auspica che la prospettiva sia estesa al gruppo classe e che non sia una prospettiva che divide.

Come si sviluppa la proposta dall'autoaiuto legata alla tradizione dei gruppi di autoaiuto?

I gruppi di autoaiuto non sono nati da soggetti estranei al bisogno ma direttamente da chi lo viveva. Questa potrebbe essere una difficoltà, perché potrebbe essere tradotto, se applicato alla lettera, nell'aspettativa che sia un alunno ad attivarsi per organizzare il gruppo di autoaiuto. In realtà nella situazione scolastica proprio per la natura stessa del gruppo classe, c'è bisogno di una rilevanza e di una legittimazione da parte dell'insegnante. Gli elementi da cui può nascere l'autoaiuto sono propri del gruppo o di singoli alunni che fanno parte del gruppo. L'insegnante, che del gruppo fa parte e nello stesso tempo è osservatore privilegiato, ha la possibilità di valorizzare e dare forza alla dinamica dell'autoaiuto.

L'insegnante può formalizzare alcune forme spontanee o implicite di rapporti fra pari. Tale è la proposta di *aiuto reciproco*. Il rapporto di aiuto reciproco è, con tutta probabilità, presente nelle dinamiche che si sviluppano spontaneamente in un gruppo di pari e che potrebbero essere soffocate sul nascere da condizioni avverse. Non è raro che un docente interrompa e riprenda le forme spontanee di aiuto reciproco, oppure non intervenga e "tolleri". Ma può non accontentarsi di essere spettatore di tali possibili e non scontati rapporti di mutuo aiuto per diventare invece un elemento organizzatore. È utile strutturare il tempo e lo spazio dell'aiuto reciproco, dando consegne tali da permettere l'instaurarsi di un rapporto di aiuto non sottoposto all'arbitrio. Nello svolgimento dell'aiuto è bene avere del materiale che organizzi il rapporto secondo una certa mediazione, e non pensare che il risultato debba essere necessariamente legato al raggiungimento di una performance ma sia regolato dallo scorrere del tempo. Per esempio: mezz'ora è un tempo di una certa consistenza, e si deve trascorrere mezz'ora in una attività prevista. Non deve esserci un tempo calcolato sul raggiungimento di una performance. Non è questo il motivo principale dell'aiuto reciproco. L'aiuto è più legato alla possibilità di trascorrere una unità di tempo rilevante, ma non esagerata, facendo una certa attività che impegna due ruoli diversi.

È anche utile non pensare a un lungo calendario di incontri di aiuto reciproco. Una breve sequenza, composta per esempio da quattro incontri, forse ripetibili, una volta alla settimana, consente una prova adeguata. Bisogna tenere conto del rischio di una coppia di alunni male assortita o di una sopraffazione da parte di chi è nel ruolo di aiuto all'altro. Questa situazione è sostenibile per qualche tempo, ma non per tutto l'anno. Vi è poi la necessità di capire che non si tratta di gerarchizzare i ragazzi e le ragazze in chi aiuta e chi è aiutato, ma di entrare in ruoli diversi.

Questa è una proposta che nasce da una possibilità presente nelle dinamiche informali e spontanee tra coetanei e che viene ripresa e formalizzata dall'insegnante. Ci si potrebbe allora domandare se la proposta di aiuto reciproco debba nascere unicamente avendo rilevato attività di mutuo aiuto spontanee. Riteniamo che si possa presumere che in qualsiasi gruppo di pari, in qualsiasi condizione di vita, nascano delle dinamiche di mutuo aiuto, ed è quindi da questi elementi di base che nasce la proposta. Il punto di partenza è analogo a quello dell'esperienza storica dei gruppi di autoaiuto: i protagonisti sono gli stessi che vivono la situazione di bisogno.

Il gruppo di autoaiuto può essere ripensato in funzione della vita sociale del gruppo classe. E l'altro "strumento" interessante è il *consiglio.* Si tratta di un tempo preciso, in calendario, concordato, durante il quale il gruppo classe ha la possibilità di affrontare le problematiche, i temi, gli argomenti che riguardano la vita di relazione e di organizzazione del gruppo classe stesso. Non vorremmo enfatizzare gli aspetti relazionali, e dare a questi un primato assoluto su tutta l'attività didattica. Per questo, è opportuno dare loro il giusto spazio . Come per la proposta di aiuto in generale, gli aspetti relazionali non possono essere imposti unicamente a seguito di incidenti di percorso o di situazioni difficili. Non è tanto sensato, e neanche giusto, accorgersi dell'importanza delle relazioni unicamente quando emergono problemi relazionali. Non è neanche sensato e giusto che tutto il tempo del gruppo classe sia una continua esplorazione delle relazioni. Si può immaginare che l'attività didattica sia come il lavoro: occorre lavorare, occorre applicarsi e realizzare determinati impegni propri dell'apprendimento, ma si deve sentire anche le possibilità di una crescita sociale e affettiva nel gruppo.

Va anche detto che gli aspetti delle relazioni proprie di un gruppo possono avere una loro importanza proprio in funzione dell'apprendimento. Gli apprendimenti hanno bisogno di un contesto nel quale si collocano i contenuti scolastici. Esso è composto da una parte materiale e fisica, fatta di libri, spazi, arredi; e di un tempo e di una componente gruppale fatta di interazioni fra gli alunni. Le due componenti vanno organizzate. Il consiglio richiede un tempo – un'ora e mezza da ripetere con un ritmo bisettimanale, o comunque di un tempo adeguato all'organizzazione di un calendario permanente –; ha una sua struttura organizzativa che prevede un presidente, un verbalizzatore, la definizione di un ordine del giorno, tenendo presente che troppi argomenti in ordine del giorno o un tempo dedicato a un solo argomento, non permettono di affrontare come si deve le svariate tematiche.

Il tempo non è aperto e indefinito, ma è stabilito in partenza: non si può pensare che, non avendo concluso una discussione o uno scambio di idee su tutti i punti dell'ordine del giorno, il consiglio non si chiuda all'ora stabilita. Questo significherebbe ricadere nella logica dell'emergenza. La possibilità di riprendere il tema in un incontro successivo permette di educarsi all'autoaiuto e alla strutturazione del consiglio in termini processuali: è uno strumento utile che esige una pratica per un lungo periodo. Se gli insegnanti possono fare un ragionamento su più anni di permanenza nello stesso gruppo classe, è pensabile che il consiglio diventi un'abitudine organizzativa a lungo termine e consenta di affrontare gli argomenti così come si producono, ma anche di avere una memoria della vita del gruppo e della sua crescita.

Vi è analogia con la dinamica e l'organizzazione dei gruppi di autoaiuto che esigono un tempo e un percorso. Nella strutturazione del percorso di autoaiuto, nato dall'esperienza storica degli alcoolisti anonimi, vi sono dodici tappe; la crescita individuale, ovvero il punto in cui ciascuno si trova su questo percorso, si intreccia alla storia del gruppo. Vi è quindi una strutturazione che permette nello stesso tempo un percorso individuale e una dinamica di un gruppo e una crescita affettiva. Il percorso individuale permette di mettere meglio a fuoco se stessi e i propri bisogni, ma si interseca con quello degli altri, così da permettere comparazioni costruttive e visioni multiple della realtà. Chi si trova a una tappa più avanzata del percorso, può essere punto di riferimento per chi sta indietro; chi ha avuto un rallentamento, una marcia più difficile, può vedere negli altri più avanti di lui lo stimolo per un ulteriore sviluppo.

Nello sviluppo del consiglio, il gruppo classe struttura il tempo e la capacità di vivere il tempo controllando le ansie. Una delle caratteristiche importanti del consiglio è la lealtà nei confronti del consiglio stesso, l'impegno di trattare gli argomenti che vengono proposti all'ordine del giorno unicamente all'interno del consiglio, non riprendendoli fuori dal contesto. È un principio, questo, che deve essere osservato in primo luogo dagli insegnanti. Da parte di chi ha il ruolo e l'abitudine di insegnante potrebbe esservi una qualche difficoltà a rispettare questa regola di contesto: in certi momenti, potrebbe ritenere doveroso richiamare un alunno all'impegno preso nel consiglio. In questo modo, però, romperebbe l'impegno preso e autorizzerebbe chiunque a riprendere gli argomenti del consiglio al di fuori di esso, in qualsiasi momento. Anche nei gruppi di autoaiuto è importante affidarsi al tempo del gruppo e potersi fidare che ciò che esce del gruppo non sia poi ripreso fuori dal contesto.

È possibile che dal gruppo e dal consiglio nascano delle attività di aiuto anche impegnative, da esercitarsi nel tempo fuori dal gruppo e fuori dal consiglio, distinguendo l'impegno di aiuto che deriva dalla riunione di consiglio dal riprendere l'argomento come discussione o come ammonimento. Se nel consiglio si comprendesse meglio la necessità che un alunno ha di essere aiutato, per esempio, nel controllare la propria aggressività e si trovassero anche le modalità per ottenere ciò, queste potrebbero essere esercitate nel tempo fuori dalla riunione di consiglio; non devono, però, essere riprese in una discussione permanente. Bisogna imparare a controllare le proprie ansie ed essere capaci di riprendere l'argomento unicamente nel tempo del consiglio.

Queste caratteristiche danno al gruppo di autoaiuto una prospettiva temporale fuori dalla logica del pronto intervento e permettono al gruppo classe di strutturare il tempo dell'apprendimento come un percorso di ampio respiro, con una visione prospettica delle cose.

Non deve sfuggire il rapporto fra queste "pratiche" e le dinamiche di apprendimento. La distinzione dei contesti permette di strutturare il tempo, di allenare alla discriminazione e alla scelta, di esercitare una "memoria organizzativa", di individuare strategie per affrontare problemi, di riferirsi a più modelli. Riteniamo che tali "pratiche" permettano di connettere un'educazione alla responsabilità organizzativa ai compiti specifici della scuola, ovvero gli apprendimenti.

Nelle pratiche di autoaiuto vi è un altro aspetto importante. Riprendiamo l'analogia con l'esperienza dei gruppi di autoaiuto più noti, quella degli "alcoolisti anonimi": questa terminologia può creare qualche malinteso, può far pensare che nell'anonimato vi sia la rivincita all'identità. Chi conosce i gruppi di autoaiuto e, in particolare, i gruppi in cui il termine "anonimo" è presente, sa che è esattamente il contrario. Nelle situazioni di sofferenza e di bisogno per dipendenze, la possibilità di assumere la parola e di dire "io" è garantita proprio dall'anonimato, dalla non necessità di presentarsi nella propria veste professionale o sociale, per esplorare insieme agli altri quegli elementi della propria vita che sono più fragili, e per scoprire le risorse che il singolo può possedere e mettere a disposizione del gruppo. Risulta importante non dividere il gruppo tra chi aiuta e chi è aiutato, ma sentire che in ciascuno c'è una parte che ha bisogno di aiuto e una parte che può aiutare. Questo permette di essere presente con la propria individualità e di assumere una responsabilità crescente.

Nella scuola, possiamo ricavare dall'esperienza dei gruppi di autoaiuto il senso di rispetto e lo stimolo a che il singolo alunno si presenti come tale e non si nasconda dietro gli altri. Vi sono tante esperienze di gruppi classe in cui l'allievo può riuscire a nascondersi, e rimanere uno sconosciuto. L'alunno non ha avuto modo di affermare: "Io sono", e quindi ha reso meno fruibili le sue competenze e ha utilizzato poco il gruppo per quanto riguarda la finalità più importante della scuola: l'apprendimento. Questo non vuol dire esibire la propria presenza ponendosi al centro dell'attenzione degli altri. Viene stimolata la possibilità di esprimere la propria originalità all'interno di un clima di classe che permette l'accettazione di ciascuno e stimola il superamento dei propri limiti. Molti ragazzi e molte ragazze vivono la scuola come un'esperienza noiosa, da sopportare, in attesa di potersi esibire in altri contesti, fuori dalle mura scolastiche, e non sempre ripaganti delle loro attese, che rischiano di svilupparsi più sull'apparire che sull'essere se stessi. Se il gruppo classe è capace di dare spazio e voce a una presenza significativa del singolo alunno nel contesto dei pari, ciascuno acquisisce una posizione propria così da evitare forme di protagonismo ed esperienze esibizionistiche istantanee e senza prospettiva.

Lo stile di apprendimento è individuale, in quanto ciascun alunno conosce secondo una propria organizzazione di pensiero, e nello stesso tempo è conoscibile dagli altri grazie al fatto che è esposto allo sguardo, all'ascolto, all'indagine discreta. Lo stile di apprendimento è individuale, ma non si può fare a meno di un contesto di gruppo per esprimersi. Come nei gruppi di autoaiuto, il percorso è individuale ma non può fare a meno dell'ascolto partecipe del gruppo.

Vi sono due modalità per organizzare la propria memoria e quindi anche il processo dell'apprendimento, in vista delle risposte ai problemi che pone la realtà e che formula anche la scuola (De la Garanderie, 1987). Una prima è organizzata attorno alla rappresentazione iconica, ovvero le immagini, e l'altra è organizzata attorno all'evocazione concettuale, ovvero le parole. Nel percorso di apprendimento per capire la propria modalità di organizzare le connessioni, l'apprendimento, la memoria e di gestire la propria attività mentale, vi è un tempo di riflessione introspettiva. Nella pratica scolastica è interessante invitare quegli alunni che hanno più facilità di apprendimento, che sono più brillanti nell'apprendere, a compiere questa attività di riflessione introspettiva e di esporla. L'esposizione è favorita dalle domande degli insegnanti. L'insegnante deve potere mettere la propria professionalità in questa preparazione specifica, consistente nel fare le domande giuste e nel proporsi in una dimensione dialogica perché emergano le attività mentali di chi apprende con migliori risultati, mettendole a disposizione degli altri. Ciascuno, poi, è invitato a compiere una riflessione introspettiva per capire come procede l'organizzazione delle proprie risposte nelle varie aree disciplinari. La pausa di riflessione introspettiva è interessante proprio per capire una "procedura" che ha bisogno di tempi: la comprensione della richiesta, una riflessione secondo le proprie modalità organizzative di attività mentale e di un'elaborazione della risposta. Anche in questo caso, l'organizzazione del gruppo favorisce il percorso individuale. Il contesto del gruppo classe valorizza, quindi, i singoli, non unicamente quando un singolo è attivato nell'interrogazione o tutti sono attivati nell'esecuzione di un compito, ma permette che ciascuno assuma una parte attiva di protagonista momentaneo o di spettatore interessato all'attività dell'altro per capire meglio la propria. In questo senso ciascuno collabora con gli altri alla creazione di una realtà prospettica e non limitata a un'esperienza istantanea di vita scolastica. Per certi versi lo slogan "star bene a scuola", che è stata anche una interessante proposta della nostra scuola, può diventare limitante perché può togliere quello "squilibrio" determinato dalla curiosità e dall'apertura, così necessario nell'apprendere. Star bene non significa non muoversi, ma essere in movimento, avere la curiosità per andare avanti; e questo può richiamare uno degli elementi fondanti di quella che viene chiamata la *pedagogia istituzionale*, fondata sul rapporto fra istituito e istituente.

La Francia è stata la culla dei primi passi di questa prospettiva educativa che si è allargata e ha trovato collegamenti e corrispondenze all'interno di numerose pratiche e riflessioni. *Istituito* e *istituente*: ciò che è già dato e ciò che viene costruito grazie al fatto che si conosce ciò che è istituito. Il gruppo può essere più capace di costituirsi in una proposta attiva, se matura la capacità di conoscere il dato da cui parte, l'elemento organizzato. La pedagogia istituzionale promuove il realizzarsi delle linee che abbiamo trovato essere in analogia tra i gruppi di autoaiuto e le proposte di "laboratorio".

L'ORGANIZZAZIONE IN LABORATORI

Il gruppo classe ha bisogno di produrre delle attività. Abbiamo la sensazione che a volte continui a esserci una contrapposizione e una divaricazione fra lo star bene, gli elementi relazionali, la capacità di convivere, e il produrre apprendimenti. Abbiamo cercato di riflettere sulla possibilità che i due elementi, le due dimensioni, siano strettamente intrecciati. Poiché questo equivoco dura da molto tempo, è possibile che vada ancora avanti a lungo.

Crediamo che nei prossimi anni le attività della scuola abbiano dei forti impegni nei confronti della pluralità dei soggetti che interverranno nel contesto scolastico. Il possibile mutare della popolazione scolastica, secondo le ondate migratorie, è certamente il fatto più vistoso e sarà necessario essere molto attenti a non condurre le attività della scuola secondo una modalità che è più propria delle attività televisive, la modalità cioè, di far convivere in un palinsesto tanti volti, tante attività, tante immagini, quindi sicuramente una pluralità, ma senza minimamente preoccuparsi di intrecciare tra loro gli elementi di questa pluralità. Sarà necessario costruire, invece, un intreccio e permettere che vi siano degli elementi condivisi. Pluralità dei soggetti può voler dire anche pluralità di linguaggi; non pluralità delle comunicazioni ma proprio dei linguaggi, cioè delle strutture comunicative con una costruzione simbolica e con una organizzazione grammaticale e sintattica con delle condivisioni semantiche. È possibile che manchino le condivisioni semantiche e per costruirle, per permettere che queste costruzioni avvengano con delle radici, è necessario quindi avere delle possibilità di lavoro comune, cioè organizzare dei tempi di laboratorio durante i quali il riscontro tra le parole che evocano, che rappresentano, che annunciano, e gli oggetti, permetta di costruire il condiviso.

Questo processo si evidenzia in quell'immigrazione che ha come primo impatto il luogo di lavoro. L'apprendimento della lingua avviene attraverso la corrispondenza delle parole con gli oggetti, con le azioni, con il contesto che è il mondo del lavoro. Ed è possibile quindi che un lavoratore proveniente da un altro paese conosca bene la lingua italiana, limitatamente a un vocabolario ristretto al luogo di lavoro, forse questo lavoratore può avere anche delle capacità tecniche non comuni ma non ha l'ampiezza di conoscenza linguistica che caratterizza chi arriva al lavoro mediante un percorso di esperienza vitale. Per bambini e bambine questi aspetti senz'altro possono essere diversi ma potrebbe esservi la possibilità di non avere eco nel vocabolo e nei vocaboli della scuola con l'esperienza famigliare. Vi sono anche percorsi che hanno nella televisione l'interlocutore inerte, ahimè, privilegiato, e quindi anche per bambini che sono di famiglie autoctone vi possono essere degli impoverimenti legati al fatto che il linguaggio è sempre in relazione con una attualità di immagine e ha scarsa possibilità evocativa e rielaborativa della previsione.

Il laboratorio ha anche una valenza organizzativa dei concetti scientifici. Alcuni bambini, alcune bambine hanno già pratica di curiosità scientifiche ma molti sono inerti nei confronti della sperimentazione con le cose, nel giocare con gli oggetti, nell'accorgersi della loro materialità, della differenza che è legata ai diversi materiali ecc. E quindi diventa ancora più importante il permettere che l'esperienza scolastica sia arricchita da una serie di attività che non sono "altro" rispetto al percorso degli apprendimenti ma che diventano sostanza per gli apprendimenti. La preoccupazione da palinsesto è quella di far star tutto nel programma. E probabilmente è una preoccupazione che nuoce perché carica la vita scolastica di una serie di frantumi difficili da amalgamare, difficili da intrecciare, e non di indagini sulla realtà attraverso quelle importanti chiavi di lettura che sono le aree disciplinari. Rinunciare alle discipline sarebbe come rinunciare alla storia delle indagini scientifiche e quindi alla trasmissione degli strumenti, delle chiavi per entrare nella realtà, per indagarla e come tali devono essere dotati anche di un campo esperienziale.

Il laboratorio, "disciplina le discipline", organizza il gruppo classe secondo una dinamica che è analoga a quella dell'autoaiuto, con più capacità di accogliere le pluralità, e quindi di rispondere a quelle che sembrano essere le esigenze maggiori di questo periodo non breve in Italia e in Europa. Nell'attività di laboratorio il gruppo si misura con due possibilità e non deve rimanere prigioniero né nell'una né nell'altra (Meirieu, 1984). Una è la possibilità della dimensione fusionale, cioè la possibilità che il gruppo persegua, e metta come finalità maggiore, quella della fusionalità di tutti i suoi membri in una compattezza, certamente interessante sul piano dell'educazione sentimentale, ma limitante per quanto riguarda la capacità di apprendere crescendo e di crescere apprendendo. Fusionalità significa sentire in un modo solo e quindi avere una possibilità di fare gruppo in termini tali da rassicurare ciascuno dei suoi componenti con il senso di appartenenza al gruppo. Per certi versi, quindi, potrebbe sembrare un elemento così importante da diventare irrinunciabile nella formazione e nell'educazione scolastica attuale perché può farci pensare di assolvere all'importantissimo compito di educare all'appartenenza. Nello stesso tempo la fusionalità in un gruppo può chiudere al gruppo stesso altri orizzonti. Il concetto di appartenenza ha un'ambivalenza che è propria della polisemia del linguaggio, e quindi che ogni parola in qualche misura contiene. Per certi versi è una prospettiva affascinante di conoscenza del mondo intero, per altri invece potrebbe diventare il rifugio nella piccola patria e la chiusura dei confini a ogni elemento che viene ritenuto estraneo e come tale, di per sé, intrusivo.

L'altra dimensione del gruppo è quella della produttività. Mettere al primo posto la produttività significa selezionare la partecipazione attiva dei componenti in modo tale che abbiano più spazio e più senso di protagonismo coloro che meglio lavorano, che quindi sono più adatti a conseguire la priorità della produzione.

Queste due possibilità hanno, a volte, una percorrenza oscillante. Vi sono momenti in cui un gruppo sente più il bisogno di fusionalità, altri quello di produttività. L'organizzazione del gruppo classe secondo l'analogia con il percorso di autoaiuto deve permettere di superare questi rischi e di sentirli come i due limiti da tenere come tali, e non da ritenere termini di una scelta. La possibilità di scelta fra queste due dimensioni non c'è. Vi sono delle oscillazioni, in un percorso che è quello dell'apprendimento, oltre la scuola, superando la fusionalità del gruppo classe e la possibilità che il gruppo, in quanto tale, sia narcisisticamente gratificato di una produttività che non corrisponde alla capacità dei singoli. In questo senso il gruppo copre la possibilità di vedere come i singoli stanno nel gruppo e oltre il gruppo. Questa doppia dimensione di rischio è interessante da conoscere anche negli aspetti che hanno costituito una traccia storica, che è dietro la parola "laboratorio". Essa ha molte componenti e a noi interessa riprenderne e analizzarne alcune per rintracciare alcuni fili al fine di capire che non stiamo improvvisando e che abbiamo radici profonde. Se crescere vuol dire assumere la propria immaturità, oggi più di ieri l'immaturità è accentuata e mascherata perché molti che crescono non hanno le occasioni, non vivono quelle esperienze, che permettono di stabilire un rapporto con le cose, con la materialità e con la cura della quotidianità. Non sono né spettatori né artefici delle cure materiali della quotidianità perché la vita nelle case, nei gruppi famigliari, è ridotta da questo punto di vista e, meno che meno, è invitante il prendersi cura del rapporto tra la vita famigliare e i dintorni, i negozi. Se un tempo qualcuno, e non pochi, venivano mandati a fare la spesa, oggi è più difficile, è ritenuto pericoloso. Se crescere, come abbiamo detto, vuol dire assumere la propria immaturità, nell'immaturità vi sono anche le goffaggini, le difficoltà, in quelle che vengono chiamate le pratiche non discorsive: pratiche che non possono essere riportate in un discorso perché devono essere realizzate, e sono nel fare. Senza esaltare ed enfatizzare questi aspetti, dobbiamo assumere questa immaturità per poter crescere e tale assunzione può avvenire strutturando i gruppi classe in rapporto ad attività che chiamiamo "di laboratorio". Il termine "laboratorio" contiene "labor", che significa "fatica": è imparare a sopportare e a dar senso alla fatica. Anche questo è uno dei tratti della fragilità della nostra epoca; la difficoltà ad assumere la fatica, a darle un senso e a sopportarla. E tutto ciò può avere un significato, perché il gruppo, nella sua pluralità di componenti e di soggetti, accolga chi ha difficoltà maggiori, o disabilità.

È utile capire se è proponibile una realtà di classe che permetta i progetti di integrazione. È quella che paradossalmente si può chiamare una "buona prassi": un'integrazione che può realizzarsi anche se non c'è una persona handicappata, perché ne permette l'eventualità e permette lo sviluppo dall'ipotesi alla realtà. Queste sono le ragioni per cui è opportuno occuparsi di una progettazione per laboratori e di una comprensione che non riduca attività unicamente all'attualità, ma ne capisca il carico di storia, per una indispensabile dimensione di apertura e il carico di possibilità progettuale che la storia contiene.

Vivere e realizzare un progetto significa – ce lo insegnano i gruppi di autoaiuto – non avere il domani come alibi ma costruirlo accettando di vivere nel presente. Non vivere il presente come tutto, con l'alibi e la giustificazione di volere tutto: il domani ci aspetta. Costruire il domani significa prendere sul serio il presente. C'è un elemento paradossale in queste espressioni. I gruppi di autoaiuto hanno una grande capacità di dare la dimensione della durata, a partire dal fatto che ora bisogna essere sobri. Il laboratorio esige ora attenzione al contesto, alla materia per poterla lavorare. Per potere costruire quello che è il progetto. La parola "progetto" richiama qualcosa che si butta in avanti. Bisogna avere i piedi ben saldi sul terreno del qui e ora. E in questo senso il termine laboratorio è interessante per capire la coniugazione del crescere con l'apprendimento.

Consideriamo i laboratori come una possibilità di ripensare la didattica curricolare. Gli apprendimenti di base possono essere conseguiti grazie all'attività di laboratorio. E, per sostenere questa affermazione, dobbiamo cercare di fornire alcune indicazioni relative all'apprendimento.

Un neonato impara, informalmente, avendo delle iniziative (per esempio: gorgheggia) che possono essere collegate a elementi già elaborati dalla comunità in cui è entrato a far parte (per esempio: le parole). Così, in modi che chiamiamo spontanei o naturali, le iniziative individuali trovano un senso in elaborazioni già esistenti, che le potenziano e nello stesso tempo le ordinano in codici. Gli apprendimenti informali contengono gli elementi costitutivi degli apprendimenti formali e quindi scolastici.

Un soggetto che impara vive alcune condizioni:

– trova un senso nel tempo e nella situazione di apprendimento;
– vive un'abilità cognitiva, con una strategia personale;
– sa organizzarsi per poter utilizzare la strategia personale;
– sa collegare una nuova abilità con altre;
– ha la dimostrazione di aver conseguito o meno un risultato.

Cerchiamo di spiegare il senso dei laboratori mettendoli in rapporto con i problemi degli insuccessi scolastici e in particolare gli insuccessi per trauma. Il trauma può essere interpretato come invasione di dolore, tale da occupare tutto, e non lasciare spazi nuovi.

Il trauma può portare all'impotenza appresa. Può portare a ritenere che vi sia una pressoché totale perdita di possibilità (impotenza). L'apprendimento è scoperta di possibilità e si può dire che il trauma inibisce gli apprendimenti. È il soggetto che ha la convinzione di non riuscire a far lavorare la propria testa per realizzare un apprendimento, per imparare. Il laboratorio "nella testa" è bloccato dal senso di impotenza, dalla calamita dell'insuccesso. È allora che è bene riferirsi a un laboratorio esterno e materiale. Se le attività di laboratorio sono organizzate attorno a culture (piante) o allevamenti (animali), risulterà evidente la necessità di vivere una struttura temporale non più risucchiata dal trauma.

Vorremmo considerare, in termini reali e in termini simbolici, la mano. La mano che scrive e la mano che lavora; che è aperta o che è chiusa. La mano laboriosa.

La mano di un bambino o di una bambina esplora materiali che possono guidare e suggerire un'attività. Nel laboratorio quella mano trova una disciplina che la aiuta; trova – nella mano esperta che lavora accanto a lei – un modello a cui riferirsi e da imitare. Può produrre qualcosa. Chi è traumatizzato non ha un "luogo" in cui collocare ciò che può produrre: forse la "sua" casa non esiste più, e forse la sua dimensione interiore è tutta occupata dal dolore, dalla ferita profonda. La situazione di laboratorio propone in sé una collocazione delle produzioni del singolo individuo nella codifica più ampia delle produzioni; come le prime parole di un bambino piccolo o di una bambina: non si perdono, se ci sono persone che ascoltano ma soprattutto se sono accompagnate a far parte di una codifica ampia come una lingua.

Le produzioni di un laboratorio appartengono a un genere codificato. Se un individuo produce una marmellata in un laboratorio di marmellate, la produzione individuale appartiene a un genere codificato, e in questo è accolta.

L'individuo traumatizzato è spesso con una crisi di appartenenza. Il laboratorio, attraverso un'attività materiale, visibile, controllabile, può avere una dimensione simbolica importante e aiutare a ritrovare o a trovare un'appartenenza.

"Labor" porta a "laborare", che significa "operare faticando". La radice è "labh", che sembra avere il senso proprio di "afferrare" e quello figurato di "indirizzare il desiderio, la volontà, l'intento, l'opera a qualcosa".

È un significato analogo a quello di avere voglia di intraprendere, mettersi in cammino, avere padronanza di qualcosa per un progetto.

Ma non dimentichiamo la fatica. Un ragazzo con sindrome di Down ha risposto a suo fratello che gli chiedeva proprio cosa vuol dire sindrome di Down: "È che sono intelligente, ma è fatica stare al mondo".

Riflettendo tante volte su questa risposta abbiamo trovato che possiamo avere la tentazione di impegnarci soprattutto o esclusivamente a togliere la fatica di quel ragazzo (che all'epoca aveva 15 anni).

Ma se "stare al mondo" fosse legato strettamente alla fatica? Se così fosse, rischieremmo di rendere più difficile – pur con le migliori intenzioni – lo stare al mondo di quel ragazzo.

È più giusto impegnarci a trovare insieme il senso per quella fatica. E, quindi, pensare il mondo stesso come un laboratorio.

Vi è reciprocità fra laboratorio e fatica. Il laboratorio può dare senso alla fatica; e la fatica può trasformare un luogo, una situazione, un laboratorio. Ma questa reciprocità non può essere vissuta senza sporcarsi le mani. Non si può trasformare gli altri in "cavie da laboratorio". È necessario sporcarsi nel senso di coinvolgersi, accettando i rischi di sbagliare e di dover rimediare; ma nello stesso tempo prendendo, però, tutte le cautele per non commettere errori e capire quali errori sono fattibili e quali non fattibili perché catastrofici. Le nostre energie si allenano a mobilitarsi più completamente per evitare errori catastrofici; sono vigili ma senza spreco per gli errori possibili.

Questa conoscenza degli errori può avere presa come un indicatore della realtà delle situazioni da laboratorio. Perché gli errori si imparano dalla pratica e dalle parole intrecciate tra loro. Se prevale una sola dimensione, la situazione è poco da laboratorio. Forse lo diventerà, ma per il momento non lo è. Si può imparare a far da mangiare in biblioteca, con molti libri di ricette e senza mai mettere piede in una cucina?

Chi ha vissuto una situazione di violenza, chi ha subito un trauma, chi si sente fragile e vulnerabile, può aver paura di fare qualsiasi cosa. La paura che il più piccolo errore riproponga una tragedia può essere collegata a un continuo spaesamento: trovarsi in un luogo che non è quello amato, dove ci sono – o vi erano – oggetti, colori, sensazioni e volti famigliari.

Per chi ha vissuto violenze e subito traumi vi può essere una profonda sensazione di estraneità al mondo. È difficile e sembra impossibile vivere il mondo come un laboratorio. È impossibile vivere il mondo come un laboratorio, impossibile vivere la fatica di stare al mondo come qualcosa di sensato. E allora si può avere paura di fare anche piccole cose perché potrebbero avere nascosto l'orrore che nasconde la tragedia; ma si può anche ritenere che non importi più niente di niente, che fare o non fare, sbagliare o no, sia già tutto tragedia. Ci si può attaccare a un angolo di sopravvivenza e cercare neanche di respirare, e si può credere che tutto è già perduto e che si sopravvive senza vivere. Sono due modi apparentemente antitetici di essere profondamente feriti, vulnerabili.

Allora è impossibile pensare al mondo come un laboratorio appassionante. Ma è meno impossibile – e quindi possibile – vivere come laboratorio un piccolo allevamento di animali, una falegnameria, una serra di fiori: un luogo circoscritto, che impegna per qualcosa che può apparire limitato, che richiede qualcosa e non tutto.

Questo luogo che è un laboratorio ha la possibilità di "riaprire il tempo e lo spazio". Il trauma è come un'invasione del dolore, una potente calamita delle disgrazie e di altri dolori. Ci si sente vulnerabili in ogni parte del nostro essere. Il laboratorio ci chiede di seguire dei tempi e di organizzare degli spazi, magari per degli animali o per dei fiori. Si riapre il tempo e lo spazio non è più occupato da ciò che è stato.

È questo un passaggio piccolo che può permettere di scoprire che la vulnerabilità ha risparmiato una piccola parte del nostro essere o forse si è un po' ritirata, permettendo alle nostre mani di fare un lavoro, alla nostra mente di seguire un ritmo, alla nostra attenzione di accorgersi di questo giorno e di questa notte, di questa stagione e forse di fare previsioni sulla stagione che verrà.

Senza enfasi, un pezzo di legno che diventa la testa di un burattino o un cucchiaio, è capace di dare un pezzetto di futuro.

Maria Montessori ha detto e scritto che ogni aiuto inutile è un ostacolo allo sviluppo. È però molto difficile, a volte, distinguere con nettezza l'aiuto utile e quello inutile prima di averne potuto constatare l'esito. Per capire meglio, possiamo fare ricorso al rapporto di *maternage*, fornendone una certa interpretazione.

La parola *maternage* richiama immediatamente la figura materna e quindi evoca un rapporto fatto di tenerezza, di carezze, di parole dolci. Ma al di là di questi aspetti, quello che può meglio caratterizzarlo è il fatto che una madre possa sostenere un neonato, per esempio, prendendolo in braccio, sentendo con il proprio corpo il corpo dell'altro, e quindi allentando o rinforzando la presa secondo le esigenze, istante dopo istante. Questa elasticità permette di dare aiuti utili e di evitare aiuti inutili. Se quel bambino – o quella bambina – farà movimenti che potrebbero compromettere l'equilibrio, il braccio e il corpo di quella madre assumeranno una presa più ferma. E, al contrario, si allenteranno quando i movimenti non rappresentano alcun rischio.

Questa elasticità sensibile è il *maternage*. E per spiegare meglio a me stesso questa situazione, ho tante volte fatto ricorso alla scuola guida e alla vigilanza sensibile che deve esercitare chi istruisce nei confronti di chi impara, permettendo libertà della guida e sapendo intervenire quando vi fosse un pericolo.

Gli interventi inutili, e quindi dannosi, sono certo possibili, ma ridotti al minimo.

In un laboratorio è possibile vivere una situazione di *maternage*. Quello che nel rapporto madre-bambino era giocato dal contatto del corpo a corpo, è qui svolto da uno spazio attrezzato per una finalità chiara e che si chiarisce operando. Chi istruisce può lasciare fare, e anche sbagliare, ma interviene quando vi è il rischio di compromettere la stessa finalità del lavoro. E il senso dell'intervento, in rapporto all'opera, è chiaro.

Per chi ha vissuto la violenza, subendo traumi, il troppo aiuto può confermare il senso profondo di vulnerabilità. Ma anche l'assenza di aiuto può confermare nel senso di solitudine e di irraggiungibilità della propria condizione.

Per tutto questo, un laboratorio può rappresentare una situazione adatta a sviluppare una dinamica evolutiva degli aiuti e fornire una condizione in cui gli aiuti inutili siano molto limitati. Il fatto che gli obiettivi del lavoro siano riconoscibili nell'aspetto del materiale (dello spazio, degli oggetti) e diventino sempre più chiari operando, rende possibile ridurre anche le parole inutili, o renderle meno dannose e a volte anche piacevoli. Ed è bello riscoprire il piacere dell'inutilità, accanto al gusto dell'utilità.

Le modulazioni degli aiuti e l'importanza dell'interscambio di aiuti ha suggerito a educatori del passato la creazione di laboratori. È sempre importante riconoscersi in una storia e scoprire di avere degli antenati. Gli antenati sono sicuramente molti, rendendo possibile a ciascuno di trovarsi l'antenato in cui meglio si riconosce e da cui riceve più aiuto.

Ovide Decroly (1871-1932) era una un medico belga, ed è stato un educatore che ha organizzato il suo impegno attorno ai *centri di interesse*. Possiamo vedere in questi una forma di laboratorio. Dai centri di interesse deriva una *pedagogia del progetto*, in cui è importante la rappresentazione del progetto e la sua organizzazione anche materiale e che comporta cooperazione, negoziazione, responsabilità, valutazione, contratti.

Il gruppo è anche il riferimento costante di un educatore, maestro di scuola, francese: Célestin Freinet (1896-1966). Freinet realizza la *coo-*

perazione educativa, che si basa sullo scambio e sulla valorizzazione delle competenze, più che sulla competizione. E il gruppo ha un valore perché è composto di individui con diverse capacità. Deve avere una strutturazione e di ruoli funzionali alla sua vita e agli obiettivi che vuole realizzare. Una delle caratteristiche importanti della pedagogia di Freinet è costituita dal fatto che gli obiettivi devono essere condivisi e verificabili da tutti i componenti del gruppo.

Questa è una caratteristica che è tipica di una situazione di laboratorio, dove la stessa riuscita materiale del lavoro può far capire a tutti che gli obiettivi vengono raggiunti. Per dare a ciascuno la giusta collocazione è utile pensare che sia bene fare una doppia analisi dei bisogni: i bisogni dei singoli e i bisogni del gruppo, ovvero del laboratorio o del progetto. È da questa analisi, che a volte è fatta molto empiricamente e osservando i bambini e le bambine anche durante i loro giochi, che chi ha il compito di guidare l'attività di laboratorio (educatore, insegnante, istruttore) può strutturare il gruppo per la realizzazione di un progetto.

Queste caratteristiche sono veramente interessanti e utili per permettere a bambini e bambine, ma anche ad adulti, che hanno vissuto violenze e vivono stati di vulnerabilità, di ritrovare la capacità di avere fiducia. E anche bambini e bambine con bisogni particolari possono vivere l'esperienza dei laboratori positivamente.

Le due schede che seguono in appendice – sulle strategie del lavoro di gruppo e sul contratto pedagogico – esemplificano due realizzazioni metodologiche richiamate da questa riflessione.

BIBLIOGRAFIA

De La Garanderie, A. (1987), *Profili pedagogici*. Tr. it. La Nuova Italia, Firenze 1989.

Meirieu, P. (1984), *Lavoro di gruppo e apprendimenti individuali*. Tr. it. La Nuova Italia, Firenze 1987.

APPENDICE

SCHEDA 1
La strategia del lavoro di gruppo - Definire, condurre bene un progetto e valutarne i risultati

L'essenziale da tenere presente:

- Non esiste un "progetto-modello": un progetto esiste, e può avere valore, solo relativamente a una situazione specifica.
- Un progetto si costruisce nel tempo: è modificato, fatto maturare, negoziato dalle persone che vi sono coinvolte (ed eventualmente dalle opposizioni che incontra).
- Prima di qualsiasi progetto conviene quindi chiedersi:
– quali sono le finalità, i fini, gli obiettivi?
– sono compatibili con i dati della situazione concreta?
– qual è la storia del nostro progetto? Quali tempi ci siamo dati, quali tappe?

I punti di riferimento di cui si dispone:

- Il dato di partenza: che cosa, nella situazione locale (geografica, sociologica...) favorisce/ostacola il nostro progetto?
- Le risorse umane:
– nella scuola, a quali competenze, a quali entusiasmi ci si può rivolgere?
– al di fuori della scuola, chi potrebbe aiutarci?
- Le risorse materiali: di cosa abbiamo bisogno (materiali, finanziamento...)? Dove potremmo trovarlo?
- Il fattore tempo: quali momenti di consultazione sono stati previsti (nel tempo scolastico o al di fuori?)

Le difficoltà e i limiti da superare:

- All'interno del gruppo:
– la dimensione del gruppo è adatta al nostro progetto? (Che il gruppo sia troppo o troppo poco numeroso può costituire un handicap.)
– i rapporti tra i partecipanti sono propizi al lavoro? Come risolvere le eventuali difficoltà relazionali tra i membri del gruppo?
- All'interno della scuola:
– il progetto è stato presentato chiaramente a quelli che non hanno partecipato alla sua elaborazione? (Quale immagine se ne sono fatta?)
– ci sono persone che si sono opposte? perché? come discutere con loro?
– quali problemi materiali si pongono? (finanziari, disposizione e qualità dei locali ecc.)

Le degenerazioni da evitare:

- Come impedire che con il tempo il progetto si "diluisca" in un consenso vago o, al contrario, si "irrigidisca", diventando un vero dogma e i suoi responsabili un ghetto o un club chiuso?
- C'è identificazione tra il progetto del gruppo e il progetto della scuola? Se sì, quali sono i vantaggi e gli inconvenienti?

SCHEDA 2

Il contratto di lavoro come strumento della differenziazione pedagogica

L'essenziale da ricordare:

- Bisogna essere in due per dialogare, lo stesso vale per un contratto! Un contratto è un impegno tra due parti. La pedagogia del contratto non è una pedagogia della solitudine per l'alunno, ma una pedagogia del dialogo con l'insegnante. Un contratto pedagogico non può essere formulato interiormente. Ha senso solo davanti a *un testimone* (l'insegnante, un altro adulto ecc.).
- Un contratto non è una vaga promessa, ma un impegno preciso e dettagliato che indica scadenze e mezzi. Un contratto che non implica *procedure di valutazione* non è che un discorso decorativo.
- Un contratto fa un'ipotesi sull'avvenire ("mi impegno a fare questo, a sapere quello entro un certo tempo..."). Suppone quindi una *memorizzazione dell'impegno preso* fino allo scadere del termine che è stato fissato. Valutare se un contratto è stato rispettato è ricordare al contraente i termini precisi del suo impegno e comparare il suo progetto e la realizzazione.
- Nella pedagogia del contratto, l'educatore è dunque l'*interlocutore* dell'alunno (il contratto immaginato è realistico? Adatto ai bisogni e alle possibilità dell'alunno?). L'educatore è allo stesso tempo il *testimone* che ricorda gli impegni presi (per cui si suppone ci siano strumenti di memorizzazione: scheda, quaderno ecc.). E anche colui che valuta (il contratto è stato onorato? in che misura? perché?).

Gli strumenti pedagogici del contratto:

- Informazioni sulle esigenze istituzionali: quali sono i saperi – saper fare, saper essere – che possono essere pretesi dall'alunno e secondo quale scadenza? (programmi di apprendimento, regole del gioco sociale nell'edificio scolastico.) L'alunno può difficilmente formulare un contratto se gli obiettivi della formazione che segue non gli sono stati esplicitamente spiegati. In cosa potrebbe impegnarsi senza sapere cosa ci si aspetta da lui?
- Sensibilizzazione al concetto di contratto: la parola e l'idea possono non essere famigliari a molti ragazzi. È meglio chiarire il termine con esempi scolastici e non. Si può anche immaginare di sperimentare su un "campione", cioè far vivere la realtà contrattuale in situazioni semplici (per esempio: la puntualità degli alunni... e del professore).
- L'incontro per l'elaborazione del contratto: è importante che l'alunno sia libero di scegliere il proprio interlocutore perché il contratto corrisponda a un percorso personale e non a un rito da compiere meccanicamente. L'adulto sarà attento a lasciare esprimere le *rappresentazioni* che l'alunno si fa di se stesso, del proprio avvenire, delle proprie capacità, delle possibilità che gli si presentano, anche se in questo primo incontro il ragazzo si esprime con impaccio o in modo estremo. Si mostrerà accogliente nei confronti di tutto quello che viene detto, senza giudizi di valore (anche positivi), senza interpretare ("Dici questo perché..."), evitando di esagerare nel consolare o incoraggiare ("Su, dai, non sei poi così male!").
- *Ciò che è negoziabile e ciò che non lo è in un contratto:*
  - è negoziabile l'esistenza stessa del contratto (un contratto è un percorso libero. Non si può obbligare nessuno a fare un contratto; si accetterà quindi che alcuni alunni rifiutino di impegnarsi in un contratto e preferiscano una gestione meno autonoma, coercitiva, della loro formazione);
  - è negoziabile la possibilità di rompere il contratto prima del termine e di rientrare in una pedagogia meno autonoma;

- è negoziabile la scelta delle parti. Ha importanza per la validità dell'impegno la qualità del rapporto che si ha con i testimoni davanti ai quali è stipulato il contratto. Può allora essere interessante ricorrere a persone che non siano gli insegnanti: operatori psico-pedagogici, documentaristi ecc.
- non è negoziabile la necessità di definire con precisione e in termini concreti l'impegno dell'alunno. Si possono utilizzare con profitto i principi di redazione degli obiettivi operativi, precisando (a) il comportamento da osservare, (b) le condizioni in cui si rileva, (c) la scadenza, (d) il livello di riuscita richiesto. Per esempio: (a) l'alunno ipotizza di poter recitare (b) a memoria, (d) facendo meno di due errori, (c) l'elenco dei verbi irregolari, per Pasqua;
- non è negoziabile la necessità di fissare una scadenza precisa e datata, non modificabile;
- non è negoziabile la necessità di porre modalità e tappe di valutazione (la scelta stessa di questi strumenti potrà essere discussa, ma una volta accettati, non vengono rimessi in causa).

Le difficoltà:

- La pedagogia del contratto è un'autovalutazione anticipata delle competenze da acquisire: l'alunno giudica che, entro un tempo dato, sarà in grado di... Come tale, pone gli stessi problemi di ogni forma di autovalutazione. La valutazione è l'operazione intellettuale più difficile. Nella tassonomia di Bloom, è l'attitudine più elaborata che presuppone la padronanza delle altre attività intellettuali: memorizzazione, analisi, produzione ecc. Ne consegue, evidentemente, che, quando l'alunno è in grado di valutarsi da solo, non ha più bisogno di un formatore, è arrivato al termine della sua stessa formazione! Si pretende allora di utilizzare uno strumento, il contratto di autovalutazione, che presuppone l'avvenuta formazione! In realtà, la contraddizione si risolve nella dinamica: l'autovalutazione non è imposta tutta d'un colpo, ma appresa a poco a poco. Inizialmente si aiuta l'alunno a elaborare il suo contratto e ad autovalutarsi, affinché diventi capace di farlo da solo. La pedagogia del contratto è una forma di autovalutazione assistita (o se si preferisce una pedagogia del dialogo).
- La pedagogia del contratto è una pedagogia per tempi di pace. Porta a ottimi risultati quando il contratto è seguito: ma cosa succede se non è rispettato? Non fare nulla, in quel caso, significa non prendere sul serio il contratto; ma punire vuol dire abbandonare la pedagogia dell'autonomia per cadere nella peggiore eteronomia! Anche questa volta, la contraddizione si risolve in una prospettiva di dialogo pedagogico.

Le degenerazioni da evitare:

- La degenerazione procedurale. Con la pedagogia del contratto c'è forse il rischio che chi educa il professore sia un notaio puntiglioso che passa il suo tempo a redigere atti notarili insieme agli alunni e li perseguita per un codicillo ambiguo o per una virgola mal riposta! Con lui, gli alunni, qualunque cosa facciano, non sono mai liberi dagli impegni presi!
- La degenerazione demagogica. Al contrario, il professore che educa può non prendere abbastanza sul serio i contratti stipulati con gli alunni... Considera questi impegni come un programma elettorale e assolve le mancanze con benevola indulgenza. Con lui, gli alunni, qualunque cosa facciano, sono sempre liberi dagli impegni presi! Nei due casi, mostrandosi troppo o troppo poco esigenti, si perde la dimensione del dialogo che dovrebbe essere l'essenza della pedagogia del contratto.

8

LA COSTRUZIONE DELLE REGOLE DI CONVIVENZA IN CLASSE

Anna Oliverio Ferraris

La geografia sociale si modifica rapidamente, non solo in Italia, ma anche nel resto dell'Europa. Poiché tutti sono dei consumatori potenziali, si utilizza meno di un tempo il concetto di classe sociale. I partiti, il vicinato, la parrocchia, i parenti, hanno un ruolo minore rispetto a quello che avevano nell'Italia di trenta o quarant'anni fa. Sulla scena sono comparsi nuovi soggetti sociali, gli extracomunitari, che vivono seguendo altre regole, altri costumi, altre religioni. C'è stato un vistoso incremento del privato e dell'individualismo e una contrazione della sfera pubblica, cosicché la partecipazione sociale e la formazione del cittadino non è né scontata né spontanea. D'altro canto non si è cittadini per decisione giuridica: lo si diventa attraverso una educazione che si dispiega gradualmente negli anni dell'età evolutiva, in famiglia e nelle altre istituzioni della società.

Oggi molti giovani arrivano a scuola e l'attraversano senza avere acquisito le regole base della convivenza e del rispetto reciproco. I ragazzi che si divertivano a lanciare i sassi sulle auto che transitavano nei pressi di Tortona, per esempio, erano sì scolarizzati ma non socializzati e umanizzati: una condizione in cui oggi si trovano molti altri giovani. E così, prima ancora di incominciare a insegnare, gli insegnanti possono trovarsi nella necessità di umanizzare e di socializzare i loro alunni, ossia di rifondare il legame sociale e di formarli come cittadini.

Qualcuno può chiedersi, legittimamente, se deve essere proprio la scuola a occuparsi di questo aspetto della formazione dei giovani. In linea di massima, la scuola non è certo l'unica istituzione a poter svolgere questo ruolo; essa è però l'istituzione che oggi funziona da cuscinetto tra la famiglia e la società e che, nonostante i problemi cronici da cui è afflitta, continua a operare e a ospitare tutti i soggetti in età evolutiva.

Certamente, la famiglia può e deve fare molto. Numerose famiglie, però, di fatto, si limitano (e non sempre) a educare alle *relazioni umane primarie*, ossia ai rapporti tra persone che sono legate affettivamente, persone che – grazie appunto al legame di attaccamento che le unisce dall'infanzia – vengono percepite come *simili a sé*, come affini. L'istituzione scolastica si trova invece nella posizione ideale per poter educare alla *relazione con l'altro*, con il *diverso da sé*, chiunque esso sia, conosciuto e sconosciuto, italiano o straniero, uomo o donna, sano o handicappato.

Schematizzando, si può dire che nel corso della crescita sono due le matrici di relazione con gli altri: la matrice famigliare, che condiziona tutte le relazioni intime, e la matrice scolastica, che contrassegna le relazioni amicali, quelle tra colleghi, tra collaboratori, tra semplici cittadini, tra sconosciuti (figura 8.1).

L'educazione alla convivenza civile rientra nelle funzioni della scuola anche perché, se la scuola ignora questa dimensione educativa, rischia di fallire anche sul piano dell'insegnamento in quanto diventa difficile ottenere una reale partecipazione alle attività scolastiche se i bambini e i ragazzi non si trovano bene con i compagni, con gli insegnanti, se non sentono la scuola come uno spazio "loro", un luogo in cui si verificano eventi significativi che li coinvolgono (Aa.Vv., 1997).

C'è però un problema: le regole del vivere sociale non si apprendono né per magia né attraverso delle lezioni teoriche, delle ingiunzioni, dei discorsi moralizzatori; si apprendono bensì attraverso un lento e rigoroso lavoro su delle regole di convivenza – condivise e riconoscibili – guidato dagli educatori e basato sull'*esperienza diretta*.

Certamente è necessaria *una base di conoscenze e di cultura, di strumenti adatti* per poter riflettere sulle situazioni sociali, per poter partecipare alla vita collettiva; le conoscenze però (che costituiscono la cosiddetta "educazione civica") non sono sufficienti da sole a trasmettere

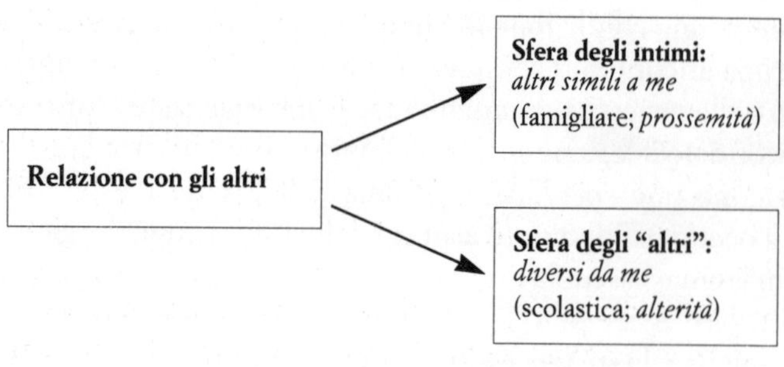

Figura 8.1 Due matrici di relazione con gli altri.

le competenze necessarie alla partecipazione sociale e il piacere di appartenere a una comunità (Leleux, 1997). L'educazione alle regole del vivere democratico e alla cittadinanza implica anche un coinvolgimento attivo – che potremmo definire "comportamento-attore" – all'interno di realtà concrete e dotate di significato per chi le vive. Non è sufficiente conoscere ed essere informati per agire da cittadini, da individui responsabili: il criterio autentico della cittadinanza è il coinvolgimento della persona in un agire collettivo, in progetti comuni e condivisi in cui si colgono i valori della collettività.

L'educazione alla convivenza democratica implica la capacità di sapersi *relazionare agli altri*. La scuola può fornire la capacità di entrare in forme di relazione con l'altro (con il "diverso da noi") basata sul mutuo rispetto e la collaborazione. In un momento storico in cui le spinte verso la desocializzazione, verso un individualismo sempre più marcato e che in alcuni casi sfocia nel solipsismo, la scuola può svolgere un lavoro importante, a patto però che si rinnovi. Accanto a spinte innovative c'è infatti ancora, piuttosto diffuso, un modo di fare scuola basato più sulla non comunicazione che sulla comunicazione autentica, più sulla competizione che sulla emulazione, più sulla passività che sulla partecipazione, più sull'indifferenza che sulla solidarietà.

Se oggi molti ragazzi sono demotivati, spesso assenti, violenti con i compagni è perché non sentono la scuola come un luogo di vita vero: per loro la vera vita è altrove (allo stadio, in discoteca ecc.) cosicché vanno a scuola soltanto perché vi sono obbligati e l'attraversano con indifferenza, senza trarne particolare giovamento.

La funzione socializzante della scuola passa attraverso la *classe*, non però intesa in senso tradizionale, ma come *luogo di vita*. È prima di tutto all'interno della classe che si imparano le regole della convivenza, regole che poi possono e devono essere estese a tutta quanta la scuola, ai rapporti che si hanno con le altre classi, con le altre figure scolastiche. Sono necessarie delle norme e una pedagogia efficace. Gli insegnanti (competenti e aggiornati) devono svolgere la loro funzione tradizionale centrata sulla trasmissione delle conoscenze, ma devono anche saper creare delle situazioni di apprendimento centrate sul saper fare, sul trovare risposte diversificate, sul sapersi adattare ai cambiamenti, sul cogliere i risvolti applicativi degli apprendimenti, i legami con il mondo extrascolastico.

Poiché il ruolo di altre istituzioni sociali si è indebolito, la scuola non può più essere soltanto un luogo di istruzione, deve diventare un luogo di vita. *La scuola va vissuta come una città*: questo è il lavoro che bisogna fare sia come risposta al disadattamento scolastico che per educare alla partecipazione. In ogni ordine di scuola gli alunni devono sentirsi riconosciuti e partecipi a dei progetti comuni, capire il significato di quello che stanno facendo. Devono partecipare attivamente, responsabilizzandosi, non assumere un atteggiamento tipico dei consumatori: solo a queste condizioni la scuola può diventare un *luogo*, ossia il contrario del *non-luogo*, dove si è anonimi e di passaggio.

Gli antropologi hanno una definizione molto precisa di "luogo": si tratta di "uno spazio simbolizzato in cui le identità personale e collettiva prendono forma espletandosi in attività tipiche di una certa cultura" (Augé, 1990). Il luogo non ha soltanto una dimensione fisica , esso attribuisce ruoli, identità e senso storico. Il contrario di luogo è il "nonluogo" privo di questa significatività.

Un non-luogo è uno spazio fisico, ma "non un luogo storico carico di significati"; esso è anche uno spazio in cui gli individui perdono la loro identità o ne acquistano una provvisoria. Alla porta di imbarco di un aeroporto, per esempio, un viaggiatore non è più il signor Tal dei Tali (conosciuto per il lavoro che svolge, per la famiglia cui appartiene, per il suo carattere, i suoi meriti ecc.) ma un "viaggiatore in regola" o "un viaggiatore non in regola". In un grande supermercato il signor Tal dei Tali è semplicemente un cliente come tanti altri e i commessi sono più interessati al fatto che rispetti la fila o che paghi con una carta di credito valida di quanto non lo siano di conoscere la sua storia e i suoi gusti gastronomici.

La percezione che abbiamo dei luoghi e dei non luoghi è diversa così come diversi sono anche i comportamenti delle persone che li frequentano: in genere i non luoghi vengono attraversati, non vi si sosta se non lo stretto necessario. I luoghi invece li sentiamo nostri; in essi abbiamo una collocazione e una identità, ossia delle dimensioni psichiche importanti per l'equilibrio mentale, il senso personale di benessere.

Oggi per molti ragazzi la scuola ha caratteristiche più simili a quelle di un non-luogo (uno spazio da attraversare ma senza molto significato) che a quelle di un luogo. Un primo compito è quindi quello di fornire a bambini e ragazzi un luogo che abbia un senso e una storia in cui sperimentare il vivere insieme e scoprirne le regole.

Ma quali devono essere le caratteristiche di un ambiente scolastico che meriti l'appellativo di "luogo di vita", di luogo significativo in cui ognuno si senta riconosciuto come persona?

Affinché la scuola diventi un luogo di vita vero e non soltanto simulato e affinché non ci sia soltanto una pseudo-adesione alle regole sono necessarie le seguenti caratteristiche.

– *Appartenenza*: lo spazio in cui ci si incontra deve essere sentito come proprio. Il concetto di luogo di vita implica un sentimento di appartenenza individuale e collettivo. In rapporto a questo luogo io ho anche dei sentimenti di diritti e doveri. La casa è un luogo di vita perché posso dire la "mia" casa, la "nostra" casa. La scuola è il luogo di vita di una collettività.

– Il concetto di luogo di vita implica una *durata*. Non è sufficiente svolgere delle attività in gruppo bisogna che questo stare insieme duri nel tempo. L'idea di luogo di vita è associata a quella di *un percorso di vita insieme*, anche se non ci sono dei limiti di tempo precisi l'unità di vita di un tale percorso è l'anno scolastico.

– Vivere insieme significa *conoscersi e riconoscersi*. Provare dei sentimenti gli uni per gli altri di affinità, di differenza, di simpatia, di collaborazione ecc. Ci si conosce uno per uno. Un bambino o un ragazzo pensa che la vera vita sia altrove ogni volta che si sente trattato in modo anonimo, che sente i suoi sforzi non riconosciuti, la sua differenza non capita.

– Vivere insieme implica che la persona è presa in considerazione nella sua *totalità*. Se soltanto una parte di me è coinvolta, non ho il sentimento di appartenere a un luogo. La vita vera è altrove ogni volta che ho la sensazione che una parte di me non abiti là dove mi trovo. Se a scuola sono soltanto uno scolaro e non anche un individuo con una sua storia e determinate caratteristiche e aspirazioni, la vita vera sarà altrove.

– Vivere insieme significa *crescita e sviluppo della persona*: non c'è vita senza crescita. Un luogo di vita è tale se è sinonimo di *trasformazione* nel senso di accrescimento di conoscenze, di comportamenti, del proprio essere in generale.

– Vivere insieme è qualcosa che *dà senso all'esistenza*. La scuola diventa luogo di vita se non si limita soltanto a dare un'istruzione, ma consente a tutti di vivere una vita insieme, di realizzare dei progetti comuni e individuali, di riconoscersi e "confermarsi" a vicenda.

Se si vuole fare della scuola un luogo di vita bisogna prima di tutto che lo sia la *classe*. Una volta che il ragazzo è ben inserito nella unità classe e scopre insieme all'insegnante e ai compagni le regole del vivere sociale, il rispetto reciproco, il gusto di parlare, di lasciar parlare gli altri, di ascoltare, di lavorare in gruppo, di mettere in comune le proprie soluzioni e strategie, di assumere ruoli diversi e responsabilità, potrà anche partecipare alla vita più vasta della città-scuola. Come?

Si partecipa a turno ai consigli di classe, si eleggono dei delegati per affrontare e discutere tematiche e iniziative che riguardano tutta la scuola, si partecipa ad attività culturali comuni, si svolgono attività in laboratorio con alunni di altre classi ecc., l'importante è che nessuno si cristallizzi in un ruolo, ma possa viverne diversi nel corso degli anni. Per realizzare una democrazia completa bisogna che *le cariche siano a rotazione e che le minoranze siano riconosciute e rispettate.* Se a ricoprire le cariche rappresentative sono sempre gli stessi è inevitabile che il gradiente di democrazia si abbassi, e ciò si verifica anche quando a decidere è sempre e solo la maggioranza e non si lascia spazio alle minoranze.

Facendone esperienza diretta i ragazzi imparano anche che il *conformismo* è sempre latente all'interno di un gruppo; i bisogni di appartenenza, di riconoscimento, di avere una identità di gruppo possono infatti produrre chiusure, pregiudizi, intolleranze nei confronti dell'esterno, di altri gruppi. Il gruppo può dare molto se gli individui riescono a mantenere intatte le loro capacità critiche.

Naturalmente, oltre ad attività formalizzate che mettono in comunicazione le classi vi sono anche tutta una serie di incontri informali, molto importanti, che servono a trasformare la scuola in un luogo significativo (il momento della merenda, del pranzo, la ricreazione in corridoio, le gite scolastiche, le visite ai musei ecc.).

All'inizio tutte le classi sono degli aggregati di persone che non si conoscono, che non hanno nessuna relazione, nessuna storia in comune, nessuna norma di comportamento condivisa. La vita insieme e le attività comuni la trasformano progressivamente in una comunità organizzata con la sua atmosfera, le sue reti di comunicazione, la sua storia.

Sintetizzando, all'interno della classe sono tre le dimensioni da sviluppare:

Apprendere insieme. L'apprendimento è centrale alla classe, esso attraversa tutte le discipline scolastiche, è il filo rosso che unisce le ore trascorse tra le mura scolastiche. Fare della classe un luogo di vita non sopprime affatto questa finalità, al contrario si tratta, da un lato, di creare un clima di classe propizio all'investimento di ciascuno nell'apprendimento e, dall'altro, di favorire delle situazioni in cui ci si unisce per imparare e crescere intellettualmente. In questo modo la classe si trasforma in gruppo di apprendimento.

Sviluppare le proprie inclinazioni e, quando si tratta di adolescenti, prefigurare il proprio progetto esistenziale confrontandosi con gli altri, chiarendosi reciprocamente le idee.

Imparare a vivere insieme. Vi sono *due livelli di socializzazione*: uno spontaneo e l'altro che risponde a una intenzione educativa. Tutte le classi sono dei gruppi in cui vi è una socializzazione spontanea, ma è necessaria anche un'azione mirata dell'insegnante che aiuti a trovare i modi di lavorare insieme, di concertare le attività, di imparare a realizzare un microcosmo sociale. C'è da parte dei bambini e dei ragazzi il bisogno di sentire l'appartenenza alla propria classe come un fattore positivo un *motivo d'orgoglio*, più o meno lo stesso orgoglio che provano nell'appartenere a una squadra o a una banda. Essi devono poter pensare che si trovano in una "buona classe". È un errore pensare di poter socializzare dei ragazzi soltanto attraverso le regole senza badare a questo bisogno di orgoglio, di autostima come individui e come gruppo: è nella misura in cui io penso di appartenere a un "noi" di cui sono fiero, che accetto di aderire a certe regole, di condividere certi valori.

I ragazzi accetteranno regole di funzionamento, un'etica di comportamento, a patto che abbiano una coscienza collettiva e una immagine positiva della collettività di cui fanno parte. È difficile, per dei ragazzi, aderire a delle regole in un clima di freddezza.

Per umanizzare un collettivo di individui bisogna *lavorare in due direzioni*: quella della socializzazione e quella dalla socialità (figura 8.2).

Per *socializzazione* si intendono i meccanismi che sviluppano, da un lato, la coscienza di far parte di un "noi" identificabile e, dall'altro, faci-

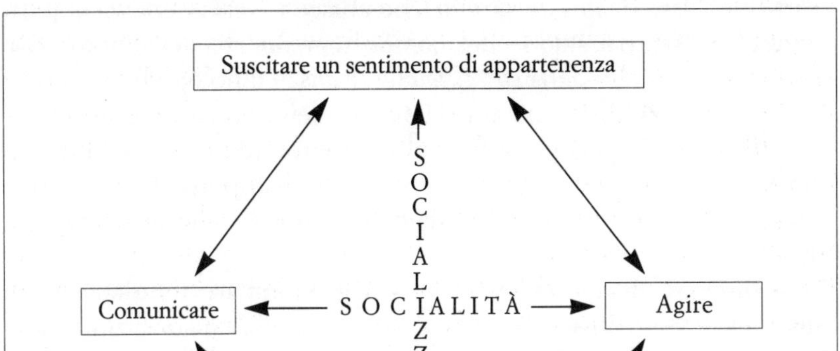

Figura 8.2 I quattro poli di umanizzazione di un gruppo (Philibert, Wiel, 1997).

litano l'interiorizzazione di norme collettive, di modelli di condotta e di valori sociali che permettono agli individui di regolare i loro comportamenti su dei criteri esterni e indipendenti dai loro criteri personali. Si sviluppa un sentimento di appartenenza a un collettivo e si interiorizzano le norme che sono necessarie per farlo funzionare.

Socialità è la capacità che un individuo ha di entrare in relazione con tutti gli altri chiunque essi siano. Le componenti della socialità sono la prossimità e l'alterità. La prima è la relazione specifica alla base della sfera famigliare e privata: riguarda la cerchia delle persone con cui c'è un intenso legame affettivo. L'alterità designa tutti gli altri, percepiti come "altri da me". Questa relazione è specifica di tutti coloro che si incontrano nella dimensione della vita professionale, politica, sindacale, associativa, ossia in tutte le dimensioni.

Il concetto di socialità è qui riferito all'alterità. La socialità è la capacità di apertura nei confronti dell'altro e di considerare chiunque degno di rispetto, meritevole di essere guardato e trattato come essere libero in una relazione potenzialmente fraterna. Con un lavoro su questi due assi, è possibile passare da un vivere insieme spontaneo e selvaggio a un *saper vivere insieme*.

Se nel grafico della figura 8.2 rappresentiamo sulla dimensione verticale l'asse di *socializzazione* che unisce i "sentimenti di appartenenza" e "strutturazione dei comportamenti" e, nella dimensione orizzontale, quello della *socialità* che riunisce il polo della comunicazione e quello dell'azione, tutto il lavoro della classe su se stessa deve tenere conto di questi quattro poli e progredire in tutte le direzioni. Immagine positiva del gruppo, sentimento di appartenenza e strutturazione dei comportamenti di gruppo sono a volte interdipendenti e antitetici:

– Insistere troppo sulle regole senza sviluppare simultaneamente un'immagine positiva del gruppo può sfociare in un condizionamento rigido oppure in un rifiuto, in forme di ribellione e di insofferenza.

– Svegliare e favorire la convivialità senza poi fare nulla è un'altra deriva possibile. È ciò che succede a volte nelle gite scolastiche o nelle visite ai musei: sono pochi quelli che seguono e molti quelli che si scatenano, che colgono l'occasione per "fare casino".

– Allo stesso modo, sviluppare a tutti i costi la comunicazione nel gruppo senza dare spazio ad attività e progetti di lavoro finisce per creare una chiacchiera fine a stessa, una dialettica slegata dalle attività, un parlarsi addosso senza dei veri e propri contenuti. L'assemblea per l'assemblea non è sufficiente: può diventare il luogo della esibizione narcisistica e dare una immagine riduttiva della partecipazione democratica. È vero che a volte i media e i politici che vi compaiono rafforzano questo quadro ma, appunto, si tratta di non adeguarvisi, di cambiare stile di interazione.

– Naturalmente c'è anche la deriva "attivismo", che è la conseguenza di una priorità data all'agire fine a se stesso, senza un legame con la riflessione sia individuale che di gruppo.

La dinamica di un gruppo nasce da forze contrarie od opposte che si equilibrano in una tensione necessaria e feconda. Per creare in classe una buona atmosfera bisogna saper dare importanza sia alle regole che all'immagine positiva del gruppo, sia alla comunicazione che alle attività, ai contenuti, ai progetti. Molti tentativi di lavoro sui gruppi hanno portato effetti perversi sul clima della classe, proprio per l'assenza di un approccio globale – *sistemico* – alle linee di forza che strutturano la dinamica di un gruppo.

Concludendo. La convivenza democratica non si improvvisa, richiede impegno e lavoro, non è data una volta per tutte, non è neppure sufficiente che gli adulti abbiano assimilato una serie di regole di comportamento per riuscire a trasmetterle ai più giovani: le regole del vivere nel rispetto reciproco devono essere ricostruite a ogni generazione e ogni generazione deve, per interiorizzarle veramente, viverle direttamente nella prassi quotidiana.

Ciò che è acquisito per una generazione può non essere affatto scontato per un'altra. Oggi l'ambito più adatto per fare questo percorso è la scuola e in particolare la classe scolastica, intesa come luogo di vita, di significati, di scoperta di valori. Questo però richiede un'attenzione degli insegnanti alla dimensione sociale-relazionale e che essi concertino in anticipo degli interventi organizzati che abbiano per oggetto la classe, gli scambi tra le classi e la scuola come sistema-città.

Il corpo docente deve ovviamente sapere come si lavora in gruppo e quali sono le dinamiche che si verificano. Deve conoscere tecniche didattiche e di intervento pedagogico per rendere l'insegnamento interessante, per stabilire delle connessioni con il mondo extrascolastico, per facilitare la comunicazione, per riuscire a dare a ogni alunno un insegnamento individualizzato. Tutto questo va sotto il nome di professionalità ed è una meta raggiungibile.

BIBLIOGRAFIA

AA.VV. (1997), *Éduquer à la responsabilité*. Chronique Sociale, Paris.
AUGÉ, M. (1990), *Non luoghi*. Tr. it. Eleuthera, Milano 1997.
LELEUX, C. (1997), *Repenser l'éducation civique*. Ed. du Cerf, Paris.
PHILIBERT, C., WIEL, G. (1997), *Faire de la classe un lieu de vie*. Chronique Sociale, Lyon.

9

CHE SUCCEDE SE TI PRESTO I MIEI OCCHIALI?

GRUPPO-CLASSE
E PIANETA SCUOLA SOTTO LA LENTE RELAZIONALE

Paola Forghieri Manicardi

PREMESSA

Accade spesso che chi è stato insegnante nella scuola e abbia successivamente operato una riconversione professionale sia sempre più portato al silenzio sulla esperienza lavorativa passata. Ciò accade fondamentalmente per due motivi: se rievoca quell'esperienza, soprattutto se ne evidenzia le positività, viene zittito dagli ex colleghi o dagli insegnanti attuali perchè la scuola di ora viene descritta come un mondo completamente diverso dalla scuola ricordata da chi ne è uscito; se l'esperienza scolastica viene rievocata nell'ambiente lavorativo del presente, vi è come la sensazione di essere fuori tema, anche se il campo operativo può essere molto vicino a quello scolastico. Così il ricordo si chiude in una nicchia personale e il silenzio ne è la sentinella.

Ma se qualcuno, curioso, chiede cosa ha portato via via un insegnante, un dirigente scolastico a muoversi dalla scuola verso campi di lavoro che fanno riferimento alle teorie sistemico relazionali, allora comincia un percorso a ritroso per ricercare i fili che costituiscono oggi la trama di una professione clinica e terapeutica con le famiglie.

Occorre poi premettere che l'aver operato all'interno di un'istituzione in cui le relazioni umane costituiscono l'aria che quotidianamente si respira ha determinato un modellamento nella costruzione della propria identità personale, non solo professionale, che è spinta potente verso il cambiamento. La quotidianità nella scuola impone il relazionarsi con gli altri: colleghi, dirigenti, personale non docente, genitori se ci riferiamo agli adulti; alunni, bambini o adolescenti se ci riferiamo agli utenti.

La qualità delle relazioni interpersonali sono il principale fattore dello star bene o dello star male nella vita di una persona, particolarmente in un ambiente di lavoro come la scuola. In altri campi di lavoro il benessere o il malessere può essere determinato da altri fattori: la situazione ambientale, gli orari di lavoro, la qualità del lavoro secondo parametri di fatica o di noia. Nella scuola no: Don Milani riusciva a suscitare curiosità e passione nei suoi allievi nei locali di una canonica di un paesino dell'Appennino toscano, fornendo nel contempo una qualità di istruzione e di cultura di livello alto.

Si può obiettare che la vocazione religiosa gli forniva il carburante per l'efficacia della sua azione ma, a ben guardare, al centro del suo impegno culturale ed educativo era la relazione con un ragazzo "non visto" nella scuola, nella scuola dell'obbligo, non visto nelle sue competenze e nella sua cultura così diverse e lontane dalle conoscenze e dalle aspettative degli insegnanti, non visto nel particolare bisogno di strumenti di apprendimento. Dice di sé alla professoressa il ragazzo della scuola di Barbiana (1996):

> Io so leggere i suoni di questa valle per chilometri intorno. Questo motore lontano è Nevio che va alla stazione un po' in ritardo: vuole che Le dica tutto su centinaia di creature, decine di famiglie, parentele, legami?... Io so cosa pensa un montanaro quando sta zitto e so la cosa che pensa mentre ne dice un'altra. Questa è la cultura che avrebbero voluto i poeti che lei ama: nove decimi del mondo l'hanno e nessuno è riuscito a scriverla, dipingerla, filmarla. Siate umili almeno. La vostra cultura ha lacune grandi come le nostre. Forse più grandi. Certo più dannose per un maestro elementare.

Per "vedere" un ragazzo nelle sue difficoltà e nelle sue potenzialità dobbiamo forse fare come indica il proverbio indiano "camminare per nove lune con i nostri piedi nei suoi mocassini", scoprendo quali sono i tasti da pigiare per motivarlo, quali fragilità nascondono le sue provocazioni, come vede il mondo in cui cerca di crescere.

Chi scrive è entrata nella scuola in un periodo di forte innovazione: la legge istitutiva della Scuola media unificata apriva a tutti le porte di una scuola fino a quel momento selettiva e portava l'obbligo scolastico fino ai 13 anni, innovando programmi e discipline (per molti fu la legge che decretò la morte del latino nel triennio che precedeva l'accesso ai licei). Ciò che allora salvò l'insegnante alle prime armi fu la passione provata per alcune discipline, oggetto dei suoi studi universitari o, in tono minore, l'interesse per certi campi del sapere e il modello interno di docente lasciato dai suoi insegnanti. Ben presto, però, il modello di insegnante di una scuola elitaria e selettiva si mostrò inefficace in una scuola media dell'obbligo, per tutti, e la passione si scontrava ogni giorno con la mancanza di strumenti di base degli allievi.

Risultavano difficili anche i rapporti con i colleghi: un corpo insegnante alle prese con il pianeta sconosciuto di una popolazione scolastica di alunni non selezionati per proseguire gli studi.

Dalle difficoltà e da malessere che via via prendeva il posto degli entusiasmi nacque la ricerca di ciò che mancava, di qualcosa che rispondesse al bisogno di aiuto.

Eppure allora, come nei successivi decenni, sino a oggi, furono e sono forniti corsi di aggiornamento di ogni tipo: vi sono stati periodi in cui erano in auge i corsi sull'utilizzo degli audiovisivi, sulla valutazione (si era inventata anche la docimologia, ovvero la misurazione scientifica delle prestazioni degli alunni a suon di punteggi, di medie, di scarti quadratici dalla media), per non parlare dei corsi sulla didattica delle diverse discipline: lingue, storia, scienze e quant'altro.

Chi insegnava avvertiva sempre più che le nuove tecniche acquisite non venivano poi spese in classi di alunni demotivati, turbolenti, nonché con i colleghi con cui si doveva costruire una programmazione interdisciplinare, all'interno di relazioni difficili, per non dire conflittuali.

Mentre in altri settori del mondo del lavoro si cominciavano a prendere in considerazione corsi di formazione sulla comunicazione e sull'approccio sistemico relazionale ai problemi per ottimizzare le risorse umane, la scuola continuava e continua ancor oggi a ignorare le acquisizioni teoriche e le ricerche nei campi della comunicazione e delle relazioni, la cui divulgazione inizia in Italia negli anni Settanta soprattutto per la pubblicazione e il successo di un libro di un gruppo di ricercatori della scuola di Palo Alto *Pragmatica della comunicazione umana* (Watzlawick, Beavin, Jackson, 1967). A riprova di ciò basta guardare i programmi che l'università, nel 1999, ha approntato per il biennio di specialità per i laureati che vogliono diventare insegnanti.

Occorre, però, osservare che non si può fornire nulla all'insegnante che nulla chiede, o meglio che nulla chiede effettivamente per sé dopo aver individuato le sue uniche e personali difficoltà con allievi, gruppo classe, adulti; uniche e personali in quanto, come si vedrà più avanti, affondano le radici nella sua identità personale, così come si è costruita nel corso del tempo di studio, di lavoro, di vita.

Se l'insegnante non ha gli strumenti per individuare quale parte egli incarni del problema che va ponendo, tenderà a formulare una richiesta in cui saranno sempre più le competenze di altri a essere viste come elementi risolutivi; salvo poi far scattare un meccanismo paralizzante verso l'intervento degli "esperti". Come la Gorgone pietrificava con il suo sguardo chi le si poneva di fronte così, paradossalmente, la richiesta degli insegnanti, quel tipo di richiesta che non tiene in conto quale parte del problema sia dell'insegnante, pietrifica l'intervento degli esperti, così come si accennerà più avanti.

LA CHIAVE DI ENTRATA

Rimanendo su un piano di osservazione più generale si può vedere come le riflessioni su tematiche, aspetti caratteristici, problemi della scuola da parte di coloro che operano in altri territori, quali quelli della psicologia, della medicina pediatrica, neuroinfantile, della giurisprudenza dei minori (giudici, assistenti sociali), sono state nel passato scarsamente utilizzate o perché ritenute parziali e complessivamente inutili per la risoluzione dei problemi posti, o, comunque, per un diffuso pensiero fra gli addetti scolastici che solo chi opera "da dentro" sa di che si parla.

È comprensibile tale atteggiamento, che ha molti aspetti difensivi, se si osserva che sui temi riguardanti la scuola vi sono periodi di totale silenzio della politica, dei mezzi di informazione e, di conseguenza, di disattenzione dell'opinione pubblica. La scuola è come lasciata a se stessa: chi ci lavora ne porta avanti l'esistente, alcuni lasciandosi andare a una routine senza verifiche e senza stimoli motivanti, altri cercando di mantenere, se non l'entusiasmo, il rispetto di se stessi e la coerenza nello svolgere una professione di cui ancora sentono l'importanza e il valore.

Vi sono poi periodi, come quello iniziato alla fine degli anni Novanta e tuttora in corso, in cui i cambiamenti innescati da riforme strutturali hanno aperto un dibattito sulla scuola in cui tutti la fanno da esperti.

Se da un lato è positivo che la scuola sia sotto i riflettori dell'attenzione pubblica, visto che la formazione delle generazioni future non è qualcosa che deve riguardare solo gli addetti ai lavori, si può osservare che difficilmente sui temi scolastici si riesce ad attivare un confronto sereno, approfondendo, studiando, rielaborando tematiche significative per il miglioramento e il cambiamento.

Se si sceglie un aspetto parziale ma significativo della scuola su cui confrontare le idee, gli studi di approfondimento, le esperienze, vi sono obiezioni e resistenze al confronto in quanto il campo individuato è ritenuto insufficiente e parziale: non si riesce a tollerare, da parte degli operatori, una settorialità di intervento e un tempo di verifica con conseguente sospensione di giudizio. Questo, a nostro parere, perché un intervento parziale va comunque ad alterare degli equilibri che si sono consolidati nei tempi lunghi del silenzio della politica, dell'assenza del legislatore: vengono, cioè, toccate esperienze e modalità operative di cui spesso insegnanti e operatori si lamentano ma che, per essere state praticate nel tempo, sono comunque note, quindi rassicuranti rispetto alla novità.

È chiaro, pertanto, a chi scrive la difficoltà che può incontrare fra gli operatori scolastici il contributo di un "non addetto ai lavori", contributo "volutamente" parziale, in quanto ritagliato su competenze ed esperienze specifiche di un campo di lavoro, la clinica con le famiglie, vicino a quello della scuola ma non interno alla istituzione scuola.

Proprio la riflessione sulle difficoltà suindicate, nonché il riconoscimento del valore delle competenze e delle specificità professionali e istituzionali di chi opera in campo clinico e in campo scolastico ha portato a privilegiare, come chiave di entrata sulle tematiche della scuola, l'individuazione di alcuni elementi delle teorie sistemico-relazionali che possono da un lato legittimare questo intervento e, dall'altro possono essere utili per un operare produttivo ed evolutivo da parte di chi nella scuola lavora.

Si vuole, così, andare a verificare se nelle teorie sistemico-relazionali e nell'individuazione dei conseguenti strumenti operativi vi siano elementi che giustificano la scorribanda che stiamo facendo dal campo clinico a quello scolastico e, di conseguenza, si possa riconoscere validità agli strumenti che vengono proposti.

Scrive Von Bertalanffy (1971): "... esistono dei modelli, dei principi e delle leggi che si applicano a sistemi generalizzati o a loro sottoclassi, *indipendentemente dal loro genere particolare*, dalla natura degli elementi che lo compongono e dalle relazioni o 'forze' che si hanno tra essi". Così, anziché rincorrere con teorie diverse sistemi più o meno speciali (da quelli biologici, a quelli fisici, a quelli umani) *si ricercano e richiedono principi universali applicabili ai sistemi in generale.* Le regole morfologiche, strutturali, funzionali che permettono lo studio di un sistema nella sua articolazione gerarchica e nella sua interazione con altri sistemi con cui avvengono scambi di materiali, energie, informazioni, come nel caso del "sistema famiglia" costituito da un insieme di unità legate da relazioni significative, in continuo interscambio con l'ambiente sociale più vasto (sistema aperto) (Galimberti, 1992) possono valere per altri sistemi, quali quello della scuola, nella sua articolazione in sottosistemi come, per esempio, la classe.

Che conseguenze operative comporta per chi lavora con le famiglie in un'ottica sistemico-relazionale l'assunzione del principio che un sistema non è la somma delle parti? Innanzitutto significa abbandonare una visione meccanicistico-causale e considerare i componenti della famiglia come elementi di un circuito di interazione:

> Si può riguardare la famiglia come un sistema aperto costituito da più unità legate insieme da regole di comportamento e da funzioni dinamiche in costante interazione tra loro... Allo stesso modo si può ipotizzare che ogni gruppo sociale sia a sua volta un sistema costituito da molteplici monosistemi in interazione dinamica. (Andolfi, 1977)

In questa ottica il comportamento di uno dei membri della famiglia influenza inevitabilmente quello degli altri ma non è ritenuto la causa del comportamento degli altri in quanto, a sua volta, ne è inevitabilmente influenzato.

ENTRIAMO IN CLASSE

Vediamo ora che cosa comporta per l'insegnante assumere questo principio della teoria dei sistemi nell'osservazione della classe: in genere l'insegnante individua uno o più elementi (allievi) con connotazioni negative o positive riguardo l'apprendimento e/o il comportamento. Se mantiene un'ottica causale/lineare perderà significative informazioni rispetto al ruolo e alla funzione svolti dall'allievo in questione nella dinamica relazionale del sistema classe.

Adottando, infatti, un'ottica circolare, ci si interroga su chi, fra gli altri componenti della classe, sostiene la funzione di quel comportamento, chi ne trae vantaggio, quale altro problema della classe viene coperto da quello evidenziato dall'allievo osservato dall'insegnante.

È molto più facile che in un consiglio di classe gli insegnanti parlino dei singoli allievi, dilungandosi maggiormente sui "casi" più problematici, dedicando tempi più brevi all'osservazione di allievi positivi o nella media; occorre poi aggiungere che i problemi individuali più evidenziati sono quelli comportamentali; meno osservate risultano le caratteristiche e le differenze delle difficoltà di apprendimento degli allievi.

La classe, in genere, viene presentata globalmente, secondo un livello basso, medio, alto rispetto all'apprendimento e alla disciplina (intesa non come campo disciplinare delle materie insegnate, bensì come caratteristica di comportamenti ritenuti più o meno adeguati a degli standard stabiliti dagli insegnanti).

La classe non viene vista nel suo ciclo evolutivo, cioè come un gruppo che via via muta e si evolve nel tempo, nel biennio o nel triennio, o nel quinquennio, come un sistema vivente aperto, (che influenza e viene influenzato dall'esterno, sia esso l'istituto nel suo complesso di stile e tradizione culturale ed educativa, sia l'ambiente sociale in cui la scuola è inserita, quartiere/zona della città, che pure ha sue caratteristiche sociali differenzianti e i cui elementi sono in relazione tra loro. Come ogni sistema vivente la classe si forma, evolve e termina il suo ciclo evolutivo; nel corso di questa evoluzione vi sono esperienze che portano a costruire legami di appartenenza, alleanze, marginalizzazioni, lealtà invisibili, permettendo ai singoli componenti di differenziarsi rispetto al sistema: differenziarsi come il trasgressivo, l'agitato, il bravo adeguato o il bravo "un po' difficile", il dormiente ecc.

Come in una famiglia in cui la costruzione di legami di appartenenza permette il differenziarsi e lo svincolo dei componenti più giovani (Brown, 1979), la classe via via esprime dinamiche relazionali favorenti o meno lo scambio dei ruoli e delle funzioni dei suoi componenti, oppure la rigidità e il blocco evolutivo inchiodano alcuni allievi in ruoli positivi o negativi, non permettendo così il cambiamento e la crescita.

Spesso, per certi allievi, accade che solo cambiando gruppo di classe sentano di potersi mettere in gioco in modo "altro" rispetto al ruolo svolto nella classe di provenienza, di uscire cioè dalla nicchia immutabile (del buono, del prepotente, del bravissimo...) costruita nella storia di quella classe.

Nella lettura sistemico relazionale che stiamo facendo del sistema classe, ci preme sottolineare l'aspetto della retroazione: il comportamento di A influenza il comportamento di B e, a sua volta, il comportamento di B sostiene, blocca, dà significato al comportamento di A. Teniamo conto, però, che principio importante dell'osservazione sistemico relazionale è che l'osservatore fa parte del sistema, non è al di fuori, né in una posizione unidirezionale: quanto viene osservato è anche prodotto, costruzione dell'osservatore.

L'insegnante non è fuori dal sistema classe, ne fa parte, lo influenza, ne è influenzato. Argomenti portati a sostegno della neutralità e dell'oggettività dell'osservazione altro non sono che rassicurazioni sotto l'ombrello della razionalità.

Ciò che l'insegnante osserva è "l'altro con lui" e, se ricordiamo quanto abbiamo affermato rispetto alla retroazione, nel comportamento e nell'atteggiamento dell'altro c'è il comportamento che noi abbiamo con lui.

Inoltre, nella lettura che facciamo di un sistema gioca un ruolo fondamentale il paio di occhiali con cui guardiamo la realtà. Un paio di occhiali che ci siamo costruiti con l'esperienza professionale e di vita vissuta fino a quel momento: il nostro atteggiamento verso il mondo e gli avvenimenti, il nostro modo di vivere, di esprimere sentimenti ed emozioni, lo stile di costruzione dei legami affettivi, per non parlare della costruzione del nostro stile di studio e di pensiero.

L'insegnante che entra in classe non è, parafrasando Italo Calvino (1960), il *Visconte dimezzato*: non entra in classe solo con le parti del Sé professionale. Nell'osservazione della classe, dei suoi componenti, nella costruzione delle relazioni che si attivano vi è la soggettività dell'insegnante che dà rilievo, tollera, minimizza, contiene in base:

– a come è nel suo presente di vita personale (appagato, realizzato, preoccupato...);

– allo stile di vita e di pensiero che si è costruito nel tempo;

– alle caratteristiche del qui e ora della classe con cui lavora in quel giorno (in che fase del suo ciclo vitale è quella classe, all'inizio di un'esperienza di vita o con una sua storia ecc).

> È corretto (ed è un grande progresso) cominciare a pensare le due parti dell'interazione come due occhi che separatamente forniscono una visione monoculare di ciò che accade e, insieme, una visione binoculare di profondità. Questa visione doppia è la relazione. La relazione non è interna alla singola persona: non ha senso parlare di "dipendenza", di "aggressività", di "orgoglio" e così via. Tutte queste parole affondano le radici in ciò che accade tra una persona e l'altra, non in qualcosa che sta dentro una sola persona. (Bateson, 1979)

Da questa citazione di Bateson possiamo ricavare che, quando un insegnante definisce il comportamento di un alunno aggressivo, non ha senso rimandarlo all'espressione "aggressività" di un individuo, all'aggressività istintiva. Un'espressione di questo tipo sposta l'attenzione dal campo interpersonale a una tendenza fittizia, o istinto, o principio interiore ed è, in un'ottica sistemico-relazionale "[...] un'enorme sciocchezza che serve solo a nascondere problemi reali. Tutti gli aggettivi relativi al carattere devono essere ridotti o estesi in modo da poterne dedurre la definizione da schemi di interscambio, cioè da combinazioni di descrizione doppia" (Bateson, 1979).

La difficoltà che incontriamo rispetto a un nuovo tipo logico di apprendimento è determinata dal fatto che abbiamo imparato a raffigurarci l'apprendimento secondo un modello lineare, come un fenomeno in cui c'è A che insegna e B che apprende. Tuttavia, secondo quanto abbiamo appreso dall'esistenza dei circuiti di interazione cibernetica, questo modello lineare è stato superato. L'unità minima di interazione comprende, infatti, tre componenti: lo stimolo, la risposta, il rinforzo, dove il secondo, per esempio la risposta dell'allievo, rinforza il primo, lo stimolo fornito dall'insegnante, portando a un mutamento, più o meno evolutivo dello stesso, determinato dalla risposta dell'allievo.

Questi elementi teorici ci possono, ora, permettere ulteriori comparazioni tra il sistema famiglia e il sistema scuola, nella chiarezza della definizione dei campi di intervento e della specificità e differenza delle identità professionali (cioè, a ognuno il suo: il terapista opera nella clinica, è il competente e il professionista nel campo psicologico; l'insegnante opera nella scuola, è il professionista competente nel campo della formazione scolastica, responsabile, nei confini ben definiti della specificità istituzionale della scuola, dell'evoluzione e della crescita cognitivo/affettiva dei suoi studenti).

Allo psicologo clinico molto spesso il genitore porta la sua confusione e la preoccupazione rispetto alla sua genitorialità. Sostanzialmente, dice: "Sarei un buon genitore se mio/a figlio/a non fosse così...".

Nei corsi di formazione e di aggiornamento degli insegnanti, anche in quelli specifici sulla didattica e le metodologie di insegnamento, spesso troviamo insegnanti che, sostanzialmente, dicono: "Potrei insegnare così bene se i ragazzi non fossero così...".

Il passaggio successivo nella riflessione del genitore è che se il figlio presenta certi problemi è perché "gli insegnanti, la scuola, le compagnie di coetanei, la società sono così..." e, per l'insegnante "perché la famiglia, i genitori, i coetanei, la società sono così...".

Se il primo tipo di osservazione centralizza il ragazzo e fa affiorare l'impotenza dell'adulto, le osservazioni successive, dilatando lo scenario delle difficoltà a campi in cui il genitore o l'insegnante sente di non avere potere di intervento, sostiene ancor più l'impossibilità di intervento, paralizza nella frustrazione, rende il senso di impotenza una costante di fondo nell'operare quotidiano dell'adulto con il ragazzo.

La frase: "Proviamo pure, tanto c'è ben poco da fare..." diventa come il basso continuo di certe composizioni musicali: il senso di inutilità soffoca la curiosità e l'attesa di segnali di riscontro positivo, va a intaccare la credibilità personale e professionale con conseguente caduta della stima di sé e del proprio operare.

L'interrogativo: "Dove ho sbagliato?" fruttuoso in corso d'opera (dove sto sbagliando?) arriva al termine di un percorso faticoso e insoddisfacente, chiudendo rispetto a speranze di cambiamento e a progettualità.

LA COSTRUZIONE DEL "NOI"

Il lavoro che viene fatto in campo psicologico e clinico è quello di restituire competenza alla famiglia, così che i genitori possano riacquistare il loro ruolo, confermandosi non in un'astratta e fittizia perfezione ma nella capacità di cambiare e crescere con il figlio. L'"io" del genitore, io come pronome soggetto ("io ho fatto, io ho provato, io dove sbaglio...") e il "tu" rivolto al ragazzo ("se tu non facessi, se tu non fossi...") da elementi distanti e contrapposti si pongono in una relazione nella costruzione del "noi".

Il "noi" nasce dall'apprendimento che il comportamento del figlio, centralizzato e messo sotto osservazione, non è che un elemento di un processo in cui alla visione lineare si sostituisce un'ottica circolare: "Quanto e quale parte del comportamento di mio figlio è così in quanto il mio comportamento è anche così...?".

Si inizia a lavorare come in un gioco di specchi, di rimando di immagini di sé così come si sono costruite nel tempo e si attivano capacità di cogliere e accogliere quanto l'altro: "Pensa che io pensi che lui sia...", vedendo il comportamento dell'altro come espressione di questo pensiero e di questo sentire.

In campo clinico si opera perché la solitudine impotente e senza speranza del genitore con il figlio, dei genitori fra loro, del figlio con i genitori lasci spazio all'individuazione di risorse affinché siano possibili l'evoluzione del sistema famigliare e un'esperienza di crescita e cambiamento dei componenti il sistema stesso.

Se dal sistema famigliare passiamo al sistema scolastico ciò che emerge nell'analisi di situazioni problematiche e complesse è il senso di impotenza e di isolamento; paradossalmente la scuola, definita da un pedagogista "vivaio di relazioni umane" è molte volte un deserto relazionale.

La domanda che sempre più spesso pongono gli insegnanti, anche quelli più motivati, che frequentano o hanno già frequentato numerosi corsi di aggiornamento, è di conoscere e di imparare a utilizzare i meccanismi e gli strumenti della comunicazione e della relazione: di sé con gli alunni, di sé con i colleghi, di sé con i vertici istituzionali (capi di istituto, coordinatori...).

Anche nella scuola il "tu o il loro", usato dall'insegnante e che centralizza nell'osservazione lo studente, o comunque, "l'altro", collega o dirigente, fatica a trasformarsi in un "noi".

Nella classe si centralizza il comportamento dei ragazzi, la risposta che danno all'azione degli insegnanti non viene letta "anche" come prodotto del comportamento dell'insegnante e degli input che egli invia. Mancano nella formazione dell'insegnante gli strumenti per "vedersi nell'altro", la capacità di leggere il comportamento dell'altro come retroazione del proprio operare.

Proseguendo in questa ottica, mancano all'insegnante gli strumenti per strutturare risposte in cui vi siano cambiamenti prodotti da ciò che il *feedback* gli ha insegnato.

Se l'insegnante non si vede nei propri allievi è condannato a una solitudine frustrante e impotente, la stessa solitudine che vive lo studente che non riesce a vedersi nell'insegnante, cioè non vede quanto l'azione e l'atteggiamento dell'insegnante sono stimolati e rinforzati dalla sua azione e dal suo atteggiamento.

Occorre, poi, tenere presente che la relazione di cui stiamo parlando si colloca in un contesto, quello della classe, da cui può essere favorita o bloccata nella propria evoluzione.

FUORI DALLA CLASSE-DENTRO LA SCUOLA: LA SOLITUDINE RELAZIONALE E L'ISOLAMENTO ISTITUZIONALE

L'ottica che stiamo utilizzando vale anche per osservare il rapporto dirigente-insegnante in una realtà scolastica come quella dell'istituto o del plesso scolastico: il dirigente non si vede nell'azione e nella retroazione del collegio docenti, né i docenti vedono l'azione del dirigente come prodotto del proprio modo di essere e di operare nella scuola.

In genere, nella scuola prevale una visione lineare in cui si centralizza "l'altro" e in cui il "noi" è assente. Si parla, allora, di *non comunicazione* e di *relazioni difficili*, in un quadro in cui lo studente, il docente, il dirigente sembrano monadi isolate anziché risorse che sanno mettere in rete le loro capacità, le loro competenze, le loro energie.

Se mettiamo sotto osservazione la scuola nella sua verticalità istituzionale possiamo osservare lo stesso fenomeno.

Vi è stato sino a oggi, anche se nel prossimo futuro si realizzerà quel decentramento espresso nella legge appena entrata in vigore che dovrebbe operare un cambiamento radicale nella burocrazia, vi è stato ed è tuttora operante un ministero (con le sue direzioni, gli uffici preposti alla programmazione e alla sperimentazione) che ha lanciato anche buone iniziative di cambiamento o di sperimentazione ma che non ha raccolto né ha imparato dalla retroazione delle sue istituzioni periferiche. Non si impara al ministero da progetti e sperimentazioni perché mancano continuità, volontà, strumenti di verifica, non si effettuano e, quindi non si utilizzano verifiche per sostenere o cambiare, comunque per dare continuità ai progetti promossi. Nella scuola sono state lanciate tante sperimentazioni: l'esame di maturità, la scheda di valutazione sostitutiva del voto tanto per citarne alcune, ma sono mancate in tempi brevi le verifiche dei risultati attesi, al fine di aggiustare il tiro "in corso d'opera", imparando dalle difficoltà e dagli errori emersi, confermando le positività, dando così agli operatori scolastici stabilità e certezze nel cambiamento.

Tutto ciò avrebbe portato alla realizzazione, alla costruzione di un "noi" operativo tra i vertici della burocrazia e degli uffici centrali della sperimentazione con le periferie scolastiche sul territorio.

Quando le sperimentazioni sono nate per iniziativa delle diverse scuole, delle "periferie", e hanno ottenuto l'approvazione dei vertici ministeriali, spesso sono state lasciate a se stesse, difficilmente sono state modellizzate nelle loro eventuali positività e, quindi, non generalizzate: ancora una volta l'isolamento ha fatto cadere il vento della motivazione, della propositività e dell'operatività.

Un altro aspetto della scuola è quello di non saper cogliere la diversità; (non ci si riferisce qui in particolare sulle difficoltà di integrazione dei diversi componenti la popolazione scolastica in quanto richiederebbe una trattazione specifica) ci si riferisce qui agli insegnanti, diversi per capacità e impegno; alle istituzioni scolastiche, diverse nella capacità di dare risposte ai diversi bisogni dell'utenza, nel saper promuovere ricerca e innovazione. Si è confusa la verifica del rispetto degli standard, quale deve esserci in un sistema scolastico pubblico, con l'uniformità e l'adeguamento alla burocrazia normativa.

Anche la riforma delle autonomie scolastiche rischia di girare a vuoto se non sono chiari e definiti gli strumenti di verifica degli obiettivi che tale riforma si propone, se le verifiche non sono fatte sapendo vedere le positività, le diversità e gli errori, se il *feedback* non viene letto come un "noi" operativo e se modifiche e conferme vengono fatte in tempi biblici.

LA SCUOLA NELLA RETE ISTITUZIONALE

Una lettura sistemico relazionale del pianeta scuola non può prescindere dall'osservazione dell'istituzione scuola "in rete" con le altre istituzioni.

Se le osservazioni precedenti hanno focalizzato un sintomo interno all'istituzione, *la solitudine relazionale*, vi è un altro sintomo che preoccupa per la salute della scuola senza per questo voler definire la scuola *La grande disadattata* come la definì Bruno Ciari negli anni Settanta (1972), ed è quello dell'isolamento, prodotto o subito, rispetto alle altre istituzioni.

I motivi di questo isolamento sono diversi e molteplici ma è individuabile una radice comune nella confusione che spesso vi è stata e vi è nella scuola rispetto ai propri compiti istituzionali, nonché in una difesa rigida e anacronistica di ciò che la scuola è tenuta a fare.

Il compito istituzionale specifico della scuola, che se non assolto dalla scuola può essere svolto solo marginalmente e approssimativamente da altre istituzioni (famiglia, centri educativi, assistenziali, associazionismo educativo, ricreativo, sportivo...) è di promuovere e sostenere nei suoi utenti-allievi la conoscenza di sé e della realtà che li circonda, attraverso l'acquisizione degli strumenti per apprendere. Per strumenti di apprendimento si intendono sia lo sviluppo delle capacità cognitive, sia l'acquisizione, attraverso processi di conoscenza, della cultura, intesa come fondamenti e linguaggi formali delle discipline proposte nella scuola e, nel senso più ampio, come saperi ed esperienze del proprio tempo.

Vi è, inoltre, un compito pedagogico educativo che la scuola *condivide* con altre istituzioni, promuovendo i processi formativi della persona allievo.

Se non si tiene l'attenzione su questo aspetto di specificità istituzionale diventa difficile per la scuola non annegare nelle richieste che l'istituzione scolastica si è sentita fare un po' da tutti, soprattutto negli ultimi decenni quando è aumentata l'informazione e la consapevolezza della complessità dei problemi sociali. (Per fare un esempio banale, quando un problema agita l'opinione pubblica è alla scuola che si richiede di farsene carico per informare, educare, prevenire. Si pensi alle richieste per l'educazione stradale, sanitaria, per l'informazione preventiva rispetto ai problemi della sessualità, fino alla prevenzione e alla messa in guardia dai pericoli che vanno dalla droga alla pedofilia ...)

La scuola può rispondere a una richiesta generalizzata di educazione e prevenzione facendo in primis ciò che le compete, favorendo e sostenendo negli allievi lo sviluppo delle capacità e degli strumenti della conoscenza e della cultura.

Rispetto alle altre richieste sopra accennate, la scuola può e deve collaborare con altre istituzioni territoriali quali: le ASL, i servizi per l'infanzia e l'adolescenza, l'associazionismo.

È solo con la chiarezza rispetto alla propria identità istituzionale che è possibile una collaborazione in cui ci si individua e ci si differenzia nelle competenze.

Al rischio che la scuola corre nel farsi carico di tutto si contrappone il rischio di farsi carico solo dei cosiddetti compiti specifici, intesi come difesa e trasmissione di una cultura ferma nel tempo e nella mente dell'insegnante, del libro di testo, del programma ministeriale, visto più come gabbia limitante che nel significato di linee guida e stimolo per l'operare dell'insegnante.

Risultato di questo "stile" di scuola è quello di estraniare sempre più l'operare scolastico dal contesto socio-culturale e dai bisogni degli utenti, gli alunni e le loro famiglie, demotivando gli operatori (insegnanti e dirigenti) nel loro lavoro e, più in generale ma non meno importante, nel loro vivere la scuola.

Si apre ora una stagione di riforme per la scuola dopo decenni di aggiustamenti, di interventi parziali e a volte contradditori; si prospettano grandi cambiamenti che toccheranno tutte le parti del pianeta scuola. Occorre, però, tenere presente che la scuola è un pianeta abitato, abitato da persone, i ragazzi che ne sono gli utenti per eccellenza, gli adulti, insegnanti e operatori, che con loro e per loro lavorano. Pertanto i temi della conoscenza, della cultura, delle relazioni umane devono essere le direttive portanti del cambiamento che si vuole operare nella scuola, a garanzia della qualità dell'intervento sulla formazione delle giovani generazioni. Investire sulla cultura e sulla qualità di vita dei giovani è l'investimento più importante che un paese può fare per il proprio futuro.

BIBLIOGRAFIA

ANDOLFI, M. (1977), *La terapia con la famiglia*. Astrolabio, Roma.
BATESON, G. (1979), *Mente e natura*. Tr. it. Adelphi, Milano 1988.
BROWN, M. (1979), *Dalla famiglia all'individuo*. Tr. it. Astrolabio, Roma.
CALVINO, I. (1960), *I nostri antenati*. Einaudi, Torino.

CIARI, B. (1972), *La grande disadattata*. Editori Riuniti, Roma.
SCUOLA DI BARBIANA (1996), *Lettera a una professoressa*. Libreria editrice fiorentina, Firenze.
VON BERTALANFFY, L. (1971), *Teoria generale dei sistemi*. Tr. it. ILI, Milano 1976.
WATZLAWICK, P., BEAVIN, J., JACKSON, D.D. (1967), *Pragmatica della comunicazione umana*. Tr. it. Astrolabio, Roma 1971.

10

IMPARARE A IMPARARE NELL'ERA DELLA REALTÀ VIRTUALE

Alberto Oliverio

I bambini di oggi vivono sempre più a contatto con videogiochi, televisori, computer: non soltanto essi dimostrano una dipendenza nei confronti delle "tecnologie dell'assenza" ma manifestano anche un nuovo modo di guardare al mondo, di coglierne i segnali, di ricercare stimoli e di esaurire gran parte dei rapporti con la realtà a livello virtuale. È il fascino di questo mondo a disposizione in ogni momento della giornata a catturare la fantasia infantile, ad aprire loro una specie di giardino segreto che non è necessario immaginare: si tratta infatti di una realtà elettronica che attrae con i suoi colori, le sue musiche, la sua comunicazione per brevi *flash*, per associazioni, per le sue allusioni a un mondo in cui si può volare, risuscitare, farsi piccoli o grandi, cambiare connotati, confrontarsi con sfide e avventure continue. La proposta che viene dalla televisione, dai videogiochi, da Internet e da una serie di nuove tecnologie, è dotata di una grande presa sulla mente infantile, avida di stimoli e di novità. Già i lattanti, per esempio, si danno da fare per mettere a fuoco immagini sfuocate che rappresentano un volto umano, così come scimmiette sono disposte a compiere una serie di esercizi che culminano con la messa a fuoco di una scena nuova, proiettata su uno schermo di fronte a loro: gli stimoli nuovi, infatti, soddisfano la nostra istintiva curiosità, contrastano la monotonia e la noia. Non appena possono i bambini esplorano l'ambiente, vanno alla ricerca di "avventure", apprezzano il fascino della scoperta. Similmente, sono attratti dalle sfide, dagli indovinelli, dalla soluzione di una serie di problemi: è così che si acquista fiducia in se stessi, che si sviluppa l'autonomia. E infine il mondo della fantasia coniuga la ricerca del nuovo con la sfida, con l'immancabile vittoria sulla paura.

Tutti questi ingredienti, in maggiore o minor misura, fanno parte del mondo della televisione, dei computer, dei videogiochi: si tratta di un mondo nuovo, affascinante, dotato di evidenti potenzialità, in grado di soddisfare la ricerca di novità, di conoscenze, di fantasia, la voglia di gioco. Oggi la televisione e altri audiovisivi esercitano una crescente concorrenza con i tradizionali mezzi di trasmissione culturale e ciò ha variato profondamente la natura delle esperienze che facciamo, i tempi e i modi dell'apprendimento, la strutturazione del pensiero, le modalità con cui si formano alcune memorie. Tra la parola e l'immagine esistono notevoli differenze che non sono soltanto legate ai mezzi ma alla natura delle due esperienze e al loro impatto sulla nostra mente. Abituati come siamo a leggere non ci rendiamo conto di come la lettura sia un processo astratto fondato su una vera e propria predisposizione del nostro cervello al linguaggio: le lettere che noi leggiamo su questo foglio e le parole che esse formano vengono immediatamente tradotte in oggetti, azioni e concetti che esse rappresentano. All'inizio, nella nostra infanzia, una lettera o una parola non sono altro che un insieme di strani segni; ma ben presto essi significano qualcosa: per esempio, la parola "rosa" materializza nella nostra mente un fiore profumato, la parola "infanzia" una condizione e un mondo infantile e così via. Il nostro cervello si abitua così a riconoscere lettere e parole, a decodificarle e a dar loro un significato che prescinde dal come queste parole siano scritte: una rosa è tale anche se la parola che le corrisponde è scritta in corsivo, in grassetto, in stampatello, con uno dei tanti caratteri di stampa esistenti, o con segni fantasiosi – chicchi di grano, tralci d'uva, gocce d'acqua – che formino le lettere che costituiscono questa parola.

La nostra mente è comunque in grado di trasformare questi segni astratti in suoni, cosicché alla fine "sente" le parole scritte, le ricollega a quei suoni che utilizziamo per pronunciare le parole e trasforma il segno scritto "rosa" nel suono "rosa" e infine nell'immagine di una rosa: sono solamente i bambini, e le persone scarsamente pratiche della lettura, ad avere bisogno di leggere ad alta voce, per sentire ciò che i loro occhi leggono e trasformarlo in immagini. Tutto ciò dipende dal fatto che sulla nostra corteccia cerebrale esistono aree specializzate nel linguaggio: aree in cui sono depositate le memorie delle sequenze dei muscoli azionati per far pronunciare alla nostra bocca e laringe una parola e le memorie dei suoni che a essa corrispondono. Memorie motrici (il modo in cui pronunciamo) e memorie sensitive (il modo in cui sentiamo) sono tra loro interconnesse ed è a questo livello che agisce la parola scritta, in grado di richiamare in vita suoni e significati.

Le generazioni che crescono in un mondo determinato dalle nuove tecnologie della comunicazione si confrontano quindi con due diversi modi di fare esperienza e due diversi stili di pensiero: da un lato il mondo dominato dalle immagini, da allusioni e metafore visive, da analogie, dall'altro un mondo, quello scolastico, basato sulla parola scritta e parlata, sull'astrazione, su regole diverse rispetto a quelle che dominano le icone e analogie dei videogiochi e della realtà virtuale, esperienze che sono inoltre amplificate da una dimensione musicale in grado di suscitare forti emozioni, di coinvolgere i giovani ben più della "fredda" realtà scolastica. Ma la scuola non si deve soltanto confrontare con questa nuova realtà ma anche con un secondo problema, quello relativo all'aumento della mole di conoscenze che si vogliono trasmettere, sia a scuola che nell'ambito del lavoro, mentre gli "strumenti per imparare" non sono molto cambiati rispetto al passato. Considerato nel contesto della storia dell'educazione, questo problema è abbastanza nuovo e rompe una lunga tradizione secondo cui l'apprendimento scolastico serviva a trasmettere conoscenze che sarebbero durate tutta una vita, la formazione professionale strumenti altrettanto duraturi, utili per inserirsi in ambienti di lavoro abbastanza statici. Per esempio, c'erano scuole per l'avviamento al lavoro o scuole professionali che formavano gli allievi per attività che non sarebbero mutate nel tempo: oggi, invece, il continuo sviluppo delle tecnologie e i rapidi tempi dell'innovazione richiedono lo sviluppo di una capacità più generale, quella di imparare a imparare, di saper rinnovare i propri schemi di riferimento, di sviluppare la plasticità anziché la "rigidità", in altre parole la tendenza a restare aggrappati a vecchi schemi.

Questa sfida non è facile. In un primo tempo, soprattutto la scuola, ha cercato di tenere il passo con i ritmi di innovazione e con la crescita dell'informazione adottando una strategia che puntava a fornire un panorama culturale completo, una conoscenza enciclopedica: per praticare questo approccio ambizioso era però necessario limitarsi alle "linee generali" o ricorrere a spiegazioni e semplificazioni basate sull'uso di metafore e analogie. Prendiamo per esempio un caso ben studiato da un'importante associazione culturale statunitense, l'*American Association for Arts and Sciences* che, anni addietro, insediò un gruppo di studio per valutare quali ricadute potesse avere il tentativo di cercare di insegnare "tutto" attraverso un processo di semplificazione dei libri di testo e dell'insegnamento di numerose materie scientifiche. Il problema con cui doveva confrontarsi la scuola americana non era (e non è) diverso da quello di altri paesi: in discipline quali la biologia, la fisica, la chimica, la mole di informazioni è triplicata nel corso degli ultimi cinquant'anni e il "tasso di rinnovamento" di queste materie (vale a dire la velocità con cui cambiano alcune nozioni) è spaventosamente veloce. Basti dire che la maggior parte dei membri del comitato nominato dall'associazione americana, aveva a suo tempo seguito programmi scolastici che rispecchiavano una situazione "premoderna": non si faceva cenno al codice della vita, vale a dire al DNA, di struttura del gene, alle tante particelle subatomiche scoperte dopo l'elettrone, il protone e il neutrone e via dicendo.

La commissione di studio notò che, per fronteggiare l'enorme sviluppo delle discipline scientifiche, in numerosi libri di testo rivolti ai più giovani erano state utilizzate metafore del tipo: gli acidi nucleici sono fili di perle formati da numerose "palline", i geni, ognuna delle quali ha un suo colore diverso; nell'atomo vi sono particelle estremamente piccole, simili a nanetti e via dicendo. Alla base di questo approccio divulgativo era il proposito di fornire un ventaglio di spiegazioni in grado di aggiornare le conoscenze di bambini e ragazzi e di gettare le fondamenta su cui successivamente costruire ulteriori approfondimenti: ma le analisi svolte dal gruppo di studio americano indicarono che le conoscenze della maggior parte degli studenti – anche quando si passava a successive e più approfondite spiegazioni – restavano ancorate a uno stadio metaforico, che le informazioni impartite con questo metodo non erano altro che "favolette" semplificanti che davano l'illusione di sapere. È impossibile, sostenne il gruppo di studio, che la scuola pensi di poter inseguire una massa di informazioni in continua evoluzione: è invece necessario scegliere e cercare di contestualizzare l'informazione nell'ambito di altre conoscenze, calarla nella rete di interessi degli studenti, dare strumenti per insegnare a esplorare da soli la realtà quando gli anni della scuola saranno finiti.

Per esempio, un corso di biologia per i più giovani dovrebbe rispondere a domande sulle differenze individuali, sulla crescita, sulla sessualità, sui rapporti tra fisico e sport, sulle trasformazioni dell'adolescenza, sullo sviluppo demografico, i problemi etici connessi con le scelte di tipo riproduttivo, con la salute, con l'ecologia. Si tratta insomma di incrementare, quanto più possibile, il processo di identificazione dello studente con alcuni problemi che più lo coinvolgono direttamente, dallo sviluppo del corpo e delle emozioni ai rapporti con gli altri. La filosofia prevalente di un corso scientifico, deve essere quella di favorire lo sviluppo di un atteggiamento critico, non di somministrare "verità" in pillole, di aiutare a comprendere cosa significhi formulare un'ipotesi scientifica, metterla alla prova, sperimentare, analizzare i dati, trasformare le proprie concezioni in rapporto a una particolare teoria o conoscenza scientifica. Questo tipo di apprendimento, che implica un coinvolgimento diretto di chi impara, è l'opposto delle concezioni scolastiche tradizionali: per esempio, nell'ambito della scienza è importante spiegare il contesto in cui si è verificata una scoperta scientifica, il modo in cui si è trasformata una teoria. Quale era il clima storico e culturale che ha segnato la fine della concezione tolemaica (l'Universo ruota intorno alla Terra) e il trionfo di quella copernicana (la Terra ruota intorno al Sole nell'ambito del sistema solare)? Perché si sono affermate le teorie di Charles Darwin (1809-1892) che parlavano di evoluzione e trasformazione (come quelle avvenute in seguito alla rivoluzione industriale) anziché di una natura e di un mondo statici (come quello della società tradizionale dell'*Ancien Régime*)?

IL METODO DELLA SCOPERTA

L'aspetto prevalente di un apprendimento efficace risiede tuttavia nel coinvolgimento diretto di chi impara ed è questo aspetto a essere decisamente carente nella scuola italiana che, per tradizione, manca di empirismo e procede per associazioni e dimostrazioni teoriche anziché attraverso il metodo della scoperta e della verifica. La scuola, così, può trasformarsi in un'istituzione che alfabetizza, socializza, "sgrossa" ma non ci insegna a imparare, non stimola la nostra curiosità e interessi. Tra le diverse modalità e strategie dell'apprendimento la nostra pedagogia ha dato largo spazio all'apprendimento per associazioni anziché all'apprendimento basato sulla scoperta: questo esercita una notevole attrazione sulla psiche di bambini e ragazzi (ma anche degli adulti) ed è alla base della gran parte dei videogiochi in cui la molla più forte è rappresentata dalla curiosità. Anche nella navigazione su Internet curiosità e scoperta sono una componente fondamentale che dovrebbe essere quindi considerata con maggiore attenzione se si vuole destare l'interesse di bambini e ragazzi, naturalmente attratti dal confronto con novità, meccanismi da scoprire, realtà nascoste e via dicendo. Ovviamente vi sono notevoli differenze tra bambini e bambini, maschi e femmine, ma esiste comunque una fase della crescita in cui la curiosità è molto forte: i maschietti, cercano spesso di mettere insieme una miscela esplosiva fatta di capocchie di fiammiferi e possono rischiare di bruciarsi, bambini e bambine sono attratti dalle situazioni nuove, dall'amore della scoperta. Un tempo, *Il giardino segreto* di Frances Burnett

(1910), un libro in cui venivano esplorati nuovi spazi, si scoprivano porte nascoste, occupava un posto centrale nella letteratura della seconda infanzia: ma anche ne *Le avventure di Tom Sawyer* di Mark Twain (1876) o in altri romanzi si poteva provare il brivido della scoperta, il viaggio tra i pericoli dell'ignoto. Oggi vi sono altri libri o videogiochi che non esercitano soltanto un richiamo sul senso di avventura ma anche e soprattutto sul fascino della scoperta: cosa esiste al di là della porta che si apre nel buio corridoio del castello che compare in tanti videogiochi? Cosa bisogna conoscere e fare per risolvere uno dei tanti enigmi posti dall'ultimo software? Ogni bambino e ragazzo è attratto da queste scoperte che consentono esperienze diverse rispetto a quelle più tradizionali: tra le esperienze e gli apprendimenti effettuati attraverso le associazioni e quelle che passano attraverso la scoperta esiste, infatti, la stessa differenza che passa tra sentire raccontare un'esperienza di viaggio e farla in prima persona.

Come abbiamo appena notato, l'apprendimento tramite associazioni (una catena di fatti) o tramite un approccio basato sulla strategia del "campo" (un insieme di fatti articolati in diversi livelli) è generalmente utilizzato a scuola, nei corsi d'istruzione programmata, in molti aspetti della formazione degli adulti. La strategia basata sulla scoperta implica invece che chi insegna non travasi conoscenze o concetti già strutturati nella mente di chi impara ma agisca da facilitatore, cerchi di far ripercorrere quel tragitto esplorativo che ha fatto sì che un tempo fossero acquisite quelle conoscenze che devono essere possedute da chi apprende. Questa strategia (Bruner, 1975; De Bartolomeis, 1970) può essere applicata in modo diverso secondo le situazioni: per esempio, nell'ambito di una disciplina scientifica come le scienze naturali o la chimica si possono fare esperienze sul campo o in laboratorio, nell'ambito della storia si possono fare piccole ricerche d'archivio, su testi ecc. L'importanza di svolgere un ruolo attivo nelle esperienze, e quindi di privilegiare la scoperta, il fare, i tentativi, rispecchia le tesi di Karl Popper (1902-1994) secondo cui la conoscenza si basa su prove ed errori, su congetture e confutazioni, sulla proposta di teorie volte a risolvere problemi e sulla conseguente accettazione di quelle che forniscono risposte corrette e rigetto di quelle che invece forniscono risposte negative. Per Popper (1982), conoscere e apprendere significa costruire ipotesi e verificarle attraverso un approccio che è in linea con il pensiero di numerosi pedagogisti e psicologi, da Jean Piaget (1970) a Jerome Bruner (1975). Questi studiosi della mente infantile sostengono, infatti, che se i bambini e i ragazzi arrivano da soli a una particolare soluzione o se essi riescono a cogliere autonomamente i rapporti che esistono tra realtà e concetti diversi, in conformità ad alcuni suggerimenti iniziali, le esperienze sono più significative e sono assimilate meglio rispetto a quelle che sono state precedentemente elaborate e definite da altri e che sono trasmesse "passivamente" alla mente di chi impara. Secondo l'epistemologia di Popper (1982) e la psicologia dello sviluppo di Piaget (1970) e Bruner (1975), esistono numerosi punti di contatto tra il metodo seguito dagli scienziati per approssimarsi alla verità e fare una scoperta e il modo di procedere di un bambino o di un ragazzo nell'esplorare un nuovo argomento. Se questo metodo è applicato bene, non soltanto permette di sviluppare abilità utili a risolvere i problemi, ma stimola anche la fiducia di chi impara nelle sue stesse capacità. Come abbiamo detto, le soluzioni trovate in modo attivo hanno inoltre il vantaggio di essere ricordate più a lungo.

Un approccio analogo a quello della scoperta è l'addestramento all'indagine, particolarmente indicato per argomenti basati su dimostrazioni ed esperimenti come la fisica. Si presenta (eventualmente utilizzando un filmato) un fenomeno della fisica ma non si fornisce alcuna spiegazione: sono gli allievi che devono scoprire il rapporto causa-effetto attraverso delle domande che essi pongono a un insegnante che risponde soltanto con un "sì" o con un "no". Se l'alunno non pone domande utili, l'insegnante lo instrada indicandogli in quale ambito volgere la sua riflessione. È un metodo divertente, che rassomiglia in qualche modo alla soluzione di un giallo e all'interrogatorio di un testimone reticente: utilizzato in un gruppo, esso trasforma l'esperienza di apprendimento in un gioco logico.

I metodi di apprendimento che si basano sulla scoperta e l'indagine sono produttivi e abituano chi impara ad abbandonare quella tendenza diffusa ad aspettare che siano gli altri a fornire le soluzioni. Essi sono stati strutturati in alcuni passi essenziali che puntano a sbloccare le situazioni e a favorire l'interazione dei partecipanti, giovani o adulti che siano.

1. Anzitutto bisogna sfruttare la propensione di chi impara, bambini e ragazzi in particolare, a trovare risposte a problemi o situazioni che hanno un significato personale. È utile, di tanto in tanto, far scegliere gli argomenti su cui fare analisi individuali o di gruppo. Naturalmente occorre del tempo, soprattutto quando si agisce con bambini e ragazzi che devono avere il modo di pensare, consultarsi, scrivere delle bozze di progetti, fare qualche ricerca preliminare. Bisogna però anche essere preparati al fatto che alcuni non arrivino a esprimere alcuna idea; in questo caso bisogna intervenire con suggerimenti.

2. Per evitare che sia imboccato un vicolo cieco o che ci si concentri su dettagli insignificanti, perdendo di vista gli aspetti rilevanti di un problema, è bene far sì che chi impara spieghi quello che sta facendo o il ragionamento che lo ha portato a una data scelta o soluzione.

3. È opportuno aiutare chi impara a cogliere i rapporti tra i vari aspetti di un problema, a seguire uno schema logico, a raccogliere ulteriori informazioni. Può essere necessario che il docente-formatore inquadri l'argomento che è stato scelto o fornisca informazioni o modelli interpretativi che consentano di non compiere errori di impostazione.

4. Perché questo metodo funzioni, è necessario sentirsi liberi di esprimere le proprie idee senza paura del ridicolo o dell'insuccesso, tanto più se si tratta di adulti. Bisogna quindi stabilire un'atmosfera rilassata e far presente che si può "giocare" con le idee. Se sono gli stessi partecipanti a ridere o a sminuire ciò che è stato detto da un compagno e collega è bene chiarire che non si possono produrre idee nuove se non si è divergenti in quanto il pensiero divergente è alla base della creatività. È anche utile incoraggiare la partecipazione, porre delle domande provocatorie, presentare dati contrastanti, essere paradossali...

5. Per affrontare un argomento controverso si può dividere il gruppo in gruppetti di quattro o cinque persone. Per evitare che qualcuno monopolizzi la parola può essere eletto nell'ambito di ogni gruppo un moderatore. Le conclusioni cui giungono i vari sottogruppi sono poi comunicate al gruppo intero. Il ruolo del "facilitatore" (insegnante, genitore, formatore) è quello di un osservatore benevolo ma silenzioso che interviene soltanto se è necessario riportare la discussione su binari costruttivi.

COSTRUIRE NUOVI SCHEMI

Anni or sono, la rivista *Perception* pubblicò un articolo sulle concezioni della fisica di studenti che avevano già studiato questa materia a scuola: i ragazzi, che non ricordavano più la materia, tentavano di ricostruire con l'aiuto del buon senso e della fantasia alcune leggi della fisica, in particolare quelle cui obbediscono i corpi in caduta libera. Nella ricerca svolta da Benny Shanon (1976), alcuni studenti universitari (non iscritti a corsi di fisica) dovevano risolvere questi problemi: "Se una palla che cade da una finestra raggiunge il suolo in quattro secondi, quanto tempo impiegherà per compiere metà di questo percorso?"; "Una palla cade da una finestra posta a quaranta metri da terra e in sei secondi raggiunge il suolo: a che distanza da questo verrà a trovarsi dopo tre secondi?".

Le risposte degli studenti dimostravano che, rispetto al primo quesito, i due terzi di loro avevano una concezione "newtoniana" mentre un terzo manteneva posizioni di tipo aristotelico. Gli studenti "aristotelici" rispondevano alla prima domanda affermando che metà del percorso compreso tra la finestra e il suolo veniva coperta in 2 secondi in quanto ritenevano che il moto della palla dall'alto verso il basso fosse uniforme, non accelerato: alla seconda domanda gli studenti si divisero a metà, dando risposte per il 50 per cento aristoteliche (20 metri) e per il 50 per cento correttamente newtoniane (più di 20 metri).

La ricerca condotta dallo psicologo cognitivo americano contemplava anche altre domande cui numerosi studenti risposero in termini prevalentemente aristotelici, per esempio sostenendo che se due palle di peso diverso cadono simultaneamente da una torre quella più pesante raggiunge prima il suolo. Nel loro insieme le risposte indicavano che molte persone hanno, e continuano a mantenere, concezioni "ingenue" della realtà: spiegano ciò che avviene intorno a loro secondo teorie che spesso sono "sensate" in quanto sono vicine al nostro sistema percettivo e cognitivo. Il problema è che percezione e attività cognitive, malgrado riteniamo il contrario, risultano spesso ingannevoli. Così, ci è difficile cogliere alcune differenze: se un'automobile che va a 100 km l'ora deve percorrere 100 km e percorre i primi 50 km in 30 minuti, impiegherà altri 30 minuti per percorrere i restanti 50 km: dunque anche una palla che raggiunge il suolo in 4 secondi dovrebbe impiegarne 2 per coprire metà del percorso... Questi errori "aristotelici" sono dovuti al fatto che ciò che è vicino ai sensi ci appare anche vicino alla logica mentre così non è: per esempio, un chilo di piume ci sembra più leggero di un chilo d'oro in quanto questo ha una massa notevole e, tenuto sul palmo della mano, preme su una superficie ridotta e sollecita un minor numero di recettori nervosi rispetto a un chilo di piume.

Nel commentare i risultati degli esperimenti di "fisica ingenua", al centro degli interessi degli psicologi cognitivi (Bozzi, 1990), Shanon indica come per insegnare la fisica dei fisici, cioè quella vera, non sia sufficiente impartire nuove nozioni ai ragazzi – o agli adulti – ma sia anche necessario combattere sistemi vecchi quanto quelli aristotelici, ancora annidati nelle loro teste. La ricerca psicologica dimostra infatti che ognuno di noi sviluppa precocemente convinzioni e teorie sulla realtà, utili a fornire una propria interpretazione dei fatti. A contatto con una nuova realtà, siamo portati a utilizzare quella che viene definita una "pre-comprensione", vale a dire una teoria, magari semplice ed errata, ma che può apparirci adeguata e non spingerci a ulteriori interpretazioni e ricerche: abbandonare queste forme di pre-comprensione è difficile in quanto non si tratta di singole spiegazioni ma di un vero e proprio sistema di teorie e spiegazioni che ci appaiono veritiere. Man mano che passano gli anni, questo "sistema interpretativo" fa sempre più parte del nostro modo di giudicare la realtà ed è sempre più difficile abbandonarlo: ci affezioniamo alle nostre idee ma opponiamo resistenza al cambiamento, il che può significare continuare a sbagliare o applicare vecchi schemi a realtà nuove. Apprendere significa abbandonare concezioni errate o parziali e sapere accettare quelle più evolute: imparare implica quindi costruire un nuovo edificio, dopo aver smantellato o ristrutturato quello vecchio.

Secondo una strategia educativa abbastanza consolidata, quando un argomento è troppo complesso per essere compreso da un bambino lo si può semplificare o se ne può dare una versione "provvisoria" che, in seguito, dovrà essere aggiornata e corretta. In molti casi vengono favorite quelle spiegazioni "ingenue" che sono vicine alla mente dei bambini ma lontane dalla verità: insegnanti e genitori si propongono di smantellarle quando verrà raggiunta una maggiore maturità e sarà possibile dare una spiegazione più completa e complessa. Questa strategia può funzionare in alcuni casi ma spesso il processo di "smantellamento" risulta ben più costoso rispetto a un processo di apprendimento basato sin dall'inizio sull'acquisizione delle nozioni "giuste". Questo aspetto non viene abbastanza considerato nell'ambito della scuola in cui, poiché si privilegia spesso un criterio storico, si ritiene di dover partire dalle concezioni di un tempo, spesso superate, per arrivare a quelle odierne. Soprattutto nelle materie scientifiche è invece più opportuno partire dalle concezioni più recenti e condivise, anche se ciò può richiedere uno sforzo maggiore: per esempio, nel campo della fisica può essere più appropriato (come viene ormai fatto in molte scuole statunitensi) insegnare ai bambini – ovviamente in modo semplificato e utilizzando metafore, come fanno egregiamente molti libri rivolti ai bambini – la relatività ristretta, secondo cui il tempo rallenta ad altissime velocità, anziché iniziare da spiegazioni improntate alla fisica classica e poi passare a quelle relativistiche.

In generale, anziché rafforzare o assecondare alcune concezioni più comprensibili, immediate o addirittura ingenue è meglio sforzarsi di trasmettere una visione della realtà più moderna e realistica. Questa strategia è tanto più giustificata in quanto gli apprendimenti più stabili sono quelli che vengono acquisiti nel corso dell'infanzia: si può così verificare che le concezioni errate o le mezze verità, stabilite in età infantile, lascino tracce persistenti nella mente dell'adulto. Perché allora non sforzarsi di fornire ai bambini e ragazzi spiegazioni realistiche che siano in qualche modo in linea con la "verità" da possedere? Anche i genitori, perciò, devono cercare di dare informazioni corrette, pur se semplificate, anziché assecondare le interpretazioni "ingenue" dei loro figli e rinviare la loro corretta ristrutturazione a quando "sarai più grande"...

Il modello "costruzionista" dell'apprendimento su cui ci siamo soffermati può essere paragonato all'innesto di un nuovo ramoscello su un tronco vecchio: è compito degli insegnanti e formatori, ma anche di noi stessi, cercare di favorire questa trasformazione. Perché il processo di costruzione possa avvenire, cioè perché si verifichi un "innesto" di una concezione nuova su una vecchia, è ovviamente necessario conoscere quale sia il "punto di partenza" di una persona: conoscere ciò che è noto – ai bambini da parte del maestro, agli adulti da parte del formatore, a noi stessi se vogliamo acquisire nuove conoscenze – rappresenta il primo passo per costruire una nuova rappresentazione della realtà, cioè per promuovere l'apprendimento. Questa concezione dell'apprendimento va oltre l'idea che apprendere significhi ben eseguire alcune operazioni mentali e sottolinea invece l'importanza del saper regolare queste capacità, scegliere le strategie più efficaci, variarle ecc.

IMPARARE A IMPARARE: LO SVILUPPO DI CAPACITÀ METACOGNITIVE

Dopo aver passato in rassegna due strategie dell'apprendimento, il metodo della scoperta e quello costruzionista, che dovrebbero trovare più spazio in una scuola dinamica e in grado di competere con la presa che i nuovi media esercitano sulla mente di bambini e ragazzi, ritorniamo a un aspetto fondamentale delle strategie scolastiche, vale a dire la capacità di favorire strategie dell'apprendimento durevoli, che insegnino a imparare tramite il potenziamento di abilità metacognitive. Un presupposto comune a ogni aspetto dell'imparare a imparare è che chi apprende, si tratti di un individuo o di un gruppo che, nel suo insieme, deve affrontare nuovi problemi, deve essere in grado di riflettere e analizzare le proprie strategie e i propri processi cognitivi, vale a dire praticare un approccio metacognitivo. Questo approccio non fa parte delle nostre competenze "innate" e si basa su una consapevolezza che matura con gli anni: partiamo quindi da un'analisi di alcune delle caratteristiche della mente infantile per poi passare alle capacità e strategie metacognitive degli adulti.

In genere siamo soliti pensare che la mente di un bambino in età prescolare sia aperta e pronta ad assorbire come una spugna ogni tipo di conoscenza. Può essere perciò motivo di sorpresa scoprire che in realtà i bambini piccoli imparano meno prontamente dei bambini più grandicelli (Moderato, Pino, 1997). Se il compito consiste nel memorizzare una lista di oggetti rappresentati in figure, i più piccoli mostrano di avere una memoria inferiore a quella dei più grandi: a distanza di tempo (anche tempi brevi) essi ricordano un numero di oggetti minore. Lo stesso si verifica anche per altri apprendimenti. È chiaro che non c'è nulla di sbagliato nella mente di un bambino piccolo, il suo apparato cognitivo è perfetto: ciò che egli non ha ancora appreso a quell'età sono i trucchi per utilizzarlo al meglio. È come se si trovasse in possesso di un computer nuovo e potente che però manchi di un software elaborato: il computer può eseguire compiti di base ma non quelli più sofisticati mentre potrà raggiungere livelli molto più elevati una volta che sarà stato implementato il software necessario.

Imparare a usare la memoria appartiene alle abilità metacognitive. Studiando le diverse capacità dimostrate dai bambini della scuola elementare e dai bambini prescolari nel memorizzare liste di parole e di oggetti, lo psicologo Flavell ha dimostrato che i bambini più piccoli pensano di avere memorizzato la lista mentre in realtà non l'hanno memorizzata per niente. Ecco quanto riferisce questo psicologo dello sviluppo:

> A bambini di età prescolare e delle elementari fu chiesto di studiare un insieme di *items* (in psicologia singoli elementi di un test costituiti da immagini, oggetti o parole) sinché fossero certi di poterli ricordare alla perfezione. I più grandicelli studiarono per un po' e poi dichiararono di essere pronti, e in genere questo era vero perché mostravano di ricordarli perfettamente. Anche i più piccoli studiarono la lista per un po', anche loro dissero di essere pronti, ma in realtà non lo erano. Essi ritenevano erroneamente di avere memorizzato e di potere ricordare gli *items*. Risultati di questo tipo hanno evidenziato che i bambini piccoli sono abbastanza limitati nella loro conoscenza e cognizione dei fenomeni cognitivi, cioè nella metacognizione, e che hanno uno scarso controllo della loro memoria, comprensione e di altre iniziative cognitive. (Flavell, 1979)

Un altro esempio relativo al modo in cui maturano altre capacità cognitive si riferisce a una ricerca condotta, anni addietro, dallo psicologo sperimentale Harry Harlow che indica come la capacità di generalizzare migliori con l'età, in particolare dopo i cinque-sei anni. A bambini di varie età venivano mostrate in successione diverse terne di oggetti (tutte diverse una dall'altra), in cui due dei tre oggetti erano uguali e uno era diverso (per forma, per colore o per dimensioni): gli oggetti coprivano tre piccoli buchi di un vassoio e nel buco coperto dall'oggetto diverso c'era un premio (una caramella) che il bambino guadagnava quando compiva la scelta giusta. Harlow notò che i bambini più grandi erano più rapidi nel generalizzare rispetto ai bambini di meno di cinque anni. I bambini più grandi capivano subito che l'esperimento era basato sul concetto di "diversità", cioè sul fatto che due dei tre oggetti erano accomunati da aspetti simili come dimensione, colore ecc: indipendentemente dalle terne di oggetti (per esempio due cubi e una piramide, due sfere e un uovo ecc.) riconoscevano subito l'oggetto dispari (piramide, uovo...) in quanto coglievano il criterio di "diversità". I bambini più piccoli, invece, restavano "imprigionati" dalla presenza di tre diversi oggetti (Harlow, Harlow, 1949). Le capacità metacognitive compaiono quindi gradualmente nel corso dell'infanzia: si comincia dalla generalizzazione, che rappresenta la base dell'imparare a imparare, e, man mano, si procede attraverso abilità più complesse.

Un tempo si riteneva che l'apprendimento fosse una componente fondamentale degli anni dell'infanzia e della giovinezza ma in seguito ci si è resi conto che esso fa parte di tutta la vita per diversi motivi: la vita media si è allungata, maturità e vecchiaia sono oggi due condizioni quantitativamente e qualitativamente diverse rispetto a un tempo, gli anni della formazione, soprattutto scolastica, sono molto più lunghi, le nostre conoscenze devono essere di continuo aggiornate per rispecchiare le continue trasformazioni della società e della cultura in cui viviamo, buona parte del nostro apprendimento è in qualche modo legata al tempo libero che rappresenta una parte sempre più importante della nostra esistenza. Imparare a imparare, vale a dire sviluppare strategie di apprendimento che possano essere sfruttate al di fuori delle tradizionali situazioni scolastiche, è quindi fondamentale: è un bagaglio che ciascuno di noi dovrebbe possedere, una strategia necessaria che in Italia è ai suoi primi passi: in altri paesi, invece, questo settore è molto più dinamico.

Trattandosi di un concetto relativamente nuovo, non tutti gli esperti dell'apprendimento attribuiscono lo stesso significato all'imparare a imparare. Per alcuni questo concetto si riferisce prevalentemente a delle "pre-condizioni", vale a dire alla capacità di padroneggiare quelle abilità che sono fondamentali per la nostra educazione come la lettura, la scrittura, l'ascolto, la capacità di studiare. Altri, invece, attribuiscono a questo concetto una dimensione prevalentemente sociale e quindi lo considerano nei termini della capacità di apprendere e risolvere problemi in gruppo. Altri considerano che l'imparare a imparare abbia prevalentemente a che vedere con la capacità, autonoma e autodiretta di apprendere. Altri, infine, si concentrano su un aspetto importante della nostra individualità, vale a dire gli stili di apprendimento, il modo in cui ciascuno di noi memorizza, impara, applica le proprie esperienze. Dal punto di vista operativo potremmo però dire che l'imparare a imparare significa acquisire efficacemente conoscenze e abilità, indipendentemente dalla situazione in cui ci troviamo e che la capacità di imparare *come* imparare riguarda le situazioni più diverse.

Un adulto che ha imparato a imparare ha sviluppato un insieme di capacità che hanno al loro centro l'abilità di saper regolare le proprie procedure cognitive, di scegliere le strategie più efficaci, variarle ecc. Il concetto di regolazione è al centro del cosiddetto *self-regulated learning* (Boekaerts, 1997), la capacità di essere "registi" del proprio apprendimento: è una capacità che non soltanto richiede un ruolo attivo da parte di chi impara ma, e soprattutto, una buona conoscenza della propria mente, una consapevolezza dei propri limiti e risorse, delle proprie reazioni, anche emotive, di fronte alla difficoltà e via dicendo. La metacognizione, in tal senso, diventa altrettanto importante dell'investimento cognitivo, degli sforzi dedicati a imparare: essa implica diverse capacità "regolative" di cui l'adulto può avere maggiore coscienza ma che possono essere ben adattate a bambini e ragazzi. Queste capacità implicano che si sia in grado di eseguire le seguenti operazioni.

1. Controllare il proprio apprendimento.
2. Individuare le proprie risorse e punti di debolezza.
3. Superare i blocchi dell'apprendimento e i diversi ostacoli che si incontrano.
4. Sviluppare un piano d'apprendimento.
5. Individuare le situazioni in cui un adulto impara meglio.
6. Imparare attraverso le diverse occasioni della vita quotidiana, trarre profitto dall'informazione.
7. Partecipare a un gruppo di discussione o di *problem solving*.
8. Imparare da chi ha maggiore esperienza.
9. Aiutare gli altri – persone con cui si vive, collaboratori – a imparare meglio.
10. Fare uso del proprio intuito.

Questi diversi punti delineano gli aspetti principali dell'imparare a imparare: in generale indicano che per migliorare le proprie capacità è necessario prestare attenzione al proprio modo di interagire con la realtà, di assimilare l'informazione, di controllare la propria esperienza soggettiva. Se non si è in grado di prestare il giusto ascolto alla propria esperienza soggettiva non si è in grado di controllare il proprio apprendimento.

CONCLUSIONI

In conclusione, ritorniamo al punto iniziale di questa breve rassegna, vale a dire ai rapporti tra la scuola e la realtà odierna, inclusa la "realtà psichica" delle nuove generazioni. A causa di una serie di cambiamenti dell'ambiente di vita, la mente infantile è infatti mutata, come spesso sottolineano gli insegnanti e gli psicologi dello sviluppo: bambini e ragazzi sono più precoci, più stimolati, hanno a disposizione possibilità e tecnologie precluse ai loro genitori, vivono immersi in un ricco mondo di suoni e di immagini che possono promuovere la loro creatività, hanno libero accesso all'informazione. Eppure, al tempo stesso, sentiamo spesso affermare che gli studenti non seguono più la scuola, che sono demotivati nei confronti dell'apprendimento tradizionale, che pur facendo numerose esperienze e avendo enormi possibilità non sanno trarne vantaggio... Insomma, da un lato vi è chi sottolinea gli aspetti positivi del rapporto tra le nuove generazioni e un mondo che cambia e, dall'altro, chi sostiene che il rapporto tra i giovani e la scuola è in crisi e che quindi è in pericolo la formazione delle nuove generazioni, spesso incapaci di cogliere un senso nel labirinto degli stimoli e dell'informazione ridondante dei media.

Forse il pessimismo di quanti ritengono che i ragazzi "non siano più quelli di un tempo" è in buona misura un fatto generazionale, uno di quegli atteggiamenti nostalgici che si succedono generazione dopo generazione. Tuttavia è evidente che anche gli studenti sono insoddisfatti della loro scuola e che questa istituzione è invecchiata, rispecchia ancora le concezioni in cui un ridotto numero di ragazzi acquisiva un capitale di nozioni buone "per tutta una vita". E in effetti la scuola, malgrado la dedizione di tanti docenti, è ancora improntata a strategie di apprendimento di tipo ottocentesco legate a un'ideale e astratta concezione della mente umana, al presupposto che vi sia un unico o predominante stile cognitivo, un unico modo di ragionare, imparare, interessarsi e, soprattutto, che apprendere sia un fatto naturale, spontaneo. In realtà sia le neuroscienze (interessate ai rapporti tra memoria, apprendimento, motivazione ed emozione) che le scienze cognitive (interessate ai processi mentali) indicano come la mente umana non sia monolitica ma pluralistica, sfaccettata, e che, se molte esperienze avvengono spontaneamente, altre dipendono dall'aver sviluppato la capacità di imparare a imparare: se quest'abilità non è stata sviluppata è difficile adeguarsi ai cambiamenti culturali in quanto si manca degli strumenti adatti.

La sfida odierna consiste nel promuovere quell'abilità di "imparare a imparare" che dovrebbe costituire il maggior capitale dei ragazzi di oggi quando i singoli apprendimenti e le singole nozioni saranno ormai dimenticati o rimossi. Il nostro futuro, infatti, dipende sempre più dalla nostra capacità di tenerci aggiornati, di cambiare punto di vista, di rinnovare vecchi schemi: in questa prospettiva, la conoscenza della nostra mente e dei suoi meccanismi cognitivi avrà sempre più spazio negli anni a venire in quanto l'imparare a imparare, come abbiamo visto nel corso delle pagine di questo libro, coincide con lo sviluppo di capacità metacognitive, con la nostra capacità di riflettere su come opera la nostra mente, di sapere indirizzarla in modo plastico.

BIBLIOGRAFIA

BRUNER, J. (1975), *Verso una teoria dell'istruzione*. Tr. it. Armando, Roma 1978.

BOEKAERTS, M. (1997), "Self-regulated learning: a new concept embraced by researchers, policy makers, educators, teachers and students". In *Learning and Instruction*, vol. 7.

BOZZI, P. (1990), *Fisica ingenua*. Garzanti, Milano.

BURNETT, F.H. (1910), *Il giardino segreto*. Fabbri, Milano 2000.

DE BARTOLOMEIS, F. (1970), *La ricerca come antipedagogia*. Feltrinelli, Milano.

FLAVELL, J.H. (1979), "Metacognition and cognitive monitoring". In *American Psychologist*, vol. 34.

HARLOW, H., HARLOW, M.K. (1949), "Learning to think". In *Scientific American*, vol. 181.

MODERATO, P., PINO, O. (1997), *Apprendimento e organizzazione dell'esperienza*. Cedam, Padova.

PIAGET, J. (1970), *La psicologia*. Tr. it. Laterza, Roma-Bari 1996.

POPPER, K. (1982), *La scienza e i suoi nemici*. Tr. it. Armando, Roma 2000.

SHANON, B. (1976), "Aristotelianism, Newtonianism and the physics of the layman". In *Perception*, vol. 5.

TWAIN, M. (1876), *Le avventure di Tom Sawyer*. Tr. it. Piemme, Milano 2001.

PARTE TERZA

VERSO UNA CULTURA DELLE DIFFERENZE NELLA SCUOLA

11

DIFFICOLTÀ DI APPRENDIMENTO E BISOGNI EDUCATIVI SPECIALI

Dario Ianes

L'espressione "difficoltà di apprendimento" si riferisce, in modo molto generale, a tutti quegli alunni che incontrano un qualche tipo di ostacolo o di rallentamento nei processi di apprendimento che dovrebbero svolgersi in ambito scolastico e famigliare/sociale. Tale ostacolo o rallentamento porta a esiti significativamente negativi (più o meno specifici o settoriali) che rendono necessari interventi individualizzati di recupero o di sostegno, interventi che possono essere attuati con le modalità operative più differenti. In questa amplissima categoria possiamo far rientrare gli alunni con ritardo mentale dovuto a una sindrome organica specifica e ben definita (sindrome di Down, lesioni cerebrali ecc.): si tratta di alunni che incontrano in genere notevoli e chiari deficit di sviluppo, nel senso più generale, oltre che difficoltà negli apprendimenti scolastici più tradizionali. In questi casi si definisce la persona come portatrice di ritardo mentale quando il suo quoziente intellettivo (QI) (che si misura, per molti aspetti, attraverso quelle abilità cognitive più direttamente connesse all'apprendimento scolastico) è significativamente inferiore alla media, ma anche quando il suo quoziente di comportamento adattivo è al di sotto della norma (Brown, Leigh, 1986), per esempio a causa di notevoli deficit nelle abilità di autonomia, nella socialità, nella comunicazione ecc.

La seconda categoria di alunni che sperimentano difficoltà nell'apprendimento è quella dei bambini portatori dei cosiddetti "disturbi dell'apprendimento" (Cornoldi, 1991a, b). Questi alunni presentano in genere un quoziente intellettivo adeguato e un normale comportamento adattivo, probabilmente non hanno subito danni cerebrali, non presentano patologie organiche evidenti, né vivono situazioni famigliari o socioculturali particolarmente deprivanti o difficili, ma ugualmente incontrano difficoltà significative nell'apprendimento della lettura (si pensi agli alunni finora definiti "dislessici"), della matematica e del calcolo, della scrittura, delle capacità di autoregolazione cognitiva e comportamentale (i bambini impulsivi, con disturbi dell'attenzione con o senza iperattività).

Questi alunni rappresentano ormai un grave problema soprattutto per la scuola dell'obbligo, che deve organizzare un'equa distribuzione delle sue scarse risorse di sostegno e recupero, da rendere disponibili sia per gli alunni con ritardo mentale sia per quelli con disturbi dell'apprendimento. Questo non è facile, perché le rispettive esigenze ("bisogni educativi speciali") sono profondamente diverse, anche in senso strettamente psicologico. Per esempio, gli alunni con disturbi dell'apprendimento e le loro famiglie possono rifiutare degli interventi specializzati di recupero perché temono la "certificazione" di handicappato e questa stessa resistenza è assunta spesso anche dagli specialisti dei servizi sanitari. Sulla possibilità di "certificare" anche gli alunni con disturbi dell'apprendimento, il documento "Orientamenti generali per una nuova politica dell'integrazione" del ministro della Pubblica istruzione Luigi Berlinguer (Berlinguer, 1999) auspica la "desanitarizzazione" dell'itinerario di individuazione delle persone che rientrano nella legge 104 del 1992. Ciò significa, secondo tali "Orientamenti generali", chiarire che esistono *solo due* condizioni certificabili: (a) la disabilità "classica" (individuata con diagnosi organica, di per sé non curabile: per esempio la disabilità motoria, la trisomia 21 ecc.) che riduce l'autonomia e rende necessario un intervento assistenziale permanente, continuativo e globale; (b) la disabilità che richiede un itinerario metodologico e didattico pertinente, con l'impiego eventuale di azioni di sostegno, al fine di impedire situazioni di difficoltà stabilizzata nel tempo che possano ridurre l'autonomia personale e rendere necessari interventi assistenziali come previsto dall'art. 3 della legge 104/92 – per esempio una diagnosi di dislessia per la quale si possa presumere un coinvolgimento del tessuto cerebrale, da non confondere con il "cattivo lettore"; una diagnosi di disfasia ma non di persona con "difficoltà di linguaggio". In questo secondo caso viene posto in primo piano il bisogno educativo speciale che deriva da uno specifico disturbo dell'apprendimento, e questo è un positivo passo in avanti verso lo sganciamento degli interventi di sostegno dalla certificazione delle patologie organiche conclamate. Ciò che accomuna infatti queste due condizioni, molto diverse l'una dall'altra, non è l'origine biologica, ma la necessità di intervenire in modo adeguato.

> Tale metodologia in fase di diagnosi dovrebbe permettere di distinguere, dai due precedenti, i numerosi soggetti le cui difficoltà di apprendimento emergono invece come conseguenze di una condizione di svantaggio socioculturale (provenienza da un paese straniero, da un contesto famigliare culturalmente povero ecc.) o di inadeguato approccio educativo-didattico della scuola, per i quali non è corretto formulare la certificazione di situazione di handicap, individuandoli così come persone "handicappate". (*Ibidem*, p. 318)

Il testo continua riconoscendo comunque che questi alunni presentano bisogni educativi particolari, a cui dovranno essere date risposte specifiche "anche attraverso l'intervento di personale in possesso di puntuali competenze".

Sembra dunque di assistere a una tendenza, all'allargamento delle condizioni "certificabili", sulla base della valutazione dei bisogni educativi e non delle basi patologiche, tendenza che è da considerare positivamente solo se punta progressivamente a un allargamento di portata tale da rendere poi di fatto superata la certificazione dell'alunno, che andrebbe sostituita con una valutazione complessiva dei vari bisogni educativi specifici dei vari alunni in difficoltà presenti in una scuola per organizzare risposte adeguate ai bisogni di ogni alunno.

Se nelle difficoltà degli alunni consideriamo infatti anche quelle che derivano da altri motivi – famigliari, sociali, economici, etnici – risulterà evidente come sia necessario e prioritario pensare a un miglioramento complessivo della didattica e dell'organizzazione scolastica generale, a favore soprattutto degli alunni che presentano difficoltà negli apprendimenti per le cause più differenti. Una didattica più avanzata, di cui l'individualizzazione è una componente necessaria, dovrebbe contribuire a ridurre le difficoltà di apprendimento, a rendere cioè gli apprendimenti più alla portata del maggior numero possibile di alunni.

Migliorare la didattica non significa ovviamente intervenire direttamente sulle cause del ritardo mentale o rimuovere i fattori socioeconomici che producono svantaggio culturale negli alunni, anche se, nel caso di molti bambini con disturbi di apprendimento, un intervento intensivo su alcune dimensioni della loro attività mentale può essere un "rimedio" efficace, perché diretto alle "cause" principali del loro problema. A questo proposito sono emblematici gli interventi rivolti allo sviluppo dell'autoregolazione cognitiva ed emozionale per i bambini con iperattività e disturbi dell'attenzione (Kirby, Grimley, 1986; Cornoldi et al., 1996; Vio, Tressoldi, 1998), oppure i programmi di recupero delle abilità coinvolte nel processo di apprendimento della lettura rivolti ad alunni definiti "dislessici" (Cornoldi et al., 1985).

Sebbene le risorse dell'individualizzazione e del sostegno siano da utilizzare a beneficio di una gamma molto ampia di difficoltà di apprendimento e di disagio personale, le norme vigenti obbligano per ora all'elaborazione della diagnosi funzionale e del piano educativo individualizzato solo nel caso degli alunni certificati come portatori di handicap (vedi l'art. 3 della legge-quadro nazionale 104/92). Questo non significa però che soltanto gli "handicappati certificati" beneficino di un approccio didattico individualizzato, anzi: ogni alunno apprenderà molto meglio con una didattica personalizzata.

LA DIAGNOSI FUNZIONALE

A distanza di sei anni dalla pubblicazione dell'Atto di indirizzo e coordinamento alle USL (aprile 1994), le esperienze maturate ci suggeriscono alcune riflessioni sulla diagnosi funzionale e sul profilo dinamico funzionale, intesi come strumenti essenziali di continuità e di collegamento tra risorse, nell'ottica di un riequilibrio pedagogico-didattico di questi due strumenti, liberandoli da un'egemonia sanitaria (soprattutto la diagnosi funzionale) e cercando di renderli più democratici e partecipativi, rivalutando così il ruolo della scuola e della famiglia.

Per chi negli anni Settanta aveva a cuore l'integrazione o, se vogliamo, la liberazione degli alunni portatori di handicap, la diagnosi nosologica non solo non era ritenuta sufficiente, ma sotto certi aspetti poteva rivelarsi un'arma a doppio taglio, capace di innescare processi e pregiudizi negativi. Senza contare che termini come "schizofrenia progressiva", "autismo infantile", "sindrome di Down", erano poco utili agli operatori della scuola. Da parte degli insegnanti più attenti si avvertiva la necessità di una diagnosi che fosse utile non solo ai fini classificatori, ma anche e soprattutto ai fini di un intervento preciso e mirato, in grado di attivare l'alunno in situazione di handicap seguendo le sue strategie di apprendimento con i limiti e le potenzialità che la disabilità consentiva. Questo tipo di diagnosi venne chiamata "educativa". Oggi il termine è stato sostituito – in modo più opportuno – dall'aggettivo "funzionale". Dobbiamo chiarire bene il significato del termine "funzionale" affermando che va fatta chiarezza sul ruolo di questa diagnosi che non può essere un doppione, un po' allargato, dell'individuazione dell'alunno come persona handicappata (art. 2 dell'Atto di indirizzo, 1994), né può essere una "descrizione analitica delle compromissioni", ma dovrebbe diventare la raccolta, partecipata e collaborativa tra le diverse figure di riferimento dell'alunno, di tutti quei dati che sono funzionali a una piena integrazione scolastica.

La diagnosi funzionale, così come viene descritta nell'art. 3 dell'Atto di indirizzo e coordinamento alle USL, risente invece ancora di un'impostazione prevalentemente clinico-medica ed è scarsamente in connessione con le necessità degli insegnanti impegnati nell'integrazione scolastica degli alunni in situazione di handicap.

Il modello medico nelle diagnosi con finalità educative va superato. Perciò qui di seguito presenteremo il modello di diagnosi funzionale elaborato da Ianes e Celi (1999) che si lega direttamente ai processi di integrazione scolastica, di apprendimento e socializzazione, non si esprime solo in termini tecnico-sanitari, e cerca di attivare collaborazioni più a largo raggio (includendo anche la famiglia nel momento diagnostico e non solo come serbatoio di informazioni).

La diagnosi funzionale[1] finalizzata a un intervento educativo o a un percorso didattico individualizzato rivolto agli alunni in difficoltà, analogamente a ogni tipo di diagnosi nei campi più diversi, cerca di raggiungere la conoscenza più approfondita ed estesa possibile delle varie caratteristiche della persona o situazione/interazione che esamina.

Accanto a questi requisiti generali, nel caso della diagnosi funzionale legata alla definizione del piano educativo individualizzato abbiamo un'esigenza specifica di carattere pragmatico, espressa dal termine funzionale: i dati di conoscenza, raccolti nella diagnosi, dovrebbero consentire di operare direttamente nel concreto della prassi scolastica quotidiana. Questo vuol dire che una diagnosi funzionale è realmente "funzionale" solo se è di immediata utilità per l'insegnante, se riesce a guidarlo direttamente nell'osservazione, nella scelta di obiettivi appropriati e di metodi di lavoro efficaci sulla base delle caratteristiche peculiari dell'alunno in difficoltà. In altre parole la diagnosi funzionale non può essere disgiunta dal PEI, anzi ne costituisce una componente organica.

Per costruire un buon PEI abbiamo dunque bisogno di una metodologia di diagnosi che sia approfondita, che cioè descriva dettagliatamente le caratteristiche dell'alunno e che le interpreti, cerchi di spiegarle, ma nel contempo sia connessa strettamente alla realtà della vita

1. La diagnosi funzionale è la prima componente del piano educativo individualizzato e si pone come obiettivo fondamentale la conoscenza più estesa e approfondita possibile dell'alunno in difficoltà. Questa conoscenza deve però essere funzionale, e cioè strettamente connessa alla realizzazione concreta e quotidiana di attività didattiche ed evolutive appropriate, significative ed efficaci (Ianes, Celi, 1999).

scolastica, nei suoi aspetti di insegnamento/apprendimento e di relazionalità, socialità e sviluppo psicologico-affettivo.

Perciò – date queste premesse "funzionali" – va detto che la diagnosi funzionale costituisce un compito multidisciplinare e collegiale che spetta a tutti gli attori coinvolti nella realizzazione del PEI: agli operatori della scuola in primo luogo, agli specialisti sanitari e sociali (neuropsichiatri, psicologi e assistenti sociali), alla famiglia ed eventualmente ad altri testimoni o protagonisti significativi nel processo di programmazione individualizzata anche al di fuori delle materie scolastiche. Tra questi non dobbiamo dimenticare l'alunno stesso, naturalmente in quei casi in cui ciò sia possibile (per esempio nella scuola media superiore).

Non si può quindi delegare la diagnosi funzionale esclusivamente ai tecnici specialisti, con l'aspettativa illusoria che essi forniscano agli insegnanti un distillato prodigioso di conoscenze e di linee operative, miracolosamente capace di metterli in condizione di lavorare adeguatamente, risolvendo ogni dubbio e difficoltà.

Una conoscenza veramente approfondita della situazione dell'alunno, l'esplorazione delle sue capacità, dei suoi deficit e delle varie cause e motivi che hanno ingenerato questa situazione deve coinvolgere una gamma molto ampia di persone che, naturalmente, si pongono da prospettive e con metodologie di valutazione diverse, che si dovrebbero integrare e completare a vicenda.

La famiglia dell'alunno possiede una quantità immensa e preziosa di dati: essi provengono, talvolta disordinatamente, dalla conoscenza esperienziale e spesso sono accompagnati da ipotesi interpretative incomplete. Gli specialisti tendono invece a interpretare un po' troppo e sulla base di pochi dati di conoscenza diretta dell'alunno, mentre gli insegnanti si trovano in una situazione intermedia, per certi versi privilegiata: essi vivono molte ore a contatto con l'alunno ma in una relazione professionale, e perciò con minor coinvolgimento emotivo rispetto ai famigliari. La diagnosi funzionale diventa allora non solo un compito interdisciplinare, ma si trasforma in una raccolta di informazioni e in un'elaborazione a più mani, dove i diversi apporti vanno sintetizzati e resi significativi da una regia attenta e consapevole. Una regia che sappia concentrare su di sé le funzioni di organizzare e coordinare la raccolta di dati, finalizzandola al miglioramento della prassi scolastica quotidiana, ma che sappia anche attivare la pluralità di contributi, decentrando e delegando vari aspetti della conoscenza dell'alunno.

A chi spetta questo ruolo di regia? Se la diagnosi funzionale è realmente funzionale all'integrazione scolastica, la regia dovrebbe essere collocata all'interno della scuola e operata da un ristretto gruppo operativo per l'handicap che conosce perfettamente le situazioni di apprendimento e socialità di quella scuola.

Le aree fondamentali della diagnosi funzionale

Di fronte alla straordinaria complessità del compito di conoscere e capire a fondo un alunno in difficoltà, è sicuramente problematico e semplicistico schematizzare e classificare rigidamente le categorie di dati da raccogliere, viste l'interconnessione e l'interdipendenza di moltissimi aspetti nella globalità e unitarietà della persona e la continua evoluzione e cambiamento della situazione. Dobbiamo avere ben presenti fin dall'inizio due cautele generali: primo, non è utile immergersi nei particolari e nei dettagli perdendo di vista la sintesi di una realtà umana globale e unitaria, di una persona reale, che è molto di più e ben altro che una fredda serie di dati oggettivi sul suo funzionamento. Secondo, non bisogna cercare di fermare il fluire delle situazioni personali e relazionali, cristallizzando come definitive e stabili le nostre osservazioni e pensando che rimarranno immutate anche nel futuro.

Rispettando queste fondamentali precauzioni, riteniamo comunque che siano individuabili quattro categorie di dati descrittivi e interpretativi essenziali per una diagnosi funzionale completa. Queste categorie di dati e informazioni sono ben distinguibili dal punto di vista logico e operativo, nel senso che coinvolgono per molti aspetti settori radicalmente diversi e richiedono l'uso di professionalità e strumenti per gran parte diversi. È fondamentale dunque articolare la diagnosi funzionale su quattro categorie di dati (Ianes, Celi, 1999):

– dati anamnestici, clinico-medici, famigliari e sociali;
– dati sui livelli raggiunti nelle diverse aree dello sviluppo (per esempio linguaggio, motricità, abilità cognitive ecc.);
– dati sui livelli raggiunti dall'alunno rispetto agli obiettivi presenti nella programmazione della sua classe;
– dati sulle dimensioni psicologiche, affettive, emotive, relazionali e comportamentali.

Prima parte della diagnosi funzionale: dati anamnestici, clinico-medici, famigliari e sociali. Questa è la parte che riguarda sostanzialmente la situazione fisica, organica dell'alunno, la sua patologia e la sua menomazione: in primo luogo le caratteristiche tipiche della sua sindrome, in termini biologici, fisiopatologici e delle necessità terapeutiche e riabilitative. Risulta evidente che in questa parte della diagnosi funzionale sono richieste collaborazioni specialistiche negli ambiti neurologico e psichiatrico, pediatrico, ortopedico, riabilitativo e in altre branche delle scienze biomediche. Risulta utile suddividere questa parte della diagnosi funzionale in tre distinti campi di informazione.

Il primo è la storia clinica, l'anamnesi e cioè gli eventi vissuti dall'alunno dal punto di vista sanitario. Per chi opera in ambito educativo/didattico è infatti importante conoscere almeno i principali eventi che hanno segnato lo sviluppo fisico dell'alunno, in particolare le malattie, i ricoveri, le cure tentate, i risultati raggiunti e simili.

Il secondo campo di informazioni che deve essere presente nella parte medica della diagnosi funzionale (questa parte dovrebbe comunque essere discussa tra gli attori del PEI in modo comprensibile per tutti) riguarda la situazione attuale dell'alunno, con particolare riferimento alla sua diagnosi clinica, che auspichiamo sia fatta con un sistema riconosciuto a livello internazionale, come per esempio, l'ICD-10 (OMS, 1992).[2]

Il terzo campo di informazioni clinico-mediche riguarda essenzialmente gli effetti riscontrati o prevedibili sulla prassi scolastica, causati primariamente dalle condizioni cliniche dell'alunno, così come sono state individuate dagli specialisti. In particolare, sono da evidenziare le seguenti questioni operative, descrivibili anche attraverso la codificazione recente dell'ICIDH-2 (Classificazione internazionale delle disabilità e degli handicap – OMS, Ginevra 1999).

1. Limitazioni: attività che l'alunno non può (e probabilmente non potrà) svolgere per limiti fisiologici insuperabili.
2. Precauzioni che l'operatore deve prendere con l'alunno, viste le sue particolari condizioni fisiche, come per esempio l'attenzione alla dieta, alle posture, a movimenti particolari ecc.
3. La necessità di assumere farmaci.
4. La necessità e il tipo di interventi riabilitativi di varia natura.
5. La necessità di protesi, ausili o altre tecnologie di aiuto.
6. La programmazione nel tempo di ulteriori visite e controlli.
7. Le persone specifiche di riferimento tecnico nei vari ambiti.

Gli insegnanti e le famiglie dovrebbero essere particolarmente esigenti nei confronti degli operatori sanitari, al momento della formula-

2. Come è noto, molto spesso non è individuata una sindrome precisa e vengono utilizzati termini descrittivi ormai obsoleti (per esempio, oligofrenia), ben poco precisi, del tutto inutili, se non addirittura dannosi per la comunicazione e l'induzione di aspettative (Ianes, Celi, 1999).

zione della diagnosi funzionale, chiedendo loro un'elaborazione approfondita di questi tre tipi di dati: dati storici e anamnestici, dati sulle condizioni attuali, ma soprattutto informazioni concrete sul significato operativo che il danno riscontrato riveste per la vita scolastica. A fianco di questi dati sulla situazione dell'alunno dovrebbero essere raccolte e rese disponibili una serie di informazioni sulla situazione famigliare e sociale. Tali elementi sono di competenza primaria dell'assistente sociale, che dovrebbe valutare la situazione famigliare e socioeconomica dell'alunno.

Seconda parte della diagnosi funzionale: le aree fondamentali dello sviluppo. Anche se la parte medica della diagnosi funzionale è stata elaborata in modo accurato e soprattutto con la dovuta attenzione agli aspetti educativi, tali dati non forniscono informazioni sul livello reale di competenza dell'alunno nei vari settori del suo sviluppo cognitivo-intellettivo, linguistico, motorio, dell'autonomia e altri ancora. La metodologia da adottare non può essere quella dell'enfasi negativa sulla compromissione, sulla disabilità, va superata cioè l'elencazione di tutte le cose che il nostro alunno purtroppo non sa fare. La dimensione primaria da ricercare e da definire è il livello di abilità, e cioè le cose che sa fare, i punti di forza che sono presenti nel suo repertorio di comportamenti.

Nelle varie aree dello sviluppo dovremo allora confrontare ciò che l'alunno sa e non sa fare con ciò che teoricamente e idealmente dovrebbe saper fare, data la sua età anagrafica. Questa seconda parte della diagnosi funzionale vuole dunque esplorare a fondo il livello di funzionamento generale dell'alunno, a prescindere dalle richieste specifiche che gli pone la frequenza scolastica a una determinata classe. Nel definire le aree principali di valutazione dobbiamo tenere conto anche di quanto suggerisce su questo specifico punto della diagnosi funzionale l'art. 3 dell'Atto di indirizzo: "La diagnosi funzionale, essendo finalizzata al recupero del soggetto portatore di handicap, deve tenere particolarmente conto delle potenzialità registrabili in ordine agli aspetti: (a) cognitivo; (b) affettivo-relazionale; (c) linguistico; (d) sensoriale; (e) motorio-prassico; (f) neuropsicologico; (g) autonomia personale e sociale".

Rispetto a questo schema organizzativo di contenuti, il modello di Ianes e Celi opera alcuni cambiamenti. In primo luogo si è voluto dare maggiore rilievo alla parte affettivo-relazionale, facendola diventare la quarta parte della diagnosi funzionale (vedi più avanti in questo capitolo), con più dignità e importanza, attribuendole contenuti psicologici, affettivo-emotivi, relazionali e comportamentali. In secondo luogo si sono accorpati i punti cognitivo e neuropsicologico, visti i contenuti di quest'ultimo (memoria, attenzione ecc.), dando particolare spazio agli aspetti metacognitivi e di controllo superiore dei processi e attività mentali, del tutto trascurati nell'Atto di indirizzo. Si sono divise poi le autonomie in due voci distinte: quelle personali e quelle sociali, per sottolineare la profonda differenza che esiste fra le due, utilissima proprio a scopo diagnostico riguardo al livello raggiunto dall'alunno.

Gli aspetti sensoriale e motorio-prassico si sono fusi in un unico punto, che abbiamo definito motricità e percezione. Si sono poi introdotti due punti specifici che riteniamo siano della massima importanza in questa parte della diagnosi funzionale: le abilità interpersonali/sociali (solo accennate come componenti dell'area affettivo-relazionale nello schema ministeriale) e il gioco e abilità espressive.

Riteniamo dunque che le aree generali, fondamentali da valutare in questa parte di diagnosi, siano le seguenti.

1. Abilità cognitive (attenzione, memoria, soluzione di problemi, capacità di discriminare e generalizzare).
2. Abilità metacognitive e stili di pensiero (autoconsapevolezza e autoregolazione).
3. Abilità di comunicazione e linguaggi (volontà di comunicare e padronanza dei vari linguaggi, anche non verbali).
4. Abilità interpersonali/sociali (capacità di avviare e mantenere un rapporto interpersonale adeguato).
5. Autonomia personale (abilità basilari di cura di sé: controllo degli sfinteri, alimentazione, igiene personale e vestirsi/svestirsi).
6. Autonomia sociale (abilità di autosufficienza nel rapporto con l'ambiente sociale: fare acquisti, usare i mezzi di trasporto ecc.).
7. Motricità e percezione (motricità globale e fine; funzionalità sensoriale).
8. Gioco e abilità espressive (attività ludiche, giochi, hobby e sport).

In ognuna di queste aree, l'insegnante, con la collaborazione dello psicologo/pedagogista o dell'educatore, può raccogliere dati esaurienti utilizzando strumenti strutturati di valutazione o schede di osservazione diretta.

Terza parte della diagnosi funzionale: livelli raggiunti rispetto agli obiettivi della programmazione di classe. Nella parte precedente della diagnosi funzionale abbiamo valutato i livelli di competenza dell'alunno in sette aree generali che abbiamo ritenuto in ogni caso fondamentali per il suo sviluppo, apprendimento e socializzazione. Questo a prescindere dall'età e dalla sua situazione scolastica: qualunque sia la classe frequentata, dovremo sapere qual è il suo livello per quanto riguarda l'autonomia personale e sociale, le abilità cognitive, interpersonali e così via.

Ma il nostro alunno appartiene a una classe, sta seguendo con i compagni un ben preciso percorso scolastico. E allora la nostra valutazione dovrà rivolgersi attentamente anche ai suoi punti di forza e ai deficit rispetto agli obiettivi e alle attività che si svolgono nella normale programmazione della classe. Naturalmente questa parte della valutazione ha senso se si vuole che l'alunno sia integrato nella classe e cerchi di fare il più possibile le cose che fanno tutti gli altri. Se invece l'alunno in situazione di handicap è confinato con il suo insegnante di sostegno o il suo educatore in una stanzetta, dove svolge attività completamente diverse da quelle della sua classe, non si può certo parlare di integrazione, né ha senso realizzare una diagnosi funzionale per l'individuazione di obiettivi riferiti all'attività di classe.

Come noto, purtroppo questa è ancora oggi una situazione abbastanza diffusa, anche se le scuole più sensibili e preparate la stanno decisamente superando. Ma perché la permanenza in classe abbia realmente senso per l'alunno e per i compagni, essa deve essere significativa, e cioè legata profondamente alle attività che vi si svolgono, e tale partecipazione di un alunno con difficoltà di una certa gravità è difficile da concepire e da realizzare.

Appare molto più facile, infatti, definire e realizzare percorsi speciali, ritagliati su misura sui suoi bisogni e deficit nelle funzioni generali; questo divario tra programmazione speciale fuori classe e programmazione di classe individualizzata sui bisogni specifici tende ad accentuarsi con l'età dell'alunno. In alcuni casi di alunni particolarmente tranquilli può anche essere facile il parcheggio all'interno dell'aula, con la classe che svolge il suo programma e l'alunno che esegue attività del tutto scollegate e diverse. Come si può impostare allora questa difficile parte di diagnosi funzionale, così cruciale per l'integrazione?

A un primo livello, se le abilità possedute dall'alunno sono buone, la valutazione delle sue competenze rispetto alla classe sarà effettuata con le stesse modalità che l'insegnante usa per tutti gli altri alunni. In questo caso, gli insegnanti applicano prove oggettive (o prove di ingresso) costruite artigianalmente oppure disponibili in commercio. Se però la situazione dell'alunno è più difficile, e la sua età non è proprio molto bassa, il divario tra le sue capacità e le richieste del curriculum di classe è enorme e realisticamente incolmabile. L'insegnante cerca allora di trovare un qualche punto di contatto tra le abilità possedute dall'alunno e alcuni obiettivi (e attività) propri del curriculum di una certa disciplina su cui stanno lavorando gli alunni di quella classe. In questo punto di contatto si dovrebbero trovare obiettivi e attività che rispondano a due criteri basilari.

1. Siano a portata di apprendimento da parte dell'alunno, siano cioè molto vicini ai punti di forza che sono stati evidenziati.

2. Facciano parte della disciplina in questione (siano cioè obiettivi normalizzati: anche se a livelli diversi di complessità tutti gli alunni ci stanno lavorando e non sono stati definiti soltanto per l'alunno in situazione di handicap).

Per trovare questo punto di contatto si seguono due piste convergenti: la conoscenza sempre più approfondita delle abilità e dei deficit dell'alunno nelle varie aree fondamentali di sviluppo (si veda la seconda parte della diagnosi funzionale) e la semplificazione e riduzione degli obiettivi propri di una disciplina. Se infatti si riescono a definire bene i punti di forza e di debolezza nelle aree cognitive, metacognitive, linguistiche ecc., si avrà una solida base di partenza rispetto alle possibilità di apprendimento dell'alunno su vari livelli di difficoltà di obiettivi.

Dall'altro lato, l'insegnante riduce e semplifica gli obiettivi di classe. Un primo modo per ottenere questa semplificazione è quello, ovvio, del tornare indietro agli obiettivi proposti per le classi precedenti, o addirittura per l'ordine di scuola precedente. L'insegnante elementare che si occupa dell'area linguistica in quarta classe può tornare indietro anche fino ai prerequisiti della lettura e della scrittura, e cioè agli obiettivi in uscita della scuola materna, se questo lo porta a individuare il punto di contatto tra situazione di sviluppo del suo alunno e obiettivi proponibili, legati al curriculum linguistico che utilizza con tutta la classe. Un'altra modalità utile per ridurre e semplificare gli obiettivi della classe alla ricerca del punto di contatto è quella di sottoporli ad analisi del compito task analysis, per individuare le componenti più semplici e accessibili. Un obiettivo complesso, in genere, è composto da una serie coordinata di abilità inferiori, che dovrebbero essere messe in atto congiuntamente nella sua esecuzione corretta.

In queste semplificazioni dell'obiettivo l'insegnante sta proponendo un lavoro fortemente connesso a quello che svolgono i compagni di classe dell'alunno in situazione di handicap. In molti casi la ricerca dell'obiettivo diverso (e cioè adatto alle sue capacità) ma nel contempo uguale (a quelli su cui sta lavorando la classe) è molto difficile e richiede molta creatività da parte degli insegnanti e una continua collaborazione tra quelli curricolari e quelli di sostegno.

Quarta parte della diagnosi funzionale: psicologico-relazionale.

Comprende gli aspetti psicologici, affettivo-emotivi, relazionali e comportamentali. Questa quarta dimensione della diagnosi funzionale è della massima importanza, perché ci permette di conoscere più da vicino una serie di aspetti psicologici e comportamentali che influenzano talvolta in modo determinante il benessere dell'alunno, il suo apprendimento e le sue possibilità di una socializzazione soddisfacente. Alcuni di questi aspetti sono di immediata percezione da parte dell'insegnante, altri vanno invece analizzati utilizzando strumenti di valutazione particolari o valendosi della collaborazione di uno psicologo. In ogni caso, questa quarta area completa e umanizza la diagnosi funzionale, che finora si era rivolta alla descrizione della situazione biomedica e famigliare, dei livelli di sviluppo e delle capacità scolastiche.

Questa umanizzazione prende le forme di una valutazione dell'immagine di sé come persona che apprende che l'alunno ha sviluppato nel tempo, dei suoi atteggiamenti e idee sul suo lavoro scolastico, del suo senso di autoefficacia e livello di autostima, della sua identità autonoma, della sua affettività ed emotività, della sua motivazione, della sua relazionalità ed eventualmente dei suoi comportamenti problematici. L'alunno viene qui considerato come una persona complessa dal punto di vista psicologico e non più solo come una persona che sa o non sa fare le cose che ci aspettiamo da lei.

DALLA DIAGNOSI AL PROFILO DINAMICO FUNZIONALE

La diagnosi funzionale ha prodotto una notevole quantità di dati: medici, famigliari, sociali, sulla situazione evolutiva e sulle competenze dell'alunno rispetto agli obiettivi della classe, sulle sue caratteristiche psicologiche, emotive, relazionali e sugli eventuali comportamenti problematici. Questi dati provengono da diagnosi mediche, relazioni degli assistenti sociali, incontri con i genitori, con i terapisti della riabilitazione, i logopedisti, gli psicologi, altri insegnanti; provengono inoltre dall'osservazione diretta di inizio d'anno scolastico, dalla somministrazione di test, verifiche e prove oggettive.

Tutti questi dati si accumulano spesso in modo sparso, disordinato, senza collegamenti significativi fra di loro e davanti a questo spezzettarsi di informazioni, più o meno precise e oggettive, si fa fatica a ricomporre e integrare l'unità globale e significativa dell'alunno. Le operazioni del profilo dinamico funzionale che noi proponiamo dovrebbero aiutarci a ricostruire, dai dati della diagnosi funzionale, una sintesi integrata che ci permetta di comprendere a fondo le caratteristiche essenziali di quell'alunno, trasformandole in linee operative a breve e medio termine. Come si vedrà, questa nostra proposta riguardo al profilo dinamico funzionale introduce elementi diversi rispetto all'articolo 4 dell'Atto di indirizzo del 1994. La concezione di profilo che traspare dall'Atto di indirizzo ci rende perplessi per diversi motivi. Vi è spesso un riferimento "prognostico", per esempio, nel comma 1, quando si legge: "[...] indica [...] il prevedibile livello di sviluppo che l'alunno in situazione di handicap dimostra di possedere nei tempi brevi (sei mesi) e nei tempi medi (due anni)"; oppure, nel comma 2: "descrive in modo analitico i possibili livelli di risposta dell'alunno in situazione di handicap riferiti alle relazioni in atto e a quelle programmabili"; e nel comma 3: "comprende l'analisi dello sviluppo potenziale dell'alunno a breve e medio termine". Un'espressione ricorrente è quella di potenzialità, sul cui significato possono nascere diversi dubbi. È sicuramente importante che nel profilo vi sia un'ottica positiva, che metta in evidenza le capacità dell'alunno e stimoli a promuovere sviluppo e crescita al di là di un'ottica patologica e legata al deficit.

Ma non è certo con queste concezioni prognostiche, ancora molto appesantite da una concezione medica, che si rende operativa quest'ottica positiva. Che senso ha parlare di prevedibile livello di sviluppo che l'alunno "dimostra" di possedere? Come si può dimostrare di possedere un... prevedibile livello di sviluppo? Lo sviluppo, come ognuno sa, dipende da una quantità di fattori in relazione, che sono nella persona, nell'ambiente, nell'interazione di questi due elementi e nelle rappresentazioni che di questi elementi si fanno i soggetti stessi (si pensi, per quest'ultimo punto, alla fiducia che può avere o non avere l'insegnante rispetto alle possibilità del suo alunno). Come si può prevedere tutto questo soltanto dopo un primo periodo di inserimento scolastico? Crediamo che non abbia senso cercare di prevedere il futuro, ma sia essenziale cercare invece di costruirlo, giorno dopo giorno, con attività concrete mirate a precisi obiettivi. Dove si arriverà, quali saranno i possibili livelli di risposta non lo sa nessuno, e concentrarsi in questo sforzo prognostico può essere addirittura controproducente, se induce aspettative riduttive.

Nella nostra proposta si abbandona il concetto di "potenzialità esprimibile" e si introduce quello di obiettivi a lungo, medio e breve termine. Si cerca cioè di superare quella concezione prognostica, per definire una serie di operazioni che si fondino su una concezione pedagogica e psicologica moderna, sulle metodologie più accettate di programmazione didattica, che siano di reale e immediata utilità per gli insegnanti impegnati nell'integrazione scolastica. Se si è cercato di rendere più pedagogica e allargata la diagnosi funzionale, a maggior ragione la stessa logica va riproposta in questa fase, che dovrebbe essere il ponte essenziale per passare alla definizione di attività concrete di insegnamento.

Nella nostra proposta, il profilo dinamico è una metodologia a quattro fasi, che trasforma i dati della diagnosi funzionale in programmazione degli interventi, arrivando a definire gli obiettivi a breve termine rispetto a precise priorità. Ma non è solo questo: nella prima fase si cerca di introdurre un elemento del tutto trascurato nel profilo ministeriale e cioè la sintesi significativa dei dati raccolti e la messa in relazione tra di loro, con lo scopo di capire qualcosa di più della situazione dell'alunno e per proporgli un programma di lavoro realmente individualizzato. Questo è un momento fondamentale per collegare la diagnosi funzionale alla programmazione delle attività, che molto spesso non hanno alcun contatto funzionale tra di loro. Le quattro fasi del profilo dinamico funzionale risultano dunque essere le seguenti:

Fase 1. Sintetizzare in modo significativo i risultati della diagnosi funzionale. La raccolta dei dati della diagnosi funzionale, se fatta nella maniera aperta e collegiale da noi proposta, ha prodotto delle informazioni organizzate in modo più o meno analitico. Le fonti sono state molte e diverse e hanno fornito dati anche molto differenti, si pensi per esempio a un quoziente di sviluppo motorio ottenuto con un test specifico e alle informazioni sulle capacità motorie fornite invece dai genitori. Tutti questi dati vanno però confrontati e sintetizzati in modo significativo. Le informazioni dovrebbero essere sintetizzate e integrate attorno a tre poli principali che indichiamo qui di seguito.

1. Punti di forza, e cioè livello raggiunto, abilità possedute adeguatamente.

2. Deficit, cioè carenza, mancanza, incapacità o sviluppo inadeguato rispetto ai criteri e alle aspettative.

3. Relazioni di influenza tra una caratteristica e l'altra dell'alunno.

Se pensiamo alla persona umana come caratterizzata dal più alto grado di integrazione e interconnessione di aspetti e caratteristiche, dobbiamo tentare di individuare alcune di queste relazioni, soprattutto quelle più utili per gli obiettivi dell'integrazione scolastica. Per esempio, si può riscontrare che un livello elevato di emozione (paura di sbagliare) rilevato nell'area 4 della diagnosi funzionale peggiora significativamente la prestazione di lettura del bambino (area 3 della diagnosi funzionale) e il suo linguaggio in situazione di grande gruppo (area 2 della diagnosi funzionale). È evidente come queste interconnessioni siano importanti a livello di individualizzazione del percorso educativo. L'analisi dei comportamenti problema porta poi spesso a stabilire rapporti causali circolari tra deficit di abilità interpersonali (per esempio incapacità di negoziare un conflitto) e sviluppo di modalità aggressive di relazione con i compagni. Come si vede, anche in questo caso si è stabilita una relazione di influenza, significativa e utile, tra dati rilevati nell'area 4 della diagnosi funzionale e nell'area 2.

Fase 2. Definire gli obiettivi a lungo termine. Da questi quadri sintetici si ricavano gli obiettivi a lungo termine, quelli cioè che idealmente ci piacerebbe raggiungere in una prospettiva temporale che si potrebbe collocare dall'uno ai tre anni. Si potrebbe dire che in questa fase della stesura del profilo dinamico funzionale si definiscono gli obiettivi teorici, tutti quelli cioè che derivano dall'analisi riportata precedentemente. Una gamma dunque di possibili obiettivi, all'interno della quale dovremo operare una valutazione e una scelta, per concentrare le nostre energie su quelli che sono più importanti.

Fase 3. Scegliere gli obiettivi a medio termine. In questa fase vengono scelti, tra gli obiettivi a lungo termine, quelli da cui ricavare gli obiettivi a medio termine, da raggiungere cioè nell'arco di alcuni mesi o di un anno scolastico. Si passa cioè dall'obiettivo potenziale, e cioè teoricamente adeguato alla luce dei deficit e abilità evidenziati nella diagnosi funzionale, all'obiettivo effettivo, quello cioè scelto sulla base di criteri di priorità e di equilibrio, su cui si inizia a lavorare e per il quale si deve cominciare a pensare quali materiali, tecniche e interventi saranno più efficaci.

Fase 4. Definire gli obiettivi a breve termine e le sequenze facilitanti di sotto-obiettivi. In moltissimi casi, aver definito una buona serie di obiettivi a medio termine non esaurisce questa fase di programmazione; c'è infatti bisogno di semplificarli, ridurne la complessità e scomporli in sotto-obiettivi che facilitino l'apprendimento. Queste operazioni ci portano alla parte del piano educativo individualizzato in cui vi è la definizione dei materiali e delle attività di insegnamento.

In conclusione, ripercorriamo le varie operazioni e fasi che hanno costruito il profilo dinamico funzionale: dapprima abbiamo sintetizzato i risultati della diagnosi funzionale, riducendoli organicamente in alcuni quadri attorno ai poli unificanti di abilità/punti di forza, deficit e relazioni di influenza; come operazione successiva abbiamo ricavato, in corrispondenza dei deficit evidenziati precedentemente, una serie di obiettivi potenziali a lungo termine, di abilità e cambiamenti adattivi che idealmente ci piacerebbe raggiungere con quell'alunno; subito dopo però abbiamo ridotto le nostre pretese scegliendo una serie più accessibile di obiettivi a medio termine, cercando di definirli attraverso la mediazione di esigenze diverse; questi obiettivi sono stati poi ulteriormente scomposti e analizzati in obiettivi a breve termine, organizzati in alcuni casi addirittura in sequenze facilitanti di sotto-obiettivi graduati per difficoltà. A questo punto abbiamo le idee molto più chiare sul dove andare, anche nei più piccoli dettagli, e soprattutto avremo anche riflettuto sul perché andare in un certo luogo piuttosto che in un altro; siamo pronti allora a definire modi concreti per aiutare il nostro alunno in questo viaggio, con materiali e attività specifiche di insegnamento, sia che si tratti di adattamenti e modifiche di ciò che viene fatto da tutti i suoi compagni in classe, sia che si tratti di materiali e attività specifiche studiate per alunni con difficoltà di apprendimento.

Occorre ribadire ancora che l'interlocutore, nella costruzione del PEI, non è solo quello interno alla scuola. E del resto la stessa legge 104 del 1992 è esplicita. All'art. 12 si legge: "All'individuazione dell'alunno come persona handicappata e all'acquisizione della documentazione risultante, fa seguito un profilo dinamico funzionale ai fini della formulazione di un piano educativo individualizzato, alla cui definizione provvedono, congiuntamente, con la collaborazione dei genitori della persona handicappata, gli operatori delle unità sanitarie locali, e, per ciascun grado di scuola, personale insegnante specializzato della scuola, con la partecipazione dell'insegnante operatore psico-pedagogico [...]" e più avanti sempre nello stesso articolo si dice: "[...] alla elaborazione del profilo dinamico-funzionale seguono, con il concorso degli operatori della USL, della scuola e della famiglia, verifiche per controllare gli effetti dei diversi interventi e l'influenza esercitata dall'ambiente scolastico". All'art. 13 si è ancora più drastici e precisi: si parla di programmazione coordinata dei servizi scolastici con quelli sanitari, socio-assistenziali, culturali, ricreativi, sportivi e con altre attività gestite da enti pubblici o privati. Gli accordi di programma, poi, sono ontologicamente accordi tra istituzioni diverse. Orizzontali. Perciò, nel caso dell'alunno in situazione di handicap, l'aspetto orizzontale è altrettanto importante, se non di più, di quello verticale.

BIBLIOGRAFIA

Brown, L., Leigh, J. (1986), *ABI/Test di valutazione del comportamento adattivo nell'handicappato.* Tr. it. Erickson, Trento 1987.

Berlinguer, L. (1999), "Orientamenti generali per una nuova politica dell'integrazione". In *Difficoltà di apprendimento*, vol. 4, n. 3.

CORNOLDI, C. (1991a) (a cura di), *I disturbi dell'apprendimento.* Il Mulino, Bologna.

CORNOLDI, C. (1991b), *Strategie cognitive e stili di apprendimento.* In CORNOLDI, C., VIANELLO, R. (a cura di), *Handicap, stili di insegnamento, stili di apprendimento.* Juvenilia, Bergamo.

CORNOLDI, C., GARDINALE, M., PETTENÒ, L., MASI, A. (1996), *Impulsività e autocontrollo.* Erickson, Trento.

CORNOLDI, C. ET AL. (1985), *La prevenzione e il trattamento delle difficoltà di lettura e scrittura.* OS, Firenze.

IANES, D., CELI, F. (1999), *Piano educativo individualizzato 1999-2001.* Erickson, Trento.

KIRBY, E., GRIMLEY, L. (1986), *Disturbi dell'attenzione e iperattività.* Tr. it. Erickson, Trento 1989.

ORGANIZZAZIONE MONDIALE DELLA SANITÀ (1992), *ICD-10/Decima revisione della classificazione internazionale delle sindromi e disturbi psichici e comportamentali.* Tr. it. Masson, Milano 1995.

ORGANIZZAZIONE MONDIALE DELLA SANITÀ (1999), *ICIDH-2/Classificazione Internazionale delle Menomazioni, delle Attività personali e della Partecipazione sociale.* Tr. it. Erickson, Trento 2000.

VIO, C., TRESSOLDI, P.E. (1998), *Il trattamento dei disturbi dell'apprendimento scolastico.* Erickson, Trento.

12

L'INCONTRO DELLE DIFFERENZE

L'INSEGNANTE E IL PROCESSO DI INTEGRAZIONE SCOLASTICA

Roberto Gardenghi

L'inserimento scolastico di un bambino individuato, secondo la terminologia della legge 104, come soggetto che manifesta una qualche forma di difficoltà di comportamento o di apprendimento comporta una serie di scelte che una scuola deve effettuare e che dipenderanno in parte dalle norme vigenti in materia e in parte dalle sue condizioni di organizzazione e funzionamento specifiche. Si tratta di aspetti che è importante considerare in via preliminare poiché hanno una valenza di carattere generale e anche implicazioni molto concrete. Per citarne solamente alcune basti pensare all'incidenza che l'inserimento ha sull'organico del personale della scuola e sulla formazione e il numero delle classi, sul mantenimento della sede di lavoro da parte degli insegnanti di sostegno o viceversa sulla loro condizione di perdenti-posto, sulla possibilità per gli insegnanti di ruolo di richiedere di essere utilizzati sull'handicap.

Nella scuola italiana, sino a oggi, non vi è mai stata una differenziazione tra insegnanti per esperienza didattica e livelli di responsabilizzazione nella gestione della offerta formativa, e tuttavia come si può ben comprendere è sempre esistita invece un'informale gerarchia di prestigio, di potere e autorevolezza tra insegnanti di ruolo, insegnanti perdenti-posto, supplenti annuali e temporanei ecc.

Questo sommario tentativo di descrivere gli aspetti attorno ai quali si sviluppa la dinamica dei rapporti tra i membri del corpo docente all'interno della scuola, ha lo scopo di offrire qualche flash su ciò che tende a rimanere spesso su di uno sfondo indifferenziato, e talvolta volutamente nascosto, ovvero la posizione all'interno del contesto della loro scuola di quegli insegnanti che dovranno occuparsi del processo, impegnativo e sempre conflittuale, di integrazione di un soggetto fragile, a rischio di emarginazione. Si tratta di un aspetto rilevante nel determinare le possibilità dell'insegnante di mediare tra le esigenze che emergono dalla osservazione del processo di inserimento scolastico del bambino con handicap e l'organizzazione delle attività all'interno della classe e della scuola. Il livello di riconoscimento che l'insegnante riceve dai colleghi risulta di fondamentale importanza per poter negoziare con legittimazione e autorevolezza un'organizzazione di metodi, contenuti, spazi e tempi con cui condurre il proprio lavoro.

In questo senso si può affermare che un elemento di assoluto rilievo, nel costituire le condizioni nelle quali si sviluppa il processo di inserimento scolastico di un soggetto in situazione di handicap, è rappresentato dal tipo di collocazione che l'insegnante incaricato del sostegno ha all'interno del team educativo di classe e della scuola in generale. La marginalità dell'insegnante non può infatti non riflettersi sulla possibilità di costituire quella rete di collaborazioni e interventi indispensabile per rendere effettive le opportunità di crescita e socializzazione che il contesto scolastico può offrire. Lo spirito e la lettera della legge 104 a questo proposito sono molto chiari, all'insegnante aggiuntivo è affidato il compito di sostenere le attività complessive della classe in cui è inserito il soggetto in situazione di handicap, proprio per favorirne l'integrazione. Esistono realtà in cui tutto ciò trova concreta e proficua realizzazione, tuttavia sono ancora molto frequenti le situazioni in cui, pur guidati da questa intenzione, gli insegnanti si trovano di fronte a notevoli difficoltà nel darvi concreta applicazione, ripiegando su forme più o meno compromissorie di delega all'insegnante di sostegno della gestione dell'alunno in situazione di handicap.

Ed è di questo tipo di difficoltà che intendiamo occuparci in questo lavoro iniziando a considerare le funzioni che in ciascuna scuola vengono assegnate a livello formale e a livello informale agli insegnanti che intervengono sul bambino con handicap.

LE DIVERSE CONFIGURAZIONI DELLE RELAZIONI IN CUI L'INSEGNANTE È COINVOLTO

La richiesta di contenere gli effetti di disturbo sull'attività della classe costituisce la priorità nelle situazioni in cui si abbia a che fare con problemi comportamentali. La capacità da parte degli insegnanti di comprendere tempestivamente questa esigenza è essenziale. La sua sottovalutazione comporta il rischio di essere posti di fronte alle dimostrazioni "... dovute a ciò che purtroppo è già successo...", dell'impossibilità di conciliare la presenza dell'allievo in situazione di handicap con le esigenze degli altri bambini e delle loro famiglie di avere un'esperienza scolastica serena ed efficace. In queste situazioni aumenta considerevolmente la possibilità che l'insegnante e il bambino finiscano per essere trattati come soggetti con intenzioni e diritti tanto edificanti quanto impraticabili.

Gli insegnanti che si occupano del bambino in situazione di handicap ricevono infatti il mandato di promuovere e sostenere il suo processo di crescita, ma anche implicitamente quello di svolgere una funzione di contenimento e di controllo che permetta il regolare svolgimento della attività didattica della classe e della scuola (Malagoli Togliatti, Rocchietti Tofani, 1990). Si trovano cioè collocati in un triangolo (figura 12.1) in cui gli altri due vertici, il bambino con la sua famiglia e la scuola, hanno livelli diversi di appartenenza, di coinvolgimento e di responsabilità: la possibilità di evitare che questo insieme di relazioni divenga disfunzionale è affidata alla capacità del sistema nel suo complesso di riconoscere, mediare e gestire le esigenze che emergono e di evitare che l'alleanza con il bambino e la sua famiglia, peraltro necessaria, venga ad assumere il significato di una coalizione (Haley, 1969).

Ma contemporaneamente esistono altre configurazioni che commenteremo più avanti, come quella che riguarda il rapporto tra l'insegnante di sostegno, il bambino in situazione di handicap e la sua famiglia (vedi figura 12.2); o come quella che riguarda il rapporto tra l'insegnante di sostegno, la direzione della scuola e i famigliari dell'allievo (figura 12.3).

In particolare quando ci si trova di fronte a manifestazioni di disturbi comportamentali l'integrazione dell'insegnante di sostegno all'interno del team educativo è essenziale al fine di gestire adeguatamente i rapporti con le famiglie degli altri bambini (figura 12.4).

Naturalmente queste configurazioni rappresentano solamente alcune dimensioni di quella complessa rete di relazioni che si sviluppa attorno a una esperienza di inserimento scolastico, ma è opportuno metterle in rilievo perché l'andamento del processo di integrazione viene a rispecchiarsi necessariamente nella dinamica di questi triangoli e ne è influenzata in modo rilevante.

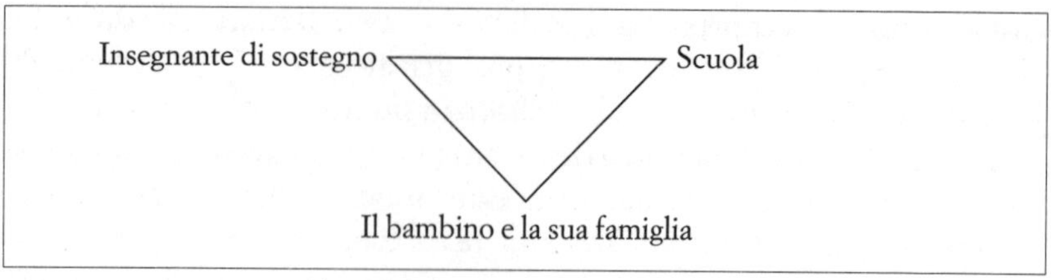

Figura 12.1

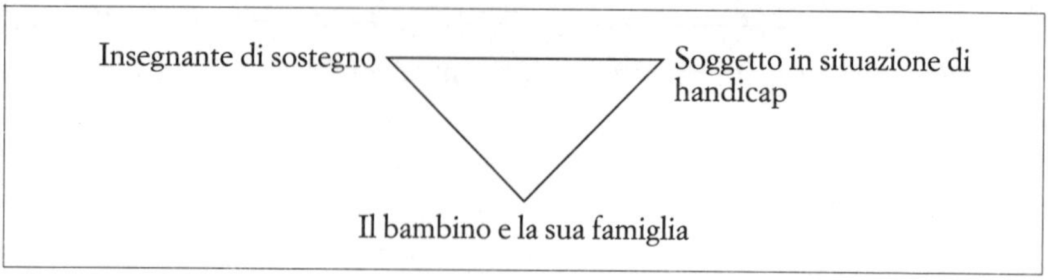

Figura 12.2

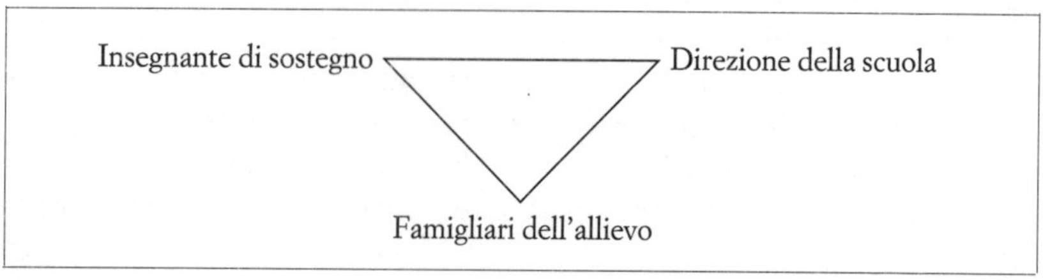

Figura 12.3

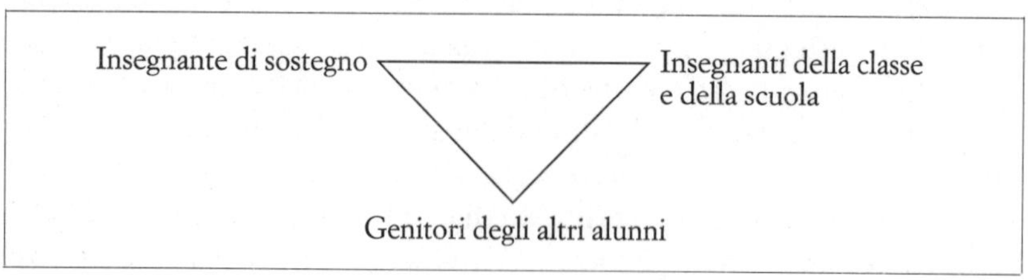

Figura 12.4

ASPETTI CHE INTERVENGONO NEL CARATTERIZZARE LA RELAZIONE TRA INSEGNANTE E SOGGETTO IN SITUAZIONE DI HANDICAP

Se passiamo a considerare le caratteristiche della esperienza degli insegnanti che si occupano di un soggetto che presenta difficoltà più o meno accentuate rispetto ai suoi livelli di autonomia, al suo sviluppo affettivo, cognitivo e relazionale, vediamo che è proprio quest'ultimo che costituisce non solo l'espressione e la sintesi di tutti gli altri, ma anche di fatto ciò che "c'è", ciò che si manifesta a dispetto di qualsiasi deficit, ciò con cui si entra concretamente in contatto, sempre e comunque. Al di là di tutti gli schemi interpretativi dell'insegnante sui processi di sviluppo normale e patologico, ciò in cui quest'ultimo si trova coinvolto, con tutto il suo normale carico di ambivalenze, è la relazione con un soggetto che si discosta dai modi di relazionarsi considerati normali per la sua età. Le caratteristiche dell'alunno impongono dunque una sorta di regressione anche all'adulto insegnante che si trova a compiere azioni diverse da quelle dei suoi colleghi, a far fronte a situazioni e ad assumere pubblicamente comportamenti che gli insegnanti "normali", con alunni normali, non si vedono costretti ad affrontare. Troviamo qui almeno due ordini di questioni: la prima è costituita dall'impatto che quel tipo di sviluppo deficitario ha rispetto all'esperienza personale e famigliare dell'insegnante, la seconda riguarda il confronto con gli altri adulti e la preservazione della propria immagine di adulto e di insegnante.

Lo sviluppo del legame di empatia

L'empatia che un insegnante sviluppa nei confronti di un bambino o di un ragazzo in una qualche situazione di handicap è da porre in relazione naturalmente con l'entità delle difficoltà di quest'ultimo, con le limitazioni fisiche o le menomazioni che vi sono eventualmente associate, con la continuità con cui si manifestano e vengono riconosciute come tali dai colleghi, dagli altri allievi, dai genitori. Mentre la continuità comporta il rischio della cronicità, ma significa prevedibilità, la discontinuità costringe invece a interrogarsi continuamente su chi sia veramente il soggetto che si ha di fronte: disorienta, confonde, è più difficile da gestire. L'insegnante ha talvolta la sensazione di trovarsi di fronte a vere e proprie resistenze nel superamento di certi comportamenti e modalità di affrontare le situazioni. Gli è evidente che spesso il limite non è costituito principalmente da una impossibilità intrinseca, strutturale, bensì e talvolta più banalmente, da una serie di abitudini comportamentali e mentali che hanno a che fare con le modalità di organizzazione e di funzionamento dell'ambiente famigliare e non solo, con il suo sistema di valutazioni e aspettative nei confronti del figlio e con una sorta di "resistenza" ad accogliere le sue indicazioni e sollecitazioni.

Si alternano momenti di apertura e di scoperta in cui il soggetto sembra riuscire ad affidarsi a un modo di guardare al mondo in un modo diverso, parzialmente sollevato dal carattere di sfiducia che caratterizza spesso il clima famigliare, a periodi in cui il soggetto sembra quasi voler tornare indietro e far dimenticare, ai suoi famigliari, i suoi attimi di tradimento, ripristinando la precedente condizione. Talvolta l'insegnante vive questa altalenanza come una sorta di resistenza a sé, come un voler negare da parte del soggetto l'esperienza fatta insieme. La richiesta di essere ancora accettato con quella modalità di comportamento viene vissuta dall'insegnante come una richiesta di collusione con la difficoltà a liberarsi dai limiti e dai vincoli, ma anche dai vantaggi secondari che la condizione di diversità comporta (Gargiulo, 1987).

La variabilità, la scoperta di risorse insperate sono elementi che depongono a favore della evolutività della situazione, ma in una percentuale incredibilmente elevata di casi ciò, subito dopo essere divenuto ragione di legittima soddisfazione, diviene invece motivo per guardare alle difficoltà attuali, come una espressione di resistenza non più ammissibile da parte del soggetto, dopo che questi ha avuto modo di conoscere gli effetti positivi delle esperienze vissute a scuola.

... quando Elisa ritorna a scuola, dopo che l'hanno tenuta a casa per qualche giorno, si deve ricominciare tutto daccapo, sembra che non si ricordi più niente di quello che è stato fatto, ricomincia a fare le cose a modo suo, sembra quasi che voglia farti sentire un'estranea, ho persino l'impressione che lo faccia un po' apposta...

Ciò che entra in gioco in queste circostanze, da parte dell'insegnante, è la capacità di mantenere un rapporto di empatia con le istanze di autonomia e indipendenza dell'allievo, ma anche con le difficoltà di sottrarsi al ruolo e alle funzioni che ha svolto nella sua famiglia fino a quel momento (Cancrini, 1974).

In caso contrario il rischio è quello che si venga a costituire un modo di pensare alle situazioni di handicap che ne capovolge i termini, passando dal considerarle intrinsecamente poco mutabili al ritenerle invece significativamente modificabili ma solamente alla condizione che vi sia una volontà e disponibilità, senza ambivalenze e ambiguità, da parte del soggetto stesso e dei suoi famigliari a modificare la loro condizione.

Dall'essere considerato un soggetto totalmente e passivamente vittima di tutti gli aspetti che caratterizzano la sua situazione di handicap, a essere ritenuto responsabile della immodificabilità della propria condizione per il forte attaccamento ai vantaggi secondari, e per un malinteso senso di lealtà rispetto ai propri famigliari e alle proprie condizioni, il passo talvolta è breve.

Mantenere un rapporto di empatia con istanze ed esigenze così implicanti il legame con una condizione di limitazione o di privazione non è affatto semplice e soprattutto comporta un investimento difficile. Si tratta di comprendere e riconoscere come ci si possa sentire legati e dipendenti anche nei confronti di una situazione che non offre speranze oltre a essere carente di risorse, piuttosto che coinvolti in una situazione che può schiudere delle aperture a un futuro un po' più praticabile. Ed è inquietante, per l'insegnante come per chiunque si occupi di queste situazioni, dover constatare il legame che si produce e si mantiene comunque attorno alle situazioni in cui anche la speranza nel futuro sembra venire negata.

La percezione delle prospettive di vita del soggetto in situazione di handicap

Notevolmente diversa si presenta la situazione in cui l'handicap è costituito da una condizione fisica o neurologica tale da rendere evidente la irrimediabilità della mancanza rispetto a un processo di crescita normale. Il carattere cronico di questa situazione rende assai più complesso il processo di costruzione di un legame di empatia, poiché si tratta di entrare in contatto con vissuti deprimenti, legati al dover constatare l'ineludibilità del lutto per ciò che avrebbe potuto essere e non è stato e non potrà essere, si tratta di dover prendere contatto con il carattere sempre mancante dell'esistenza di ciascuno rispetto a un ideale esigenza di adeguatezza. Si ha a che fare dunque con una operazione estremamente complessa in cui solamente l'attraversamento consapevole della propria esperienza di diversità pone in grado di entrare in contatto con un atteggiamento che tenderà, da parte del soggetto o dei suoi famigliari a negare, a svilire, oppure all'opposto a enfatizzare l'importanza e il significato delle funzioni che non possono o non potranno essere svolte (Cartelli, 1993).

Il carattere profondamente disarticolante di questa esperienza, rispetto al comune modo di percepirsi dentro una storia che si evolve e che si dovrebbe emancipare infine dalle proprie carenze, dà ragione del senso di angoscia che spesso coglie l'insegnante che si trova a sentirsi profondamente in colpa verso un soggetto assai meno fortunato di lui, che non per questo viene risparmiato dalla trascuratezza, dall'indifferenza e talvolta dall'insensibilità del prossimo.

Il poter accogliere dentro di sé questa constatazione di una condizione umana così privata dei comuni riferimenti prospettici, evitando di attribuirle un valore emblematico da usare talvolta per stigmatizzare i comportamenti ritenuti immaturi degli altri allievi, è impresa i cui tempi e il cui esito non si possono prevedere in anticipo, ed è tuttavia importante ai fini dell'evoluzione dell'esperienza dell'integrazione. Un rischio che può spesso verificarsi è comunque costituito dalla possibilità che alla condizione di "mancanza" del soggetto venga a sovrapporsi un vissuto di "mancanza" da parte dell'insegnante, costituendo un'illusoria e indebita affinità e rischiando con ciò di non permettere il riconoscimento del carattere profondamente differente delle loro esperienze e delle loro prospettive.

Ci troviamo qui di fronte al rischio concreto che si costituisca quel legame duale tra insegnante e soggetto dei cui esiti ci proponiamo di parlare più avanti.

Quanto abbiamo appena considerato riguarda infatti la possibilità di riconoscere sentimenti e vissuti della propria vicenda personale. La condizione del soggetto in situazione di handicap si presta in questo caso a rappresentare delle parti di sé dell'insegnante che non hanno potuto trovare adeguato riconoscimento e accettazione, ma può anche accadere che venga a rappresentare la condizione di difficoltà e di limitazione di una qualche figura appartenente al suo ambito famigliare. Anche in questo caso l'apparente vantaggio iniziale costituito dagli investimenti riparativi scaturiti dalle proprie vicende famigliari può venire ben presto soppiantato dalla difficoltà a riconoscere e accettare le differenze esistenti tra le due diverse situazioni. Più in generale si può dire che tutti gli aspetti che concorrono al costituirsi di una modalità di rapporto intensa ed empatica non sfuggono alla necessità di essere rivisti e ricollocati nella prospettiva della evoluzione della relazione, che ne richiede una costante rivisitazione allo scopo di separare il soggetto delle aspettative da quello che si manifesta concretamente.

Si tratta dello stesso processo di separazione e differenziazione che interviene in tutte le situazioni evolutive, nelle circostanze che stiamo esaminando il rischio specifico è rappresentato dal fatto che il livello delle condizioni di partenza, e la lentezza del processo di autonomizzazione, possono più facilmente trarre in inganno rispetto alla evoluzione che si produrrà comunque rispetto alle condizioni iniziali del rapporto.

Ciò che è infatti fortemente fuorviante è il non riuscire a considerare come il processo di separazione, da parte dell'insegnante, dalle attese e dalle aspettative che aveva inizialmente nei confronti del soggetto, produca già di per sé effetti di rilievo sul soggetto stesso.

Me li sono posti anch'io questi dubbi, ma non credo che abbia ripreso a fare queste assenze prolungate perché si è reso conto che mi sentivo così in crisi sul lavoro che ho fatto con lui, non credo proprio che questo possa aver influito...

Si tratta di prendere atto dell'esistenza di uno spazio relazionale ed esperienziale che è comunque inevitabilmente trasformativo (Andolfi, 1994).

L'egemonia, nella rappresentazione della situazione di handicap, della dimensione della cronicità e del ritardo di sviluppo, produce spesso l'effetto di occultare la dimensione trasformativa che viene comunque avviata attraverso la relazione con il soggetto.

Il costituirsi della relazione tra il soggetto in situazione di handicap e l'insegnante

Superata la fase iniziale di reciproco sondaggio, la relazione tra insegnante di sostegno e allievo è destinata, di solito, a intensificarsi rapidamente se non altro perché è presente una forte attenzione da parte di tutto l'ambiente scolastico nei confronti di ciò che accade tra di loro. Si tratta di una relazione imposta, non scelta spontaneamente e tuttavia che non ha neanche il carattere pubblico e paritario, sullo stesso piano dei suoi compagni, del rapporto di un allievo con il proprio insegnante di classe, e che pertanto deve trovare una collocazione e una giustificabilità (Malagoli Togliatti, Rocchietti Tofani, 1990).

Si tratta di una condizione per certi versi di privilegio, in quanto si ha l'attenzione di un adulto, e che tuttavia allude a una esigenza di particolare tutela, che deve per l'appunto trovare collocazione e giustificazione.

L'insegnante si rende conto della rapidità con cui l'allievo diviene sempre più in grado di conoscerlo, di prevederne le mosse e di mostrarsi in grado di offrire ai suoi compagni un'immagine della relazione tra di loro che non lo veda consegnato a un ruolo esclusivamente passivo e dipendente: "... quando siamo in classe lui deve far vedere ai compagni che non mi dà retta, quando invece ci troviamo a lavorare lui e io è molto disponibile e volenteroso...".

Contemporaneamente tuttavia la loro relazione si privatizza, perdendo progressivamente le caratteristiche del rapporto tra un allievo e un insegnante, per assumere quelle di un rapporto tra un soggetto non adulto e un adulto che deve tuttavia rendere conto del suo operato a una istituzione, e non può comportarsi come se fosse un qualsiasi adulto.

L'allievo per quanto "limitato" non impiega infatti molto tempo per rendersi conto esattamente di quelle che sono le preoccupazioni che l'insegnante nutre rispetto all'immagine del suo operare, dei confini che gli sono imposti dal suo ruolo di educatore che deve rendere conto all'istituzione e ai genitori di come si comporta, di come reagisce a qualsiasi provocazione: "... purtroppo tutte le volte che abbiamo fatto delle uscite lui era talmente agitato che è stato impossibile farsi ascoltare, hanno dovuto intervenire anche gli altri colleghi e i genitori presenti sono rimasti molto impressionati...".

D'altra parte l'esposizione così prolungata a un rapporto a due rende oggettivamente difficile riuscire a mantenere l'idea dell'isolabilità della responsabilità dell'allievo rispetto alle sue condotte, da quelle dell'insegnante, ovvero quell'operazione che viene normalmente messa in atto nelle classi: "... è stato molto pesante per gli altri bambini, per i colleghi e anche per lui, alla fine è stata una brutta esperienza. Mi sono sentita veramente a disagio, sono stata male anche per lui...".

Progressivamente l'insegnante si rende conto di quanto il comportamento dell'allievo sia comunque influenzato dall'andamento della relazione che si è instaurata tra di loro. E per quanto possano talvolta apparire prevedibili le reazioni del proprio interlocutore, le sue tattiche sono spesso difficili da fronteggiare proprio perché il ricorso a una modalità di rapporto confidenziale e collaborativa è vissuto come superamento di quelle che sono le consuete regole della relazione tra insegnanti e allievi.

Se dunque al vissuto di marginalità dell'allievo corrisponde anche un vissuto di marginalizzazione dell'insegnante, il rischio di collusione rispetto al trovarsi al di fuori dei ruoli tipici dell'insegnante e dell'allievo sarà molto elevato. Sta dunque all'insegnante trovare un registro in cui collocare la relazione con l'allievo, che non sia quello del rapporto genitore-figlio, non quello dell'insegnante di classe-allievo, e infine non quello di due figure che si trovano abitualmente al di fuori delle regole del loro ambiente. Esso deve avere una sua pregnanza e congruenza per evitare che entrambi finiscano in balia di una relazione a due slegata da qualsiasi sistema di regole.

La preservazione della propria immagine di adulto e di insegnante

L'insegnante spesso può giungere a sentirsi in una situazione impossibile: il suo mandato è quello di riuscire a comprendere l'allievo e nel fare ciò è costretto a esporsi con i suoi aspetti più personali, ma spesso diviene difficile e talvolta sgradevole rendere conto di ciò che sta accadendo ai colleghi e agli stessi genitori, poiché ciò che sta avvenendo rischia di apparire poco consono al suo ruolo di insegnante e di mostrare in modo troppo evidente il modo in cui l'adulto ha contribuito con le sue caratteristiche personali ed esperienziali al costituirsi di una determinata situazione.

È evidente che il margine di deroga alle modalità di rapporto tra insegnanti e allievi può essere gestito dall'insegnante in modo più o meno agevole in relazione a quanto si sente riconosciuto a livello professionale e personale dai colleghi e dal suo dirigente scolastico, e in relazione a quanto sente condiviso e compreso dai colleghi quel mandato che gli permette di acconsentire a che accadano, nella scuola e nel rapporto tra lui insegnante e l'allievo, fatti e comportamenti che di norma non dovrebbero verificarsi.

Solo dunque nella misura in cui percepisce una sufficiente condivisione di questo impegno può non vivere come trasgressivo o collusivo il suo modo di porsi e permettersi di attingere alle sue risorse ed esperienze personali e famigliari senza sentirsi esposto al rischio che ciò venga considerato poco adeguato o non pertinente al suo ruolo di insegnante. Ciò dipende anche, e in misura rilevante, dalla considerazione che egli stesso ha della sua esperienza infantile e adolescenziale-giovanile, dalla collocazione che questa ha nel suo equilibrio attuale, e dal come ha saputo integrarla nel suo modo di essere adulto.

Il rapporto con la famiglia del bambino

L'intensificarsi della relazione pone l'insegnante nella condizione di venire a conoscenza di informazioni sui famigliari dell'alunno. Per quanto possa imporsi un atteggiamento rispettoso e distaccato ben difficilmente potrà esimersi dal rispondere a una serie di domande che direttamente o indirettamente questi gli proporrà rispetto al funzionamento della sua famiglia e dal commentarne i comportamenti. In ogni caso verrà messo nella condizione di avere informazioni che gli impediranno di guardare all'allievo solo in quanto tale, e gli sarà impossibile non tenere conto del contesto della sua famiglia.

Sull'altro versante, quello della famiglia e dei genitori in particolare, non si tarderà molto a prendere atto che il figlio sta allacciando un rapporto intenso con un'altra figura adulta. In particolare saranno i colloqui con l'insegnante, il tipo di sollecitazioni e suggerimenti che questi rivolgerà alla famiglia a dare la concreta misura di come questa figura sia divenuta significativa per il proprio figlio e di come sia in grado di venire a conoscenza di aspetti del funzionamento famigliare e forse di formularsene un giudizio (Mazzara, 1997).

La mamma di Stefano lamentava il fatto che le insegnanti fossero troppo distaccate con il suo bambino, ma quando il figlio le raccontava che la maestra Giovanna era stata con lui a disegnare la sua casa, facendogli domande su dove lui dormisse, su come fosse sistemata la cucina ecc., la signora non riusciva a non sentirsi misurata e giudicata rispetto al suo tenore di vita. L'insegnante può trovarsi concretamente di fronte alla possibilità di venire triangolato rispetto alle dinamiche famigliari e della coppia genitoriale in particolare.

Non è raro infatti che si verifichino situazioni che possiamo definire "a rischio di delega", in cui una tendenza al disimpegno da parte dei famigliari, sollecita gli insegnanti ad assumere in modo sempre più massiccio funzioni che sarebbero di prerogativa genitoriale. Si tratta di configurazioni in cui talvolta si istituiscono dinamiche che vedono i famigliari del soggetto in situazione di handicap lamentare un esclusivo interesse dei servizi e delle istituzioni per il minore e l'insensibilità rispetto alle loro pur drammatiche esigenze. In questo tipo di circostanze, quando non viene tempestivamente attivato un lavoro di collaborazione con i servizi che consenta una ragionevole ripartizione di compiti, e la messa in atto di una rete di interventi in grado di rispondere alle recriminazioni e alle richieste della famiglia, è possibile che gli insegnanti si trovino, proprio per la loro esposizione nei confronti del loro allievo, costantemente sollecitati o ricattati affinché qualcuno giunga a farsi carico anche della loro condizione disagiata di genitori.

Nelle situazioni in cui uno dei due genitori stabilisce invece un rapporto di particolare dipendenza nei confronti degli insegnanti, li elegge a figure a cui riconoscere una grande autorevolezza e su cui confidare anche per la soluzione dei propri conflitti famigliari, il rischio che si può verificare è invece quello di realizzare una sorta di *affiliazione*. Dall'esigenza di tutelare oltre che l'allievo anche il genitore più debole può accadere che l'insegnante si trovi coinvolto in dinamiche famigliari in cui può vedersi attribuire la responsabilità di aver favorito con il suo atteggiamento una conflittualità coniugale. Anche in questo caso, supplire o sostituirsi ai servizi territoriali nell'assumere una funzione di contenimento e sostegno, può condurre nel tempo a conseguenze difficili da gestire.

Quando l'attenzione alle esigenze del bambino prevale nettamente sulla capacità di riconoscere il carattere complesso della condizione di disagio che determinano i comportamenti inadeguati e disfunzionali dei genitori si può verificare invece un rischio di *intrusione*. In queste situazioni, spesso nell'intento di collaborare per il superamento di difficoltà di ordine pratico, l'insegnante, dopo essersi mobilitato concretamente, può finire talvolta per mettere in atto sollecitazioni o controlli diretti sul comportamento dei singoli membri o della famiglia nel suo complesso, senza tenere sufficientemente conto delle resistenze e degli inevitabili contraccolpi dell'ambivalenza che ciò susciterà.

Il rapporto con i colleghi

L'intensificazione del rapporto, il progressivo coinvolgimento nella storia personale e famigliare dell'allievo e il fatto che vi sia una sempre maggiore esposizione da parte dell'insegnante, sono elementi che tendono a far aumentare la possibilità che i colleghi percepiscano questo rapporto sempre più come privato, e che finiscano per sentirsene esclusi o estranei.

Il lavoro in compresenza comporta poi la condizione di avere in classe un collega che lavora con altri gruppi classe, che è anche un osservatore, e così il confronto quotidiano con uno stile di comportamento e un metodo di lavoro differente, talvolta con un maggior livello di tolleranza rispetto alle difficoltà di comportamento e di apprendimento, porta con sé la necessità di affrontare la questione della differenza di trattamento e di valutazione di ciascun allievo.

La presenza della "diversità" produce in questo modo effetti a diversi livelli, tocca la questione della norma e del modello ideale, impone scelte, atteggiamenti, strategie educative e didattiche differenti e può per questi motivi mettere in crisi la struttura e l'organizzazione delle attività scolastiche in cui il richiamo all'adeguatezza, rispetto a un modello di funzionamento normale, costituisca l'elemento di maggior rilievo nell'architettura del piano formativo. La presenza del soggetto "differente" infatti impone e catalizza la questione della percezione delle differenze, la mette in luce anche nell'ambito della normalità.

Essa costringe insegnanti, allievi, genitori, a confrontarsi con il carattere specifico e non assoluto, non universale e generalizzabile degli obiettivi dell'educazione e della istruzione e della formazione, o perlomeno a considerare come pur essendovi valori generali, è nondimeno necessario riconoscere che il modo di interpretarli e gli stadi di passaggio nel perseguirli differiscono in modo notevole da soggetto a soggetto: "... quello che alle volte mi domando è, ma è giusto che sottraiamo così tanto tempo e disponibilità agli altri? Anche altri bambini hanno problemi, anche loro trarrebbero beneficio dall'avere un po' più di attenzione e disponibilità...".

Ciò che giustifica la richiesta rivolta a tutti di rinunciare a qualche aspetto della propria soggettività è proprio il fatto che il senso del proporre un modello di funzionamento normale è in qualche modo confermato, proprio nel suo valore di riferimento, dagli scostamenti più o meno ampi che si verificano da parte di tutti nella realtà. Ma nel caso del bambino con handicap ciò appare improponibile non solo perché la rinuncia alla propria particolarità non può essere considerata una scelta dipendente dalla sua volontà, ma anche perché non viene mai meno la consapevolezza del fatto che questa sorta di normalizzazione non procurerebbe vantaggi realmente spendibili per la sua condizione.

È evidente che per quanti progressi possa compiere il soggetto, non sarà mai dal confronto con la norma che potrà trarre riconoscimento, incoraggiamento e gratificazione. Ed è proprio rispetto al vantaggio-svantaggio per tutti dell'essere normali, che la presenza del bambino con handicap può fare da detonatore agli equilibri che ciascun soggetto ha trovato o sta cercando dentro di sé rispetto a questo delicato conflitto. Non possiamo chiedergli di normalizzarsi, di adeguarsi, innanzi tutto perché non è così facilmente possibile, e poi perché è evidente per quanti aspetti non sarebbe conveniente. A questo punto entra in campo la questione della "convenienza", dell'adesione al patto sociale da parte di ciascuno, e l'insegnante non può non interrogarsi su ciò che comporta come rinuncia per sé e i suoi allievi: "... il mio problema è come giustificare di fronte alla classe il fatto che a lui si permettano dei comportamenti che non sono tollerati da parte degli altri...".

Dunque alla fase iniziale di accettazione del diverso segue spesso la considerazione di come a tutti sia richiesta una rinuncia, il sacrificio di un qualche aspetto della propria soggettività per ottenere la propria integrazione. Il fatto che verso il soggetto diverso si usi una maggiore tolleranza talvolta costituisce occasione per i "normali" di divenire consapevoli di quanto è costato e costa a ciascuno rinunciare a qualche aspetto della propria soggettività, e in questi casi è possibile che si inneschino atteggiamenti ambivalenti, rivendicativi o addirittura ostili nei confronti di un soggetto a cui viene concessa una deroga ("anche gli altri bambini hanno i loro problemi ...").

La presenza in classe del soggetto in situazione di handicap mette dunque in campo la questione dei vantaggi secondari che sono conseguibili da un individuo che si discosti dalla norma dei comportamenti. Ciò offrirà a tutti, allievi, genitori e anche insegnanti, nel momento in cui si manifesterà per loro una qualche situazione di difficoltà, di inadeguatezza, la possibilità di lamentare il fatto che nei confronti della propria situazione e delle proprie esigenze non venga usata altrettanta comprensione e tolleranza.

I comportamenti disturbanti di Michele in quel periodo non erano stati più frequenti del solito e le sue insegnanti non riuscivano a capacitarsi di come, ormai in quarta elementare e a tre anni dal suo arrivo in classe, si stesse verificando una così improvvisa caduta dei margini di tolleranza da parte dei genitori degli altri alunni senza che si fossero verificate situazioni di disagio riferibili a Michele.

Spostando l'attenzione ad altri aspetti del funzionamento della classe, emerse con sorpresa che alcuni genitori erano rimasti delusi, rispetto alle loro aspettative, per i giudizi assegnati in matematica alle loro figlie con la scheda di valutazione quadrimestrale.

Proprio la risonanza profonda che viene messa in movimento in ognuno dall'impatto con la diversità dà ragione di un altro interessante fenomeno, costituito dal fatto che tra gli stessi insegnanti, che si ritenevano molto vicini sul piano delle scelte didattiche e metodologiche, e che spesso hanno condiviso anni di esperienze lavorative, si può giungere a scoprire degli aspetti di differenza anche molto rilevanti nel modo di interpretare e affrontare i problemi che sorgono nel corso di un inserimento: " ... sono molti anni che io e Maria lavoriamo insieme e lo abbiamo fatto perché ci siamo sempre trovate a condividere il modo di stare e lavorare con i bambini, è una bravissima insegnante, ma vedo proprio che questo bambino la manda completamente in crisi e le fa assumere dei comportamenti di cui non l'avrei mai ritenuta capace...".

CONDIZIONI CHE FAVORISCONO IL COSTITUIRSI DELLA RELAZIONE TRA INSEGNANTE E ALLIEVO IN SITUAZIONE DI HANDICAP

Per quanto è stato detto finora la *definizione nei confronti dell'istituzione scolastica e dei colleghi* appare una condizione essenziale affinché sia possibile all'insegnante di sostegno realizzare la sua funzione, costituita dal mantenersi in stretta connessione con i colleghi e la struttura complessiva della scuola pur nella disponibilità a intensificare e approfondire il rapporto con un allievo in particolare. Il non provare preoccupazione di lasciare emergere tratti personali nello svolgimento del proprio lavoro può consentire di non vivere come una condizione di minor considerazione professionale il fatto di occuparsi di uno o pochi allievi anziché di una classe. Tra le altre cose ciò comporta la rinuncia ad alcuni aspetti del ruolo dell'insegnante come il voto e la possibilità di mantenere una distanza dai singoli attraverso il gruppo. Infatti la motivazione del fornire regole e modelli è ciò che spesso consente all'insegnante di trascurare le particolarità dei singoli allo scopo di sollecitarli a superare gli atteggiamenti egocentrici. E anche il privarsi dello strumento più classico dell'insegnante, la valutazione attraverso il voto, costituisce un gesto vissuto spesso come intrepido, soprattutto quando ci si muove in mezzo ad adolescenti e preadolescenti.

Ciò richiede la possibilità di definire inizialmente l'organizzazione degli interventi e delle modalità di collaborazione con i colleghi, e di rivederla ogni qual volta ciò si renda necessario per evitare che le esigenze che sorgono dal processo di integrazione vengano posposte a istanze "più forti" presenti all'interno della scuola.

Gianluca lo scorso anno ha messo a soqquadro la scuola, la madre è tornata in Sicilia, lui in un primo tempo l'ha seguita e poi è rientrato a casa del padre.

Deve ripetere la prima media con orario ridotto e con due insegnanti a occuparsi di lui nel laboratorio di informatica e di attività manuali in attesa di verificare la possibilità di un graduale inserimento in classe. Data la gravità della situazione e l'allarme dei genitori la commissione formazione classi e il preside hanno ritenuto opportuno che il ragazzo provvisoriamente non venisse iscritto ufficialmente in nessuna classe.

Solamente a seguito di un acceso confronto tra il preside, i membri della commissione, e lo psicologo sarà possibile assegnargli una classe e definire un progetto che riconosca il diritto di Gianluca e dei suoi insegnanti ad avere una collocazione meno aleatoria.

Una seconda area di competenze riguarda la capacità di *entrare e mantenersi in relazione con l'altro*, dove l'atteggiamento di curiosità per il modo inconsueto dell'allievo di esprimersi e di affrontare le situazioni, sta a indicare, da parte dell'insegnante, la flessibilità dei suoi schemi cognitivi e la capacità di apprezzare organizzazioni di pensiero differenti, in cui spesso non è possibile separare la dimensione affettiva dagli aspetti oggettivi, di realtà.

Ciò significa poter rispondere alle difficoltà di decentramento dell'allievo con una capacità di decentramento dell'insegnante da quelle che sono le procedure più consuete nell'affrontare le situazioni. Un altro aspetto di rilievo è costituto dalla disponibilità a riconoscere come alle difficoltà del soggetto di esprimersi e di comprendere i compiti che gli vengono assegnati, non corrisponda una analoga difficoltà a leggere e riconoscere il significato che hanno le situazioni dal punto di vista relazionale. Accade infatti molto spesso di constatare come non venga fatto credito ai soggetti in questione di saper cogliere il significato di atteggiamenti e comportamenti messi in atto nei loro confronti dai compagni e dal personale della scuola. Emblematica di questo atteggiamento è la tendenza a considerare la esclusione da certi tipi di attività, sistematica, temporanea o episodica, come una condizione di cui il soggetto "... tanto neanche si rende conto...".

La capacità di avvicinarsi a *comprendere* il clima famigliare dell'allievo *senza assumere atteggiamenti moralistici o giudicanti*, costituisce infine una terza area di competenze.

Le ragioni per cui un insegnante corre il rischio di entrare in una sorta di contrapposizione simmetrica con la famiglia possono essere molteplici. Vanno dalla maggior facilità di identificarsi con le difficoltà dell'allievo piuttosto che non con quelle dell'adulto genitore, alla insofferenza per come i suoi limiti possono essere talvolta amplificati e strumentalizzati dai famigliari in relazione a difficoltà che sono invece loro proprie. E tuttavia, è proprio quando l'insegnante riesce a cogliere la trama della microcultura famigliare negli atteggiamenti e nei comportamenti dell'allievo e a evitare la trappola della contrapposizione, che gli diviene possibile stabilire nessi e riconoscere gli aspetti di normalità e di relativa adeguatezza rispetto all'insieme dei valori famigliari, piuttosto che collocare ogni suo comportamento come espressione dei suoi aspetti deficitari personali specifici.

ALCUNE FASI E SVILUPPI DEI PROCESSI DI INTEGRAZIONE SCOLASTICA

A titolo di esemplificazione si possono ipotizzare tre tipi di sviluppi, differenziati in modo emblematico tra di loro rispetto agli effetti di modi diversi di gestire la collocazione dell'insegnante di sostegno. Si tratta evidentemente di una rappresentazione riduttiva e limitata dal considerare all'opera questo unico fattore, e pur tuttavia può essere utile per mettere a fuoco il modo in cui si implicano tra di loro alcune delle questioni che vengono presentate in questo lavoro.

L'incidenza della prospettiva dell'inserimento sulle dinamiche interne al corpo docente e all'istituto scolastico nel suo complesso

È il momento relativo al costituirsi dell'insieme delle attese, da parte degli insegnanti, rispetto al ruolo che ciascuno di loro avrà nell'assetto organizzativo, relazionale e didattico che verrà a determinarsi con l'arrivo di un alunno in situazione di handicap. Ci si riferisce a ciò che concerne le condizioni organizzative ma ancor più le dinamiche presenti all'interno del corpo docente, e tra gli insegnanti, la direzione della scuola e le famiglie. In qualche modo è necessario fare riferimento anche alla storia di quella comunità scolastica, in particolare, ma non soltanto, rispetto alle esperienze di precedenti inserimenti. Un aspetto che recentemente ha assunto un certo rilievo riguarda l'attenzione maggiore che viene rivolta, dalle direzioni scolastiche e dagli insegnanti all'immagine che la scuola offre di sé dal punto di vista dei risultati formativi.

Avvio e collocazione della relazione insegnante-allievo

Questo momento si riferisce all'avviarsi del processo di conoscenza reciproca tra l'insegnante, l'alunno e la sua famiglia. A seconda che riesca a prendere avvio o meno una relazione significativa possono costituirsi, in linea di massima, tre tipologie di situazioni.

Nella prima l'insegnante rimane più vicino ai colleghi che non hanno sviluppato una conoscenza significativa del soggetto in situazione di handicap, in quanto anch'egli non sente di essere riuscito a individuare un modo per entrare in contatto con le sue esigenze.

Nella seconda l'insegnante può aver intuito la possibilità di entrare in rapporto in modo costruttivo, ma la difficoltà a riconoscere la legittimità di quel modo di intervenire e l'imbarazzo a proporlo ai colleghi finiscono per farla ritenere una scelta molto legata alle sue caratteristiche e motivazioni personali e dunque spesso "poco professionale".

Nelle situazioni più favorevoli accade invece che l'insegnante riesca a evitare che il rapporto divenga duale e a trovare il modo di coinvolgere i colleghi nella sua esperienza di relazione privilegiata.

Il delinearsi degli esiti del processo

Nel primo tipo di situazioni si hanno limitate possibilità di sviluppo ed è probabile che trovino conferma gli atteggiamenti scettici sull'utilità degli inserimenti. Per evitare che i compagni vengano disturbati nel loro impegno a educarsi e ad apprendere, e per meglio rispondere alle esigenze del soggetto, si rafforzerà la convinzione che occorrerebbero tecniche e insegnamenti ancor più individualizzati. Il rischio che il comportamento dell'allievo diverso produca effetti regressivi sugli altri alunni "... che hanno anche loro i loro problemi...", o di eccessiva responsabilizzazione e cautela nell'esporsi da parte di altri, costituisce un'argomentazione spesso chiamata in causa per spiegare le ragioni del far trascorrere un numero maggiore di ore fuori della classe.

Nel secondo tipo di situazioni è assai probabile che si verifichi una sempre maggiore delega all'insegnante di sostegno. Questi sentirà di dover reggere da solo il peso dell'inserimento. Svilupperà un sempre maggiore senso di responsabilità e di inadeguatezza per ciò che non è stato possibile fare e per i limiti di sviluppo dell'allievo che gli è stato affidato. Si sentirà impegnato da solo a valorizzare i risultati raggiunti, ma anche a nutrire preoccupazioni rispetto al futuro del suo allievo, al passaggio ad altri insegnanti o a un altro ordine di scuola.

Il terzo tipo di situazioni può favorire il costituirsi di dinamiche più articolate: l'insegnante ha la possibilità di condividere difficoltà e successi con i colleghi, riceve sostegno e sollecitazioni critiche e può permettersi di riconoscere anche i limiti dell'esperienza che sta conducendo, senza doverli negare o vivere come una propria responsabilità esclusiva.

All'accresciuta lucidità nel riconoscere gli aspetti che differenziano e che continueranno a caratterizzare il soggetto rispetto ai suoi coetanei, si affianca la consapevolezza di aver attraversato un'esperienza che non consentirà più di guardare alle questioni delle differenze in modo stereotipato.

Si tratta di esperienze che non conducono a negare ideologicamente la problematicità dell'integrazione, la realtà delle differenze e il rischio della loro amplificazione nel tempo, quanto piuttosto a scoprire la ricchezza di sollecitazioni che costituisce, per il processo di crescita di un'intera comunità scolastica, l'impegno che li conduce a lavorare ai limiti di quella che è la più consueta attività di insegnamento.

Anche dal punto di vista professionale, il confronto quotidiano con strategie di apprendimento particolari rappresenta un'opportunità di riflessione e di approfondimento, poiché richiede la comprensione dettagliata e analitica di ciò che nei processi di sviluppo normali appare quasi scontato e automatico.

I processi di integrazione e l'identità di una comunità scolastica

Nel primo tipo di situazioni la presenza del bambino "diverso" può giungere anche a costituire una restrizione dei margini di tolleranza rispetto al modello normativo di comportamento. I compagni possono infatti sentire la preoccupazione di non differenziarsi a sufficienza dalle prestazioni e dai comportamenti del compagno "meno fortunato", di non essere costantemente e totalmente estranei alle condotte e agli atteggiamenti che ne stigmatizzano la diversità. La sua presenza è utilizzata in qualche occasione per sollecitare i cosiddetti normali a un migliore impiego delle proprie risorse e a una maggiore responsabilizzazione.

E infine l'impegno aggiuntivo che l'inserimento comporta rappresenta talvolta una giustificazione plausibile per quanto non viene realizzato o condotto in modo soddisfacente nelle attività didattiche.

Il secondo tipo di situazioni spesso si evolve nella direzione di una altalenanza incessante tra alleanze insegnanti-famiglia contro la scuola nel suo insieme, e alleanze famiglia-scuola rispetto agli insegnanti, tacciati di essere talvolta troppo intrusivi oppure poco professionali e capaci. Gli inserimenti continueranno a essere effettuati e tollerati come un doveroso contributo di solidarietà che ha tuttavia un carattere di sostanziale estraneità rispetto agli scopi della istituzione scolastica. Il confronto sui risultati conseguiti, sui metodi da utilizzare, sulla organizzazione, sui mezzi e le strategie, rischia di divenire facilmente occasione di contrapposizione ideologica tra gli insegnanti più disponibili agli inserimenti e coloro che li vedono come un intervento assistenziale che rischia di limitare ulteriormente le già scarse risorse della scuola.

Il terzo tipo di situazioni ha la prerogativa di poter favorire la crescita di una cultura dell'integrazione sia dal punto di vista della professionalità degli insegnanti che della istituzione scolastica nel suo complesso. Si viene infatti a costituire un patrimonio di esperienze legate all'aver affrontato momenti di criticità e scelte talvolta rischiose. Il processo educativo viene sperimentato come un esercizio di incertezze, di dubbi e di scoperte impreviste e non solo come attuazione di programmi e regole. La comunità scolastica si sente valorizzata da quanto accade di positivo e costruisce quotidianamente il suo senso e la sua legittimazione nel riconoscersi come luogo dove tra mille difficoltà è possibile ascoltare le persone nella loro particolarità e rispettarne la dignità.

CONCLUSIONI

La capacità di un insegnante di stabilire relazioni è determinante al fine di sviluppare un contatto proficuo con il soggetto fragile, ma è proprio su questo aspetto che è più difficile comunicare, perché tra colleghi si tende spesso a considerare questi aspetti idiosincratici e non professionali.

Pertanto il confrontarsi rispetto alle modalità di relazione con gli allievi è sentito ancora spesso come una indebita intrusione in quelle che sono le caratteristiche personali di un insegnante, rispetto alle quali non è ritenuto corretto e pertinente intervenire in quanto: "ognuno ha il carattere che ha".

Infatti, mentre rientra nella prassi del lavoro dei consigli di classe e di interclasse procedere alle verifiche sui programmi, sui metodi didattici e sui criteri valutativi, non è consueta la possibilità di confrontarsi rispetto alle modalità relazionali utilizzate da ciascun insegnante e alla loro adeguatezza ed efficacia (Arabi, 1985).

Il confronto sulle modalità relazionali messe in atto nei rapporti con gli allievi può essere reso possibile costituendo un contesto caratterizzato da una presenza esterna alla istituzione scolastica, che offra garanzie rispetto alle capacità professionali di conduzione costruttiva di un'iniziativa di questo genere, e in particolare per la gestione del singolo processo di integrazione costituisce probabilmente la risorsa principale. Questa funzione la possono svolgere gli operatori dei servizi o consulenti comunque esterni che riescano a promuovere una possibilità di lettura neutrale e pregnante dei processi di integrazione e delle dinamiche dei contesti istituzionali in cui si realizzano.

In questo lavoro si è cercato di mettere in evidenza la varietà e complessità di piani ai quali sono chiamati a porre attenzione gli insegnanti impegnati nella relazione con un soggetto in situazione di handicap e gli effetti che possono prodursi nella realizzazione dei processi di integrazione. Pensare l'integrazione senza considerare la necessità di migliorare la capacità di riconoscere e valorizzare le "differenze" degli altri alunni e del personale che lavora nella scuola, oltre a costituire un'opzione ideologica dagli effetti perversi, significherebbe per gli insegnanti trovarsi coinvolti in dinamiche che rendono necessari meccanismi di negazione sempre più massicci e diffusi, non solo nei confronti dell'allievo "diverso" e dei suoi famigliari, ma nei confronti dei suoi compagni di classe, con i colleghi e la scuola nel suo insieme. A esigere di essere riconosciute e approfondite sono le "differenze" stesse del soggetto inserito poiché negarle significherebbe impedirsi di conoscerlo e renderebbe sterile la migliore delle intenzioni nei suoi confronti. Ma un processo di integrazione comporta che si creino condizioni affinché possano essere ascoltate e riconosciute anche le differenze che i ragazzi normali hanno tra di loro e rispetto al soggetto portatore di handicap poiché rappresentano la condizione per cui ciascun individuo è coinvolto dal confronto con i vissuti, le sorprese e le incertezze che ogni situazione di differenza comporta (Tesio, 2000). Appare altrettanto necessario che vengano introdotte delle modalità di lavoro che consentano di tenere conto delle differenze che caratterizzano gli insegnanti tra di loro, affinché il senso di molta parte di ciò che accade in una classe e una scuola in cui viene inserito un soggetto in situazione di handicap possa essere riconosciuto. Ed è il modo in cui differiscono tra di loro le famiglie e i genitori che ha necessità di essere apprezzato, per poter conoscere quanto mettono a disposizione dei loro figli e tenere conto di come potranno trovare collocazione le proposte che verranno fatte a scuola nell'architettura di conoscenze, valori e regole famigliari.

L'esperienza con l'allievo che presenta una qualche forma di difficoltà costituisce la possibilità di sperimentare il carattere travagliato dei suoi processi di sviluppo e contemporaneamente permette di meglio apprezzare la complessità e l'articolazione dei processi di sviluppo che appaiono normali, in questo modo essa diviene un'occasione per comprendere meglio la storia delle difficoltà di tutti. La riuscita nel far conseguire ai propri allievi in situazione di handicap risultati che apparivano inizialmente assolutamente improbabili, può divenire un patrimonio utilissimo di esperienze professionali e uno stimolo a considerare le potenzialità presenti in ciascun allievo. L'intera comunità scolastica può trarre vantaggi, con i dovuti adattamenti, dalla sperimentazione di attività e percorsi didattici alternativi.

L'esperienza dell'handicap, come quella del "disagio", hanno contribuito infatti in modo determinante a far entrare in molte realtà della scuola italiana la possibilità di porsi criticamente rispetto al lavoro didattico che vi viene svolto, di cercare alternative a percorsi tanto tradizionali e rassicuranti quanto scontati nella loro scarsa efficacia, non escludendo di prendere talvolta dei rischi e di sperimentare l'incertezza di itinerari inconsueti. E ciò sta a indicare il livello di difficoltà che la cultura professionale della nostra scuola ha incontrato nell'interrogarsi, riconoscere e valorizzare le "differenze". In poche circostanze per esempio come quella della presenza di un allievo in una situazione di handicap, l'intero corpo insegnante accoglie con sollievo e approvazione l'arrivo di un collega che sa condurre un laboratorio, che ha l'hobby dell'informatica o sa suonare la chitarra.

Per quanto abbiamo visto, anche il modo in cui gli insegnanti di sostegno sono in grado di gestire la loro condizione di liminalità ha la sua parte nel promuovere all'interno dei contesti scolastici la capacità di riconoscere e utilizzare le differenze.

A loro viene infatti richiesto di impegnarsi a riconoscere le caratteristiche del soggetto e contemporaneamente di impegnarlo, coinvolgerlo nel progressivo riconoscimento di quelle regole che potranno sollevarlo da alcuni aspetti della sua condizione di particolarità che lo vincolano ben oltre i suoi limiti "oggettivi". La peculiarità del ruolo dell'insegnante di sostegno consiste nel porre contemporaneamente attenzione alla relazione che sta costruendo con il bambino e la sua famiglia e alla struttura di rapporti con e tra i colleghi, ed è nella misura in cui sarà in grado di evitare di attestarsi prevalentemente da una parte o dall'altra che può giungere a svolgere quella funzione di ponte tra mondi ed esperienze che spesso differiscono in modo rilevante.

E affinché questi ponti possano costituirsi efficacemente e consentire, a coloro che da posizioni diverse sono coinvolti in queste vicende, transiti e confronti tra le sponde che queste differenze rappresentano, è quanto mai necessario che nella scuola gli inserimenti vengano considerati dei processi e che la lettura delle dinamiche relazionali che si sviluppano al loro interno possa essere utilizzata come strumento per osservarli e guidarli.

BIBLIOGRAFIA

ANDOLFI, M. (1994), *Il colloquio relazionale*. APF, Roma.

ARABI, N. (1985) (a cura di), *L'emotività a scuola: una proposta di autosservazione dei processi relazionali*. Franco Angeli, Milano.

CANCRINI, L. (1974), *Bambini diversi a scuola*. Bollati Boringhieri, Torino.

CARTELLI, G. (1993), *Handicap, pregiudizi, stereotipi*. Bulzoni, Roma.

GARGIULO, R.M. (1987), *Lavorare con i genitori di bambini handicappati*. Zanichelli, Bologna.

MALAGOLI TOGLIATTI, M., ROCCHIETTI TOFANI, L. (1990), *Il gruppo-classe*. NIS-Carrocci, Roma.

HALEY, J. (1969), "Verso una teoria dei sistemi patologici". In ZUK, G.H., BORZORMENYI-NAGY, I. (a cura di), *La famiglia: patologia e terapia*. Tr. it. Armando, Roma 1970.
MAZZARA, B.M. (1997), *Stereotipi e pregiudizi*. Il Mulino, Bologna.
TESIO, E. (2000) (a cura di), *L'uovo fuori dal cesto*. UTET, Torino.

,

13

L'UOMO È IL MIGLIOR FRATELLO DEL CANE

Maurizio Viaro

PREMESSA

Amarcord. Tutti, o quasi, hanno visto *Amarcord* di Federico Fellini e molti ricorderanno le scene del film dedicate alla scuola. Tutti, o quasi, hanno in mente propri ricordi di scuola, talora esilaranti come nel film di Fellini, che rimangono vivi nel trascorrere del tempo. Tra questi ricordi, non mancano di regola quelle memorabili produzioni scolastiche comunemente note sotto il nome di castronerie.

Tra i ricordi scolastici di chi scrive, si conservano con particolare freschezza le descrizioni di alcune battaglie antiche e greche, nella traduzione di alcuni studenti liceali. "Durante la battaglia, i soldati formarono una piramide umana con 20 uomini sotto e 15 e 10 sopra." L'immaginazione basta appena a raffigurare mentalmente questa scena guerresca: nel bel mezzo di quella specie di mattatoio che dovevano essere le battaglie nell'antichità, tra uomini fatti letteralmente a pezzi e squartati all'arma bianca, un manipolo di eroi si produce in un numero degno del circo di Pechino. Lo stesso brano (che dobbiamo immaginare irto di difficoltà) era così tradotto da un compagno di sventura: "Durante la battaglia, 10 uomini si divisero in gruppi di 15 e 20". Altre battaglie invece si risolvevano in un girotondo di bambini, come quella in cui "i soldati appoggiarono le loro manine sulla schiena dei nemici". Si potrebbe naturalmente continuare, passando in rassegna le diverse materie. Ma il nostro scopo è diverso.

Questo capitolo si occupa infatti di castronerie, ma non con intento enciclopedico, né di attenuare l'assurdità di alcune risposte o di sostenere che sono portatrici di una qualche ricchezza nascosta, quanto piuttosto di mostrare che probabilmente nessun bambino le produrrebbe senza l'aiuto di un adulto che gli vuol insegnare qualche cosa.

La spiegazione più ovvia non è la sola possibile né necessariamente la migliore o la sola. Gli esempi guerreschi portati sopra rappresentano probabilmente parti occasionali di menti disperate di fronte a una frase incomprensibile. Avendo conosciuto personalmente gli autori delle traduzioni citate, chi scrive può garantire che si trattava di soggetti normodotati, che nella vita di ogni giorno non avrebbero mai ritenuto credibile che una battaglia si potesse essere svolta in quel modo, che sapevano benissimo fare divisioni con numeri interi e che, anche a scuola, in altre occasioni si sono difesi onorevolmente. Proprio per questo, le loro risposte non hanno suscitato reazioni diverse dall'ilarità momentanea. Il problema è più complesso nei casi in cui la risposta assurda o priva di logica non è fatto occasionale, ma un prodotto che compare con regolarità nel lavoro scolastico di un bambino che pure, per altri aspetti o in altri contesti, sembra sostanzialmente normale quanto a facoltà mentali. In generale, in questi casi sembra ovvio spiegare la sistematicità degli errori in modo sostanzialmente diverso da quello in cui si spiegano le risposte assurde occasionali. La cultura popolare ha da sempre definito tali soggetti dicendo che il bambino è sveglio ma non è portato per la scuola oppure – se la sua disabilità è settoriale – che non capisce la matematica, quello che legge ecc. La scienza attuale traduce queste formule *naïves* in termini di deficit neuropsicologici. La quasi incredibile mole di letteratura scientifica dedicata all'argomento e la saggezza popolare si basano sullo stesso presupposto apparentemente ovvio e sono (almeno in questo) convergenti, tanto che sembra difficile dire sull'argomento qualche cosa che non si basi sulle stesse premesse.

In realtà, queste spiegazioni puramente in negativo non sono del tutto soddisfacenti, almeno nel senso che non spiegano tanto ciò che il bambino dice o fa, quanto piuttosto quello che *non* fa: non risponde esattamente a un determinato tipo di quesiti, non segue un procedimento mentale logico ecc. Quelle che abbiamo però di fronte sono risposte, non il silenzio o il rifiuto di rispondere: non è forse del tutto ovvio trascurare ciò che viene detto o fatto per limitarsi a spiegare ciò che manca (una risposta che sia almeno sensatamente sbagliata). A ben vedere, non è nemmeno ovvio spiegare il non-senso sistematico in modo diverso da quello in cui si spiega lo stesso fenomeno, quando si presenta occasionalmente.

Lo scopo di questo capitolo è appunto cercare di ricostruire il modo in cui talune risposte assurde si producano, vale a dire come il bambino arrivi a dire quello che dice piuttosto che quello che non dice, partendo da una premessa dell'approccio sistemico classico: collocare un fenomeno nel contesto in cui esso si verifica. Questo capitolo si occuperà dunque dei bambini che sono definiti sin dalla scuola elementare come soggetti meritevoli di attenzioni specialistiche e per questo inviati per consultazione ai servizi di neuropsichiatria infantile. Dalla prospettiva assunta qui, è utile prendere in considerazione questo aspetto contestualmente rilevante.

I PROBLEMI DI APPRENDIMENTO COME DISTURBI MENTALI: ALCUNI DATI

Come sanno quanti hanno a che fare per professione con la scuola, alcuni bambini hanno problemi di apprendimento pur rientrando nella media statistica sia il loro impegno sia il loro quoziente intellettivo. A questi bambini è dedicato un capitolo sia nella quarta revisione del *Manuale diagnostico statistico dei disturbi mentali* noto come DSM-IV (1994) che nella classificazione dell'OMS nota come ICD-10 (OMS, 1992). Tali disturbi comprendono l'apprendimento della lettura, della scrittura e del calcolo, insieme con una categoria – disturbo di apprendimento non specificato – utilizzata quando sono presenti più disabilità diverse, anche se nessuna in modo tale da soddisfare i criteri per il singolo disturbo specifico.

Per la diagnosi di disturbo specifico di apprendimento si richiede che un bambino fornisca, ai test specifici per una singola abilità (aritmetica, lettura, scrittura), un punteggio significativamente inferiore alla media (due deviazioni standard, secondo i criteri ICD-10 per la ricerca) in presenza di un QI totale nella media; oppure, in presenza di un QI lievemente inferiore alla media (la presenza di una disabilità specifica abbassa ovviamente il QI totale) si richiede comunque che le prestazioni specifiche nell'area compromessa siano significativamente inferiori a quelle attese, sulla base del QI. Queste diagnosi sono invece escluse in linea di principio da quella di ritardo mentale (QI<70). I criteri utilizzati nella ricerca sono però più restrittivi rispetto a quelli utilizzati correntemente nella pratica clinica, dove molto spesso è diagnosticato come disturbo di apprendimento qualunque problema scolastico per cui si ritiene indicato un intervento specialistico di figure estranee alla scuola, di solito logopedico.

Dove vada fissato il limite oltre il quale i criteri validi per la ricerca cessano di essere tali per il clinico è argomento controverso: i criteri diagnostici per la clinica del DSM corrispondono infatti ai criteri ICD-10 per la ricerca. I criteri per la ricerca sono naturalmente più rigidi e lasciano margini interpretativi ridotti all'operatore: come si vedrà, l'adozione di criteri più o meno elastici ha implicazioni pratiche importanti. D'ora in avanti, per quanto riguarda i criteri ICD-10, ci si riferirà qui sempre ai criteri per la ricerca, più restrittivi, confrontabili e largamente corrispondenti a quelli clinici del DSM-IV.

Nell'illustrazione delle caratteristiche dei disturbi evolutivi specifici delle abilità scolastiche, l'ICD-10 (OMS, 1996) stima in meno del 3 per cento della popolazione dei bambini che frequentano la scuola la prevalenza del disturbo; il DSM-IV (APA, 1994) riporta una prevalenza che oscilla tra il 2 e il 10 per cento, con una media per gli USA del 5 per cento. Quanto all'eziopatogenesi, i disturbi dell'apprendimento deriverebbero da anomalie dovute a qualche tipo di disfunzione neuropsicologica: utilizzando tecniche di *brain imaging*, nel cervello di questi bambini è possibile evidenziare delle differenze, con frequenza statisticamente significativa rispetto agli altri. Queste differenze riguardano l'attività metabolica di alcune aree della corteccia cerebrale associata all'elaborazione di specifiche attività mentali, coinvolte nell'apprendimento della lettura e scrittura (Bakker et al., 1987).

Sia il DSM-IV sia l'ICD-10 sottolineano però anche l'importanza dei fattori culturali e ambientali. Nell'ICD-10 in particolare (OMS, 1992, pp. 228-233) si ricorda come le abilità scolastiche debbano essere insegnate e imparate e non siano quindi solo legate allo sviluppo biologico e psicologico dell'individuo: il livello delle capacità dei bambini dipenderà dalla situazione famigliare e scolastica e non solo dalla loro dotazione individuale. Viene così affermato un principio semplice, ma spesso trascurato, e cioè che qualunque cosa s'impari, la si impara sempre entro un contesto di qualche tipo.

Ancora nell'ICD-10 si fa notare quanto sia difficile stabilire i nessi casuali tra fattori biologici e fattori ambientali e contestuali; non è facile infatti differenziare nel bambino le difficoltà scolastiche dovute a un disturbo individuale da quelle che derivano dalla situazione famigliare e scolastica o, come spesso avviene, da entrambi i fattori che si combinano in modo spesso inestricabile. Secondo il DSM-IV infine, questi disturbi sono spesso associati ad altri: in età evolutiva, a problemi emotivo-comportamentali: un basso livello di autostima, disturbi della condotta, disturbo oppositivo o dell'umore (disturbo distimico o depressione maggiore) e, una volta raggiunta l'età adulta, a varie difficoltà nell'adattamento sociale.

È però la stessa distinzione tra fattori neurobiologici individuali e fattori ambientali che oggi tende a farsi sfumata: secondo alcune recenti acquisizioni, il fatto che nemmeno due gemelli identici abbiano la stessa rete di connessioni nervose nel cervello, dipende dalla diversità delle loro esperienze, a partire dal momento della nascita. Le esperienze e gli influssi ambientali plasmano e modificano la struttura stessa del nostro sistema nervoso (Edelman, Tononi, 2000).

Per tutti questi motivi nei problemi di apprendimento, come in ogni patologia multifattoriale, si raccomanda usualmente un approccio globale, valutando caso per caso quali fattori possano essere coinvolti e come interagiscono tra loro.

Al di là delle dichiarazioni di principio, tuttavia, esiste una sproporzione – sia in letteratura sia nella pratica – tra l'attenzione dedicata ai fattori individuali (cognitivi, biologici, neuropsicologici ecc.) rispetto a quelli contestuali in senso lato. Tale sproporzione è sia quantitativa (numero di pubblicazioni su riviste specializzate) che qualitativa (strumenti di intervento disponibili) e si traduce sul piano operativo nel fatto che gli operatori dei servizi per l'infanzia hanno a disposizione molti strumenti codificati – protocolli di osservazione e manuali di trattamento – da somministrare al bambino con problemi di apprendimento, mentre la valutazione e l'intervento sul contesto sono largamente lasciati all'intuito e alla sensibilità del singolo.

L'invio alla logopedista e allo psicologo – che di regola coinvolgono anche la madre o entrambi i genitori – è ritenuto il rimedio appropriato, al quale si aggiunge spesso la richiesta di un insegnante di sostegno. Lo spiegamento di forze è in molti casi ingente: coinvolge più membri della famiglia, più figure nel personale scolastico e in quello sanitario. Al termine di questo processo, il problema di apprendimento scolastico riceve una definizione medico-psichiatrica.

IL LAVORO SUI DISTURBI DI APPRENDIMENTO NELL'USL DI FELTRE

Il lavoro che viene presentato è parte di un progetto iniziato presso il Servizio psicosociale per l'età evolutiva (SPEE) dell'USL 2 di Feltre nel 1994, frutto di un lavoro di gruppo, di cui esistono diverse versioni. Una prima versione è stata presentata da chi scrive nel 1994 (Viaro, Morbin, in stampa) a un convegno, che si svolge annualmente sui disturbi di apprendimento (*Imparare, questo è il problema*) a S. Marino; successivamente, su invito, ancora nello stesso contesto nel 2000 dal dottor Ettore Morbin (Viaro, Morbin, in corso di stampa), responsabile del servizio dove quest'esperienza ha avuto luogo. Una versione diversa, più attenta agli aspetti tecnici e metodologici, è stata pubblicata nel volume *Cornici terapeutiche* (Bercelli, Leonardi, Viaro, 1999). Quella che viene qui proposta è quindi una quarta versione di quest'esperienza, dove verrà dato maggior spazio agli aspetti del contesto istituzionale e socio-culturale.[1]

Il programma di lavoro ha coinvolto alcuni bambini segnalati dalla scuola elementare per problemi di apprendimento, in cui l'indagine psicodiagnostica ha evidenziato la presenza di un quoziente intellettivo nella norma, o lievemente inferiore alla media (QI >= 80) in cui non fossero presenti significativi problemi psicopatologici (non fossero soddisfatti i criteri diagnostici per disturbi sull'asse I del DSM-IV). L'obiettivo è la ricostruzione del contesto in cui avviene l'apprendimento, con particolare attenzione per le sequenze in cui vengono prodotte risposte assurde. Tale ricostruzione si è avvalsa (a) di un'intervista semistrutturata; (b) della videoregistrazione di una situazione di aiuto nei compiti scolastici.

L'intervista viene effettuata nel corso di un colloquio congiunto con la madre e il bambino; si articola in una serie di domande volte a far definire il tempo impiegato dal bambino nell'esecuzione dei compiti, chi e con quali modalità l'aiuta, come tale aiuto viene valutato, sia in famiglia sia dagli insegnanti. Qualora dall'intervista emergano alcuni elementi ricorrenti ritenuti significativi, viene proposta la seconda parte dell'osservazione.

Nella situazione di osservazione videoregistrata (b), la madre viene invitata ad aiutare il bambino nei compiti comportandosi "come se foste a casa".

IL CONTESTO DEL SERVIZIO PSICOSOCIALE PER L'ETÀ EVOLUTIVA (SPEE)

Assumendo un'ottica sistemico-relazionale, il modo in cui un problema viene definito nel contesto è parte inscindibile del problema

1. Questo lavoro è dunque stato possibile grazie alla collaborazione di diverse persone, ed è da considerare frutto di un lavoro non solo di chi stende materialmente queste righe. Oltre al responsabile del Servizio psicosociale, Ettore Morbin, hanno collaborato le psicologhe Anna Maria Dalle Mulle e Cristina Gazzi, e le logopediste Donatella Corrà, Roberta Girardi, Mary D'Incà, Vera Gigante, Katia Deola. Un ringraziamento va anche al direttore generale dell'USL 2, Mario Dal Molin che, non dimentico della sua identità di psicologo, ha appoggiato questo progetto. Per gli aspetti più tecnici e metodologici è stato fondamentale l'apporto di Fabrizio Bercelli e Paolo Leonardi, coautori del volume in cui è stato pubblicato.

stesso. Il "sistema creato dal problema" (Anderson, Goolishian, 1988) vale a dire il gruppo di persone deputato alla gestione di ciò che viene definito problematico, dipende dalla definizione che di tale problematicità dà il contesto in cui si manifesta. Forse a noi può sembrare ovvio oltre che auspicabile che tante energie vengano dedicate alle difficoltà scolastiche di un bambino, indipendentemente dal contesto in cui vive, ma non è così. Nella maggior parte del globo, il fatto che un bambino di età superiore ai sette anni per gli altri aspetti normale non abbia ancora imparato a leggere e scrivere è totalmente o sostanzialmente irrilevante, mentre nei paesi occidentali può attirare una vera folla di specialisti: insegnanti, psicologi, pedagogisti, medici e logopediste che studiano il caso, fanno riunioni periodiche per monitorare i miglioramenti, ne informano i famigliari che a volte gioiscono altre volte piangono e si disperano o si adirano se il bambino proprio non vuol saperne di imparare. All'opposto, una scarsa capacità di superare le infezioni, che nel nostro paese è spesso gestita in casa con un po' di antibiotico senza nemmeno scomodare il medico, altrove può diventare un problema molto serio e attivare interventi della massima importanza, non escluse le invocazioni agli Enti ufficialmente preposti e riconosciuti, che nella nostra cultura difficilmente vengono incomodati per questioni di così poco conto.

Nell'ottica che è stata definita sistemica, i sistemi di riferimento e i servizi per l'età evolutiva – famiglia, scuola, servizi di supporto ecc. – pur distribuiti in modo tanto ineguale in vaste aree del nostro paese, nonché le loro prassi, sono parte integrante dei problemi di apprendimento: prima di tutto per decretarne l'esistenza, in secondo luogo per decidere se vadano inquadrati nell'ambito medico-psichiatrico o debbano rimanere confinati in quello scolastico. Assumendo questa prospettiva, all'impostazione dei servizi presenti in una data area geografica va posta un'attenzione almeno pari a quella dedicata alla conoscenza delle caratteristiche neuropsicologiche e cognitive del bambino da un lato e di quelle socio-culturali della popolazione dall'altro.

Un momento cruciale nella evoluzione del problema di apprendimento si ha infatti quando la sua definizione viene delegata a una struttura istituzionale, ufficialmente preposta allo scopo. L'impostazione del servizio che accoglie tale richiesta risulta di conseguenza cruciale nel determinare ciò che seguirà, poiché l'inquadramento in una o nell'altra delle categorie previste modifica le conseguenze sociali del problema stesso. Esplicitare i criteri diagnostici e specificare le procedure corrispondenti diventa quindi a sua volta cruciale. Lo SPEE di Feltre adotta da circa quindici anni la classificazione diagnostica DSM (III edizione e successive) seguendone i criteri in modo abbastanza rigido, con raccolte d'informazioni relativamente standardizzate e utilizzazione piuttosto estesa di protocolli e strumenti diagnostici computerizzati. Più recentemente, la IV revisione del DSM è stata associata alla classificazione compatibile ICD-10, specifica per l'età evolutiva.

All'epoca in cui il lavoro qui esposto è stato effettuato, il riferimento era costituito dalla versione IV del DSM. Questa scelta si discosta da quella prevalente nei servizi di neuropsichiatria infantile della regione Veneto (e non solo), che hanno rifiutato e combattuto a lungo l'adozione di una classificazione con criteri diagnostici espliciti. Nel 1987, anno in cui veniva pubblicata la versione III-R del DSM, in un documento della sezione triveneta della SINPI (Società italiana di neuropsichiatria infantile) così si affrontava, nella relazione introduttiva, il tema della diagnosi (Bieber, Settefonti, 1987):

> Il DSM-III, anche nella sua recentissima edizione riveduta e corretta, si caratterizza fondamentalmente per un *approccio descrittivo esclusivamente psichiatrico* (*omissis*) dimostrando di essere molto lontano dalla nostra pratica esperienza di lavoro (*omissis*) da noi considerata invece come una sintesi strutturale globale. *Se per la psichiatria degli adulti può avere* qualche significato, *in neuropsichiatria infantile, dopo un iniziale interesse, risulta oggi inadeguato e inutilizzato secondo autorevoli pareri.* (Corsivo nostro)

Gli autori citati ritenevano pure inadeguata la contemporanea classificazione ICD-9 dell'OMS, ritenuta adatta a puri fini statistici ma non clinici, e proponevano in alternativa la coeva classificazione francese di Misés. Le altrimenti sorprendenti frasi nel documento SINPI citato si spiegano con il fatto che sulla scelta del tipo di classificazione diagnostica da adottare si è combattuta una vera e propria battaglia (per certi aspetti più cruenta di quelle delle versioni di greco riportate all'inizio), che muoveva interessi molto consistenti. Tale battaglia si è risolta nel modo che tutti sanno con l'abbandono della classificazione francese, pur sostenuta fino ai limiti del possibile dalla Società italiana di neuropsichiatria infantile. Per questo, solo da pochi anni è stato ufficialmente adottato dalla SINPI il sistema di classificazione ICD-10, che però in molti servizi (almeno nel Veneto) non è ancora entrato a far parte integrante della cultura dei Neuropsichiatri Infantili come strumento alla cui logica informare la pratica clinica corrente. Se far proprio un sistema di classificazione implica modificare la propria prassi in modo tale da seguirne le procedure necessarie per applicare correttamente i criteri diagnostici, è indubbio che il passaggio da una diagnosi intesa come "sintesi strutturale" in senso psicodinamico a una diagnosi descrittiva (come è quella dell'ICD-10 non meno che del DSM-IV) implica una modificazione profonda del modo di impostare il rapporto con l'utente, sin dal primo approccio, che richiede tempi non brevi. L'impostazione del SPEE di Feltre si colloca quindi per questo aspetto in posizione anomala e singolare nel panorama dei servizi per l'infanzia nella regione: non è infatti un servizio di neuropsichiatria infantile ma un servizio dichiaratamente psicosociale ma, nonostante questo o piuttosto proprio per questo, ha adottato molto in anticipo un sistema di classificazione diagnostica di tipo medico-psichiatrico che la neuropsichiatria infantile istituzionale ha osteggiato perché troppo sbilanciato in senso medico-psichiatrico. Questi aspetti possono sembrare relativamente ininfluenti a chi consideri l'atto dell'etichettamento diagnostico come una mera rilevazione di un problema, e non come un momento fondamentale della sua costruzione – che è invece la posizione assunta qui.

Quanto al fatto che tra gli operatori in organico al SPEE non figurano neuropsichiatri infantili, i motivi risiedono anche in considerazioni di tipo economico: in una piccola USL, i casi di pertinenza strettamente neuropsichiatrica, le cui esigenze non possano essere coperte da una integrazione e collaborazione tra pediatra e psicologo, sono in numero ridotto, tale da rendere più conveniente la collaborazione di consulenti rispetto a un'assunzione a pieno tempo. La parte di lavoro di competenza medica viene affrontata promuovendo l'integrazione con alcuni reparti dell'ospedale – in primo luogo il reparto pediatrico e con il ricorso a consulenti esterni – foniatra e neuropsichiatria infantile – con rapporti occasionali o part-time.

Queste considerazioni sembrano allontanare il tema dei problemi di apprendimento: è quindi necessario mostrare in quale senso esse siano pertinenti.

I criteri diagnostici DSM adottati definiscono, come si è detto, in modo restrittivo i disturbi di apprendimento: quando non sono soddisfatti tali criteri, pur in presenza di una indubbia difficoltà di apprendimento, si utilizzano i codici addizionali V – in modo particolare "Difficoltà scolastiche" – e si interviene senza alcun etichettamento del bambino; oppure, se non si ritiene di intervenire sulla situazione specifica (se per esempio un problema che risiede essenzialmente nella scuola si traduce in un eccesso di segnalazioni o richieste di sostegno) viene utilizzata la voce "nessuna diagnosi" e offerta una consulenza all'istituzione. La scelta "politica" del SPEE è stata di ridurre al minimo la diagnosi di disturbo di apprendimento NAS (non altrimenti specificato) – come è nelle istruzioni del manuale. In altre parole, l'adesione tendenzialmente rigida ai criteri del DSM risponde a due diverse esigenze: da un lato, rende meno discrezionale la definizione di disturbo; dall'altra contiene la tendenza all'etichettamento neuropsichiatrico dei bambini, proprio in virtù della restrittività dei criteri. Il tipo di prassi istituzionale che ne deriva risulterà più chiaro attraverso i dati relativi ai casi inviati al servizio e presi in carico, le diagnosi effettuate e le prestazioni erogate dalle singole figure professionali.

L'ATTIVITÀ DEL SPEE: ALCUNI DATI

Il tipo di prestazioni erogate dal SPEE (vedi la tabella 13.1) mostra come la impostazione del Servizio si traduca in interventi tecnici: le prestazioni dirette sul bambino coprono i tre quarti del totale (74,9 per cento); tra le prestazioni di consulenza non dirette al bambino, sono indirizzate alle famiglie il 13,3 per cento del totale, mentre il rimanente (11,8 per cento) è costituito dalle consulenze istituzionali, con scuola al primo posto (5,6 per cento). Quantitativamente, le figure che per la maggior parte intervengono in modo diretto sul bambino sono la riabilitatrice, il logopedista e lo psicomotricista, mentre tra gli operatori con qualifica superiore le figure centrali sono gli psicologi (che effettuano in massima parte le prestazioni di consulenza), con le figure mediche in posizione quantitativamente marginale. Il neuropsichiatra – che ha in questo contesto principalmente funzioni di consulenza sull'impostazione generale del servizio e di supervisione tecnica sui casi – interviene direttamente in prima persona nella gestione di casi in misura percentualmente modesta (0,5 per cento del totale).

La tabella 13.2 riporta le diagnosi relative all'anno 1996.

Confrontando i dati della tabella 13.2 con la precedente, emerge chiaramente l'identità del SPEE come servizio orientato prevalentemente all'intervento psicologico-riabilitativo sulle fasce d'età corrispondenti alla scuola materna ed elementare, che sceglie la famiglia come interlocutore privilegiato. Gli interventi sul bambino più numerosi sono quelli logopedici, sia sui casi di disturbi del linguaggio (prevalentemente rilevati alla scuola materna) sia di apprendimento (alla scuola elementare), rispettivamente in misura del 28,1 per cento e del 16,5 per cento sul totale. La distribuzione delle prestazioni mostra anche l'attenzione ai problemi di costi: le prestazioni sono inversamente pro-

Tabella 13.1 Prestazioni per figura professionale (dati 1996)

Figura professionale	**N° prestazioni**	**% sul totale**
Prestazioni sul caso: psicologo	1479	15,5
Prestazioni sul caso: psicomotricista	1230	12,9
Prestazioni sul caso: logopedista	3865	40,4
Prestazioni sul caso: neuropsichiatra	47	0,5
Prestazioni sul caso: foniatra	162	1,7
Prestazioni sul caso: educatrice	384	4,0
Consulenze alla famiglia	1268	13,3
Consulenze nelle USL	240	2,5
Consulenze a scuola	533	5,6
Consulenze su Enti socio-assistenziali	354	3,6
Consulenze ad altri enti	1	0,0
Totale	9563	100,0

Tabella 13.2 Casi in carico al SPEE per diagnosi (dati 1996)

Diagnosi DSM-IV	**N° casi**	**% sul totale**
Funzionamento intellettivo limite e ritardo mentale	77	12,2
Disturbo dell'apprendimento	104	16,5
Disturbo delle capacità motorie	14	2,2
Disturbo della comunicazione	177	28,1
Disturbo da deficit di attenzione, disturbo oppositivo e disturbo di condotta	44	7,0
Disturbo dell'alimentazione	2	0,3
Disturbo da tic	1	0,2
Disturbo dell'evacuazione	5	0,8
Disturbo d'ansia	46	7,3
Disturbo dell'umore	5	0,8
Mutismo selettivo	3	0,5
Disturbo dell'adattamento	14	2,2
Disturbo somatoforme	3	0,5
Disturbo generalizzato dello sviluppo	7	1,1
Altri tipi di disturbo	14	2,2
Altre condizioni oggetto di attenzione clinica	58	9,2
Nessuna diagnosi	56	8,9
Totale	630	100,0

porzionali al costo della singola figura professionale, delegando alle figure a costi inferiori le prestazioni che possono essere effettuate da più figure. Di conseguenza, per quanto concerne la figura del neuropsichiatra, la sua area d'intervento viene limitata alle prestazioni che non possono essere effettuate da pediatra o psicologo: è certamente antieconomico il fatto che un neuropsichiatra infantile somministri test proiettivi o faccia di routine psicoterapie, in presenza di psicologi abilitati a fare le stesse cose, ma è anche meno stigmatizzante.

Per i problemi di apprendimento, l'intervento del neuropsichiatra è consistito nella formazione e supervisione della diagnosi tramite l'allestimento di un protocollo che limiti l'intervento medico ai casi che pongano quesiti di diagnosi differenziale e nella discussione dell'applicazione di tale protocollo con gli operatori.

I casi in carico al servizio psicosociale per l'età evolutiva nel 1996 sono stati 630, di cui 272 dalla scuola elementare, pari al 43 per cento del totale; di questi, 104 (16,5 per cento del totale dei casi in carico e 38 per cento dei casi in carico in età tra i 6 e gli 11 anni), hanno ricevuto una diagnosi di disturbo di apprendimento secondo i criteri DSM-IV, che escludono di regola i bambini con QI nella fascia limite (70-84) e i deboli mentali (riuniti nella tabella 13.2 entro la categoria del ritardo intellettivo).

A fronte di questo dato, va considerato che 56 bambini (8,9 per cento del totale) non hanno ricevuto alcuna diagnosi: sono i casi inviati al SPEE dove non erano soddisfatti i criteri per alcun disturbo e dove non si riteneva necessario intervenire sul bambino; inoltre, 58 bambini (9,2 per cento) sono stati inclusi nella categoria "Problema scolastico" (codici addizionali V per le condizioni non attribuibili a disturbo mentale che sono oggetto di attenzione clinica), dove si collocano i casi in cui si ritiene utile intervenire per la presenza di un problema di apprendimento non definibile in termini di disturbo individuale in quanto non soddisfa i criteri. I casi inclusi in queste due categorie sono costituiti per la maggior parte – anche se non esclusivamente – da casi inviati dalle scuole materne ed elementari. Una notevole percentuale di bambini inviati per questi problemi non soddisfa quindi i criteri per un disturbo qualsiasi, evidenziandosi piuttosto dei problemi a livello del contesto allargato.

L'INTERVISTA: ALCUNI ELEMENTI TIPICI DEL CONTESTO DI APPRENDIMENTO DISFUNZIONALE

Il primo strumento utilizzato è stata l'applicazione di uno schema d'intervista, mirante appunto a una prima ricognizione sistematica sul contesto complessivo in cui si inserisce il problema del bambino.

Difficilmente le notizie che possono essere raccolte attraverso l'intervista vengono riferite spontaneamente negli incontri con gli operatori; per ricostruire il contesto di apprendimento nei particolari è necessario indagare con specifiche domande dirette. Lo schema d'intervista messo a punto intende fornire una traccia sufficientemente precisa ma elastica, che non prevede una elaborazione statistica quanto il reperimento di alcuni tra un insieme di elementi ricorrenti; va condotto sulla falsariga della parte d'intervista per la verifica dei criteri diagnostici dei manuali citati. Il suo obiettivo è la ricostruzione qualitativa di un ambiente e del clima in cui avviene l'apprendimento. Quelli che seguono, vanno intesi come fattori, usualmente non tutti presenti, che possono combinarsi in vario modo producendo un effetto (indesiderato) simile: l'estraniarsi del bambino dagli sforzi congiunti di quanti si affannano intorno a lui per aiutarlo a superare le sue difficoltà.

Quello che segue, è un elenco di elementi ricorrenti nelle situazioni disfunzionali, situazioni cioè che sono giudicate tali dai diretti interessati, i quali si trovano quindi a fare cose che essi stessi ritengono poco produttive o addirittura controproducenti, ma alle quali non sanno trovare alternative valide.

La madre è il "primo insegnante" del bambino: la madre è quasi sempre in questi casi la persona maggiormente coinvolta nel problema scolastico. Usualmente trascorre al fianco del bambino, intento nei compiti, un tempo di gran lunga superiore a qualsiasi altra persona – incluse le insegnanti. In molti casi infatti, il numero minimo di tre insegnanti, che le normative vigenti prevedono per le scuole elementari, viene ampiamente superato e di conseguenza va diviso il tempo durante il quale il bambino ha come riferimento ciascun singolo insegnante. Oltre a questa prevalenza quantitativa, anche qualitativamente l'intervento materno è preponderante, in quanto è in grado di influenzare molto più direttamente e nei dettagli il modo di lavorare del bambino, rimanendo la madre al suo fianco e seguendolo passo passo.

Quasi invariabilmente, al presentarsi delle prime consistenti difficoltà una o più insegnanti consigliano alla madre di "seguire di più" il bambino. In casa, inizia la costruzione dello scenario dove si rappresenterà quella che in taluni casi è destinata a diventare la principale rappresentazione quotidiana: la madre seduta – di solito in cucina o al tavolo del soggiorno – vicina al bambino per diverse ore al giorno.

Esiste una *grande sproporzione* – nella valutazione soggettiva dei partecipanti – *tra tempo richiesto dal compito e tempo impiegato*: il tempo che il bambino trascorre con la madre sui libri è di solito molto superiore a quello considerato adeguato sia dal bambino sia dalla madre (e dall'insegnante o dall'operatore), pur tenendo conto delle difficoltà del bambino. Non è per niente raro, indagando con precisione sui tempi, sentirsi dire che, quando arriva l'ora di preparare la cena, i due sono ancora impegnati nell'ingrato compito.

Il *"primo insegnante" si sente inadeguato*: in molti casi, la madre è la prima a lamentare di trovare delle difficoltà nel seguire il figlio. Talvolta, l'inadeguatezza è culturale, e la madre riferisce di aver lasciato gli studi da tempo, che i libri dove ha studiato erano completamente diversi, il metodo non era lo stesso e sovente ammette di "doversi prima mettere a studiare" per conto proprio. Altre volte l'inadeguatezza dell'aiuto deriva da fattori diversi: la madre lavora e comunque ha molte altre cose di cui occuparsi – altri bambini magari più piccoli, la casa, la cena da preparare, un nonno anziano da assistere ecc. Il sentirsi pressata da mille altre incombenze le fa perdere troppo facilmente la pazienza e far sì che scoppi in rimproveri (perché il bambino si distrae, non segue, non si impegna abbastanza ecc.) nonostante la consapevolezza di quanto queste proprie esplosioni siano controproducenti.

La sequenza tipica che viene descritta è una variante della seguente, più o meno edulcorata o esacerbata: la mamma si ripromette di non perdere la pazienza e invita il bambino a iniziare subito i compiti (così poi potrà andare a giocare ecc.); il bambino dilaziona il momento di cominciare; la madre alla fine si impone in qualche modo, sedendosi al suo fianco; il bambino ha difficoltà a spiegare i compiti da fare per casa alla madre (la quale spesso deve telefonare ad altri compagni); finalmente la madre inizia a spiegare il da farsi, ma il bambino è poco attento; la madre lo richiama inutilmente, poi lo sgrida e alla fine perde la pazienza alzando la voce, insultandolo o allungandogli qualche scapaccione; il bambino piange, si incupisce od ostenta indifferenza; la mamma si sente in colpa e cerca di rimediare imponendosi nuovamente di stare calma (a volte si scusa, più spesso "spiega" al bambino che lo "deve" sgridare o picchiare per fargli fare i compiti, che è lui che la esaspera e la fa diventare cattiva, che sarebbe meglio per tutti se si sbrigasse e occupasse il pomeriggio a giocare come fanno i suoi compagni, che chi non studia oggi finirà domani per fare i lavori degli extracomunitari ecc.).

È necessaria la *presenza fisica continua del "primo insegnante"*: la madre tipicamente riferisce (confermando solitamente un dato riportato anche dagli insegnanti a scuola), l'incapacità del bambino di risolvere o anche solo di cominciare autonomamente il lavoro scolastico: anche di fronte a compiti relativamente semplici che sarebbe in grado di svolgere da solo, deve avere la madre al suo fianco, pena l'immediato disimpegno.

Il *"primo insegnante" è criticato* dai veri insegnanti e, spesso, da altri famigliari: nonostante il suo impegno, la madre non è quasi mai lodata per i suoi sforzi, ma piuttosto criticata. Ora è il marito che, non appena varcata la soglia di casa, trova moglie e figlio chini sui libri, in un clima pesante e teso. Ai suoi occhi risulta evidente la sterilità della situazione, e difficilmente riesce a trattenere espressioni di rimprovero per il figlio e di critica per la moglie ("Perché non lasci che impari ad arrangiarsi da solo, che sia la maestra a punirlo se non fa i compiti, poi da grande sarà lui/lei ad andare a fare il manovale o la colf con i marocchini" ecc.). Tipicamente la madre replica che, se il bambino andasse a scuola senza compiti, *lei* verrebbe richiamata dalle insegnanti e invitata a seguirlo di più o in modo diverso – o addirittura trattata come una madre che trascura i figli. In questo modo, spesso le critiche in famiglia si spostano o coinvolgono le insegnanti. Il risultato finale è un clima di critiche reciproche, più o meno esplicite, tra scuola e famiglia, tra moglie e marito e tra madre e figlio, che si palleggiano la responsabilità di non riuscire a porre rimedio alla situazione. Di regola, i periodici incontri con le insegnanti sono vissuti dalla madre come giornate penose se non drammatiche.

Se la situazione perdura, il passo seguente è costituito dall'invio ai servizi per ulteriore supporto: alle già numerose insegnanti, alla sofferenza quotidiana costituita dai compiti a casa con la madre, si aggiungono allora le sedute dedicate a completare le batterie di test linguistici e psicometrici, le varie visite e, infine, la indicazione di cicli di logopedia e/o la richiesta di insegnante di sostegno.

Dalla prospettiva del bambino, questo ingente spiegamento di forze somiglia a una (non sempre) benevola persecuzione, gravata per di più da sensi di colpa per le arrabbiature e i dispiaceri (spesso le lacrime) che procura alla madre, nonché dalla frustrazione derivante dal sentirsi incapace e sempre perdente di fronte ai compagni. Non è troppo strano il fatto che un bambino in questa situazione spesso cerchi di sottrarsi con l'opposizione passiva: perde ogni iniziativa che non sia di fuggire, all'aperto o davanti alla TV non appena possibile, evade almeno con la mente da un mondo popolato di adulti impegnati a inseguirlo con tabelline da imparare, operazioni da fare, pensierini sulle stagioni o sulla famiglia e sul modo di passare la domenica; problemi dove gli si chiede di dire con quanti soldi la mamma sia tornata a casa dal mercato – senza poter contare il resto come la mamma fa in questi casi. La ribellione aperta e il rifiuto attivo sono solo l'altra alternativa, che ha in comune con la precedente il progressivo estraniarsi del bambino dal mondo della scuola.

Ovviamente e fortunatamente, non tutti i casi segnalati presentano situazioni di questo tipo, che tuttavia non sono infrequenti. Tra queste ultime sono stati selezionati i casi disponibili a partecipare alla seconda parte del lavoro: la videoregistrazione di come vengono fatti i compiti per casa.

I COMPITI PER CASA: INGEGNERIA GENETICA E MATEMATICA SUPERIORE

I soggetti disponibili sono dunque coppie madre-bambino, che vengono invitati a riprodurre una situazione usuale per loro, che si deve immaginare prolungata per alcune ore al giorno e sentita da entrambi come un compito penoso e sterile, ma ineludibile. Ovviamente, i soggetti che hanno partecipato a questo studio sono consapevoli della diversità della situazione rispetto a quella reale che si svolge a casa, come sono consapevoli della videoregistrazione. Quella che verrà descritta è quindi una situazione fittizia, che tuttavia ha una finalità reale condivisa – quella cioè di trarre dall'osservazione delle indicazioni utili per aiutare due persone convinte che il loro modo di affrontare la questione sia disfunzionale.

MATERIALI

Complessivamente, sono state effettuate le registrazioni di sette casi per un totale di nove ore di videoregistrazione. A ogni coppia madre-bambino sono assegnati tre tipi di compiti diversi.

– *Prova di lettura*, scelta in relazione all'età del bambino. La prova consiste in una parte di lettura, seguita da una serie di domande per valutare la comprensione.

– *Prova di composizione*, nella quale la madre deve aiutare il bambino a costruire e scrivere una storia sulla base di tre vignette che presentano una successione ordinata di eventi.

– *Prova di aritmetica*, che consiste in semplici quesiti o problemi con una o due operazioni. Anche in questo caso, come nei precedenti, la prova viene scelta di difficoltà inferiore a quella dell'età cronologica del bambino (da sei mesi a un anno).

METODO

L'analisi effettuata sul materiale raccolto adotta i metodi della Conversation Analysis, un metodo di ricerca empirica qualitativa di tipo induttivo, di derivazione sociolinguistica (Garfinkel, 1967; Sacks, Schegloff, Jefferson, 1974; Sacks, 1992a, b; Drew, Heritage, 1992).

Tale metodo, essenzialmente descrittivo ed esclusivamente qualitativo, mira a ricostruire il modo in cui i partecipanti costruiscono, di momento in momento, l'interazione e il suo significato, attraverso continui aggiustamenti e adattamenti reciproci, e a evidenziare alcune strutture ricorrenti dell'interazione. Il metodo seguito non consente propriamente di dimostrare nulla quanto piuttosto di *mostrare* l'occorrenza di determinati fenomeni, e i loro séguiti più frequenti.

Analisi delle videoregistrazioni: la sequenza di aiuto nei "compiti a casa"

Osservando le videoregistrazioni, si può notare che si alternano continuamente due tipi di situazione – due *tipi di attività* ("cornici" o *frame* nel senso definito da Goffman, 1974, 1981).

(A) L'esecuzione del compito e le attività strettamente collegate (il compito può consistere in un "dire" o in un "fare", come scrivere).

(B) Le sequenze di aiuto in senso stretto, che sono invece solo verbali (in nessun caso nel nostro corpus di dati la madre utilizza un fare, per esempio un "mostrare al bambino come si fa").

Tipicamente, la madre aiuta il figlio sollecitandolo a iniziare o riprendere l'esecuzione del compito e ne guida l'esecuzione alternando (a) apprezzamenti (positivi, nel senso di una conferma oppure negativi, di solito segnalazioni di errore), (b) suggerimenti (c) spiegazioni e (d) domande o richieste di azione.

L'intervento di aiuto della madre può essere collocato in qualunque momento dell'esecuzione del compito, su sua iniziativa o su richiesta esplicita del bambino o essere conseguenza di un arresto nella esecuzione del compito.

In particolare, nelle sequenze che contengono risposte assurde nel nostro corpus di dati, l'attività di aiuto (B) può essere ricondotta alla seguente struttura

(I)
(1) Madre: [segnalazione di "errore"] + [suggerimento/spiegazione] + [Domanda]
(2) Bambino: [risposta]
(3) Madre: [apprezzamento (=accettazione/rifiuto) della risposta] + [ ]

Per "errore" non si intende qui necessariamente qualche cosa di errato in senso stretto, ma anche qualunque risposta del bambino che la madre segnali come "migliorabile": da un punto di vista conversazionale – cioè sequenziale – ciò che conta è il fatto che viene segnalato che qualche cosa va corretto o modificato, non il fatto che ciò che viene segnalato come bisognoso di correzione sia o meno un errore. Di conseguenza, un vero errore non segnalato in alcun modo non è considerato un "errore" in questo senso.

Ogni elemento di (I) in parentesi quadra rappresenta una sub-unità in cui può essere suddiviso il turno, ma che *non necessariamente è presente*. Non tutte queste sub-unità debbono essere né sono usualmente presenti nello stesso turno.

La sequenza (1) può consistere solo in una segnalazione di errore, oppure in un suggerimento o spiegazione o domanda; è pure frequente che sia il bambino a interrompersi per chiedere una conferma alla madre innescando la serie, come può darsi all'opposto che il bambino non ne chieda mai e si limiti a rispondere alle sollecitazioni materne.

Inoltre, la sequenza (3) è spesso composta solo dall'apprezzamento se questo consiste in una conferma della risposta correttiva data dal bambino; viceversa, la battuta di apprezzamento altre volte manca – o meglio è implicita – e compare direttamente e nuovamente una sequenza (1) di seguito a (2).

L'analisi dei numerosi controesempi (che non è possibile presentare qui) non invalida la generalizzazione: di regola un qualche cosa che viene inteso come una segnalazione di "errore" può essere considerata l'inizio dell'intervento materno. Questo è convalidato proprio da quei controesempi dove la madre *non* segnala errori e il bambino interpreta comunque suoi interventi o semplici cenni non verbali come se lo fossero (un evento di questo tipo è all'origine della "tabellina circolare" dell'esempio 2). Anche una domanda retorica che suggerisce di aggiungere o modificare qualche cosa è ovviamente intesa come segnalazione del fatto che qualche cosa di ciò che è stato detto non va bene (vedi l'esempio 4, turni 2 e 4); in questo caso, domanda e segnalazione di "errore" coincidono.

Il contributo del bambino in queste sequenze consiste essenzialmente nel rispondere a sollecitazioni materne – di solito domande o notazioni in tono interrogativo.

Si può parlare di *episodi* di correzione quando si incontrano serie di sequenze di tipo (I), che possono essere più o meno lunghe ma sono scomponibili in sottounità composte ciascuna da serie di coppie di tipo (1) e (2).

Esempio 1. Compito di lettura di Mario[2]

1. *Bambino* topolino (-) ((*guarda a terra*))
2. *Madre* qua qua leggi
3. *Bambino* gic
4. *M* :: ecco dopo?
5. *B* è un ((*lentamente*)) topo pre-
6. *M* no
7. *B* pregi-
8. *M* no non è una gi
9. *B* spe::ci::a::le
10. *M* mm
11. *B* ((*lentamente*)) non ha bisogno di ma::ngiare
((*la madre indica la riga con il dito*))
perché è mangio-
12. *M* no
13. *B* ma*gi co/
14. *M* *no no/ no
15. *B* fo:rte:

2. Nelle trascrizioni, vengono utilizzati i seguenti simboli:
:: allungamento di suono (ba::sso, prolungamento del suono "a");
\- suono troncato (doma- dopodomani);
*xxxx/ inizio e fine di parole pronunciate in sovrapposizione;
xxx=
=xxx passaggio di turno senza pausa;
(.) pausa breve;
(-) pausa più lunga;
(1) pausa, con specificazione della durata in secondi;
°xxxx° sottovoce;
<u>xxx</u> enfasi;
↑ intonazione discendente, conclusiva;
↓ intonazione ascendente, interrogativa;
((xx)) notazioni relative a fenomeni particolari (intonazioni, atteggiamenti non verbali ecc.);

Lunghe sequenze di questo tipo si trovano associate spesso con la produzione di risposte assurde o prive di senso da parte del bambino, che costituiscono l'oggetto specifico del nostro interesse. Eccone un esempio.

La sequenza successiva è tratta dal compito di aritmetica di Paolo, un bambino di sette anni. L'assurdo consiste nel fatto che il bambino, recitando la tabellina del 2, a un certo punto ritorna indietro proponendo una tabellina in qualche modo "circolare" che la madre blocca esasperata.

Esempio 2. Compito di aritmetica di Paolo

1. *B* ((*leggendo il testo del problema di aritmetica*)) in una casa ci sono cinque gattini. Ogni gattino ha due (0,5) ciotole per il latte. Quante ciotole ci sono in quella ↑casa::?
2. *M* eh?
3. *B* ci sono cinque gatti. So::no (.) cinque meno due tre (-) cinque meno due tre↓
4. *M* ((*spazientita*)) Ah? No↓ (.) ci sono cinque gattini ogni gattino ha due ciotoline (1) stessa roba degli ombrelli ((*allusione al problema precedente, dove si parlava di 4 ombrelli che riparavano due persone ciascuno*))
5. *B* stesso risultato, otto
6. *M* no, non è lo stesso perché è di <u>più</u>↓ qua ci sono <u>cinque</u> gattini (.) ogni gattino ha <u>due</u> ciotoline per il latte (.) per tutti e cinque i gattini, quante ciotoline ci sono
7. *B* ancora la tabellina del due. <u>Due</u> (.) quattro (.) °quattro (.) sei (.) otto (-)° sei=
8. *M*=eh? ((*in tono minaccioso, alzando la voce*)). <u>indrìo te vè?</u>

Un dato interessante riguarda il fatto che, siano o meno presenti delle spiegazioni, l'aiuto materno consiste spesso nel dare indicazioni che dovrebbero consentire al bambino di superare la difficoltà completando la risposta in modo corretto (nell'esempio 2, al turno 4 "stessa roba degli ombrelli"). Sembra che la madre faccia ogni sforzo per far sì che sia il bambino stesso a migliorare la propria risposta, evitando per esempio di risolvere direttamente una difficoltà. La domanda o il tono interrogativo con cui spesso sono pronunciate le parole ha un effetto sequenziale importante: una domanda crea un obbligo a rispondere e un forte vincolo di pertinenza sulla risposta: ciò che deve fare il bambino è produrre un seguito pertinente rispetto all'intervento materno, che contiene delle indicazioni utili per migliorare la risposta. Nella maggioranza dei casi, la madre sembra proprio avere l'obiettivo di "far seguire un ragionamento", non semplicemente di far sì che il bambino corregga un errore o migliori una risposta. Questo spiega la frequenza con cui compaiono le domande nei turni (1): è un po' come se il bambino dovesse riempire con le sue risposte le righe bianche di un modulo che la madre ha in mente. L'intento di far imparare qualche cosa che va al di là della singola risposta è esplicito nell'esempio 3. Il passo seguente è tratto da una sequenza relativa al compito di composizione, che consiste nel costruire una storia a partire dalla sequenza di tre vignette: la prima mostra un cane che trotterella a fianco di un bambino con la cartella; la seconda il cane davanti a un edificio con la scritta "Scuola" sopra il portone principale; la terza il bambino e il cane che passeggiano nuovamente assieme. Il compito prevede che la storia venga stesa in forma scritta.

Esempio 3. Compito di composizione

1. *B* ((*scrivendo*)) no, virgola, e il cagnolino gli corre dietro
2. *M* ti ricordi cosa ti ho detto una volta?
3. *B* no
4. *M* di non fare delle fra↑::si=
5. *B* =troppo lunghe
6. *M* ecco (.) ma ti sembra una frase il bam- Luca va a scu↑ola
7. *B* ah. Luca va a scuola, punto↓ e il cagnolino gli corre dietro=
8. *M* =senza?=
9. *B* =eh↑

È interessante notare il fatto che i principi seguiti dalla madre sono molto simili a quelli vigenti in una conversazione ordinaria. In analisi della conversazione, è detto inizio di correzione (*repair*) un intervento, che segnala un qualche cosa da modificare in ciò che è stato detto, fornisce eventualmente indicazioni su come correggerlo, ma non porta a termine il lavoro di correzione conversazionale, lavoro che spetta a chi ha prodotto il testo da correggere. È da notare che anche la correzione conversazionale – come in questo caso – non segue un errore in senso stretto quanto un punto di possibile fraintendimento o in generale qualche cosa di "riparabile": ciò che viene richiesto è un miglioramento o un completamento della risposta (che di per sé può non essere stata sbagliata) per migliorare un'intesa insufficiente (che può dipendere anche dal ricevente). Tutto ciò traduce un principio che, in analisi della conversazione, è detto preferenza per l'autocorrezione (*self-repair*): in una conversazione, si cerca insomma di fare in modo che le persone si correggano da sole piuttosto che correggerle (Schegloff, Sacks, Jefferson, 1977; Schegloff, 1992). Un'altra somiglianza tra il nostro corpus di dati e quanto avviene in una conversazione ordinaria consiste nel fatto che la madre non si limita a correggere solo ciò che si riferisce al compito in corso, ma tendenzialmente segnala – come nell'esempio 3 – ogni possibile correzione: nel compito di aritmetica può segnalare l'errore di lettura o di ortografia relativamente ininfluente e addirittura spesso la correzione investe anche la postura fisica (stai seduto diritto, non appoggiare la testa sul tavolo, guarda qua ecc.). Così come in una conversazione la correzione avviene non appena possibile – normalmente subito dopo ciò che deve essere rettificato – e riguarda qualunque elemento che possa costituire fonte di possibili malintesi, anche nei nostri casi avviene lo stesso. In nessun caso, nel nostro corpus, avviene che il bambino sia lasciato terminare ciò che sta portando avanti se inesatto e gli si chieda solo alla fine di cercare di individuare, correggere o migliorare qualche cosa, oppure che si tralasci di segnalare un errore che non interferisce con la soluzione del problema da risolvere in quel momento. Il bambino non si trova quasi mai di fronte alle conseguenze dei propri errori: anzi, molto spesso la segnalazione di un possibile errore interviene addirittura *prima* che questo sia commesso: la madre conosce bene il bambino e lo avverte ("attento!") in anticipo dei possibili rischi.

La somiglianza con le regole e i sistemi di preferenze vigenti in una conversazione ordinaria coinvolge quindi diversi aspetti: l'obbligo di dare comunque una risposta alle domande, la preferenza per l'autocorrezione, l'occorrenza della correzione "non appena possibile", il fatto che la correzione può riguardare qualunque aspetto della comunicazione.

Si può quindi dire semplicemente che il *frame* di aiuto tende a seguire molto da vicino le regole di una conversazione ordinaria.

L'analisi del nostro corpus di dati conversazionali mostra come la produzione di risposte assurde sia spesso associata a sequenze organizzate proprio in questo modo.

La risposta assurda come prodotto della sequenza di aiuto: un esempio illustrativo

Nonostante la limitatezza del nostro corpus di dati, le risposte assurde non mancano. Tra le molte, spicca quella che una bambina, che chiamiamo Maria, produce aiutata dalla madre. Data la brevità della sequenza in questione, essa può essere trascritta completamente e analizzata in dettaglio.

Il compito in questione è ancora quello di composizione, come nell'esempio 3. È utile dare alcune indicazioni concernenti alcuni importanti aspetti prossemici che vengono persi nella trascrizione.

Maria è sistemata di fronte al foglio, con lo sguardo su di esso: di quando in quando controlla con la coda dell'occhio le reazioni della madre. Anche questa, dal canto suo, ha lo sguardo fisso sulla vignetta: lo sguardo di entrambe converge sul medesimo oggetto, e se ne distoglie solo per brevi momenti durante i quali le due possono guardarsi direttamente in viso. La madre ha chiesto a Maria di costruire la storia oralmente, prima di metterla per scritto. La composizione che Maria ha iniziato è piuttosto piatta, più una descrizione che la costruzione di una storia (come ci si può aspettare sulla base dei risultati modesti del suo test intellettivo). Tuttavia, non comprende alcun elemento assurdo.

Esempio 4. Compito di composizione

1. *B* ((*continuando la storia, parla della seconda vignetta, dove si vede il cane da solo, fuori della scuola*)) (...) e abbaia
2. *M* °là si vede che abbaia°(.) perché secondo te abba↑ia
3. *B* ((*si morde il bordo del collo della maglietta*)) perch- perché vuole il bamb↑ino
4. *M* perché vuole il bamb↓ino (.) ma secondo te quel bambino lì, che bambino è (.) è un bambino qualsiasi, che ha trovato per strada?
5. *B* °no°
6. *M* chi sarà (3) ((*con la mano indica il foglio*)) prova a pensare (.) se non è un bambino quals↑iasi *chi è/
7. *B* *u::n/ amico
8. *M* un amico↓(.) oppure proprio il?
9. *B* °fratello°(.) ge- =
10. *M* =il padroncino sarà. sarà il suo padrone? può darsi, può darsi che sia il suo padrone (.) ((*passa dal tono un po' cantilenante di chi racconta una storia a uno più prosaico*)). Adesso attenta, perché quando si scrive bisogna esser molto precisi ((*segue*))

Quasi certamente, la risposta assurda finale di Maria al turno 9 – risposta che sta per trasformare in gemello il cane già reso fratello del bambino – non sarebbe stata prodotta senza l'aiuto materno. D'altro canto, non si può dire che l'intervento della madre, di per sé, abbia qualche cosa di particolarmente maldestro: è, il suo, semplicemente un tentativo di sollecitare la figlia a migliorare una risposta "facendola ragionare".

Osservando più da vicino l'interazione, possiamo collocare la risposta assurda della bambina all'interno di un episodio interattivo ben delimitato, iniziato dalla madre al turno 2 ("perché secondo te abbaia") e terminato al 10 ("il padroncino sarà. sarà il suo padrone?"). Questo episodio di correzione è segnalato e marcato all'inizio e alla fine da alcuni gesti o cenni, da parte di entrambe e può essere scomposto in sottounità, costituite ciascuna da una edizione dello schema generale (I).

3/a
2. *M* perché secondo te abbaia?
3. *B* *((si morde il bordo del collo della maglietta))* perch- perché vuole il bambi↑no
4. M perché vuole il bamb↓ino

Al turno 4 la madre accetta temporaneamente la risposta 3. Ne chiede subito, nello stesso turno, un'ulteriore correzione (riedizione di una mossa 1) mettendo sulla buona strada la figlia con una domanda retorica.

3/b
4. *M* ma secondo te quel bambino lì, che bambino è. è un bambino qualsiasi, che ha trovato per strada?
5. *B* °no°
6. *M* chi sarà (3) ((*aspettando che la bambina risponda, protende la mano e sposta leggermente il foglio*))

3/c
6. *M* prova a pensare. se non è un bamb↑ino qualsiasi *chi è/
7. *B* *u::n/ amico
8. *M* un amico↓(.)

Ancora, la madre accetta la risposta ma subito chiede un ulteriore progresso, nello stesso turno.

3/d
8. *M* oppure proprio il?
9. *B* °fratello. ge-°
10. *M* =il padroncino sarà↓ sarà il suo padrone? può darsi, può darsi che sia il suo padrone

In 10, la madre si sostituisce alla figlia chiudendo la sequenza di correzione, rispondendo da sola alla propria domanda ("sarà il suo padrone? può darsi") e recitando in tal modo la battuta che il copione prevede per Maria. Questo intervento è relativamente inconsueto – come s'è detto, avviene raramente che l'aiuto materno consista nel proporre direttamente la rettifica – ma consente alla madre di non rilevare l'enormità che la bambina ha appena detto e di bloccare quella ancora maggiore che sta per dire, trasformando in gemelli i due già improbabili fratelli.

È legittimo supporre che il "copione" descritto come (I) sia ben noto a entrambe: non appena attivato, ciascuna delle due ha delle aspettative fondate e precise circa il comportamento dell'altra. La madre, sollecitando una correzione, si aspetta che la figlia effettivamente tenti di correggersi; la figlia, quando si corregge, si aspetta che la madre confermi che la rettifica prodotta è soddisfacente, oppure fornisca immediate indicazioni ulteriori per il tentativo successivo.

Maria quindi sa che, qualora la propria risposta non venisse giudicata adeguata, otterrebbe in cambio ulteriori indicazioni. Non solo una risposta casuale, ma anche una non risposta (un "passo") avrebbe dunque l'effetto di fornire alla bambina indizi ulteriori. Così infatti avviene in 6, dove la madre dopo una mossa per cedere il turno con una pausa di tre secondi (mossa non accettata dalla bambina), aggiunge ulteriori indicazioni.

Queste osservazioni consentono una prima riflessione: la risposta "casuale" svolge una funzione da un punto di vista sequenziale. Precisamente, svolge la funzione di sollecitare ulteriori indicazioni e suggerimenti; in linea generale, essa è comunque preferibile al rifiuto reiterato della risposta.

UN'IPOTESI ESPLICATIVA

È possibile formulare un'ipotesi circa il meccanismo con cui si producono sequenzialmente le risposte assurde, riprendendo ancora la nozione di *frame*. Possiamo tentare di illustrare questa ipotesi esemplificandola tramite i casi della tabellina circolare inventata da Paolo (esempio 2) e della strana coppia di fratelli creata da Maria (esempio 4).

Analizziamo meglio ora come e in che senso il comportamento di Paolo e Maria risponde ai vincoli dei due *frame* diversi che si sovrappongono e interferiscono l'uno con l'altro.

È importante sottolineare a questo proposito che è possibile distinguere, anche sotto il profilo puramente descrittivo, il passaggio da un *frame* all'altro, e che la risposta assurda di Maria come quella di Paolo non avvengono all'interno di un *frame* di produzione spontanea ma di "episodi" di aiuto e correzione cooperativi. Sono dunque il prodotto dell'interazione della coppia aiutante-aiutato.

Confrontiamo ora gli esempi di Mario e Paolo con quello di Maria. Nei tre casi si può notare che, nel rispondere, i bambini sembrano comunque rispettare non solo la pertinenza dettata dai contenuti del tipo di compito in corso (lettura, aritmetica, composizione) ma anche dalla cornice generale del brano, problema o della storia specifici che hanno di fronte. Ciò mostra che essi rimangono comunque vincolati – anche se parzialmente – al *frame* tecnico del compito, pur utilizzando criteri e principi di cooperazione propri di un *frame* conversazionale. Se però consideriamo isolatamente le sub-unità utilizzando lo schema ideale generale (I), notiamo anche che tutti e tre i bambini tengono sempre conto del suggerimento materno immediatamente precedente. Le risposte di Paolo e Maria sono monitorate passo passo dalla madre come quelle di Mario nell'esempio 1, dove addirittura spesso la correzione materna interrompe spesso la parola a metà, prima che sia terminata.

Nel caso di Maria, la segmentazione in sub-unità di tipo (I) mostra come l'assurdità della sua risposta svanisca del tutto considerando ogni sub-unità isolatamente – proprio perché la replica tiene sempre conto di quello che la madre ha appena detto.

Chi si trovasse di fronte ai singoli segmenti 3/a, 3/b, 3/c e 3/d, ignorando quanto precede e segue – vale a dire il fatto che uno dei due personaggi è un cane – troverebbe non solo che la risposta "amico" ma anche la risposta "fratello" sono completamente appropriate rispetto al suggerimento che le precede immediatamente. La madre sollecita un miglioramento della risposta fornendo indicazioni che vanno nel senso di un maggior legame tra i due personaggi, (in 4: "è un bambino qualsiasi che ha trovato per strada?"; in 8: "*proprio* il?"). La bambina comprende e segue queste indicazioni: un "amico" è più che un bambino qualunque e, se questo non basta ancora, un "fratello" è più che un amico, e un gemello è la sola relazione tra pari "più che fraterna" che si possa immaginare. L'assurdità non si produce subito, ma solo dopo due sequenze di "aiuto", ciascuna delle quali, isolatamente considerata, non può essere considerata assurda. *L'assurdità scaturisce quindi dal collegamento tra l'ultima coppia domanda/risposta e quelle precedenti, relativamente "lontane" ma facenti comunque parte della sequenza*: se di un cane è accettabile dire – e si dice – che è amico dell'uomo (addirittura il migliore), non si può però arrivare a dire che possa essere "fratello" (e ancor meno gemello) di un bambino.

In altri termini, sembra plausibile supporre che (a) Maria tiene conto della pertinenza generale, definita dal tipo di compito in corso nonché della cornice generale del compito specifico, e (b) della pertinenza definita dai suggerimenti della madre che fanno parte della stessa subunità interattiva di tipo (I) ma non dei passaggi per così dire intermedi tra la cornice generale e l'ultima battuta, vale a dire del testo della storia prodotto congiuntamente alla madre sino a quel momento – di quello che, rispetto alla risposta assurda, risulta essere *co-testuale*.[3]

In questo tipo di interazione, l'obiettivo del bambino sembra consistere *solo* nell'indovinare di volta in volta la parola che la madre ha in mente, utilizzando *solo* le indicazioni che la madre le fornisce nell'ultimo o al più negli ultimi turni, collocandole in una cornice di riferimento molto generale. Ciò che viene perduto, è proprio il percorso di "ragionamento" che la madre tenta di farle fare. Una indiretta controprova della plausibilità di questa ipotesi la si ha in quei casi – ben noti a madri e insegnanti – in cui il bambino anche dopo aver dato una serie di risposte corrette, avendo apparentemente compreso il ragionamento, risulta invece incapace di ripetere da solo ciò che lui stesso ha detto qualche attimo prima.

Quest'ultima circostanza fa supporre che, pur all'interno della gestione di un medesimo frame interattivo concordemente seguito, che definisce parti, ruoli e mosse legittime, avvenga in questi casi una perdita di "allineamento" o "sintonizzazione" tra i partecipanti, i quali collocano quanto sta avvenendo istante per istante sullo sfondo di pertinenze e schemi cognitivi solo in parte sovrapponibili.

Come si è visto inoltre, i principi e le regole di fatto seguite dai partecipanti sono molto simili a quelle vigenti in una conversazione, in modo largamente indipendente dalla natura specifica del compito – sono sostanzialmente le medesime per il compito di aritmetica, lettura o composizione. Questi principi non sono però estranei a qualunque logica, come il contenuto della risposta farebbe talora pensare, ma servono anzi a consentire quelle particolari inferenze che in una conversazione permettono di capire (dette *implicature conversazionali*), a partire da ciò che letteralmente viene detto, quanto chi ha parlato *intendeva* dire. Anche se i procedimenti che vengono usualmente seguiti non sono quelli della logica formale, sono però tutt'altro che privi di logica (Grice, 1975). Senza entrare in dettagli, si può dare per accettato che non sono privi di logica quei procedimenti che ci consentono, durante una conversazione, di capire con un buon grado di approssimazione quello che il nostro interlocutore "ha in mente" dicendo quello che dice.

Si può pensare insomma che il bambino, in una situazione dove il

3. Si indica generalmente con questo termine quella porzione di contesto di una parola o di una frase che fa parte del testo – in questo caso dell'interazione verbale madre bambino – in cui è inserito. Nella situazione esaminata, il contesto complessivo comprende una quantità di altri elementi – l'ambiente fisico, la consultazione, il servizio, la cultura ecc. – mentre il co-testo è la pura trascrizione della sequenza verbale.

frame attivato ha molto in comune con quello di una normale conversazione, fa quello che appunto si fa comunemente in una conversazione: cerca di "leggere la mente" della madre. Rispetto a una conversazione ordinaria però c'è una rilevante differenza: le domande della madre non sono *vere* domande – fatte cioè per sapere qualche cosa che non si sa. Sono piuttosto simili a *domande d'esame* dove chi pone la domanda conosce la risposta e vuol sapere se il suo interlocutore è in grado di rispondere. Il bambino sa bene che non sta facendo una conversazione qualunque e sa che la madre ha aspettative molto precise sulla sua risposta: se riesce a capire quello che la madre ha in mente, sa anche la risposta da dare di volta in volta. In questo modo, l'attenzione del bambino si concentra sulla singola sottounità in corso perdendo di vista la connessione con quanto precede, salvo che per il tipo di compito in corso. La pertinenza rispetto al turno immediatamente precedente è quasi sempre rispettata, e la sensazione di assurdità nasce dalla collocazione della risposta nell'interezza del co-testo: sintetizzando, si può forse dire che l'assurdità deriva da quella che si potrebbe chiamare decotestualizzazione della risposta, risposta che invece risponde a una logica se collocata nel contesto della situazione relazionale in cui si trova il bambino.

UN'INTERESSANTE OSSERVAZIONE CASUALE

Nel nostro corpus di dati conversazionali, è presente un interessante controesempio: una bambina, che chiameremo Vincenzina, viene aiutata in modo particolarmente intrusivo e disorganizzante dalla madre, che la conduce con i suoi goffi tentativi di aiuto lungo vie sempre più impervie e prive di coerenza. La bambina, appena lette le istruzioni di uno dei compiti assegnati, dice "questo lo so fare", ma viene nonostante questo subito "aiutata" a migliorare la propria risposta; la madre si mostra particolarmente prodiga di inviti "a ragionare" e di interventi volti a migliorare la produzione spontanea della figlia. Alla fine di una lunghissima e disastrosa sequenza di aiuto, Vincenzina finalmente chiede scherzosamente di poter cominciare a scrivere ("allora, scarabocchio?") e porta a termine il compito in modo soddisfacente.

L'intervento di "aiuto" della madre, pur presentando in modo evidente tutte le caratteristiche indicate come disfunzionali, non è seguito da alcuna risposta assurda. Inoltre, nella sequenza di aiuto, Vincenzina spesso dice "non so" o rifiuta la risposta, ma non dice mai assurdità. È anche evidente il fatto che Vincenzina non ha affatto timore di sbagliare e anzi è disposta a ridere dei propri errori. Nell'insieme, nonostante la madre presenti il repertorio tipico descritto, la figlia non produce assurdità né reagisce come gli altri bambini osservati, anche sotto il profilo emozionale.

Una breve indagine successiva ha rivelato che Vincenzina non presentava disturbi di apprendimento: la madre era semplicemente la conoscente di un operatore, disponibile con la propria figlia a una "prova generale". Questa madre si era distinta agli occhi dell'osservatore – ignaro del fatto che la bambina non presentava particolari problemi scolastici – per la sua goffaggine nell'aiutare la figlia, che dal canto suo mostrava di subire anche i rimproveri materni con una dose di tranquillità e di umorismo sconosciuta a tutti gli altri.

Tale osservazione casuale avvalora indirettamente l'ipotesi esplicativa formulata e mostra come sarebbe arbitrario immaginare un rapporto di causa-effetto tra tipo di aiuto disfunzionale materno e difficoltà del bambino.

Cadere in questo errore è facile. Il palese disagio di alcuni bambini nel portare a termine faticosamente la serie di prove induce infatti facilmente l'osservatore a identificarsi con loro attribuendo loro il ruolo di "vittime" della incompetenza materna se non addirittura identificando in tale incompetenza la causa prima delle difficoltà del bambino.

ALCUNE RIFLESSIONI CONCLUSIVE

I metodi dell'analisi conversazionale qui utilizzati sono stati applicati, ormai parecchi anni fa, alle conversazioni tra torre di controllo e piloti nei disastri aerei. Chi fosse tentato di individuare in una relazione di aiuto maldestra la causa dei problemi di apprendimento commetterebbe lo stesso errore di chi individuasse nei concitati scambi tra pilota e chi lo assiste da terra le cause della caduta dell'aereo. Avere una buona comunicazione con il personale a terra può però risultare risolutivo in caso di guasto a bordo – come è accaduto agli astronauti di una missione lunare – anche se una buona comunicazione è del tutto indipendente dalle cause del guasto stesso e dall'abilità nel pilotare l'aereo.

Ciò che si è cercato di mostrare, non è certamente che una relazione di aiuto disfunzionale è la causa dei problemi di apprendimento, quanto piuttosto, (a) che l'assurdità delle risposte, in determinate condizioni, è un prodotto della situazione più che dell'individuo – o meglio, è una soluzione che quell'individuo mette in atto per far fronte a una situazione; che (b) la risposta assurda in tali condizioni è frutto di un procedimento che ha una sua logica, che si riferisce alla situazione sociale e interattiva, ma estranea alla logica intrinseca del compito da risolvere; di conseguenza che (c) simile situazione, quando si crea, è comunque del tutto improduttiva dal punto di vista dell'apprendimento scolastico e, (d) se generalizzata, può rendere il bambino ancor più dipendente dall'aiuto esterno; infine (e) che può contribuire a peggiorare la relazione madre-bambino (e la posizione del bambino in famiglia) dando un contributo ai problemi psicopatologici e comportamentali spesso associati.

Si è cercato anche di mostrare come sulla relazione madre-bambino convergono pressioni provenienti dal contesto più allargato, a diversi livelli. La pressione che la famiglia tramite la persona della madre esercita sul bambino non ha infatti necessariamente origine dalla scuola, anche se questa è l'evenienza più frequente. Sono numerosi infatti i casi dove la scuola assume una linea di accettazione delle difficoltà del bambino evitando di forzare eccessivamente i suoi tempi di apprendimento, ma è la famiglia a lamentare il fatto che al figlio non vengono assegnati compiti eguali agli altri, e a pretenderlo. La convinzione che "senza un buon titolo di studio oggi non si combina niente nella vita" può costituire in famiglia un assillo sin dal primo impatto di un figlio con la scuola, o anche prima. La scuola in taluni casi, come la famiglia in altri, non fa altro che recepire ed elaborare una pressione esercitata dal contesto culturale, da cui i servizi per l'età evolutiva non sono certo esenti.

Il modello implicito (Fruggeri, 1997) al quale sembrano attenersi in molti casi non solo i genitori e la scuola ma anche i servizi risponde al principio di "fare tutto il possibile" anziché limitarsi a ciò che risulta utile. Spesso, meno il bambino supera le sue difficoltà, più numerose sono le persone che gli si affollano intorno per aiutarlo a superarle, non necessariamente in accordo tra loro: il modo in cui vengono esercitati e interagiscono tra loro diversi modi di insegnare, applicati allo stesso bambino, merita però scarsa attenzione.

L'invio ai servizi e/o la richiesta di insegnante di sostegno promossa dalla scuola e/o dalla famiglia non mancano di regola in queste situazioni. La conseguente ridefinizione delle difficoltà di apprendimento in termini medico-psichiatrici comporta una stigmatizzazione, ma è probabilmente la sola coerente con la cultura attuale e in molti casi inevitabile.

Si è cercato di suggerire come tale (eventualmente inevitabile) psichiatrizzazione del problema possa avere anche alcune potenzialità positive non sfruttate, e si è sostenuto che a tale fine l'applicazione dei criteri diagnostici in modo rigido sia preferibile a un atteggiamento flessibile. Molte pressioni provenienti dal contesto allargato possono infatti essere meglio gestite se l'operatore le accetta o le rifiuta non sulla base di valutazioni personali (sempre opinabili e negoziabili), ma di risultati di prove cosiddette "oggettive" e criteri espliciti e riconosciuti. Anche la poco gradita (dai più) aziendalizzazione della sanità, con la conseguente attenzione ai risultati degli interventi (la *evidence based medicine*, come diciamo oggi in italiano), richiederebbe che ogni trattamento nell'ambito della sanità pubblica fosse idealmente fondato su adeguate prove di efficacia – prove che richiedono studi controllati comparativi, in questo settore pressoché inesistenti. Sarebbe interessante mettere alla prova in questo l'efficacia di una certa prassi attuale, che tende ad affollare di personale specializzato la vita di questi bambini, e comparare i progressi scolastici e le conseguenze relazionali di bambini seguiti secondo lo schema corrente (rotazione di diversi insegnanti sin dal primo ciclo della scuola elementare, interventi di insegnanti di sostegno, logopedia e compiti da eseguire a casa su indicazione degli specialisti) con quella di altri metodi meno intrusivi. È infatti legittimo porsi almeno qualche domanda di fronte al fatto che l'aumento (a volte sorprendente) del numero di insegnanti per classe sembra andare di pari passo con l'aumento dell'impegno famigliare richiesto dalla scuola per l'esecuzione dei compiti a casa.

Un'ultima considerazione, di carattere ancora più generale, coinvolge la istituzionalizzazione dei problemi di apprendimento come disturbi mentali derivanti da disfunzioni neuropsicologiche, sancita dal mondo accademico e dei servizi. Nella nostra cultura, si ritiene necessario obbligare ogni individuo a passare un periodo sempre più lungo sui banchi di scuola. Il bambino normodotato che, entro tempi ricavati dal confronto con la media statistica della popolazione scolarizzata, non apprende determinate nozioni e abilità viene definito come individuo che presenta un problema classificato come disturbo mentale. Allargando i termini della questione, il problema può essere riformulato: se un numero crescente di bambini di intelligenza "normale" (misurata con gli strumenti psicometrici correnti) ha problemi di apprendimento scolastico consistenti e persistenti nel tempo, a cui tendono ad associarsi altri disturbi emotivo-comportamentali e poi difficoltà di adattamento sociale, sembra inevitabile concludere che (a) gli standard richiesti dalla nostra cultura tramite la scuola sono inadatti a una popolazione definita normale, oppure (b) che si sta modificando o che va modificato il concetto di normalità, di salute e benessere.

Inquadrare le difficoltà di apprendimento scolastico e le loro conseguenze entro una cornice di tipo neuropsicologico e neuropsichiatrico è coerente con questa seconda alternativa: il numero di condizioni che oggi, a differenza di ieri, sono definite patologiche e incluse nei manuali diagnostici dei disturbi mentali, pur aumentato a dismisura rispetto a ieri è con ogni probabilità inferiore a quello di domani. È allora essenziale per gli operatori una conoscenza il più approfondita possibile di queste categorie e degli strumenti disponibili, per controllare meglio gli effetti dei propri interventi.

BIBLIOGRAFIA

AMERICAN PSYCHIATRIC ASSOCIATION (1994), *Manuale diagnostico e statistico dei disturbi mentali* (DSM-IV). Tr. it. Masson, Milano 1995.

ANDERSON, H., GOOLISHIAN, H. (1988), "Human Systems as Linguistic Systems". In *Family Process*, vol. 27.

AUSTIN, J. L. (1961), *Come fare cose con le parole*. Tr. it. Marietti, Casale Monferrato 1987.

BAKKER, D., WILSHER, C., DEBRUYNE, N., BERTIN, N. (1987) (a cura di), *Development Dyslexia and Learning Disorders*. Karger, Basilea.

BERCELLI, F., LEONARDI, P., VIARO, M. (1999), *Cornici terapeutiche*. Raffaello Cortina, Milano.

BIEBER, G., SETTEFONTI, G. (1987), "Proposta per una applicazione metodologica di epidemiologia in neuropsichiatria infantile". In POPULIN, E. (a cura di), *Atti del Convegno "Epidemiologia in Neuropsichiatria Infantile"*. Società Italiana di Neuropsichiatria Infantile, Sezione triveneta.

DREW, P., HERITAGE, J. (1992), "Analysing talk at work: an introduction". In DREW, P., HERITAGE, J. (a cura di), *Talk at Work*. Cambridge University Press, Cambridge.

EDELMAN, G.M., TONONI, G. (2000), *Un universo di coscienza*. Tr. it. Einaudi, Torino 2000.

FRUGGERI, L. (1997), *Famiglie*. NIS-Carocci, Roma.

GARFINKEL, H. (1967), *Studies in Ethnomethodology*. Prentice-Hall, Englewood Cliffs, NJ.

GOFFMAN, E. (1974), *Frame Analysis*. Harvard at the UP, Cambridge.

GOFFMAN, E. (1981), *Forms of Talk*. University of Pennsylvania Press, Philadelphia.

GRICE, P.H. (1975), "Logica e conversazione". Tr. it. in SBISA', M. (a cura di), *Gli atti linguistici*. Feltrinelli, Milano 1978.

ORGANIZZAZIONE MONDIALE DELLA SANITÀ (1992), *ICD-10 – Criteri diagnostici per la ricerca*. Tr. it. Masson, Milano 1995.

ORGANIZZAZIONE MONDIALE DELLA SANITÀ (1996), *Classificazione multiassiale dei disturbi psichiatrici del bambino e dell'adolescente.* Tr. it. Masson, Milano 1997.

SACKS, H., SCHEGLOFF, E., JEFFERSON, G. (1974), "A simplest systematics for turn taking". In *Language*, n. 50.

SCHEGLOFF, E.A. (1992), "Repair after next turn: the last structurally provided for place for the defense of intersubjectivity in conversation". In *American Journal of Sociology*.

SCHEGLOFF, E., SACKS, H., JEFFERSON, G. (1977), "The preference for self-correction in the organization of repair in conversation". In *Language*, n. 53.

SACKS, H. (1992a), *Lectures on Conversation*. Vol. 1, Fall 1964-Spring 1968, Blackwell, Oxford.

SACKS, H. (1992b), *Lectures on Conversation*. Vol. 2, Fall 1968-Spring 1972, Blackwell, Oxford.

VIARO, M., MORBIN, E. (in corso di stampa), *Il contesto dei disturbi di apprendimento*. Atti del convegno "Imparare, questo è il problema", S. Marino, 2000.

14

COME INTEGRARE I BAMBINI STRANIERI A SCUOLA

Massimo Falcucci, Enrica Gennari

È ormai molto frequente entrare in contatto con realtà scolastiche in cui la presenza di bambini provenienti da altre culture è un elemento non più sporadico e marginale. In alcuni quartieri delle grandi città ci sono classi in cui il numero di allievi non italiani arriva al 50 per cento. Questa situazione (naturalmente non omogenea sul territorio) è l'aspetto più evidente di una immigrazione che sta cambiando forma e sta introducendo importanti elementi di novità nella nostra realtà sociale.

A partire dagli anni Ottanta l'immigrazione ha assunto dimensioni e caratteristiche del tutto nuove. Da sempre paese di emigranti (circa 26 milioni in un secolo) in maniera abbastanza repentina, nell'arco dell'ultimo ventennio, l'Italia si è trovata a essere meta di importanti flussi migratori. È un'immigrazione all'interno della quale assume sempre più rilevanza la presenza di interi gruppi famigliari che arrivano per restare per un periodo di tempo più o meno lungo. Fenomeni come l'aumento delle coppie miste e il diffondersi dell'adozione internazionale, anche se non immediatamente riconducibili all'evento migratorio ma indubbiamente a esso collegati, contribuiscono a determinare una situazione di "creolizzazione" della nostra società, che rapidamente sta assumendo caratteristiche multiculturali. La presenza sempre più significativa di bambini appartenenti a culture diverse dalla nostra all'interno del mondo scolastico pone una serie di questioni che richiedono un'attenzione e una capacità di gestione che va ben oltre un'ottica emergenziale caratterizzata da interventi sporadici o dettati dall'urgenza. La scuola rappresenta del resto il contesto privilegiato per un incontro tra le culture e può essere un laboratorio di esperienze e opportunità di integrazione.

IL PROCESSO DI INTEGRAZIONE

Il fenomeno migratorio ha come sua caratteristica specifica l'incontro tra diverse culture, inteso non solo e non tanto come confronto e scambio tra mondi, concezioni, valori, usanze differenti che entrano in contatto e reciprocamente si influenzano, ma soprattutto come impatto tra lo straniero (l'estraneo), solitamente dotato di scarso potere e in condizioni di bisogno, e la società ospitante che lo accoglie. Da qui prende l'avvio un difficile processo di integrazione che è caratterizzato dalla relazione tra esigenze e bisogni di chi arriva e le reazioni/risposte che la società di accoglienza produce. Questo processo presenta, dal punto di vista dell'immigrato, una prima fase di "accomodamento" che, in rapporto e in interazione con il modello politico e sociale del paese ospitante, si evolve poi attraverso successivi passaggi verso un processo di assimilazione o pluralismo culturale.

In questo primo periodo di estrema instabilità la famiglia e i suoi membri sono sottoposti a una situazione di forte tensione caratterizzata da un senso di disorientamento con perdita di punti di riferimento; il sentimento di solitudine e l'intenso senso di sradicamento tipici di questa fase di primo impatto con un "altro mondo" si manifestano spesso nella persona immigrata in comportamenti ambivalenti e contraddittori che oscillano tra il mostrare da un lato rifiuto e chiusura rispetto a tutto quello che gli ricorda la sua origine/provenienza con un'adesione acritica alla nuova realtà del paese ospitante, nel tentativo di costruirsi nuove appartenenze e, dall'altro, una rigidità a volte ostile rispetto al nuovo che lo circonda nel tentativo opposto di conservare quanto si è lasciato con una ipervalutazione della propria cultura d'origine (Sluzki, 1979; Nathan, Stengers, 1995; Andolfi, Cavalieri, Falcucci, 2000).

La situazione di immigrazione, al di là dei motivi e delle modalità con cui si realizza, è, come sottolinea Losi (2000), un periodo altamente stressante per l'individuo e per la famiglia caratterizzato da cambiamenti significativi nello status e nei ruoli famigliari. I più comuni sono determinati dalla perdita del lavoro da parte del padre e, di conseguenza, del suo status e ruolo famigliare; dal passaggio della donna da un ruolo esclusivamente intra-famigliare ad attività extra-domestiche; dall'integrazione dei figli, soprattutto nel corso dell'adolescenza, in gruppi locali di pari caratterizzati da valori, cultura/e e linguaggi estranei a quelli famigliari; dall'adultizzazione dei figli, anche prepuberi, in relazione alla loro migliore conoscenza della lingua locale rispetto alla difficoltà di comunicare con l'esterno da parte dei genitori.

Il periodo dell'accomodamento è una fase molto delicata e cruciale del processo integrativo fortemente correlata a come la società ospitante reagisce a questo fenomeno in termini di gestione politica e sociale dei problemi che insorgono nel rapporto tra gli autoctoni e i nuovi arrivati.

Secondo Gordon (1975) il modello dell'assimilazione e quello dell'integrazione si differenziano in base al riconoscimento o meno dell'esistenza delle diversità etniche e dell'uguaglianza: in un'ottica di assimilazione si tende verso l'omologazione, le differenze vengono negate o considerate un fatto negativo e solo l'altro deve cambiare e lasciarsi assorbire nella cultura ospitante adattandosi a essa.

La prospettiva di un pluralismo culturale, cui sembrano riferirsi le politiche sociali attuate in Italia, si basa sull'accettazione della coesistenza tra diverse culture all'interno della società. Essa poggia sul riconoscimento delle diversità etniche, religiose, culturali dei diversi gruppi e la loro identità etnica deve essere garantita e sostenuta attraverso codifiche di promozione in tutti i campi della vita sociale. Il processo integrativo da questo punto di vista si configura come uno scambio bilaterale tra immigrati e società di accoglienza, che conosce fasi successive di aggiustamento. Le mete di questo processo non dovrebbero essere definite a priori, poiché non consentirebbero il rispetto dell'alterità, ma essere frutto di una continua ridefinizione consensuale fatta di accordi reciproci e di fronte a tali mete tutti dovrebbero essere in un certo senso stranieri/estranei (Coser, 1976).

Ma per quanto accattivante questo modello del pluralismo culturale possa apparire, se applicato con rigidità, sembra destinato a naufragare per due ordini principali di motivi: il primo è che a volte si tende a ignorare la complessità e la dinamicità delle culture d'origine e come conseguenza si tende ad attuare stereotipi e/o semplificazioni. La seconda ragione è che comunque si ha pur sempre un mantenimento da parte della società di accoglienza di privilegi sociali ed economici, riservando a essa la gestione dei saperi più produttivi. Lo scambio culturale si configura quindi come una sorta di "predisposizione passiva" (Zanotti, 1990) non collegandosi quindi effettivamente ai diversi livelli come quello dell'istruzione, di progetti educativi, di modelli culturali.

SCUOLA E IMMIGRAZIONE

C'è un unanime consenso nel sostenere che l'ambiente, la cultura, le relazioni educative (soprattutto quelli riguardanti i genitori e gli insegnanti nella prima fase della vita) creano le basi per lo sviluppo affettivo, sociale e cognitivo del bambino.

È infatti all'interno della famiglia[1] che si sviluppa la prima rete affettiva importante della vita; l'attaccamento alle figure genitoriali è il primo passo fondamentale per una crescita che negli anni porterà all'individuazione e al realizzarsi del proprio progetto di vita. Il bambino si sviluppa e cresce avvalendosi degli stimoli derivanti dalla relazione con gli altri, in primo luogo la madre e il padre, poi le altre figure famigliari e quindi gli altri bambini.

L'interazione con gli altri favorisce lo svilupparsi nel bambino, a cominciare dai primi anni di vita, del senso di identità, che è acquisito anche in virtù di tutte quelle esperienze sociali che consentono la differenziazione e la percezione della differenza dagli altri.[2] La scuola in questo senso costituisce il principale agente di socializzazione dopo la famiglia.

La scuola, di fronte al mutamento sociale costituito dalla presenza di alunni stranieri al proprio interno, è chiamata a una profonda ridefinizione del proprio operare; ha cioè la necessità di comprendere a fondo gli aspetti di tale trasformazione e di produrre attività e interventi educativi per rispondere adeguatamente alle esigenze che la nuova realtà propone. Una prospettiva che tiene conto delle interazioni complesse tra il mondo della scuola e il fenomeno migratorio riguarda lo studio delle dinamiche interattive tra gli insegnanti, le famiglie immigrate e il bambino straniero. È proprio nella triade bambino/scuola/famiglia che si creano e si gettano infatti le basi per lo sviluppo dell'identità del soggetto.

Seguendo un'ottica sistemica relazionale, la complessità del bambino straniero può essere compresa seguendo il modello delineato da Bronfenbrenner (1979), per il quale la condizione del bambino si costruisce parallelamente intorno a tre sistemi: il *microsistema*, rappresentato dagli schemi di attività, ruoli e relazioni interpersonali sia all'interno della famiglia che al di fuori con il gruppo dei pari; il *mesosistema*, caratterizzato dalle interrelazioni tra due o più situazioni ambientali alle quali l'individuo partecipa attivamente (scuola-famiglia); l'*esosistema*, costituito da una o più situazioni ambientali di cui l'individuo non è partecipante attivo, ma da cui viene profondamente influenzato (leggi, provvedimenti politici, politica assistenziale). Partendo da questo presupposto, consi-

1. Da diversi anni la fondazione "Silvano Andolfi", in collaborazione con la cattedra di Psicodinamica dello sviluppo e delle relazioni famigliari della facoltà di Psicologia dell'Università di Roma "La Sapienza", ha attivato progetti di ricerca, formazione e intervento sul fenomeno migratorio e in particolare sulle tematiche della famiglia immigrata.

2. Rapporto 1997 sulla condizione dell'infanzia e dell'adolescenza in Italia.

derando la realtà in cui è inserito il bambino comprese le istituzioni e le politiche volte a tutelarlo, è possibile attuare progetti educativi e interculturali al fine di promuoverne l'integrazione nella scuola.

Ponendo attenzione alla famiglia nella sua interazione con la scuola, se questa si presenta come un sistema prevalentemente chiuso, il bambino avrà limitate possibilità di conoscere e farsi conoscere dalla scuola, sia perché vedrà quest'ultima come un'entità separata dalla sua famiglia, sia perché avrà in essa acquisito atteggiamenti di sospetto e di "presa a distanza" verso l'ambiente-scuola. La strada verso un'identità personale del soggetto risulterà limitata, come è limitata l'area di relazione e scambio con i due ambienti; infatti il bambino immigrato, anche con la presenza di "nicchie etniche" che nel contesto sociale sono scarse, avrà come unica realtà di riferimento la famiglia.

È infatti all'interno della stessa famiglia che troviamo fattori capaci di aiutare o al contrario ostacolare la socializzazione del bambino nel paese in cui vive: occorre ricordare in proposito il progetto migratorio, il rapporto con il paese di origine e le modalità di inserimento nel nuovo paese.

Nei percorsi di acculturazione vissuti dalle famiglie migranti il problema dell'educazione dei figli rappresenta l'aspetto cruciale che può favorire e accelerare il processo di integrazione, o al contrario favorire i movimenti di separazione dall'ambiente o all'interno della famiglia (Demetrio, Favaro, 1992).

"È chiamata direttamente in causa soprattutto la prima generazione di immigrati, che si trova impegnata a mediare sia l'impatto con l'esterno (l'ambiente sociale del nuovo paese), sia la gestione della relazione con i figli, socializzati a una cultura diversa, sia la ridefinizione dei rapporti con la famiglia di origine" (Scabini, Donati, 1992). Infatti, nel passaggio dalla cultura di appartenenza a quella della società di accoglienza, il minore si trova di fronte a un ri-orientamento biologico e culturale, un cambiamento nelle pratiche quotidiane, nella lingua che utilizza per comunicare, e una riorganizzazione della propria immagine di sé e del proprio gruppo di appartenenza (Camilletti, Castelnuovo, 1994).

La distanza, sia simbolica che reale, tra il mondo famigliare e quello esterno, dipenderà dalle modalità di inserimento che strategicamente saranno adottate dalla famiglia. Esistono famiglie che, temendo l'erosione dalla propria cultura di origine, hanno la tendenza a chiudersi su se stesse, rimanendo estranee e lontane dal mondo che le circonda. Ciò può derivare da una serie di motivi.

1. Il progetto migratorio come situazione di provvisorietà; stare nel nuovo paese o tornare in quello di origine?

2. La percezione di sé dei genitori che possono veder venire meno la loro funzione educativa. Spesso nelle società di immigrazione risulta difficile conservare quei riti, quelle tradizioni che caratterizzano il rapporto tra le generazioni e che scandiscono il tempo della famiglia. Inoltre i genitori vedono il proprio bambino spezzettato e regolamentato dall'esterno: infatti il bambino emigrato (ma spesso l'intera famiglia) risulta agli occhi delle istituzioni e dei vari servizi come una figura spezzata, un pezzo di un puzzle difficile da ricomporre; per la scuola, l'immigrato è un alunno problematico, utente con problemi per i servizi sociali, paziente dell'ASL ecc.

3. Il sentimento di lacerazione dell'identità etnica famigliare: come esito dell'impossibilità di mettere insieme quello che appartiene e vale per la famiglia e quello che questa trova fuori nella realtà esterna. La scuola è spesso il luogo in cui i bambini immigrati "scoprono" che ciò che hanno appreso in famiglia non ha valore o almeno ha un valore inferiore rispetto all'ambiente.

4. L'ostilità verso l'esterno: il sospetto verso l'ambiente esterno e la percezione di essere considerati in tutto e per tutto diversi, portano la famiglia a operare un controllo molto forte sul bambino piccolo restringendone i confini relazionali, irrigidendone i comportamenti e attivando particolari costellazioni mitiche (Andolfi, Angelo, 1987) che offrono al bambino come unico luogo e matrice di conoscenza la famiglia con le proprie istanze culturali, cognitive e relazionali.

Con la perdita delle proprie radici e di un terreno con cui affermare la propria identità etnica, la famiglia può riempire questo vuoto preservando in tutti i modi la propria cultura, tradizioni e costumi. Questo è possibile attraverso la costruzione di specifici legami relazionali fra i membri e attraverso l'assegnazione di ruoli funzionali al mantenimento dei primi, nonché attraverso particolari modalità cognitive per interpretare il mondo esterno; il tutto funzionale alle aspettative di continuità etnica della famiglia, con una visione immobile e cristallizzata della propria e dell'altrui cultura che rende impossibile un qualsiasi scambio e comunicazione. Queste particolari costellazioni mitiche rendono il sistema famiglia un sistema chiuso che impedisce l'evoluzione, il cambiamento e la crescita psicologica dei suoi membri. Spesso l'esito di queste configurazioni "bloccate", come sottolinea Sluzki (1979), si ripercuote a livello della generazione dei figli in cui i conflitti assumono dimensioni di disagio psicologico e/o sociale a volte drammatico.

Esistono al contrario famiglie che, tendendo verso l'assimilazione, abbracciano quasi totalmente lo stile di vita proprio della società di accoglienza a discapito delle proprie origini: la cultura di origine viene accantonata in quanto considerata d'intralcio o comunque non funzionale all'inserimento del nucleo famigliare e, nello specifico, del bambino nella società in cui si vive.

"In questi casi, le scelte di invisibilità di un pezzo di storia famigliare, sono dettate dalla volontà di difendere il figlio dalle possibili aggressioni di un ambiente e di un paese che si ritiene minacciante e xenofobo, oltre che da una certa vergogna per le proprie origini" (Favaro, 1996).

In ultima analisi vi sono famiglie che cercano di trovare punti di incontro tra le due culture. Succede spesso, come sostengono due autori francesi, Deleroix e Guyaux (1992), che la lontananza dal paese di origine può portare a una separazione degli "spazi di vita" famigliare. Esiste quindi uno spazio famigliare intimo e personale che mantiene il suo legame con il paese di origine, e uno esterno e sociale che è aperto ai modelli di vita del paese in cui si vive: ciò permette, se tra i due spazi non esistono barriere invalicabili, processi e dinamiche di scambio o addirittura di fusione. Il figlio è quindi portato a vivere una situazione di doppia appartenenza senza per questo considerare in una situazione minoritaria né l'una né l'altra.

> La famiglia immigrata e gli individui che la compongono sono sottomessi come il bimbo, alle esigenze della società di accoglienza e della società di origine. Stanno *tra* le aspettative della società d'origine (la perpetuazione della cultura, della lingua, della religione ecc.) e le aspettative della società di accoglienza. Si tratta di un'esperienza nuova... la famiglia e i suoi membri devono costituire *un'unità combinatoria*, prendendone il tempo, facendo dei tentativi e tenendo conto delle due società. Se vogliamo aiutarli a evolvere, non dobbiamo eliminarne una delle due. (Ciola, 1997)

Se la scuola invece è un sistema chiuso e opera secondo il principio dell'omologazione, il bambino potrà in seguito decidere di aderire acriticamente alle istanze identitarie proposte dalla scuola (e di riflesso dalla società di arrivo), ma dovrà necessariamente operare un taglio netto con le tradizioni culturali originarie. In questa ottica, operare questa scelta significa accettare di rimanere in una condizione di subordinazione che il bambino straniero accetta di pagare per essere inserito in un sistema sociale che al di là dei proponimenti rimane strutturalmente e culturalmente chiuso. Anche in questo caso l'area di relazione è comunque limitata; inoltre l'identità è costituita maggiormente dai contributi della società in cui si è immigrati.

La scuola per il bambino non autoctono rappresenta il primo luogo, il primo terreno di confronto, fra la propria cultura (trasmessagli dalla famiglia e nel paese di origine) e la cultura della società ospitante: all'interno di tale confronto il bambino in età scolastica costruisce la propria identità.

Gli educatori hanno le loro idee su come coltivare e classificare la mente umana. È una delle *antinomie* (contraddizioni) caratteristiche degli obiettivi dell'educazione: l'educazione ha il compito di puntare alla realizzazione delle potenzialità umane, ma ha anche l'esigenza di mantenere l'integrità e la stabilità di una cultura. "L'ideale di una realizzazione individuale libera e priva di ostacoli attraverso l'educazione comporta inevitabilmente un rischio di imprevedibilità sociale e culturale" (Bruner, 1996), ma al tempo stesso l'educazione come riproduzione di una cultura comporta il rischio di egemonia e tradizionalismo.

Nella relazione e comunicazione tra persone di radicamenti culturali diversi, ci sono sempre due portatori di cultura: se stesso e l'altro. Dunque, aprirsi alla diversità culturale implica sempre il conoscere la propria cultura e soprattutto lo scoprire come essa sia stata interiorizzata, pianificata in funzione di un percorso personale. In una parola, la tolleranza, la comprensione dell'altro diverso, passano sempre attraverso la scoperta della propria identità sociale, culturale e professionale. Ma l'idea prevalente è che la via alla comprensione dell'alterità differente, passi attraverso la conoscenza della cultura dell'altro. "Nell'incontro con altre culture ogni persona vede subito e chiaramente le manchevolezze dei mondi altrui, mentre comprende solo lentamente e faticosamente i limiti del proprio." Su questa base sta la possibilità di valorizzare le differenze. "Quando comprendiamo che i nostri valori riflettono le credenze di società che sono, ciascuno a modo suo, imperfette (o non generalizzabili), la pretesa che il nostro modo di pensare sia il migliore viene drasticamente ridimensionata" (Mantovani, 1998).

Il pensare sulla propria cultura è il fulcro di ogni *pedagogia interculturale* volta a valorizzare le differenze etniche. In un contesto culturale di accoglienza, come è la scuola, difficilmente si dà occasione ai soggetti immigrati di essere motivati al recupero delle proprie radici etniche, raramente vi è per loro la possibilità di esprimerle, attraverso eventi narrati, storie e fiabe appartenenti alla propria cultura. Generalmente, il soggetto straniero viene indirettamente spinto a non reintegrare il presente con il proprio passato, ma piuttosto ad attuare, mantenendoli separati, un processo di scelta esclusiva tra tali dimensioni della sua vita. Se la famiglia e la scuola iniziano una "apertura" l'una verso l'altra, il bambino non autoctono, in aperto confronto collaborativo, può aspirare a elevarsi e arricchirsi da entrambi i contesti, a costruire una propria identità frutto di una combinazione tra diversi elementi, tra "materno" e "paterno" (Ciola, 1997) con un aumento dei confini relazionali e una reale equidistanza tra i due. Questo faciliterà il distacco da entrambi, permettendo l'individuarsi e il separarsi da essi, ma allo stesso tempo permetterà di rendere proprie quelle dimensioni che non si scontrano con la ricerca di una propria identità autonoma. Possiamo a questo proposito sottolineare l'importanza e l'incidenza che progetti interculturali, su temi quali il rispetto per la diversità, il riconoscimento della identità culturale, la reciproca conoscenza e la cooperazione per il cambiamento hanno su questo processo di mediazione identitaria, tuttavia questi interventi sembrano destinati al fallimento nelle situazioni in cui sia il contesto famigliare che quello scolastico siano caratterizzati dalla "chiusura".

I NODI CRUCIALI

Vediamo ora di affrontare alcuni nodi cruciali che riguardano l'impatto problematico nella relazione tra il mondo della scuola e il fenomeno immigrazione.[3] Un primo nodo problematico riguarda l'incontro scuola/famiglia immigrata. Questo incontro è reso problematico da un insieme di difficoltà che rimandano a quanto prima accennato in termini di apertura/chiusura nel modo di affrontare diversità culturali e linguistiche. La scuola italiana nel corso del tempo si è dotata di una serie di strumenti legislativi e operativi volti a favorire e incrementare la partecipazione delle famiglie alla vita scolastica dei loro figli. I consigli di classe, i colloqui con le famiglie e i rappresentanti dei genitori ecc. costituiscono importanti occasioni di partecipazione che permettono e realizzano l'incontro tra la scuola e le famiglie. Malgrado tutte le difficoltà che si riscontrano nel mantenere e consolidare fattivamente questo rapporto di collaborazione, si può sicuramente affermare che il dialogo tra scuola e famiglie è uno dei maggiori risultati conseguiti in questi anni di grandi trasformazioni socioculturali.

3. Alcuni studi e ricerche sulla realtà delle famiglie immigrate e tesi sui bambini immigrati a scuola sono frutto del lavoro del nostro gruppo presso la fondazione "Silvano Andolfi" in collaborazione con l'Università di Psicologia di Roma "La Sapienza".

Il dialogo scuola famiglia immigrata

Tuttavia questi ambiti di partecipazione e di scambio sembrano totalmente inadeguati a rispondere alla necessità di realizzare un dialogo soddisfacente con la realtà delle famiglie immigrate. Nella percezione degli insegnanti, con cui abbiamo avuto modo di confrontarci, la difficoltà risiede essenzialmente in una serie di fattori che ostacolano la comunicazione e il coinvolgimento e che riguardano innanzitutto la scarsa conoscenza della lingua italiana, l'assenza di contatti frequenti, e la tendenza prevalente della famiglia a delegare la responsabilità dell'inserimento del bambino straniero agli insegnanti.[4]

In cinque mesi la mamma che parla pochissimo italiano è venuta solo al ritiro della scheda. Gli avvisi che mandiamo a casa non vengono compresi (madre di bambino marocchino).

Non ho mai visto questi genitori. Abbiamo fatto due colloqui individuali e la mamma non si è presentata. Non è venuta nemmeno a ritirare la scheda. È venuto il fratello maggiore al colloquio ma diceva solo sì. Non si sapeva quanto arrivasse a capire quello che dicevamo (famiglia albanese).

Se convocato il padre è sempre venuto a parlare con noi insegnanti. Il problema maggiore è quindi quello di farsi capire, non parlano molto bene la lingua italiana (padre di bambino rumeno).

C'è un problema grave di comunicazione, e di frequenza di contatti, anche per la consegna delle schede.

Loro sono abituati a delegare a noi... Quando il bambino è a scuola... tocca a noi... a loro va bene tutto (famiglia albanese).

C'è una tendenza a delegare, ma penso che questo dipenda dal fatto che anche i genitori hanno problemi gravi di inserimento nel territorio (famiglia marocchina).

Spesso l'insegnante si trova "schiacciato" da un lato dal peso delle richieste che provengono dalla scuola e dalla società di gestire e "risolvere" questo difficile rapporto e dall'altro da un sentimento di frustrazione e impotenza rispetto all'assenza di qualsiasi tipo di supporto formativo e organizzativo che a volte spegne motivazione e creatività e porta alla rassegnazione nei confronti di un'impresa impossibile.

Le famiglia immigrata, d'altra parte, sembra spesso avere una rappresentazione della scuola e dell'insegnante caratterizzata da vissuti

4. Tutte le frasi in corpo minore riportate nel testo fanno parte di interviste a insegnanti realizzate in un'indagine sull'integrazione dei bambini stranieri nel distretto scolastico di Pontedera (Gennari, 2000).

contraddittori e ambivalenti. La scuola certamente è percepita come un ambito di promozione e di inserimento nel nuovo tessuto sociale, questo sviluppa sentimenti di rispetto e soggezione, simili a quelli vissuti dai nostri nonni il più delle volte analfabeti nei confronti del maestro dei propri figli. Accanto a questo vi è, a volte inespresso, un sentimento di estraneità e resistenza rispetto a valori e contenuti che allontanano i figli dalla loro cultura d'origine amplificando un vissuto di sradicamento e di perdita di significato già presente nell'esperienza migratoria. Un'ulteriore difficoltà è rappresentata dal vissuto persecutorio che spesso caratterizza il rapporto dell'immigrato con le istituzioni percepite spesso, e non senza motivo, più come agenti di controllo e repressione che come servizi e luogo di diritti per tutti i cittadini. Questo insieme di sentimenti e percezioni rende difficile per la famiglia immigrata rapportarsi in maniera attiva con la scuola come luogo in cui poter portare proprie istanze e richieste al fine di un inserimento adeguato dei propri figli.

È possibile affermare che all'isolamento che la famiglia immigrata sperimenta nel difficile processo di integrazione, anche a livello del rapporto con la scuola, corrisponde un isolamento dell'insegnante nel difficile tentativo di essere attivo e favorire l'integrazione come processo complesso. Non è semplice tenere insieme tante "domande" che provengono da più parti e che riguardano bisogni contrapposti o percepiti come tali. Come conciliare l'esigenza di progetti educativi individualizzati per alunni a diverso titolo "svantaggiati" (portatori di handicap, bambini immigrati, bambini difficili ecc.) con l'esigenza del rispetto dei programmi richiesto dalla scuola e dalle famiglie degli altri alunni? Come portare avanti un discorso sulla diversità e la multiculturalità e gestire resistenze (caratterizzate spesso da stereotipi e pregiudizi) da parte dei genitori che spesso intervengono a diversi livelli nella didattica?

L'inserimento dell'alunno straniero nella scuola

Un altro punto focale del rapporto scuola-immigrazione riguarda la tematica dell'inserimento di alunni stranieri nella scuola (come gestire questo inserimento, quanti bambini stranieri per classe) che rappresenta un problema all'interno del quale si manifestano concezioni e posizioni che spesso veicolano stereotipi e pregiudizi relativi al bambino immigrato percepito come problema, fonte di disturbo e/o disagio.

È di fondamentale importanza capire a fondo gli aspetti contingenti e le trasformazioni sociali costituite dalla presenza di alunni stranieri, al fine di offrire opportunamente attività e interventi formativi adeguati alle esigenze che la nuova realtà propone. In tal senso è utile conoscere, a livello microsistemico, cosa rappresenti per la singola "classe" di una scuola avere al suo interno bambini stranieri, analizzando i diversi aspetti legati alle dinamiche interattive tra l'insegnante e i propri alunni. Le diverse modalità con cui si originano e si esprimono tali dinamiche di relazione sono anche l'espressione di un'organizzazione scolastica più ampia che consente al suo interno lo svilupparsi di adeguati progetti utili all'evoluzione del singolo all'interno del sistema dei pari attuando l'inserimento dell'alunno nella classe o nei plessi (sistema di classi) più adatti per strumenti, spazi e formazione professionale del corpo docente.

È utile quindi delineare primariamente quali siano le varie strategie di inserimento dei bambini stranieri all'interno della classe in quanto indice delle reali condizioni adatte e favorevoli per lo sviluppo sociale/affettivo/intellettivo degli stessi.

Vi è un primo criterio che possiamo definire *strutturale*: l'inserimento viene gestito direttamente dal dirigente e dagli uffici di presidenza. Tale gestione risponde primariamente al proposito di soddisfare esigenze organizzative del sistema scuola nella sua totalità introducendo il bambino in una classe dove si presume "crei meno disagio", privilegiando quindi aspetti come il numero di alunni, la presenza o meno di un bambino portatore di handicap e docenti considerati più disponibili o con maggiore esperienza. In secondo piano sono poste le esigenze dell'individuo stesso, tenendo poco conto del reale livello di scolarizzazione o delle conoscenze acquisite precedentemente. Questo criterio generalmente viene adottato in scuole poco strutturate a livello organizzativo e meno preparate alla presenza straniera. Inoltre va sottolineato come sia già insito nella scelta il pregiudizio che il bambino straniero crei necessariamente un disagio.

Un secondo criterio può essere definito di tipo *collegiale*: in questo caso è l'insieme del corpo docente della scuola che decide in quale classe verrà inserito il bambino attraverso accertamenti del livello di conoscenze e valutazione delle competenze. Molto spesso, a causa di difficoltà ad acquisire informazioni in merito, dovuta alla non conoscenza della lingua o all'adozione di un altro alfabeto, la commissione docente coinvolta direttamente nell'attività didattica futura opta per un inserimento finalizzato alla salvaguardia degli interessi del gruppo classe.

Il terzo e ultimo criterio pone l'alunno al centro del sistema, per questo definito *individuale* e prevede che il sistema stesso – classi, insegnanti, dirigente scolastico – si adatti alle esigenze dell'alunno straniero. Ciò è reso possibile grazie a una modalità che permette all'alunno di frequentare per periodi le due classi a cavallo della sua età. In questo caso l'accertamento delle competenze avviene sul "campo" e viene valutato parallelamente e in relazione alle possibilità di socializzazione che la classe offre.

Gli indicatori che emergono dalla nostra indagine sul campo[5] rappresentano ed esemplificano, pur nella loro limitatezza e parzialità, alcuni dei temi cruciali della problematica dell'inserimento di bambini stranieri e mostrano come ancora ci sia poca mobilità e plasticità da un punto di vista organizzativo. Per far fronte ai vari problemi che si creano con la presenza degli stranieri, il sistema scuola sembra aver adottato "semplicemente" una particolare politica di formazione delle classi, distribuendo un bambino straniero per classe, scegliendo quindi il criterio di inserimento o *strutturale* o *collegiale*. Questo dato è molto importante in quanto la scelta di una delle suddette politiche scolastiche di inserimento porta inevitabilmente un riscontro sul tipo di intervento didattico adottato all'interno del sistema-classe nonché sulle modalità di percepire i problemi che si originano dall'agire quotidiano.

Attraverso la "voce" delle persone che in essa agiscono, si è cercato di mettere in luce quale sia la percezione delle problematiche connesse alla presenza del bambino straniero una volta inserito all'interno di una classe.

Il bambino straniero e la conduzione della classe

Un primo elemento che si può evidenziare è la comune constatazione che a livello di "conduzione" della classe la presenza del bambino straniero porta a un inevitabile rallentamento dell'attività didattica. Questo aspetto è legato a numerosi fattori che riguardano sia le problematiche relative al singolo straniero sia, a livello più ampio, l'assenza di attività formalizzate.

È parere comune fra gli insegnanti che il problema linguistico costituisca la causa primaria della difficoltà di inserimento del bambino straniero. Questo aspetto è descritto come non legato primariamente al fatto che la mancata conoscenza della lingua italiana può portare inevi-

5. Indagine sull'integrazione dei bambini stranieri nel distretto scolastico di Pontedera (Gennari, 2000).

tabilmente il bambino straniero a un ritardo nell'apprendimento delle materie scolastiche, ma che il problema linguistico, e quindi la mancata comprensione da parte del bambino straniero delle persone che lo circondano, porta lo stesso a reagire con disagio e a volte in modo aggressivo sia verso i compagni sia verso le insegnanti, disturbando l'attività didattica.

Dalle informazioni ricevute emerge come dato significativo che i problemi disciplinari dell'alunno straniero sono fatti dipendere da una limitata possibilità di comunicare efficacemente con l'ambiente scuola (insegnanti, alunni).

Io credo che comunque i problemi di disciplina siano una conseguenza di quelli linguistici perché il bambino marocchino, non comprendendo, si annoia e così disturba.

L'inserimento degli alunni stranieri può recare disturbo agli altri bambini per il loro comportamento tendenzialmente aggressivo.

In effetti, di fronte all'impossibilità da parte del bambino straniero di comunicare i propri bisogni, le insegnanti spesso si trovano impotenti davanti a comportamenti di insofferenza, di aggressività o di apatia o incapaci di dare un senso, di comprendere la natura di tali problemi.

In che misura, nella difficoltà di integrazione dell'alunno straniero nella classe, ci sono aspetti che si riferiscono a problemi famigliari, a particolari caratteristiche "culturali" dei suoi comportamenti, oppure a una effettiva "predisposizione" da parte del bambino a mostrare alcuni atteggiamenti negativi? Queste sono le domande che si pongono ogni giorno i docenti, cui seguono spesso risposte di buon senso e stereotipate.

Ho due bambini: uno la cui mamma è mulatta, e il figlio ha le stesse caratteristiche, scuro di pelle, capelli riccioluti: le differenze somatiche sono evidenti. Nei confronti di questo bambino, sembra che nessuno si sia mai accorto di queste differenze... nessun atteggiamento negativo.

Nei confronti dell'altro bambino, la cui mamma è Rom e il padre italiano e tendenzialmente di carnagione scura, ma molto meno evidente dell'altro bambino, si sono riscontrati atteggiamenti di pregiudizio.

Noi ci siamo chiesti il motivo di questa differenza, dato che sarebbe più ovvio pensare che i bambini potessero avere atteggiamenti negativi verso i bambini con differenze somatiche più evidenti.

Una delle risposte che ci siamo dati è questa: la famiglia del bambino la cui mamma è mulatta è una famiglia molto integrata nella comunità, i nonni sono vissuti sempre qui, il bambino ha frequentato l'asilo con una parte consistente degli alunni presenti in classe. L'altro bambino e la sua famiglia vivono una situazione più emarginata.

A questo livello assume importanza il fatto che, almeno in questa particolare realtà da noi studiata, vi è un'assenza di attività formalizzate e strutturate specifiche per l'inserimento degli alunni stranieri. Il sistema scuola carica gli insegnanti di una responsabilità per la quale non sono adeguatamente preparati né organizzati.

Impotenza... vedi che c'è bisogno di alcune cose... ma non puoi farlo perché ti mancano gli strumenti, le indicazioni e il tempo per farlo... tutti i bambini hanno bisogno, necessitano di essere trattati singolarmente, ma manca il tempo.

Certo l'educazione interculturale, può permettere di arrivare alla scuola aperta... ma non abbiamo molti strumenti, non sappiamo come fare.

Ora noi ci basiamo in particolare modo sulla nostra esperienza.

Tra gli elementi percepiti come critici dagli insegnanti nell'inserimento di bambini stranieri vi è in primo luogo l'alto numero di studenti nella classe, rispetto al quale questo ingresso, spesso caratterizzato da difficoltà relazionali e di ordine psicologico/caratteriale, è vissuto come ulteriore difficoltà di difficile gestione.

Non capiscono che classi di 25 bambini, addirittura di 27 sono difficili da gestire e deleterie per il loro apprendimento. Come è possibile prenderli individualmente e farli recuperare in questa situazione? Il problema principale nella scuola di oggi è il numero.

Il tutto è reso ancor più gravoso dal fatto che gli alunni stranieri presenti nel sistema scolastico appartengono a nazionalità e culture molto differenti e inoltre hanno progetti migratori, situazioni famigliari diverse (ricongiungimenti, adozioni, migrazioni, permanenza temporanea). Da questa pluralità di storie e culture deriva una impossibilità di trovare una soluzione unica per tutte le situazioni. L'unica opportunità per gli insegnanti rimane dunque quella di basarsi sulla propria competenza didattica, sulla propria esperienza, ideando momenti di gioco e di interazione che favoriscano la conoscenza reciproca. Le indicazioni che emergono da questa indagine forniscono una dimensione, sia pure parziale e non omogenea, delle difficoltà e delle risorse presenti nel mondo della scuola: la "voce" dell'insegnante rappresenta un punto di vista necessario e fondamentale da cui partire per ripensare il "fare" scuola. Certo, nel mondo scolastico, sono presenti situazioni e realtà che da più tempo riflettono e intervengono su questi temi rappresentando un bagaglio di conoscenze ed esperienze molto ricco e consolidato. Manca però una visione sistemica del problema e una modalità per diffondere queste esperienze attraverso scambi e momenti formativi mirati; in questo senso la formazione permanente dovrebbe diventare una priorità strategica della scuola.

La prospettiva interculturale

Il triangolo costituito da famiglia immigrata, scuola e bambino straniero rappresenta l'unità di osservazione da cui partire per progettare un intervento che accompagni il processo integrativo secondo una prospettiva interculturale. La necessità di definire e ridefinire, nel corso di tale processo, le mete condivise che favoriscano una reale multiculturalità è la sfida, il compito difficile e ambizioso che oggi la nostra società e la scuola in particolare si trovano di fronte.

La funzione dell'insegnante come educatore è in sostanza quella di intermediario tra il bambino, la sua famiglia e la società, è il ponte che collega e favorisce l'interazione tra diverse appartenenze. La diversità culturale mette in crisi e rende problematico il "saper fare" consolidato e dato per scontato di questa funzione introducendo incertezza e necessità di ripensare il proprio ruolo. La nascita di nuove figure professionali come il *mediatore culturale*, oggi presente in alcune realtà scolastiche, parla di questa esigenza di affrontare il confronto con le difficoltà della multiculturalità. Il rischio che può esservi è quello dell'ennesimo "esperto" cui delegare il "problema bambino straniero" con una perdita di funzione e di senso dell'insegnante. Al contrario, una collaborazione proficua tra queste due figure può favorire un'integrazione non solo del bambino nella classe, compito primario dell'insegnante, ma anche un coinvolgimento e avvicinamento della famiglia straniera alla scuola e alla comunità, funzione in cui il mediatore può portare un suo contributo professionale a volte indispensabile. Adottare una prospettiva interculturale significa tentare di rispondere alle domande sempre più pressanti che provengono da una realtà in continuo cambiamento. Significa confrontarsi con la pluralità e la diversità rispetto alle quali una chiusura nelle proprie certezze produce solo risposte sempre uguali a se stesse, alla fine stereotipate e fallimentari; significa assumere un atteggiamento di ricerca e di apertura al nuovo curioso e "umile" che cerca e promuove l'incontro. Una scuola che "interroga", ma che soprattutto "si interroga". Conoscere più a fondo i propri valori, la propria cultura è la premessa per comprendere i valori e la cultura dell'altro.

In conclusione ci sembra di poter dire che il ruolo e la funzione dell'insegnante come facilitatore e attore dei processi di integrazione rappresenta un nodo cruciale che rimanda a un discorso più ampio e complesso sulla scuola e la sua funzione di trasmissione della conoscenza. Da questo punto di vista il bambino immigrato e la sua famiglia rappresentano un aspetto, anche se rilevante, di un tema più generale che nella nostra società è all'ordine del giorno: la scuola, così come è, sta vivendo una profonda "crisi d'identità" rispetto al suo ruolo e alla sua funzione in una realtà in rapida trasformazione. I luoghi e le occasioni di apprendimento sono sempre più differenziati e complessi: l'uso diffuso di nuove tecnologie consente a tutti un immediato accesso alle informazioni, la scuola sembra o rischia sempre più di essere relegata in un'area marginale e residuale rispetto all'acquisizione di conoscenza.

Antinucci (direttore della sezione Processi cognitivi e Nuove tecnologie dell'Istituto di psicologia del CNR) in un nuovo lavoro appena uscito *La scuola si è rotta* (Antinucci, 2001) fornisce un interessante contributo rispetto alla necessità di ripensare la scuola e il suo operare nel trasmettere la conoscenza, la cultura. L'autore mette a confronto due modelli nella trasmissione del sapere. L'uno, che ha caratterizzato la scuola negli ultimi secoli, si basa su un apprendimento "simbolico ricostruttivo" dove c'è l'insegnante che parla e l'allievo che ascolta, legge il testo e impara. L'altro non si configura come una ricostruzione mentale di quanto ascoltato o letto ma avviene attraverso un apprendimento "percettivo motorio" che si basa sull'esperienza. La cultura viene trasmessa tramite il proporre delle esperienze che facilitino l'imparare nel fare.

In questa rivoluzione del modo di insegnare la nuova tecnologia può svolgere un ruolo decisivo nel proporre situazioni esperienziali (ricostruite o simulate) che consentono di apprendere anche divertendosi. Antinucci riporta nel suo lavoro suggestive esperienze da lui condotte nelle scuole sull'apprendimento secondo un'ottica "percettivo-motoria" nell'insegnamento di alcune materie.

La scuola sarà in grado di ripensare se stessa e accettare la sfida che la nuova realtà propone? La conclusione degli autori è che per far questo, cioè modificare le modalità di apprendimento da stimolare, la scuola dovrebbe trasformare la propria struttura integralmente a partire dalle aule, dagli insegnanti, dal modo di insegnare, e gli indicatori che si intravedono non sembrano andare in questa direzione.

BIBLIOGRAFIA

ANDOLFI, M., ANGELO, C. (1987), *Tempo e mito nella psicoterapia famigliare*. Bollati Boringhieri, Torino.

ANDOLFI, M., CAVALIERI, L., FALCUCCI, M. (2000), "La psicoterapia come processo transculturale". In AA.VV., *Culture a confronto*. Fondazione Silvano Andolfi, Roma.

ANTINUCCI, F. (2001), *La scuola si è rotta*. Laterza, Roma-Bari.

BRONFENBRENNER, U. (1979), *Ecologia dello sviluppo umano*. Tr. it. il Mulino, Bologna 1986.

BRUNER, J. (1996), *La cultura dell'educazione*. Tr. it. Feltrinelli, Milano 1999.

CAMILLETTI, E., CASTELNUOVO, A. (1994), *L'identità multicolore. I codici di comunicazione interculturale nella scuola dell'infanzia*. Franco Angeli, Milano.

CIOLA, A. (1997), "Stare qui stando là (Star seduto tra due sedie o... la condizione del migrante)". In *Terapia Famigliare*, n. 54, luglio.

COSER, L.A. (1976), *Le funzioni del conflitto sociale*. Franco Angeli, Milano.

DELEROIX, C., GUYAUX, A. (1992), *Double mixte. La rencontre de deux cultures dans le mariage*. L'Harmattan Italia, Paris.

DEMETRIO, D., FAVARO, G. (1992), *Immigrazione e pedagogia interculturale*. La Nuova Italia, Firenze.

FAVARO, G. (1996), "Da radici diverse. Famiglia mista e scelte educative". In TOGNETTI BORDOGNA, M. (a cura di), *Legami famigliari e immigrazione: i matrimoni misti*. L'Harmattan Italia, Paris.

GENNARI, E. (2000), *Identità e diversità etnica: il triangolo identitario*. Tesi di laurea.

GORDON, M.M. (1975), "Toward a general theory of racial and ethnic group relations". In GLAZERN UNIVERSITY (a cura di), *Ethnicity*. Harvard University Press, Cambridge.

LOSI, N. (2000), *Vite altrove*. Feltrinelli, Milano.

MANTOVANI, G. (1998), *L'elefante invisibile*. Giunti, Firenze.

NATHAN, T., STENGERS, I. (1995), *Medici e stregoni*. Tr. it. Bollati Boringhieri, Torino 1996.

SCABINI, E., DONATI, P. (1992), *Famiglie in difficoltà tra rischi e risorse*.Vita e Pensiero, Milano.

SLUZKI, C.E. (1979), "Emigrazione e conflitti famigliari". Tr. it. in *Terapia Famigliare*, n. 8, dicembre, 1980.

ZANOTTI, A. (1990), "Dallo straniero all'immigrato: riflessioni sul pregiudizio". In COCCHI, G. (a cura di), *Stranieri in Italia: caratteri e tendenze dell'immigrazione dai paesi extracomunitari*. Istituto Cattaneo, Bologna.

15

PROGETTO MONDI POSSIBILI

UN'ESPERIENZA DI EDUCAZIONE INTEGRATA

Carmen Clerici, Rosanna Linetti

PREMESSA

Il processo attraverso il quale un alunno diventa parte integrante di una classe avviene mediante vissuti di appartenenza e questo concetto di "appartenenza" emerge come elemento centrale nella letteratura sull'integrazione scolastica (Stainback, Stainback, 1993).

Sentire di appartenere a qualcuno, a una famiglia o a un gruppo, rappresenta lo specchio dell'identità personale e sociale che rimanda un'immagine di sé nella quale ciascuno si riconosce come persona. Questo riconoscimento di sé, in quanto persone incluse in un sistema di relazioni, risponde al bisogno di sentirsi "integri", perché in equilibrio dinamico con le parti del proprio io, quali, per semplificare, la "mente" e il "cuore", idealmente luoghi di intelligenza e sentimenti. L'unione fra "mente" e "cuore", infatti, o il legame creativo fra cognizione ed emozione costituisce la matrice unica del benessere individuale, e l'unica possibile struttura primaria utile alla costruzione creativa della conoscenza di sé, dell'altro, del mondo. Ma il farsi storico di tale costruzione creativa della persona che conosce è segnato da limiti e da differenze che di frequente ne ostacolano il successo.

E tale è la situazione di alunni disabili e di alunni "colorati" (o "stranieri").

Essi pongono perciò alla scuola un quesito importante: come integrare non già il tipo epistemologico piagettiano perfetto in se stesso e "appartenente" a un quadro teorico che lo rispecchia, bensì il soggetto storico, diverso e disabile il cui "funzionamento mentale" (Schmid-Kitsikis, 1985) non ha cornici di contenimento se non quelle fornite dal contesto sociale di convivenza, dal momento che proprio il confronto dialogico con gli altri modelli di persona delinea i confini del proprio esistere; funzionamento mentale che incontra ostacoli notevoli soprattutto quando i poli affettivo e cognitivo dello sviluppo psicologico dell'individuo restano separati da una condizione di sofferenza fisio-psichica, sociale e culturale.

Nella scuola, quindi, il precetto (e cioè quel tanto di prescrittivo che la pedagogia si assume) consiste nella ricerca costante di azioni educative utili a costruire punti di incontro fra cognitivo e affettivo.

Come? Non dimenticando, per esempio, che l'apprendimento significativo ha radici cognitive nelle interrelazioni dinamiche fra ciò che un individuo già possiede e tutto il nuovo che incontra; tenendo conto che la sua storia personale concorre in pieno ad accogliere o rifiutare le proposte di apprendimento indipendentemente dalla loro bontà intrinseca; accettando che i tempi di "assimilazione e di accomodamento" (Battro, 1983) delle informazioni sono diversi per ciascuno; ma che le leggi dello sviluppo psicologico dell'individuo disabile sono le stesse che governano e scandiscono l'evoluzione del soggetto "normale".

In questo senso hanno significato per gli alunni, cioè costituiscono i mattoni della casa del sapere, quelle esperienze che coniugano la sfera emotiva con quella fisica e con quella logico-matematica (la più astratta in senso piagettiano), poiché esse determinano la "qualità" del rapporto che ciascuno intrattiene con la propria realtà interna e con quella esterna, mentre compie l'azione di imparare; questo rapporto è importante perché muove e sviluppa gli investimenti degli interessi e delle motivazioni all'apprendimento come risposta al bisogno di crescere.

Gli alunni disabili e gli alunni stranieri incontrano grossi ostacoli di natura fisica, emotiva e cognitiva durante il percorso di apprendimento, poiché con maggior frequenza si verificano perturbazioni nell'area delle attività simboliche che fanno registrare maggior scompenso fra la spinta pulsionale all'apprendimento e la meta posta dallo stesso (Rusconi, 1986).

Di conseguenza la cesura fra cognizione ed emozione struttura una condizione di disagio personale, che diventa disagio scolastico facendo risaltare le differenze culturali, fisiche e intellettuali come barriere insuperabili piuttosto che serbatoi di arricchimento dai quali attingere nuove conoscenze.

Così, il cambiamento di prospettiva pedagogica che abbiamo cercato di attuare accetta come ipotesi di partenza che "la vita è cognizione" (Ceruti, 1989). Ma ciò significa che "il problema della conoscenza si annida nel cuore del problema della vita" (Morin, 1986). E se questo è vero, allora il punto di partenza consiste nell'affrontare il problema delle modalità di riconoscimento di un individuo.

Il soggetto qui reintegrato è dunque quello "vivente, aleatorio, insufficiente, vacillante, modesto, che introduce la propria finitudine" (*Ibidem*) e la propria "incompletezza" (Remotti, 1997).

Cosa c'è di più vacillante che lasciare la propria terra di origine? Di più modesto che cercare farina per il pane? Di più aleatorio che dimenticare la lingua-madre? Di più insufficiente che non sapere applicare le tabelline o il concetto di civiltà?!

I nostri bambini sono così... Perciò abbiamo provato a partire dalle differenze di ciascuno piuttosto che dalle somiglianze, dalle mancanze piuttosto che dall'abbondanza, dalla finitudine, dall'incompletezza, cercando di toccare con i percorsi della memoria individuale e collettiva il cuore della vita. Abbiamo provato a fare scuola insieme, bambini e adulti a partire dalla convinzione che imparare è reciproco e che la nostra identità di scuola si costruiva a mano a mano che si costruiva quella di ciascuno, accogliendo voci, colori e gesti diversi ma arricchenti di sfumature, di sonorità e di espressioni altrimenti sconosciute per sempre. Abbiamo tentato di far coesistere e coagire i livelli cognitivo, comunicativo, sociale, affettivo, strategico in una attività di produzione, appunto, di mondi possibili, di invenzione e di realizzazione di artefatti materiali e simbolici in vista dell'aumento del numero vitale delle scelte di ciascun sistema in gioco, non soltanto di quelle dirette all'obiettivo.

L'appartenenza si costruisce così: facendo spazio interiore all'alterità diversa ed emozionante, che delinea e consolida l'identità di ciascuno e di tutti.

È possibile rispondere alle numerose istanze che sempre più frequentemente vengono rivolte alla scuola, vale a dire concorrere alla educazione integrale della persona mediante operatività condivise che costruiscano legami creativi fra la dimensione cognitiva e quella affettiva?

È possibile se la pratica didattica adotta strategie multiple, come è accaduto in questa esperienza condotta con due gruppi di classe quinta della scuola elementare di Calvisano (Brescia) nell'anno scolastico 1997/1998.

È POSSIBILE ORGANIZZARE LA CLASSE COME CONTESTO INTEGRATO?

I due gruppi protagonisti dell'esperienza di integrazione si avviavano a concludere il ciclo elementare; essi erano composti rispettivamente da sedici e da quindici alunni di classe quinta. La numerosità ridotta era giustificata dalla presenza di due soggetti in situazione di handicap, ai quali se ne era aggiunto inaspettatamente un terzo; tuttavia anche le situazioni degli altri bambini erano così multiformi e variegate da richiedere un'appropriata presentazione.

Al nastro di partenza

All'inizio della classe prima, il solo caso di handicap segnalato fin dalla scuola materna era quello di Erika, una bambina che, a partire dal periodo neonatale, manifestava una evidente ipotonia muscolare accompagnata da disturbi visivi. A tali problemi si associavano i sintomi di una marcata psicosi, talvolta così "clamorosi" da mettere a dura prova le persone che venivano a contatto con la bambina. Poteva capitare, per esempio, che di fronte alla mancanza del grembiulino Erika reagisse con urla e pianti prolungati, difficili da calmare sia da parte dei coetanei che degli adulti. Per questa serie di ragioni intorno alla bambina era stato creato un piccolo "gruppo di inserimento" formato da compagni che la conoscevano bene, in quanto l'avevano avvicinata già alla scuola materna; essi si mostravano capaci di aiutarla fin dai primi tempi e in seguito frequenteranno con lei i successivi anni della scuola elementare.

Nella classe di Erika, la sezione B, era presente anche una bambina figlia di padre italiano e di madre somala che era passata attraverso la delicata esperienza della separazione dei genitori; fortunatamente non ne aveva riportato traumi emotivi poiché altre figure parentali costituivano per lei un valido contesto famigliare, appagante dal punto di vista affettivo. Permaneva solamente una certa avversione per le persone "nere", a ricordo del malessere sperimentato quando la madre di colore se ne era andata e la bambina si era sentita minacciata nella sua identità di persona non proprio "nera", ma nemmeno del tutto "bianca".

Nel medesimo gruppo-classe vi erano inoltre due alunni in difficoltà di apprendimento: per uno si trattava sostanzialmente di una tardiva maturazione del linguaggio verbale, che aveva rallentato le acquisizioni legate ai processi di lettura-scrittura; per l'altro si trattava di uno svantaggio a carattere socio-culturale, originatosi in un ambiente piuttosto povero di stimoli cognitivi.

Il primo ostacolo

Fra gli alunni della sezione A emergeva immediatamente il caso di Davide, un bambino con enormi difficoltà linguistiche e con un notevole ritardo generale in tutte le altre funzioni cognitive. A differenza dei genitori di Erika, in genere attenti e collaboranti, quelli di Davide durante tutto il periodo della scuola materna non avevano accettato l'idea di far riconoscere l'handicap del loro figlio. Occorreva dunque il paziente intervento delle insegnanti, della coordinatrice pedagogica e degli operatori sociosanitari per giungere a segnalare la situazione e ottenere di conseguenza che il bambino usufruisse del sostegno almeno a partire dalla classe seconda. Tuttavia era trascorso ancora un anno senza che si registrassero effettive variazioni di tale quadro: Davide cominciava a socializzare con i compagni, ma non riusciva a impadronirsi delle strumentalità minime necessarie per progredire nell'area linguistica, in quella logico-matematica e in quella spazio-temporale. Un cambiamento significativo, un vero e proprio "sblocco" della situazione, era poi avvenuto nel corso della terza classe grazie a un energico intervento logopedico, che da un lato aveva coinvolto fattivamente i genitori dell'alunno e dall'altro aveva supportato concretamente le insegnanti. Così Davide aveva iniziato, seppur con molta fatica, a compiere attività fondate sulla lettura, sulla scrittura, sul calcolo.

Nel gruppo il bambino portatore di handicap non era il solo in difficoltà; una sua compagna vive con disagio la proposta scolastica in quanto manifestava carenze a livello di comprensione, di memorizzazione e di attenzione. Di conseguenza l'alunna era in genere poco autonoma e procedeva con un ritmo di apprendimento abitualmente lento. Inoltre, in questa classe vi era una bambina che poteva rendere partecipi gli altri della sua esperienza interculturale, essendo figlia di padre tunisino e di madre italiana. Ella infatti comunicava con facilità non solo notizie riferite al suo contesto famigliare, ma pure informazioni riguardanti l'ambiente dei "lontani" nonni paterni, con i quali veniva a contatto durante soggiorni effettuati nel periodo estivo.

Un nuovo arrivo

All'inizio della classe quarta era giunta Skurta, una bambina slava che aveva alle spalle una storia drammatica e complessa, fin dal principio. Infatti era nata prematuramente perché la madre era affetta da una malattia tumorale; di conseguenza aveva trascorso il periodo neonatale nella struttura ospedaliera. Il padre, che doveva occuparsi delle quattro figlie maggiori, per qualche anno aveva deciso di affidare Skurta a un istituto; nel frattempo aveva formato un nuovo nucleo famigliare, nel quale avevano trovato posto altri tre bambini. Appena prima dello scoppio dei conflitti interetnici l'intera famiglia aveva lasciato il Kosovo e con un lungo e faticoso viaggio in automobile aveva raggiunto il territorio italiano. La bambina, che era rimasta priva della figura materna, aveva allacciato stretti legami affettivi con una delle sorelle e fortunatamente, poco dopo il suo arrivo, aveva trovato una famiglia che l'aveva accolta per mezzo dell'affido temporaneo. Quando era entrata per la prima volta a scuola Skurta aveva ormai nove anni e non avendo alcuna esperienza in merito, era come "un cavallino senza briglie"; gli ultimi due mesi dell'anno scolastico le erano serviti solamente per socializzare. Così alla ripresa dopo la pausa estiva la bambina aveva frequentato metà del tempo scolastico in prima, per acquisire le strumentalità di base, e l'altra metà in quinta, per ricevere stimoli adeguati alla sua età cronologica. Ci si era resi conto però che Skurta era in grande difficoltà e che l'ingresso alla scuola media dopo un solo anno di permanenza alla elementare le avrebbe creato un disagio maggiore. Alla fine, dopo tante "peregrinazioni" affettive, sociali e culturali, la bambina approdava nella classe quarta, dove peraltro era bene accolta da compagni e insegnanti. Solo Erika manifestava atteggiamenti di gelosia nei confronti della nuova arrivata, la cui presenza del resto poteva servire a ridurre i comportamenti egocentrici che la bambina handicappata spesso metteva in atto.

Un tocco di colore

A farsi portatore di una realtà nella quale confluivano fattori di svantaggio ed elementi interculturali giungeva Abdulquadir, chiamato più brevemente Abdy. Anche questo dodicenne di nazionalità somala non aveva avuto in precedenza una vita facile. Affetto da diplegia spastica con prevalente danno all'emilato destro, a cui si aggiungeva un grave deficit visivo, il bambino era arrivato in Italia a sei anni, insieme a uno zio, proprio per essere sottoposto a interventi di riabilitazione fisioterapica riferiti al suo handicap. Aveva lasciato nel paese d'origine i genitori e altri quattro fratelli, ma era riuscito a sopperire alla loro mancanza grazie all'affido famigliare realizzato con molta cura da due giovani coniugi. Così egli aveva frequentato regolarmente la scuola fino alla classe quarta, cercando di far fronte sia alle difficoltà linguistiche che a quelle motorie e mostrandosi nello stesso tempo aperto, socievole, motivato nei riguardi dell'apprendimento. Al termine dell'anno scolastico era avvenuto il ricongiungimento con la famiglia, ma l'evento si era rivelato problematico, in quanto Abdy non era riuscito a instaurare una relazione soddisfacente con la madre al punto da regredire per molti aspetti a stadi evolutivi precedenti. Anzi, a metà dell'anno scolastico successivo il padre aveva deciso senza alcun preavviso di portare l'intera famiglia in Svizzera, dove il bambino aveva frequentato per qualche mese una scuola di lingua tedesca. Quando Abdy e il padre erano ritornati non avevano potuto documentare la conclusione del corso elementare e il bambino era stato di conseguenza inserito nella classe quinta, con Davide, in modo da non alterare l'equilibrio del gruppo parallelo, che già comprendeva Erika e Skurta. I compagni avevano accolto bene il nuovo arrivato, ma alcuni talvolta erano gelosi; essi infatti scambiavano per maggiore considerazione il necessario aiuto che le insegnanti davano al bambino quando, per esempio, camminava usando il deambulatore o si sforzava di infilarsi giacca e guanti. Inoltre taluni genitori accentuavano questa dinamica anziché sminuirla perché, essendo iperprotettivi nei riguardi dei loro figli, temevano che in qualche modo le insegnanti avessero per loro meno attenzioni.

Pronti? Via!

Se questo era il "quadro" della realtà delle classi, quale poteva essere la "cornice" educativa e didattica da costruirvi intorno per valorizzarne tutte le componenti?

Al quesito si cercava di rispondere tenendo conto dei seguenti princìpi basilari, sui quali si intendeva orientare, fondare e articolare l'attività di apprendimento-insegnamento:

– la *diversità* è una ricchezza, sia che si tratti di *condizioni personali*, come nel caso del soggetto handicappato, sia che si tratti di *dimensioni culturali*, come nel caso del bambino che racchiude nella sua storia individuale una pluralità di elementi famigliari, linguistici, religiosi, etnici;

– la *continuità* è una necessità, sia che ci si rivolga al *passato*, ricercando un collegamento con le acquisizioni pregresse degli alunni, sia che ci si rivolga al *futuro*, progettando una connessione con le esperienze che essi vivranno nel successivo ordine scolastico;
– l'*integrazione* non è una soluzione transitoria, imposta da un bisogno momentaneo, ma è una prospettiva permanente, scelta in modo consapevole per operare a pieno titolo all'interno di una *scuola di tutti e per tutti*.

È POSSIBILE INTEGRARE DAVVERO TUTTI?

Una certa "sensibilità alle differenze" di ogni bambino era dunque posta come premessa indispensabile all'esperienza di apprendimento. A essa si accompagnavano numerose altre *strategie operative*, quali:
– mantenere fisicamente in classe tutti gli alunni, sia quelli in situazione di handicap, sia quelli "colorati", che del resto non avevano più esigenze di alfabetizzazione primaria;
– proporre ai soggetti svantaggiati gli stessi contenuti disciplinari dei compagni, seppur semplificati o facilitati mediante percorsi individualizzati;
– elaborare con i bambini itinerari di apprendimento che li rendevano protagonisti di un "fare" e di un "pensare" motivati e creativi;
– costituire gruppi mobili, sia all'interno del gruppo classe, sia a cavallo delle due sezioni, formati secondo alcuni criteri, quali: gruppi di livello, gruppi misti a *leaderanza* positiva, gruppi affettivi ecc.;
– realizzare un progetto comune, di cui tutte le insegnanti si sentivano responsabili, così da superare la distinzione fra docenti di classe e docente di sostegno;
– svolgere le attività utilizzando la contemporanea presenza di almeno tre insegnanti, allo scopo di osservare sia le interazioni fra gli alunni e i soggetti in situazione di handicap, sia le interrelazioni fra alunni e insegnanti;
– radicare l'esperienza non solo nel contesto scolastico, ma anche nella realtà sociale della comunità di appartenenza, aprendola a tematiche attuali e significative.

È POSSIBILE IDEARE UNA PROGETTAZIONE COMPLESSA?

L'esperienza di apprendimento era fondata in primo luogo su una dettagliata *progettazione*, elaborata collegialmente da tutte le insegnanti e dunque comprendente i contributi dei principali ambiti disciplinari: quello linguistico-iconico, quello logico-matematico e quello storico-geografico. Pur essendo definita con un certo rigore tale programmazione non è mai stata intesa come un vincolo rigido, poiché si cercava di applicarla in maniera flessibile e di mantenerla aperta agli aspetti imprevisti che sempre si presentano nel corso dell'attività educativa.

Il progetto è stato allora articolato sui seguenti punti.

Ricerca dei significati formativi

La motivazione profonda per cui si attua una proposta didattica è costituita dagli indicatori disciplinari. Nel nostro caso essi erano essenzialmente di tipo storico-geografico e prevedevano che bambine e bambini giungessero a "conoscere e comprendere forme dell'attuale organizzazione sociale, caratterizzata da pluralismo culturale e cambiamento permanente; ricostruire e capire eventi e mutamenti storici, collocandoli correttamente nei tempi e negli spazi in cui si sono verificati".

Finalità così generali sono state poi espresse in forma più specifica a tre livelli: quello del *sapere*, quello del *saper essere* e quello del *saper fare*.

Definizione degli esiti attesi

A livello cognitivo le aspettative riguardano naturalmente la *conoscenza*, dapprima concreta e contingente e poi sempre più astratta e formalizzata. Ci si attendeva quindi che ogni bambino approfondisse la conoscenza delle persone e delle società con le quali viene in contatto, per giungere a strutturare sia il concetto di "migrazione" (come fenomeno tipico non solo dell'epoca odierna, ma anche di molti periodi storici) che il concetto di "cultura/intercultura" (come realtà dinamica di confronto e di scambio fra i propri e gli altri modi di comportamento, di esistenza e di pensiero (Perotti, 1994).

A livello affettivo l'elemento essenziale capace di arricchire è la *relazione*, che fa scoprire contemporaneamente l'alterità e la somiglianza. Pertanto si prevedeva che ogni bambino instaurasse un rapporto concreto con altri diversi da sé, accettando le differenze e superando gli stereotipi spesso indotti dai discorsi e dalle rappresentazioni degli adulti.

A livello comportamentale occorre favorire l'*operatività*, che rende ciascun bambino protagonista attivo del processo di apprendimento. Di conseguenza si programmava la raccolta di dati e informazioni, la realizzazione di interviste, la rielaborazione delle scoperte effettuate, la costruzione di schemi e grafici, l'analisi guidata di documenti preordinati e infine l'approccio a differenti narrazioni, con i rispettivi linguaggi, simboli e significati.

Precisazione dei nuclei tematici

I contenuti del progetto erano essenzialmente tre:
– le presenze di "stranieri" nel territorio della propria comunità civile;
– le immigrazioni nell'area italiana in epoca attuale e le emigrazioni di italiani nel corso del secolo;
– le fiabe come espressione dell'immaginario delle diverse culture e dunque una fiaba dell'Asia, una fiaba dell'Africa, una fiaba dell'America latina, una fiaba dell'Europa.

Tali nuclei, oltre a essere tematizzati, cioè definiti secondo le categorie dello spazio e del tempo, erano rispondenti alle finalità stabilite. Per di più essi implicavano numerose possibilità, quali per esempio: il passaggio da situazioni locali e "vicine" a contesti più ampi e "lontani", il superamento di una visione eurocentrica della realtà, l'apertura verso la dimensione fantastica fornita dalle narrazioni, l'utilizzazione delle biografie come mezzi di sollecitazione interculturale ecc.

Rilevazione dei prerequisiti e delle preconoscenze

Attraverso una conversazione clinica è stata accertata la disponibilità dei bambini nei riguardi del progetto. Poiché tutti, seppur con differenti motivazioni, hanno accolto favorevolmente la proposta, si è anche cercato di stabilire con cura quali fossero i saperi spontanei di ciascuno. Molti hanno parlato liberamente delle persone straniere di loro conoscenza, usando termini quali "extracomunitario", "immigrato", "clandestino"; altri hanno fatto riferimento a trasmissioni televisive e a fatti di attualità, altri ancora hanno elencato i compagni di diversa nazionalità inseriti nelle varie classi.

Davide non si è pronunciato a tale proposito, mentre Erika, ricorrendo alle sue sviluppate capacità mnemoniche, si è mossa sul terreno della continuità. Infatti ha ricordato con molta precisione e ricchezza di particolari le esperienze compiute negli anni precedenti con la collaborazione del genitore tunisino. La bambina ha così richiamato all'attenzione dei coetanei non solo informazioni riferite alla vita quotidiana, quali per esempio la preparazione del cous-cous, ma anche sequenze di una fiaba araba che era stata raccontata proprio mentre si illustravano le tradizioni della Tunisia. Abdy si è mostrato visibilmente contento all'idea che si parlasse dell'Africa, ma ha subito aggiunto che ne conservava pochissimi ricordi perché se ne era allontanato da piccolo. Egli inoltre è apparso perplesso di fronte alla possibilità di invitare il papà a scuola, durante l'attività; anzi, ha affermato con un poco di preoccupazione che "lui deve andare al lavoro". (In effetti l'osservazione del bambino non era priva di fondamento e non si è potuto contare poi sull'intervento di questo genitore in orario scolastico.) Skurta da parte sua ha voluto comporre un testo scritto per esporre con ordine le sue esperienze passate; in seguito le ha condivise con i compagni leggendo tale lavoro a voce alta.

Elaborazione delle mappe concettuali

Dopo aver definito quali fossero i saperi, gli schemi e le sensibilità di bambini e bambine è toccato alle insegnanti porre in gioco le loro concezioni e le loro competenze professionali, così da rappresentare visivamente le strutture, le relazioni, gli attributi e le funzioni che legano fra loro i concetti del sapere disciplinare. Si è trattato cioè di comporre specie di "carte topografiche" ricorrendo a riquadri, linee, punti, frecce indicanti le connessioni fra le varie conoscenze. Tali mappe si sono configurate come *possibili percorsi intenzionali*, utili per orientare formativamente l'agire didattico, non certo come strumenti da impiegare con gli scolari. Mediante esse si è cercato di introdurre nell'esperienza di insegnamento/apprendimento i necessari riferimenti scientifici e dunque di mettere in comunicazione i concetti infantili, spontanei e pragmatici, con i concetti adulti, sistematici e formalizzati.

È POSSIBILE INSEGNARE E IMPARARE IN MANIERA UNITARIA?

L'attività educativa aiuta il bambino ad acquisire forme di conoscenza dapprima concrete e contingenti, poi sempre più astratte e formalizzate. L'esperienza di apprendimento cominciava dunque con il quantificare sia il numero dei bambini stranieri frequentanti la scuola elementare, sia le presenze dei cittadini immigrati dall'estero e residenti nel territorio.

Dalle interviste alle biografie delle migrazioni

Mentre si costruiva la carta tematica riferita alle nazioni di origine degli stranieri è nata l'idea di conoscerne personalmente alcuni, invitandoli a scuola e quindi conversando con loro.

La scelta cadeva allora su persone rappresentative di differenti aree continentali, in modo da gettare davvero uno sguardo sul mondo. Pensando a ospiti provenienti rispettivamente dal Kosovo, dal Senegal, dall'India e dall'Uruguay, i bambini formulavano domande che andavano poi a costituire due articolate interviste:

– una era maggiormente centrata sulla situazione del cittadino straniero nella realtà italiana;

– l'altra era più orientata sulla sua cultura d'origine, da scoprire e da apprezzare.

In esse venivano applicati i paradigmi di lettura della cultura materiale (modalità dell'abitare, del vestire, dell'alimentarsi) e immateriale (stili di vita, rapporti sociali, immagine di sé) proposti dalla geografia culturale (Corna Pellegrini, 1998).

Inoltre, per preparare ulteriormente l'incontro con i vari ospiti, si elaborava una "carta di identità" di carattere geografico per ciascuna nazione di provenienza, così da avviare la ricerca di informazioni su carte e atlanti.

Tali preparativi facevano crescere le aspettative, così al momento dell'incontro effettivo entrambe le classi apparivano estremamente motivate.

Occorre sottolineare che ciascun ospite ha risposto con molta pazienza alle domande delle interviste, che i bambini ponevano a voce dopo aver atteso il loro turno. In seguito, le informazioni venivano classificate e trascritte: dentro la nuvola di un fumetto se si riferivano alla biografia della persona incontrata, dentro una cornice di bandierine se riguardavano la descrizione del paese d'origine.

Dall'attualità alla storia del Novecento

Successivamente, per dare spessore temporale a un fenomeno che, pur essendo molto attuale, affonda le sue radici nel passato, si ricorreva a un testo storico, fortemente tematizzato (Aa.Vv., 1997). Esso infatti si riferiva ai movimenti migratori verificatisi in Italia nel corso del XX secolo e consentiva ai bambini di estrarre datazioni, periodizzazioni e dati numerici. Questi ultimi, grazie alle abilità acquisite nell'ambito matematico, confluivano in un apposito grafico da colorare, discutere e commentare insieme.

Dalla narrazione alla rappresentazione

Poiché bambini e bambine avevano espresso il desiderio di incontrare ancora gli ospiti stranieri, nella seconda metà dell'anno scolastico essi ritornavano per dare il via alla fase conclusiva del progetto, quella che prevedeva il passaggio dal piano reale alla dimensione fantastica. Questa ulteriore opportunità, da attuarsi mediante la narrazione di fiabe tipiche dei paesi d'origine, è parsa irrinunciabile per accedere a quel "mondo incantato" che fa contemporaneamente parte di ciascuno di noi, come ha mostrato Bettelheim, e parte della mentalità collettiva di ciascuna civiltà, come ha sottolineato Braudel (1966).

Infatti ogni storia era stata scelta in base a molteplici criteri:
- lo stile linguistico su cui essa si articolava;
- la piacevolezza del suo intreccio narrativo;
- la tipicità della cultura che essa rappresentava;
- il significato profondo del suo contenuto;
- le possibilità di lavoro che essa consentiva sia a livello di espressione scritta e orale, sia a livello di attività grafica e pittorica.

In pieno accordo con gli ospiti venivano allora proposte in successione le seguenti fiabe. *Lo specchio di Sita* (AA.VV., 1992) per l'India settentrionale, in quanto introduceva il discorso sulla nutrizione e sui cibi come "segni" dei comportamenti, delle scelte e dei valori di una società. *La pietra dondolante di Tandil* (Rigamonti, Calvetti, 1995) per l'America meridionale, perché prendeva avvio con una bellissima cosmogonia e faceva riferimento allo stretto rapporto uomo-natura. *La conquista del fuoco* (Rigamonti, Calvetti, 1995) per l'Africa occidentale, poiché oltre alla centralità del fuoco e della ceramica come elementi culturali, poneva in primo piano la problematica dell'handicap. *La piccola fata* (Rigamonti, Calvetti, 1995) per l'Europa orientale, in quanto simbolicamente insisteva sulla maggiore o minore considerazione della protagonista e quindi sul valore della persona.

Nell'area linguistica le fiabe venivano poi analizzate a diversi livelli.

Innanzitutto, quando il racconto lo richiedeva, si traducevano i termini presenti nelle lingue originali, che sono stati pronunciati anche per giocare con sonorità diverse da quelle tipiche della lingua italiana.

Almeno i titoli erano mantenuti rispettivamente in punjabi, in spagnolo (*La piedra oscilante de "El Tandil"*), in wolof (*Deme done vuti savara*) e in serbo (*Mala svraka*).

Successivamente si passava alla individuazione di personaggi, ruoli, descrizioni, spazi, tempi, oggetti ed elementi caratterizzanti, nonché alla divisione in sequenze di ciascuna fiaba, così da esaminarne le parti descrittive e trasferirle nelle corrispondenti rappresentazioni grafiche. Non sono mancati numerosi interventi spontanei sui possibili significati delle fiabe; per esempio la frase della narrazione africana "Alla fine dichiararono che le donne hanno più giudizio degli uomini!" riscuoteva l'approvazione delle bambine, ma suscitava le proteste indignate dei bambini.

Funzionale a tutto ciò si rivelava la ricerca iconografica compiuta su riviste geografiche e naturalistiche, le quali fornivano validi supporti per l'ambientazione antropologica e architettonica, nonché per lo studio dei tratti somatici, degli abbigliamenti, delle abitazioni, dei colori predominanti nelle diverse aree continentali. I bambini giungevano alla fine a realizzare i bozzetti in bianco e nero delle storie, che poi dipingevano mediante quattro diverse tecniche:

– i colori a olio per la fiaba indiana;
– i colori a tempera per la fiaba sudamericana;
– i pastelli a cera fusa per la fiaba africana;
– i pastelli acquerellabili per la fiaba europea.

È POSSIBILE REALIZZARE UN MINIMO DI CONTINUITÀ?

In accordo con i colleghi della scuola media erano stati progettati anche momenti di raccordo fra i due ordini scolastici.

Nel corso del primo incontro i ragazzi "più grandi" venivano a visitare la mostra che i bambini di classe quinta avevano allestito per comunicare e quindi condividere con gli altri gli esiti del loro lavoro.

In un secondo tempo gli alunni "più piccoli" assistevano alle drammatizzazioni mimico-gestuali preparate dalla scuola media sui contenuti di altre storie tipiche della cultura occidentale.

Infine le "Fiabe in gioco", serie di attività a forte caratterizzazione ludica pur con sfondo disciplinare, chiudevano gli incontri di continuità. Durante il loro svolgimento bambini e bambine, grandi e piccoli, formavano squadre miste e gareggiavano sui temi delle fiabe utilizzate dall'una o dall'altra scuola.

Quest'ultima opportunità si rivelava particolarmente arricchente per molteplici ragioni:

– perché il gioco era sempre e comunque impiegato come potente mezzo di integrazione;

– perché esso si configurava dunque come momento di socializzazione, oltre che di divertimento;

– perché la competizione non attivava atteggiamenti di eccessivo agonismo anche se, naturalmente, tutti aspiravano alla vittoria;

– perché alla fine del gioco la gratificazione non derivava dal punteggio più o meno brillante ottenuto dalle varie squadre, bensì dal piacere di giocare con gli altri e non contro gli altri;

– perché le semplici proposte realizzate non esaurivano di certo il lavoro sulla continuità, ma ne erano una parte, minima se si vuole, ma piuttosto originale.

È POSSIBILE UNA EFFETTIVA COLLABORAZIONE SCUOLA-FAMIGLIA?

La maggior parte dei genitori è intervenuta con regolarità sia ai colloqui individuali che alle assemblee di classe, nel corso delle quali le insegnanti hanno illustrato dettagliatamente le programmazioni dei rispettivi ambiti disciplinari, nonché i progetti da realizzare in comune, fra cui quello in oggetto.

In genere le famiglie si sono mostrate favorevoli alle proposte educative e didattiche di volta in volta presentate e hanno espresso il loro apprezzamento in merito. In particolare per le famiglie dei bambini in situazione di handicap è opportuno accennare ai differenti atteggiamenti messi in atto da ciascun nucleo famigliare durante l'intero anno scolastico.

La mamma di Erika, alla quale il papà sembra aver affidato interamente la situazione della bambina, si è sempre mostrata attenta e collaborante, aperta al dialogo con le insegnanti sia per scambiare i reciproci aggiornamenti sul caso che per definire le strategie comuni da adottare di fronte alle difficoltà insorgenti. Così, per esempio, quando Erika si è assentata per un'intera settimana per l'accentuarsi dei suoi disturbi del sonno, ci si è accordate affinché i compagni si recassero da lei ogni pomeriggio, non contemporaneamente, ma a turni e a piccoli gruppi.

Nel caso di Davide l'originario disagio della struttura famigliare nei riguardi dell'handicap è riemerso sotto diversi aspetti, dimostrando di essersi dunque parzialmente evoluto, ma non ancora del tutto risolto.

Infatti il bambino ha cominciato ad assentarsi per uno o due giorni alla settimana a partire dal secondo quadrimestre, con le consuete, seppur vaghe, giustificazioni scritte dei genitori: mal di testa, mal di pancia... Appena le assenze si sono protratte, divenendo più frequenti e prolungandosi anche a tre-quattro giorni, si è discussa la questione con la mamma, la quale ha ammesso con semplicità che Davide si rifiutava di venire a scuola, che preferiva a essa la televisione e i videogiochi, che entrambi i genitori non sapevano come fronteggiare l'opposizione del figlio. Anzi, come famiglia in difficoltà richiedevano l'aiuto della scuola e quindi l'intervento diretto delle insegnanti. Queste ultime hanno preso in carico il problema e lo hanno superato telefonando tempestivamente a casa appena notavano l'assenza del bambino, persino andandolo a prendere per un paio di volte con il pretesto che dovevano compiere lo stesso tragitto da casa a scuola. (Naturalmente la soluzione non poteva dirsi ottimale e di conseguenza ne sono stati informati gli operatori del servizio sociosanitario, che per questo nucleo famigliare hanno ipotizzato l'invio di un assistente domiciliare.)

Anche con la famiglia di Abdy, o meglio con il solo padre, la dinamica relazionale non è stata priva di complicanze. Nel corso dell'intero anno scolastico la madre e i fratelli sono rimasti in Svizzera e il bambino ha dovuto contare sulle proprie forze o sull'aiuto di amici e volontari che a turno si sono presi cura di lui. Il padre, all'inizio agitato da preoccupazioni religiose quasi... fondamentaliste (quali per esempio il fatto che durante le attività storiche si parlasse dell'Islam senza il dovuto rispetto), dopo le vacanze natalizie comunicava di aver ritirato Abdy e di averlo già iscritto nella scuola di un'altra città, dove risiedevano alcuni lontani parenti. Quando ormai tutta la documentazione del caso stava per essere trasmessa d'ufficio alla nuova destinazione, il bambino si presentava a scuola da solo e affermava che avrebbe ricominciato a frequentare le lezioni come prima. Poiché all'episodio non sono seguite ulteriori spiegazioni, tanto che persino gli operatori dei servizi sociali hanno manifestato il loro disorientamento, le insegnanti hanno ripreso l'attività di integrazione da dove era stata interrotta, senza aspettarsi una fattiva collaborazione da parte di questo genitore per il resto dell'anno scolastico.

Per fortuna, nel caso di Skurta la famiglia affidataria ha sempre supportato l'intervento educativo e didattico con attenzione, continuità e competenza, non solo in riferimento a questioni di primaria importanza quali potevano essere le insicurezze della bambina o certe sue lentezze nell'apprendimento, ma pure in rapporto a necessità concrete quali la scelta della fiaba da narrare o lo sviluppo dell'immagine fotografica che la corredava.

Al di là delle differenze comportamentali a cui si è accennato, l'atteggiamento che ha accomunato le famiglie degli alunni in situazione di handicap è stato l'immediato consenso al progetto e alla sua eventuale diffusione; come ha commentato significativamente la madre di Erika "se il lavoro viene fatto è meglio comunicarlo anche agli altri".

È POSSIBILE VALUTARE IN MODO CALDO E CREATIVO?

In altre parole, è possibile considerare i risultati di una esperienza di apprendimento ragionando più sugli aspetti "qualitativi" che su quelli "quantitativi"? Certamente opinioni e impressioni sono più sfuggenti a un controllo razionale rispetto a numeri e punteggi... ma, talvolta, sono anche più illuminanti e significative. Nel nostro caso, accanto alle osservazioni sistematiche condotte dalle insegnanti, si lasciavano ampi spazi di espressione ai bambini ponendo loro domande di questo genere:

– Che cosa pensate degli ospiti stranieri ora che li conoscete meglio?
– Vi sono piaciute le favole? Perché?
– Vi è piaciuto dipingere?
– Qual è il vostro parere sui giochi realizzati alla scuola media?

Bambini e bambine rispondevano con immediatezza e spontaneità, a volte anche con estrema sincerità, come risulta da questo breve dialogo. L'ospite senegalese, dopo aver risposto a tutte le domande dell'intervista chiede: "Che cosa pensate voi di noi stranieri?". Andrea: "Prima pensi che siano tutti ladri, dopo ti accorgi che sono come noi!". L'ospite senegalese, ridendo: "Già, prima tutti lupi, dopo tutti agnelli!".

In proposito si possono riportare numerosi altri esempi, altrettanto simpatici e originali. Ci preme tuttavia concludere con le seguenti considerazioni.

– Tutte le narrazioni furono giudicate piacevoli e interessanti. Ciò dimostra che le fiabe attraggono ancora i bambini, anche se paiono dilagare generi letterari nuovi come, per esempio, quello dell'horror per ragazzi.

– Le proposte grafico-pittoriche impegnavano parecchio i bambini che, una volta appresa la tecnica, sapevano lavorare con discreta autonomia. Queste attività mantengono dunque la loro valenza creativa, sebbene sembrino "superate" dalle possibilità offerte dai moderni mezzi tecnologici.

– Il percorso di educazione interculturale alla fine gratificava tutti i protagonisti perché i bambini partecipavano con contributi molto personali, perché gli ospiti stranieri si sentivano valorizzati come persone, perché le insegnanti lavoravano al progetto con sintonia e coesione. Le esperienze interculturali non sono allora dei "contenuti" aggiunti a quelli delle discipline consolidate e che in qualche modo si giustappongono a essi, ma sono delle prospettive di apprendimento che dischiudono paesaggi educativi interessanti e arricchenti.

BIBLIOGRAFIA

AA.VV. (1992), *Favole del Rajastan.* Arcana Editrice, Milano.

AA.VV. (1997), *Il volto degli immigrati. Raccolta di temi e riflessioni per capire la realtà migratoria della Provincia di Brescia.* Assessorato ai Servizi Sociali.

BATTRO, A.M. (1983), *Il pensiero di Jean Piaget.* Pitagora Editrice, Bologna.

BRAUDEL, F. (1966), *Il mondo attuale, Vol.1, Una grammatica delle civiltà.* Tr. it. Einaudi, Torino.

CERUTI, M. (1989), *La danza che crea.* Feltrinelli, Milano.

CORNA PELLEGRINI, G. (1998), *Il mosaico del mondo. Esperimento di geografia culturale.* NIS-Carocci, Roma.

MORIN, E. (1986), *La conoscenza della conoscenza.* Tr. it. Feltrinelli, Milano 1989.

PEROTTI, A. (1994), *La via obbligata dell'interculturalità.* EMI, Bologna.

REMOTTI, F. (1997), *Dizionario di antropologia.* Zanichelli, Bologna.

RIGAMONTI, G., CALVETTI, M. (1995) (a cura di), *Un mondo di fiabe.* CEM, Milano.

RUSCONI, S. (1986), "Elaborazione simbolica e processo di mentalizzazione". In FERRARI, F. (a cura di), *Prospettive del funzionamento mentale.* Franco Angeli, Milano.

SCHMID-KITSIKIS, E. (1985), *Théorie et clinique du fonctionnement mental.* Pierre Mardaga, Bruxelles.

STAINBACK, S., STAINBACK, W. (1993), "Qualche domanda sull'integrazione scolastica avanzata". In STAINBACK, W.E., STAINBACK, S. (a cura di), *La gestione avanzata dell'integrazione scolastica.* Erickson, Trento.

16

LA FAMIGLIA IN CLASSE

UN'ESPERIENZA SISTEMICA IN UNA SCUOLA ANGLOSASSONE*

Eia Asen, Neil Dawson e Brenda McHugh

IL CONTESTO DELLA SCUOLA INGLESE

Negli ultimi anni molta attenzione è stata dedicata all'alto numero di ragazzi con difficoltà comportamentali esclusi permanentemente dalle scuole inglesi e ai quali, in molti casi, non è stato fornito in seguito alcuno strumento educativo adeguato. Si è notato che c'era una correlazione diretta tra l'alto tasso di esclusione dalle scuole e l'aumento della delinquenza e del comportamento criminale giovanile. Negli ultimi due anni i cambiamenti nella linea politica del governo hanno avuto come risultato una maggiore attenzione alle necessità di questo tipo di bambini e ragazzi, cosicché ora le scuole possono contare su un più ampio ventaglio di opzioni. Non è possibile essere esaustivi nel descrivere cosa succede ai ragazzi che hanno un comportamento inaccettabile; le risorse disponibili per le scuole sono, infatti, molto diverse tra loro, a seconda della realtà locale. Comunque, ci sono due tipi di provvedimenti: il supporto all'interno della scuola e l'intervento extrascolastico.

IL SUPPORTO ALL'INTERNO DELLA SCUOLA

La Gran Bretagna segue un programma nazionale che prevede, per le scuole, fasi e livelli di intervento specifici per ragazzi con necessità educative speciali. Questi ragazzi sono quelli il cui comportamento è considerato significativamente compromesso in confronto a quello che ci si aspetta da ragazzi della stessa età. Esso può essere associato a un

* Traduzione di Paola Petrelli.

gran numero di problemi fisici o psicologici; le difficoltà emotive o comportamentali sono spesso fattori significativi in un ragazzo cui siano state riconosciute "necessità educative speciali". Allo stadio uno del programma nazionale, l'insegnante elabora delle osservazioni sulle difficoltà del ragazzo in classe e sviluppa dei programmi per aiutarlo ad adeguare il suo comportamento nel normale andamento della classe. Allo stadio due, l'insegnante comunicherà le proprie osservazioni al coordinatore scolastico per le necessità educative speciali, un insegnante più anziano con una preparazione specifica ed esperienze lavorative con ragazzi con necessità particolari; insieme, essi daranno vita a un "programma educativo individuale" formale ideato specificatamente per i problemi di quel ragazzo. Il programma definisce le difficoltà e stabilisce obiettivi chiari ai quali, secondo gli insegnanti, il ragazzo dovrebbe mirare in classe. Quando i problemi hanno a che fare con il comportamento, deve essere creato un "programma di supporto pastorale" inteso a riunire tutte le informazioni pertinenti, a coordinare le azioni e, di nuovo, definire i relativi obiettivi. A questo stadio la scuola userà tutte le risorse disponibili all'interno del suo budget normale. Allo stadio tre, la scuola può richiedere aiuto a strutture esterne. Spesso, è l'autorità scolastica locale che fornisce questo aiuto. Nella maggior parte delle situazioni sarà coinvolto uno psicologo scolastico che valuterà il ragazzo per aiutare la scuola a prendere le misure adeguate. Se le difficoltà del ragazzo rimangono irrisolte, si passa a valutare le necessità educative speciali del ragazzo. Si tratta di un procedimento legale formale che apre la strada a ulteriori provvedimenti pagati con un budget al di fuori di quello normale della scuola. Durante lo stadio quattro si completa la valutazione delle necessità educative speciali. È un processo multidisciplinare, durante il quale si raccolgono le relazioni di tutti gli specialisti che conoscono il ragazzo, e che è coordinato dall'autorità scolastica locale. A causa del suo stato legale, ai genitori è richiesto il permesso di eseguire la valutazione e a essi vengono notificati i loro diritti. Ai vari stadi verrà chiesta, inoltre, la loro opinione. Alla fine della valutazione viene redatta una bozza di "dichiarazione" delle necessità educative speciali del ragazzo, in cui si specificano le problematiche, le strategie da usare e le risorse da fornire. Spesso il supporto raccomandato viene fornito nella stessa scuola frequentata dal ragazzo e può essere fornito sia da un insegnante di supporto qualificato che da un assistente non qualificato o con una preparazione minima. Si può trattare di un aiuto individuale di poche ore a settimana all'interno della classe o in un'aula separata.

PROVVEDIMENTI DA ATTIVARE FUORI DALLA SCUOLA

Allo stadio cinque, la dichiarazione delle necessità educative speciali viene finalizzata e il provvedimento attuato. Se la dichiarazione stabilisce che le necessità del ragazzo non possono essere soddisfatte nella sua scuola originaria, egli viene indirizzato a una scuola "speciale" per ragazzi con difficoltà emotive e di comportamento. Si tratta di scuole più piccole, che possono essere scuole locali in cui il ragazzo frequenta solo le lezioni, oppure scuole tipo collegi, in cui il ragazzo vive per periodi lontano da casa. Molte di quest'ultimo tipo di scuole hanno una frequenza settimanale, cosicché i ragazzi possono tornare a casa nei fine settimana. La pratica recente ha ridotto l'uso di questo tipo di soluzione in modo da lasciare i ragazzi nella loro comunità locale e con la loro famiglia in tutti i casi possibili.

Altrimenti, il comportamento dei ragazzi può essere così estremo a scuola da far decidere di saltare completamente la procedura per le necessità speciali. Di solito, se un ragazzo è estremamente violento o causa danni seri, viene escluso dalla scuola e costretto a seguire un incontro disciplinare con i dirigenti della scuola. Se dopo questo incontro si reputa che il ragazzo è un pericolo grave per sé o per gli altri e non si riscontra la possibilità di un cambiamento, egli viene escluso permanentemente dalla scuola, indipendentemente dal fatto se rientra nel programma nazionale delle necessità speciali. È questa categoria di studenti che ha causato le maggiori controversie negli anni recenti. Si stanno creando delle piccole unità, all'interno o all'esterno delle scuole, al fine di minimizzare la quantità di tempo che questi ragazzi trascorrono lontano dalle lezioni o senza supervisione. Inoltre, una recente iniziativa è stata la creazione del sistema della "dote", secondo il quale una scuola può ricevere una somma extra di denaro se accetta un ragazzo che è stato permanentemente escluso da un'altra scuola. C'è molta pressione politica per ridurre il numero di ragazzi esclusi dalle scuole. Attualmente, questo numero si sta riducendo ma le scuole si sentono sotto pressione in quanto, da un lato devono dedicarsi a ragazzi molto difficili, dall'altro viene loro richiesto di migliorare il rendimento generale secondo test standard fissati dal governo ed esami pubblici.

Tutti gli interventi sono centrati sul ragazzo, con poca considerazione delle ramificazioni sistematiche del suo comportamento nel contesto famigliare e allargato. La Marlborough Family School si pone ai livelli tre e quattro del programma nazionale. Con un intervento dall'esterno della scuola e attraverso la presenza del ragazzo e della sua famiglia, essa può fornire un approfondito resoconto sistemico quale contributo alla procedura di valutazione ufficiale. Con l'aiuto della Marlborough Family School, di solito, il ragazzo torna nella sua scuola originaria a tempo pieno; in alcuni casi l'intervento può anche essere d'aiuto all'autorità scolastica locale per prendere una decisione sulle misure educative a lungo termine più appropriate al ragazzo.

UN APPROCCIO SISTEMICO ALLA FAMIGLIA E AI PROBLEMI SCOLASTICI

Anziché prendere in considerazione isolatamente il comportamento di un ragazzo, l'approccio sistemico si focalizza sui rapporti tra studente, scuola e famiglia (Tucker, Dryson, 1976; Aponte, 1976; Relph, 1984). I comportamenti sono visti in un contesto più ampio e l'enfasi è posta sulla interconnessione degli eventi. Gli schemi di interazione si sviluppano nel tempo e aiutano a creare la prevedibilità e la stabilità che consolidano l'identità di una particolare famiglia (Cooklin, 1982; Minuchin, 1974). Schemi simili si sviluppano in altri sistemi, incluse le scuole (Dowling, Osborne, 1985). Per quanto riguarda la famiglia o la scuola, perché funzionino c'è bisogno di sviluppare la capacità di mantenere un equilibrio tra il bisogno di stabilità e la necessità di essere adattabile. Uno dei grandi vantaggi di adottare una visione sistemica della famiglia è che un modo interattivo di concettualizzare il comportamento si contrappone fortemente alla tendenza a dare eccessiva enfasi alle colpe individuali (Dawson, McHugh, 1986a). È positivo anche pensare al comportamento nel contesto dei rapporti, per aprirsi a una più ampia varietà di scelte su come le cose possono cambiare quando sembrano senza via d'uscita.

Un ragazzo che arriva sempre tardi a scuola riceverà continue note e probabilmente sanzioni. Volendo operare sistematicamente, si cercheranno le possibili spiegazioni contestuali di tali ritardi. Una delle spiegazioni potrebbe essere, nel caso di una ragazza, che essa venga caricata di troppe responsabilità circa la cura di fratelli più piccoli, a scapito della sua frequenza a scuola. Oppure, la spiegazione potrebbe essere da ricercare nell'autorizzazione a rimanere sveglio fino a tardi la sera, con conseguente difficoltà ad alzarsi la mattina. In ogni caso, altre persone sono implicate nello schema comportamentale; il ragazzo/la ragazza agisce in relazione alle aspettative e alle abitudini della famiglia (Miller, Westman, 1964). Un'impostazione sistemica verso questi problemi tenderà a concentrarsi su come cambiare le relazioni in modo che il ragazzo/la ragazza arrivi a scuola in orario. Come potrebbe essere ridistribuita, all'interno della famiglia, la cura dei fratelli più piccoli in modo più equo così da permettere al ragazzo/ragazza di porre più attenzione alla propria necessità di andare a scuola? Oppure, un altro esempio, come si potrebbe fare per farlo/farla andare a letto prima la sera? Chi, nella famiglia, si prenderà la responsabilità di assicurarsi che il nuovo regime venga attuato? Quali saranno le implicazioni di questo nuovo regime nelle relazioni famigliari?

La prospettiva dei sistemi famigliari è utile a tutti gli stadi della vita scolastica, in quanto i ragazzi sono continuamente condizionati dai rapporti più importanti nella loro vita, influenzandoli a loro volta. Gli eventi e le crisi famigliari determinano i punti di vista dei ragazzi e la loro capacità di reagire adeguatamente. Quando in casa c'è una violenza che i ragazzi non possono fermare, essi diventano estremamente nervosi e incapaci di concentrarsi sui compiti scolastici. Come risposta alle loro esperienze, i ragazzi possono anch'essi diventare violenti a scuola. Se la violenza è tra i genitori, essi possono sentire il bisogno di prendere le parti di uno dei due e cercare di proteggere l'adulto più vulnerabile sfidando l'autorità dell'altro; cominciano ad allontanarsi sempre di più dalla scuola e a rimanere a casa, nel vano tentativo di prevenire la violenza. Qualunque sia il problema che gli si presenta, la capacità di usare una prospettiva sistemica può aiutare a capire le difficoltà che il ragazzo esprime in ambito scolastico (Holmes, 1982; Dawson, McHugh, 1988). Inoltre, avere una prospettiva diversa incoraggia gli operatori coinvolti a riunire i famigliari più stretti in modo che le nuove soluzioni possano essere ideate in modo collaborativo. Dalla nostra esperienza con le famiglie, abbiamo visto che è relativamente facile persuadere le persone a sentirsi coinvolte nell'aiutare il ragazzo a risolvere le proprie difficoltà se esse stesse vengono aiutate a vedere l'importanza del loro contributo.

Vedere le connessioni tra il comportamento del ragazzo a scuola e le sue esperienze a casa è stato fondamentale nel tentativo di creare un intervento integrato che riflettesse le vere dimensioni del mondo del ragazzo. Identificare le connessioni e tentare di aiutare gli insegnanti, i ragazzi e le famiglie a vedersi e valorizzarsi, è un modo efficace di intervenire con integrità nell'interesse del ragazzo. Analizzando il contesto scolastico, bisognerebbe accertare scrupolosamente cosa c'è veramente sotto le difficoltà emotive del ragazzo, quando queste si manifestano a scuola. Di frequente le famiglie si rendono più disponibili ad aiutare i propri figli all'interno del rapporto professori-genitori. Purtroppo, fino a ora, gran parte degli insegnanti non hanno la preparazione e la sicurezza che consentirebbero loro di mettersi in gioco e guardare nella complessità di questo rapporto.

SVILUPPO DI UNA SCUOLA "DELLA FAMIGLIA"

La Marlborough Family School si trova nel centro di Londra, presso il Marlborough Family Service, un centro di aiuto alle famiglie e ai ragazzi. Il centro è parte del National Health Service ed è gratuito – nessun genitore deve pagare nulla per il supporto terapeutico ed educativo. La ragione per cui è partito questo progetto era molto semplice: volevamo incontrare i ragazzi che erano stati esclusi dalle scuole a causa di serie difficoltà di apprendimento, violenza o comportamenti distruttivi. La scuola sembrava scaricare tutta la responsabilità sulla famiglia, mentre la famiglia tendeva a scaricare interamente sulla scuola il fallimento nell'educazione del ragazzo. Più la famiglia incolpava la scuola, più la scuola incolpava la famiglia, fino all'inevitabile impasse in cui il ragazzo si trovava al centro dei "contendenti". La famiglia rifiutava un aiuto psichiatrico o psicologico e gli insegnanti non volevano più continuare ad avere in classe ragazzi così difficili. Per uscire da questo vicolo cieco abbiamo deciso di aprire una "Family School", una "Scuola della Famiglia", dove i genitori potevano verificare i problemi educativi dei loro figli e dove gli insegnanti potevano verificare le difficoltà famigliari spesso trasferite sulla scuola (Dawson, McHugh, 1994).

La Family School è stata istituita per aiutare i ragazzi che non riescono a integrarsi nell'ambiente scolastico, a causa di difficoltà emotive e comportamentali che interferiscono con la loro capacità di apprendere efficacemente. Il fulcro dell'intervento non è stato il singolo ragazzo, ma l'intera famiglia e il sistema scolastico. Due insegnanti sono stati incaricati di insegnare ai ragazzi come andare all'origine dei loro "problemi". Loro compito era non solo insegnare ma condurre gli incontri di terapia famigliare, all'inizio sotto stretta supervisione. Questo modello di pratica terapeutica in classe si è dimostrato efficace nel creare situazioni e opportunità di intervento con i ragazzi e i loro genitori. La caratteristica unica della Marlborough Family School è che tutti i ragazzi che la frequentano devono essere accompagnati da almeno un genitore.

Il rapporto tra insegnante e studente è ben chiaro a entrambi, e quando le cose non vanno bene le possibilità di manovra da entrambe le parti sono spesso limitate. Il ragazzo è a conoscenza della sfera d'azione dell'insegnante, così come l'insegnante può di solito predire come il ragazzo si comporterà a scuola. Gradualmente, negli anni, il numero dei genitori che hanno frequentato la Family School con i loro figli è aumentato così come il lasso di tempo che essi vi hanno trascorso. A causa delle limitazioni di spazio e della disponibilità dello staff, attualmente un massimo di nove studenti e le loro famiglie possono frequentare il programma della Family Education Unit per un totale di quattro mattine a settimana (Dawson, McHugh, 1986b). Ogni volta che è possibile, i ragazzi che frequentano la Marlborough Family School continuano ad andare anche, part-time, alla loro scuola originaria. Questo è fatto intenzionalmente, poiché non vogliamo che la Family School rappresenti una fine, ma che miri sempre a reintegrare il ragazzo in una scuola tradizionale o, eccezionalmente, lo indirizzi verso una scuola speciale. Questo significa mantenere uno stretto legame tra la Marlborough Family School e le scuole tradizionali, con un costante scambio tra le istituzioni.

La Marlborough Family School è situata in un prefabbricato, strutturato per una classe con i normali banchi per i ragazzi e le attrezzature dell'educatore. Inoltre, nella classe c'è una piccola zona cucina e uno spazio confortevole per ospitare i genitori o altri adulti. C'è un ufficio, usato anche come sala interviste, connesso direttamente alla classe. L'aula può essere vista dall'ufficio attraverso un vetro unidirezionale.

IL MODELLO CORRENTE DI GRUPPO MULTIFAMIGLIARE

Durante i primi anni sembrava che il modo migliore per coinvolgere le persone e tentare di mitigare le loro paure e persuaderle ad accettare i resoconti, fosse di entrare nelle case. In anni più recenti abbiamo interrotto quasi completamente queste visite a casa e ci siamo affidati al gruppo multifamigliare per fare sì che le famiglie frequentino la nostra Family School (Asen, Dawson, McHugh, in stampa). La nuova famiglia è invitata a visitare la nostra scuola per avere una prima idea di cosa si fa. A questo primo stadio rendiamo chiaro che non è richiesto nessun impegno per frequentare. Le future famiglie vengono sempre di mattina, quando ci sono altri ragazzi e i loro genitori. Dopo un breve colloquio con il ragazzo e i suoi genitori, essi vengono presentati a uno o a più genitori che già frequentano la nostra scuola con i propri figli. Vengono poi lasciati soli dall'insegnante a scoprire cosa effettivamente succede e se il posto può essere loro d'aiuto. Non c'è dubbio che, nella grande maggioranza dei casi, questo è il modo più efficace nel processo di coinvolgimento delle famiglie (Dawson, McHugh, 1987).

Illustrazione di un caso

Paul e Jane Smith erano i genitori molto ansiosi di Bill, un bambino di otto anni, a cui erano stati diagnosticati disturbi dislessici, ma anche serie difficoltà comportamentali. Gli insegnanti e lo psicologo della scuola non erano sicuri se il comportamento devastante di Bill fosse associato alla sua difficoltà di apprendimento e da lui usato come una sorta di cortina di fumo per nascondere il suo disagio rispetto ai problemi di lettura e scrittura, o se fossero i problemi di comportamento a determinare le difficoltà di apprendere con successo. Durante la loro frequenza alla Family School, in un periodo di due mesi fu possibile identificare gli schemi famigliari che contribuivano ai suoi problemi comportamentali che, a loro volta, esacerbavano il suo fallimento nell'affrontare positivamente la dislessia. Inoltre, presumibilmente anche il padre Paul era dislessico, ma a scuola non aveva ricevuto nessun tipo di aiuto specifico. Disse che si era sentito un fallimento completo e che era stato vessato crudelmente dagli altri ragazzi per la sua incapacità a leggere o scrivere correttamente. Paul si identificava moltissimo con suo figlio e voleva proteggerlo dallo stesso tipo di esperienze che lui aveva avuto da ragazzo. Jane pensava che suo marito fosse troppo docile con Bill e non gli ponesse richieste realistiche riguardo il suo comportamento. Come gestire la dislessia di Bill divenne oggetto di numerose discussioni tra Paul e Jane.

Tutti e tre pensarono poi che il tempo trascorso alla Family School li avesse aiutati a cambiare alcuni degli schemi che impedivano a Bill di approfittare dell'aiuto di un esperto per affrontare la dislessia. Quando Hannah Brown, a sette anni, si presentò alla nostra scuola con difficoltà simili, Paul e Jane furono molto felici di parlare alla sua mamma, Beatrice. La rassicurarono che loro si erano trovati in circostanze simili poco tempo prima. La loro descrizione di quello che avevano fatto e di come le cose stavano migliorando per Bill, sia a scuola che a casa, resero più facile a Beatrice prendere la decisione di frequentare la Family School.

L'isolamento e la sensazione di disperazione sono caratteristiche che si ripetono nelle famiglie indirizzate alla Marlborough Family School. Questo primo incontro con una famiglia che si è trovata nella stessa posizione prima di frequentare la scuola e che ha sperimentato dei cambiamenti positivi, è un modo eccellente di dare a una nuova famiglia la speranza che le cose possono migliorare. Far incontrare famiglie con problemi simili è solo un modo di mettere in contatto famiglie nuove e "vecchie". Questo tipo di incontri si può basare su altre caratteristiche, come difficoltà simili nelle relazioni famigliari – divorzio, violenza, lutto – o problemi dei genitori single.

IL PROGRAMMA DEL GRUPPO MULTIFAMIGLIARE

Tutto il programma della Family School è strutturato intorno al gruppo multifamigliare. Fino a nove ragazzi e almeno un adulto per ragazzo si riuniscono per un massimo di quattro mattine a settimana. La mattinata dura due ore e mezza. Ci sono due filoni principali che sono alla base del funzionamento della scuola: istruzione e terapia. L'intenzione è quella di programmare un nuovo modo di lavorare che fornisca uno scambio tra questi due campi: ogni ambito professionale integra l'altro, al fine di produrre un tutto dinamico focalizzato sul cambiamento.

Nella prima parte di una sessione mattutina, dalle 9.30 alle 10.10, i ragazzi seguono una lezione in classe insieme ai genitori o altri membri della famiglia. A seconda della difficoltà che si presenta, i genitori possono sia sedere con i propri figli e aiutarli sia parlare con altri genitori in un gruppo informale, sempre all'interno della classe.

Il compito degli educatori durante questa fase della mattinata è di essere sia insegnanti che terapisti. Questo si realizza insegnando ai ragazzi e osservando e sperimentando le difficoltà che si presentano in questo campo. In classe, i ragazzi mostreranno le proprie difficoltà in relazione al programma stabilito, alle loro interazioni con l'insegnante o con i loro compagni. Nella Family School è possibile fare osservazioni "dal vivo" sulle difficoltà nelle relazioni interfamigliari. Il compito è di convertire le osservazioni dell'insegnante in un argomento attinente al ragazzo e i suoi genitori e usarlo come un potenziale veicolo di mutamento (Carlson, 1987). Questa è una condizione molto diversa dalla posizione usuale di un insegnante che, quando si trova di fronte a comportamenti problematici, si aspetta di dover risolvere da solo la situazione. Nella Family School, una situazione analoga sarebbe vista come un'opportunità mancata, poiché ci sarebbero meno informazioni nuove da presentare al ragazzo e a un sistema famigliare organizzato intorno a un obiettivo educativo.

Illustrazione di un caso

Ibrahim, sette anni, era stato indirizzato alla Family School perché a scuola era intrattabile. Colpiva gli altri bambini ogni volta che essi non facevano quello che diceva lui. Interrogato dagli insegnanti, ammetteva quello che aveva fatto ma non mostrava nessun segno di rammarico e ripeteva lo stesso tipo di aggressione pochi minuti dopo l'incidente precedente. I suoi genitori marocchini, Mohammed e Laila, dicevano che il figlio a volte non pensava troppo a quello che faceva ma che il problema principale era che anche se si comportava bene per il padre, non ascoltava la madre. Nella nostra Family School, Ibrahim si comportò nello stesso modo descritto dai suoi insegnanti: non ascoltava le istruzioni e discuteva con gli educatori, quando questi agivano da insegnanti. Allo scoppio del comportamento violento, l'educatore smetteva di insegnare e utilizzava l'evento per sviluppare una discussione terapeutica con Mohammed o Laila. All'inizio Laila si scusava per il comportamento di Ibrahim e forniva spiegazioni elaborate, ma non convincenti, per le sue azioni: era "stanco", "affamato", "aveva sete", oppure era "un ragazzo veramente buono ma incompreso". Laila era incapace di porre limiti chiari e, quando le azioni del figlio diventavano troppo provocanti, faceva ricorso a minacce vuote. Le mattine in cui il padre era a scuola con Ibrahim, avvenivano eventi simili; egli combatteva con il figlio ma usava ogni metodo per acquietarlo mentre, allo stesso tempo, negava ogni difficoltà.

Le conversazioni che risultarono da queste osservazioni portarono Mohammed e Laila a rivelare che essi vivevano da "separati in casa" e che nella loro relazione c'erano tensione cronica e acredine. Laila disse che non riusciva a separarsi completamente da Mohammed perché sentiva che i suoi due figli avevano bisogno del padre e che si sarebbe trovata isolata come genitore singolo a Londra. La sua famiglia viveva ancora in Marocco e sentiva molto la vergogna di un matrimonio non riuscito. Anche il padre sentiva che era importante per lui rimanere a casa per aiutare i figli a crescere.

Gli altri genitori erano estremamente arrabbiati con Mohammed e Laila perché sembrava incomprensibile che ognuno dei due genitori non affrontasse il comportamento di Ibrahim senza fare scuse infinite. Una volta condiviso il loro problema di coppia, i genitori divennero molto più comprensivi e determinati ad aiutare Laila a riguadagnare il controllo della sua vita. Nel gruppo di adulti c'erano esperienze di relazioni coniugali difficoltose e c'era comprensione per i diversi atteggiamenti culturali verso la famiglia e la separazione coniugale. Più che con l'educatore, per Laila e Mohammed fu molto più efficace discutere con gli altri adulti del gruppo. La posizione del professionista divenne quella del mediatore, mentre la conoscenza delle circostanze in cui si trovava ognuno poté essere usata per stimolare e mantenere le discussioni interfamigliari.

Questo tipo di procedimento è tipico di quello che succede: un incidente o un'osservazione che si origina nel contesto dell'insegnamento si allarga a informazioni che potenzialmente hanno un significato per il sistema famigliare allargato.

L'INCONTRO DEL GRUPPO MULTIFAMIGLIARE ORGANIZZATO

Dopo la fase iniziale di "insegnamento" della mattina, tutti i ragazzi e membri delle famiglie si riuniscono per un incontro di gruppo multifamigliare più organizzato (alle 10.15 circa). Questo ha la durata di quaranta minuti e ha luogo sempre alla stessa ora; uno degli educatori lo presiede, il secondo funge da co-terapista del gruppo multifamigliare, il terzo da "cronometrista". Tutte le famiglie hanno i loro quattro minuti, divisi in due parti. I membri della famiglia possono usare i primi due minuti come vogliono, ma di solito li utilizzano per riferire al gruppo su come sono andate le ultime ventiquattro ore in relazione ai loro obiettivi di cambiamento. Per i successivi due minuti il resto dei membri del gruppo è invitato a fare commenti. Questi possono essere su ciò che è stato appena detto, sui mutamenti che qualcuno può aver notato, su un'osservazione di come il ragazzo o il genitore ha provato qualcosa di diverso, o su come i membri della famiglia appaiono "bloccati" l'uno rispetto all'altro. Il "cronometrista" dà la parola alla famiglia successiva. Durante i primi due minuti, è responsabilità del presidente mantenere la struttura dell'incontro e occasionalmente stimolare la famiglia a riferire al gruppo. Per i successivi due minuti, il presidente e il co-terapista lavorano insieme per gestire il flusso di informazioni nel gruppo. Possono aiutare a suscitare ed evidenziare i temi man mano che si presentano e incoraggiare i membri del gruppo a diventare più esperti nell'osservare i propri e altrui schemi ripetitivi di comportamento. Cercano di creare le condizioni in cui famiglie diverse possono mettersi in discussione e sorreggersi l'un l'altra nella loro lotta per il cambiamento. Chiaramente, tutto quello di cui c'è bisogno di parlare non può essere detto in soli quattro minuti per famiglia. Comunque, ci sono parecchie conseguenze interessanti nel mantenere questo limite di tempo ristretto. Prima di tutto, aiuta a ridurre la quantità di informazioni ridondanti e incoraggia i membri della famiglia a concentrarsi più chiaramente su come useranno "il loro" tempo. Richiede anche agli educatori di essere disciplinati nella natura e nello stile dei loro interventi; esposizioni intelligenti ma prolisse non sono adatte a questo tipo di incontri. La pratica della Education Unit si basa su un modello strutturale e il gruppo multifamigliare è un contesto eccellente per creare un contesto produttivo. Lasciare un argomento famigliare "caldo" alla fine dei quattro minuti senza una risoluzione terapeutica netta, provoca invariabilmente accese discussioni tra le famiglie dopo che l'incontro formale è terminato.

Nel gruppo multifamigliare e con altre famiglie che frequentano la scuola si è sviluppato un dibattito sulla responsabilità, la lealtà e il tradimento alle diverse età, man mano che questi temi si riferivano a situazioni personali. Con l'approccio sistemico, gli educatori aspettano di stimolare questi argomenti e temi durante le interviste con le singole famiglie; eppure, nel gruppo di terapia multifamigliare si ritrova spesso un'esigenza di immediatezza e intensità che non sempre si raggiunge facilmente in una sessione famigliare più convenzionale. Inoltre, le informazioni raccolte in un gruppo multifamigliare, relative a una famiglia, frequentemente hanno un significato importante per altre famiglie del gruppo. Le famiglie dicono spesso che hanno ripensato a qualcosa che era stato detto parecchi giorni prima e che hanno deciso di provare qualcosa di diverso come risultato di ciò che hanno visto e sentito in precedenza nel gruppo. Con il tempo, il gruppo multifamigliare acquista il proprio slancio e diventa un contesto che guida i partecipanti verso un cambiamento in se stessi e negli altri membri del gruppo. Quando le persone non cambiano, il resto del gruppo vuole sapere perché e domanda cosa debba succedere perché qualcosa cambi. Questo dinamismo può condurre a scambi animati, non immediatamente disponibili nel rapporto professionista/cliente all'interno della terapia. È molto più duro ignorare le informazioni da qualcuno che ha una conoscenza di prima mano della situazione in cui ci troviamo, che da qualcuno semplicemente pagato per sapere queste cose.

La Family School ha avuto e ha ragazzi e famiglie provenienti da una varietà di ambienti culturali più di quanto ci si aspetterebbe dalla sua posizione nel centro di Londra. Gli educatori sono tutti inglesi bianchi con molta esperienza nel lavoro con culture diverse.

L'INCONTRO DI PROGRAMMAZIONE DI METÀ MATTINA

Circa a metà mattinata (verso le 10.50) i ragazzi hanno un intervallo con i propri genitori e lo staff si riunisce per programmare la fase successiva. Questa programmazione si basa sugli argomenti che sono stati sollevati nel gruppo multifamigliare di quel giorno e in relazione alle osservazioni degli eventi durante la prima fase di insegnamento della mattina. L'ultima ora della mattina è di nuovo una fase di insegnamento ed è dedicata alle nuove idee che si sono sviluppate nel corso della prima parte della mattina. I genitori possono decidere di sedere con i figli nel caso in cui l'argomento trattato li riguardi; oppure, coloro che sono strettamente coinvolti con le attività dei propri figli possono sperimentare diversi gradi di distanza da loro. I ragazzi possono provare diversi modi di chiedere aiuto e i loro genitori possono essere aiutati a "esercitarsi" a non reagire ai vecchi comportamenti. I genitori si possono aiutare a vicenda a sorprendersi in schemi comportamentali ridondanti. Tutte le attività sono ideate per massimizzare la potenziale capacità di cambiamento nelle relazioni famigliari.

LA SECONDA FASE DI INSEGNAMENTO: L'ATTUAZIONE

Di nuovo, come all'inizio della mattinata, gli educatori passano dall'uno all'altro dei due ruoli professionali. In questa fase, però, l'enfasi è posta più sull'aspetto terapeutico che sulla componente dell'insegnamento.

SCAMBI TRA FAMIGLIE

Nella Family School, i genitori sono spesso invitati a occuparsi di altri ragazzi oltre che dei propri figli. È un modo efficace per infrangere la prevedibilità della relazione adulto/figlio. Per l'adulto, interagire con il figlio di altri significa verosimilmente che gli schemi famigliari propri non saranno famigliari per un altro ragazzo. Similmente, per il ragazzo, sperimentare interazioni diverse con un altro adulto, che non è né genitore né insegnante, può essere una buona opportunità di conoscere nuovi stili relazionali. Inoltre, il genitore che osserva il proprio figlio con un altro adulto, ha la possibilità di vedere come le cose potrebbero essere diverse. Allo stesso modo, il ragazzo che osserva il proprio genitore con un altro ragazzo, ha una visione di come ci siano diverse possibilità all'interno della relazione con i propri genitori. Questa tecnica è molto utile nell'introdurre elementi di novità e diversità nel rapporto eccessivamente statico genitore/figlio. È anche un mezzo utile per contrapporsi alla centralità del ruolo professionale dell'educatore all'interno dell'unità.

Illustrazione di un caso

Jenny, la madre ventiquattrenne di James, cinque anni, aveva grosse difficoltà con il figlio all'interno dell'unità perché lui le si attaccava ogni volta che lei gli si avvicinava. Se lei provava a lasciarlo, lui le lanciava qualunque oggetto o cercava di morderla. Anche se il bambino non faceva lo stesso con i membri dello staff, era difficile riuscire a farlo concentrare su un'attività strutturata per più di qualche secondo. Non rimaneva nella stanza se qualcuno non lo teneva costantemente per mano. Dopo essersi conquistata un po' di autostima con i successi ottenuti con Junior, Chantal propose a Jenny di scambiare i ragazzi. Questo successe una mattina, dopo che Jenny aveva combattuto disperatamente con James durante tutta la sessione di gruppo multifamigliare. Fu deciso che, durante l'ultima parte della mattinata, Jenny avrebbe trascorso un po' di tempo con Junior e che Chantal si sarebbe occupata di James. James si mise a disegnare con Chantal e riuscì a concentrarsi sul suo lavoro per circa quindici minuti. Intanto, Jenny si dedicò a Junior, ascoltandolo mentre leggeva; in seguito si trovò a stupirsi di quanto potesse essere facile stare con un bambino. Era anche stupefatta del modo in cui James si era concentrato sul suo lavoro con Chantal; sapere che suo figlio aveva la capacità di essere diverso e che non era un mostro indomabile fu sufficiente a darle un po' di speranza. Chantal, dal canto suo, si sentì orgogliosa di se stessa, per essere stata in grado di aiutare James a disegnare, e tornò da Junior con maggiore fiducia nelle sue capacità come madre. James domandò parecchie volte di poter disegnare ancora con Chantal, ma dovette dimostrare di lavorare ugualmente bene con sua madre prima di avere tale autorizzazione. Junior continuò a migliorare e riuscì ad accettare che sua madre passasse del tempo con James.

CONCLUSIONE

Un approccio sistemico offre, agli insegnanti e agli educatori, la possibilità di sviluppare un metodo diverso per riflettere e intervenire su ragazzi che a scuola si dimostrano difficili. Può ridurre l'impatto del senso di colpa e produrre soluzioni pratiche in molte situazioni complicate. È economicamente vantaggioso, poiché non sviluppa un rapporto terapeutico a lungo termine; si concentra sulla produzione di soluzioni nuove a problemi vecchi in un tempo breve, in modo che un ragazzo possa tornare ai suoi compiti scolastici principali il più velocemente possibile. È un metodo equo, in quanto ognuno condivide una parte del problema ma ha anche l'opportunità di essere aiutato a fare qualcosa di diverso per cambiare la situazione.

Negli ultimi 18 anni, la Marlborough Family School ha incontrato centinaia di ragazzi, famiglie e scuole. Gran parte dell'attività è consistita nel lavorare con il ragazzo e il genitore (i genitori) nella nostra classe speciale, con le famiglie da un punto di vista terapeutico e intervenendo nel sistema scolastico. Una volta che il ragazzo è progredito dal punto di vista educativo, comportamentale ed emotivo all'interno della nostra scuola, cerchiamo di verificare fino a che punto questo successo può essere trasferito nella scuola tradizionale. Questo significa lavorare con gli insegnanti e le famiglie per vedere come il ragazzo possa essere lentamente integrato. Mentre la prima parte del nostro lavoro tende a essere localizzata primariamente presso la Marlborough Family School, il lavoro successivo si svolgerà soprattutto nella scuola tradizionale, con i genitori che inizialmente frequentano alcune lezioni, fino a che il ragazzo sarà in grado di gestirsi da solo. Nel corso degli anni, le scuole tradizionali hanno imparato ad apprezzare il lavoro specifico che la Marlborough Family School ha iniziato, e ora queste stesse scuole accettano generalmente molto bene la partecipazione della famiglia nelle loro classi. Il nostro lavoro non è riconosciuto solo dalle scuole ma anche dalle famiglie: l'85 per cento delle famiglie accettano l'offerta di un posto e il 95 per cento dei ragazzi si reintegra nel sistema scolastico tradizionale.

BIBLIOGRAFIA

APONTE, H.(1976), "The family school interview: an eco structural approach". In *Family Process*, vol. 15, pp. 303-313.

ASEN, E., DAWSON, N., MCHUGH, B. (in corso di stampa), *Multiple Family Therapy – The Marlborough Model.* Karnac Books, London.

CARLSON, C. (1987), "Resolving school problems with structural family therapy". In *School Psychology Review*, vol. 16, n. 4, pp. 457-468.

COOKLIN, A. (1982), "Change in here-and-now systems vs. systems over time". In BENTOVIM, A., GORELL-BARNES, G., COOKLIN, A. (a cura di), *Family Therapy: complementary frameworks of theory and practice.* Academic Press, London.

DAWSON, N., MCHUGH, B. (1986a), "Families as partners". In *Pastoral Care in Education*, vol. 4, n. 2, pp. 102-109.

DAWSON, N., MCHUGH, B. (1986b), "Application of a family systems approach in an education unit". In *Maladjustment and Therapeutic Education*, vol. 4, n. 2, pp. 48-54.

DAWSON, N., MCHUGH, B. (1987), "Talking to parents of children with emotional and behavioural difficulties". In *British Journal of Special Education*, vol. 14, n. 3, pp. 119-21.

DAWSON, N., MCHUGH, B. (1988), "Claire doesn't talk: behavioural or learning difficulty". In *Gnosis*, vol. 12, pp. 8-11.

DAWSON, N., MCHUGH, B. (1994), "Parents and children: participants in change". In DOWLING, E., OSBORNE, E. (a cura di), *The Family and the School. A Joint Systems Approach to Problems with Children.* Routledge, London.

DOWLING, E., OSBORNE, E. (1985), *The Family and the School. A Joint Systems Approach to Problems with Children.* Routledge, London.

HOLMES, S. (1982), "Failure to learn: a systems view". In *Australian Journal of Family Therapy*, vol. 4, n. 1, pp. 27-36.

MILLER, D.R., WESTMAN, D.C. (1964), "Reading disability as a condition of family stability". In *Family Process*, vol. 3, pp. 66-76.

MINUCHIN, S. (1974), *Famiglie e terapia della famiglia.* Tr. it. Astrolabio, Roma 1976.

RELPH, A.(1984), "Intervening in the school, family and clinic triangle". In *Australian Journal of Family Therapy*, vol. 15, pp. 117-124.

TUCKER, B.Z., DRYSON, E. (1976), "The family and the school: utilizing human resources to promote learning". In *Family Process*, vol. 15, pp. 125-141.

M. Andolfi, R. Haber (a cura di), *La consulenza in terapia familiare*

M. Andolfi, C. Angelo, M. de Nichilo, *Sentimenti e sistemi*

J.L. Framo, *Terapia intergenerazionale*

M. Andolfi (a cura di), *La crisi della coppia*

E. Fivaz-Depeursinge, A. Corboz-Warnery, *Il triangolo primario*

M. Andolfi, C. Angelo, P. D'Atena, *La terapia narrata dalle famiglie*

Ristampa						Anno				
0	1	2	3	4	5	2002	2003	2004	2005	2006

Finito di stampare in aprile 2002
da Grafiche Vadacca, S. Pedrino di Vignate (MI)
per conto di Raffaello Cortina Editore
Milano, via Rossini 4